DIARIO ESPIRITUAL

Sor Inés de Jesus O.P.

DIARIO ESPIRITUAL

Volume I

Prefacio de fray Jesús Díaz Sariego O.P.,
presidente de la CONFER
Introducción y notas de fray Manuel Rivero O.P.

Domuni-Press

2026

ESTA OBRA ESTÁ PUBLICADA
POR DOMUNI-PRESS
EN LA COLECCIÓN
« ESPIRITUALIDAD »

ISSN : 2492-1521
ISBN : 978-2-36648-252-2

www.domuni.eu

PRÓLOGO

Diario espiritual de sor Inés de Jesús

31 de mayo 2024

Un vida entregada hasta el último aliento

«Hoy día me siento perdonada, experimento la ternura, bondad y misericordia infinita de Dios nuestro Padre y quisiera amarle tanto, tanto hasta morir de amor para resarcirle de todo lo que le ofendí», reza, en carne viva y merced a una desgarrada infancia, el corazón de sor Inés de Jesús, mientras traza en este Diario sus últimas palabras.

Sor Inés comenzó a dar sus primeros pasos en tiempos de embate, hambre y dolor, cuando la Guerra Civil Española entretejía –con más miedo que corazón– sus lazos más inhumanos. Esta circunstancia, que la religiosa narra con un lenguaje colmado de anécdotas, intimidades y detalles, marca el comienzo de un camino pedregoso donde Dios jamás la soltó de su mano.

Adentrarse en la mirada de sor Inés de Jesús, en cada eco de su palabra amable y en los trazos de su vida entregada, invita a rozar la piel de Dios, a sentirle cuando sólo queda el silencio, a degustar de su infinita y maternal ternura.

Su vocación contemplativa, dedicada exclusivamente a amar al Amor, fue fraguando –con cuidado y sin descanso– los rincones de las almas que la dejaron adentrarse en lo más profundo de su ser. Su corazón, siempre despierto al asombro de lo que Dios quería para ella, sólo obedecía a un mandato: a la ley de la caridad. Tanto era así que, después de pasar por numerosas pruebas que pusieron en juego la salud de su alma y de su cuerpo, sumida en una extenuación total, llegó a confesar que «la enfermedad es una bendición más de Dios».

Para abrazar al Domingo de Resurrección, hemos de cruzar el puente del Viernes Santo. Y cuando uno se dona del todo hasta que ya no le queda más, el único atajo para llegar al corazón de Dios es un misericordioso «te amo, aunque quizá no te merezca del todo». Y sólo lo sabe quien es capaz de amar cada espina del Madero de Jesús. Un matiz que esta religiosa dominica esbozó con tesón en el centro de su pecho, a pesar de experimentar el barro más frágil de su propia existencia: «Aunque me mates, yo creo y espero en ti» –descubría, mientras repetía a cada momento el versículo último del *Te Deum*– «in te Domine speravi non confundar in aeternum».

Si bien la enfermedad acompañó hasta el último aliento la vida de sor Inés, también lo hizo la confianza; una fe ciega que reavivaba su ser cada día en el altar, junto al Cuerpo y la Sangre de Cristo, en el abrazo entrañable de sus hermanas, hasta que llegase el momento de entrar en el cara a cara con la Trinidad.

Dios, que es experto en adentrarse en nuestro interior a través de las grietas, fue fraguando los ojos de la religiosa, de tal manera que, quienes compartían su vida ordinaria con ella, decían que su mirada reflejaba la mirada misma del Señor.

No resulta sencillo sufrir en silencio, aun con la mirada puesta en Cristo Crucificado y Resucitado. Sin embargo, a ella le parecían nada sus angustias al considerar los sufrimientos del Señor e, inmediatamente, incorporaba los suyos a los de Él hasta alcanzar una paz que ninguna palabra es capaz de descifrar.

Este Diario que sor Inés relata «como si escribiese para el Señor» y «en un estado de embriaguez de amor», como ella misma cuenta, irradia la infinita ternura que sentía hacia el Esposo, hacia la Madre y, cómo no, hacia nuestro padre fundador, santo Domingo de Guzmán. Una narración repleta de tanta verdad que le permite al lector entrar en las texturas de su sentir, hacerse uno con ella, sumergirse en su creer y experimentar su propia vivencia hasta revivir la vocación dominicana que a tantos nos hermana.

«Me pierdo, mi Dios y mi todo, en vos, mi riqueza insondable», estampa, como quien lleva una vida toda de dispensas, una de las frases del libro. ¿Y quién no se ha perdido alguna vez en los brazos de este Dios que, para hacerse entender, nos dice que, aunque una madre se llegase a olvidar del fruto de sus entrañas, Él no se olvida de nosotros?

Sor Inés de Jesús, desde su ser contemplativo y profundamente orante, nos recuerda el anhelo pródigo y samaritano de volver al primer Amor, el que algunas veces olvidamos –casi sin querer– al otro lado de la celda. Esta monja dominica, fascinada por ese Cristo que lo era todo para ella, se sentía morir de amor cada vez que se quedaba a solas con Él y expresaba que no era capaz de cargar sobre sí con tal pasión.

Un mensaje que todos hemos de grabar a fuego en cada latido de nuestra vocación, para que cuando nos abatan la brisa del Calvario y la alegría del Sepulcro vacío, podamos escribir –con su misma letra– que, con Cristo, cualquier herida puede ser ofrenda, fuente de Vida y Banquete de unidad.

Fr. Jesús Díaz Sariego, OP.
Prior Provincial de la Provincia de Hispania

INTRODUCCIÓN

En 1973, cuando buscaba mi vocación, Dios puso en mi camino a sor Inés de Jesús O.P, monja dominica del monasterio de Caleruega (Burgos, España). Así empezó nuestra amistad, que se desarrolló sobre todo de forma epistolar y con algunas visitas durante mis vacaciones de verano. Las cartas de sor Inés de Jesús me hacían pensar en las de Santa Catalina de Siena (+1380), la mística dominica, Doctora de la Iglesia, patrona de Italia y copatrona de Europa. Las leía y las releía con gozo y provecho espiritual.

Tengo por costumbre no guardar las cartas por discreción. Sin embargo, la experiencia de Dios que sor Inés me compartía en sus correos y sus consejos se han quedado grabadas en la memoria del corazón y del alma.

Sor Inés se fue a Dios el 29 de octubre de 1993 con «su hermana la muerte». Sor Margarita, antigua priora de Caleruega, me confió el Diario espiritual de sor Inés, escrito en varios cuadernos durante largos años. Para ahorrar espacio, ella escribía sin crear párrafos, llenando las páginas al máximo. Era su forma de vivir, su voto de pobreza. Utilizaba su pluma y un secante. Pasarlo al formato numérico en ordenador ha llevado mucho tiempo. Sor Inés utilizaba de vez en cuando algunas palabras afectuosas de su tierra asturiana. No ponía regularmente fecha a sus escritos. Tampoco daba las citas de la Biblia que conocía de memoria al oírla en la liturgia, ni las referencias a las obras de los grandes místicos como Santa Catalina de Siena. En sus escritos aparece el fruto de la Palabra de Dios meditada en su corazón a ejemplo de la Virgen María, y las enseñanzas de la Iglesia asimilada y transmitida por amor a la humanidad.

El diario espiritual de sor Inés ofrece luz para todos los hombres. Su visión es católica, es decir universal. No sin razón, cita al santo Papa Pablo VI: «Todo *hombre es mi hermano*». Sor Inés llevaba fuego apostólico en su corazón. Su mística es encarnada y no abstracta.

Sin haber realizado estudios académicos de teología, sor Inés muestra en sus escritos exactitud dogmática y discernimiento. «La *Virgen María ha destruido en ella todas las herejías*», ha declarado el fundador de la Escuela bíblica de Jerusalén, el padre Lagrange. Sor Inés amaba a la Virgen, madre de Jesús, Hijo de Dios hecho hombre gracias a la fe y seno de María, Madre de Dios. Sor Inés ha escrito: «La Iglesia se mira en María». Mirándose en María, no se ha desviado del misterio de Cristo.

De niña vivió la Guerra civil española (1936-1939) en su pueblo asturiano, en la que murió su hermano Amador. Los escritos de sor Inés hay que situarlos en su contexto histórico. No hizo estudios universitarios ni se comprometió en política. Vivió en la época de Franco, con una gran exigencia de justicia y de libertad para ella y para su prójimo. Dios la llamó a la vida contemplativa sin darle un carisma de laica para entrar activamente en los conflictos sociales.

Su diario recalca la influencia religiosa de sus maestras y la importancia decisiva de «las santas misiones» en las que descubrió su vocación religiosa. Su nombre de bautismo era Emelina, pero al entrar en el monasterio de Caleruega escogió como patrona a Santa Inés de Montepulciano O.P. (+1317).

La espiritualidad de sor Inés es pascual, fundada en la Pasión y en la resurrección de Jesús. Su bautismo representó «el *día más grande de su vida*», su consagración compartida con todos los cristianos. Los carismas comunes son superiores a los dones individuales. La vida religiosa supone un vivir radical de la gracia bautismal, «prolongando *la obediencia de Cristo al Padre*».

Comulgó con los sufrimientos de Cristo a través de su enfermedad crónica, la diabetes, que le obligaba a recibir tres inyecciones de insulina al día, y a estar a veces hospitalizada. El dolor físico le hacía consciente de su fragilidad y le conducía al sacrificio: «Qué *bien se presta la enfermedad para hacer de la vida una misa*». Llamaba a su cama «el altar» del sacrificio.

Santa Catalina de Siena decía que era «fuego». La vida de oración de sor Inés era también fuego, fuego del amor del Espíritu Santo que la transformaba y la unía a Cristo y al Padre. Durante la Comunión eucarística, al ser tabernáculo de la Trinidad, reconocía «vivir fuera de mí», éxtasis, salida del alma a Dios y acogida de las Personas divinas en ella: «La *Trinidad fuente y principio de toda unidad*».

Como dominica, sor Inés vive su vocación de contemplativa con su dimensión apostólica por la oración, el amor y el sacrificio. No se siente «solterona», sino madre espiritual de las almas: «engendrar *almas para Dios*»; «la *maternidad tanto material como espiritual no se puede dar normalmente sin grandes desgarrones*».

Espiritualidad de la presencia de Dios misericordioso que le permite «descubrir *y tocar a Cristo a través de todo*».

Guiada por su confesor, el padre dominico Manuel González Bueno, sor Inés reconocía su principal pecado: «mala *correspondencia a la gracia*». Su naturaleza sensible le produjo críticas que le hicieron sufrir mucho. «Dios *puso una gran riqueza afectiva en mi corazón*», escribe en su diario. Esta riqueza desencadenó sospechas en sus superiores que se preguntaban si su relación con el confesor no era enamoramiento. La respuesta de sor Inés fue siempre tajante y clara. Sus diálogos con el confesor la dejaban libre en su pensamiento personal, hasta contradecir alguna vez la opinión del sacerdote, y con la conciencia en paz. La historia de la Orden de predicadores cuenta con el admirable ejemplo de la amistad del bienaventurado Jordán de Sajonia O.P. (+1237), Maestro de la Orden, sucesor de Santo Domingo, y de la bienaventurada Diana de Andalo (+1236), monja dominica de clausura del monasterio de Bolonia (Italia).

Sor Inés de Jesús no ha recibido revelaciones privadas. Sus escritos nacen de la fe, del *sensus fidei* y del *sensus fidelium* de los bautizados.

Habitada por el amor de Dios que da el discernimiento y la confianza, sor Inés no compartía el pesimismo de los cristianos escandalizados por los pecados de la Iglesia: «Yo *veo la iglesia con optimismo, que se está renovando, a pesar de todo lo que se oye.*»

A medida que avanzaba hacia el encuentro eterno con Dios, sor Inés sentía la acción del Espíritu Santo que la modelaba como un artista alfarero hace de un bloque de arcilla una obra de arte: «Mi *vida la encuentro cada vez más simplificada, todo se resume en amar y dejarse amar.*»

Los escritores afirman que un texto alcanza su perfección no cuando no falta nada por añadir, sino cuando no hay nada por quitar. La santidad es purificación y despojo del ego para guardar la fe, la esperanza y la caridad, virtudes indispensables, don de Dios.

Fr. Manuel Rivero O.P.

NOTA SOBRE LA EDICIÓN

En su *Diario espiritual*, sor Inés de Jesús fecha raramente sus escritos, a veces solo pone el día y el mes sin señalar el año, por lo que no es fácil establecer un orden exacto de los textos, pero como no hay una evolución relevante en su forma de pensar, no resulta indispensable un estudio detallado de la cronología.

Tampoco da las referencias bíblicas que cita de memoria tras haberlas escuchado y rezado en la liturgia. Con el fin de completar la comprensión de los textos y de sus fuentes, he puesto en notas de a pie de página las referencias correspondientes o las informaciones que completan las evocaciones del texto.

Por otra parte, escribe sin comillas los diálogos con su confesor y guía espiritual, el padre Manuel Bueno. Me ha parecido oportuno guardar su estilo de escritura ya que se entiende. En algunas ocasiones, la comprensión de los diálogos necesitaba comillas y las he añadido. Sor Inés ha reflejado en sus cuadernos unos pocos subtítulos con subrayados. Los subtítulos sin subrayar han sido añadidos para facilitar la lectura y dividir los párrafos.

La publicación de esta obra espiritual debe mucho al trabajo de transcripción de la Señora Emmanuelle Ethève, laica dominica, y a las correcciones de Señor José López Barbera, laico dominico, y de Alberto Ruiz. Es justo y agradable expresarles aquí mi profundo agradecimiento.

Saint-Denis (La Réunion. Francia), el 29 de octubre del 2025, aniversario del nacimiento en el Cielo de sor Inés de Jesús O.P.

Fr. Manuel Rivero O.P.

¿PARA QUÉ SIRVE UNA MONJA DOMINICA DE CLAUSURA?

A la gente le cuesta comprender el sentido de la vida contemplativa. ¿Por qué no ser una monja útil a la sociedad trabajando como enfermera o profesora?

En la vocación de monja de clausura hay facetas visibles e invisibles. Las monjas trabajan, según el lema tradicional del monaquismo: "Ora et labora", "Reza y trabaja". Las monjas trabajan en el campo y en la huerta, en el horno y en la costura, en la pintura de iconos y en la biblioteca...

Las monjas viven el misterio de la oración que solamente los que tienen fe en Dios pueden estimar fecundo en la sociedad. Oración silenciosa en la que Dios conversa con la monja. Los Padres de la Iglesia comparan este diálogo interior al paseo de Dios con Adán y Eva en el Paraíso. Rezar equivale a escuchar y a hablar con Dios, paseando con el Creador en el jardín ofrecido a la primera humanidad.

La oración personal, cara a cara con Dios, corazón humano unido al Sagrado Corazón divino de Jesús, actualiza, siguiendo la etimología de la palabra "oración", del latín "os-oris" (boca), la experiencia de la esposa del Cantar de los Cantares: "¡Béseme con los besos de su boca! ¡Tus amores son más dulces que el vino!" (Cant. 1,2).

También podemos comparar la oración íntima con Dios a los mantos freáticos que irrigan la tierra dándole vida, verdor y frutos. El que coge una fruta del árbol no piensa naturalmente en el agua subterránea sin la cual no hubiera habido frutos. Sin embargo, sin los caudales ocultos no habría vida.

La liturgia ocupa el alma y una buena parte del tiempo de una monja contemplativa. Su día comienza cantando las alabanzas del Señor y se concluye con el canto en el oficio de Completas. La celebración de la Eucaristía figura como la fuente y la cumbre de la vida cristiana que nace del amor de Cristo para realizarse plenamente en el misterio pascual de muerte y de resurrección, de renuncia y de glorificación.

Sor Inés de Jesús O.P. ha recorrido con alegría pascual, no exenta de dolor físico, moral y espiritual, el camino de Cristo que ha dicho: " Yo soy el camino y la verdad y la vida. Nadie va al Padre sino por mí" (Jn 14, 6).

Su paso luminoso por este mundo puede servir de ejemplo y una referencia para las mujeres a las que Dios llama a la vida contemplativa en la Orden de predicadores. Sus tiempos no son los tiempos de la sociedad de hoy. Cada cual va a Dios "por un camino virginal", decía el poeta español León Felipe (+1968). Pero necesitamos tener referencias del pasado que nos den ganas y luces para seguir el Evangelio y la vocación monástica.

Monja dominica, sor Inés de Jesús llevaba en el alma y en su oración la preocupación de la salvación de los pecadores. En su "Diario espiritual" inédito, compara la maternidad espiritual al desgarro de la maternidad física. Su consagración religiosa llevó siempre el don absoluto de ella misma a Dios y a la humanidad, lo que supuso muchos sacrificios que eran actos de amor. En la Biblia, la consagración se desarrolla en el sacrificio, acto sagrado, del latín "sacrum-facere", que santifica las realidades humanas y materiales, llenándolas de la presencia de Dios.

El "Diario espiritual" de sor Inés de Jesús revela su itinerario de fe, nutrido de la Palabra de Dios y de las enseñanzas de los santos. Estos escritos no son una muestra de narcisismo o de repliegue intimista, sino una relectura de la obra de Dios en su alma. Los maestros espirituales proponen que se lleve un diario espiritual para conocer las maravillas hechas por Dios, y para obtener un buen discernimiento del caminar personal con Cristo. La publicación de este diario espiritual inédito de sor Inés de Jesús aspira a dar ganas de vivir la vida cristiana y contemplativa, sometida a críticas y sospechas.

La transmisión de la experiencia de Dios representa un acto de amor apostólico y un manantial de alegría. Todo cristiano, soltero o casado, es llamado por Dios a la oración y a la unión transformante con Él. Los que buscan a Dios pueden encontrar en la escritura de un diario espiritual una manera de vivir el discernimiento dado por el amor a Cristo y a los demás. Esta "santa escritura" manifiesta el amor recibido y el amor que hay que dar para acercarse cada día al Salvador, Jesucristo.

Fr. Manuel Rivero O.P.

Muerte de sor Inés de Jesús O.P. el 29 de octubre de 1993. Crónica del monasterio de las monjas dominicas de clausura de Caleruega (Burgos. España), sobre +sor María Inés Álvarez Álvarez O.P., en el siglo, Emelina.

Fecha de nacimiento: 17 de septiembre, 1931. Lugar: Puerto, parroquia de Caces. (Fuso de la Reina). Asturias.

Fueron sus padres: José Álvarez Fernández y Aurora Álvarez Díaz.

Fue bautizada el 26 de septiembre de 1931.

Hizo su primera profesión: 8 de 1957 en manos de la Madre priora Pilar Fernández, del monasterio de Cangas, trasladada por seis años a Caleruega. Presidió la profesión el P. José Larrínaga, prior del convento de Caleruega.

Falleció el día 29 de octubre de 1993 en la Residencia Sanitaria de Burgos.

El edificante itinerario de su vida lo sintetizó magistralmente el P. Manuel Bueno, su director espiritual, en la homilía de la Eucaristía celebrada al día siguiente del funeral, en nuestra capilla. Compendió en cuatro palabras, toda su vida: conversión, consagración, purificación y pascua. Sintió la llamada al claustro en unas misiones populares en su pueblo, a lo que ella llamaba su conversión.

Ingresó en el Real monasterio de Caleruega a los 24 años de edad, venciendo fuerte oposición e incomprensión familiar. Se destacó por su fidelidad y fervor en su entrega al Señor. Se dedicó al trabajo de costura y bordado en la que estaba preparada, y desempeñó toda su vida con habilidad. En torno a la profesión solemne se manifestaron signos de enfermedad, diagnosticando poco después una diabetes aguda, incurable, que le obligó a permanecer por algún tiempo alejada de todo ruido y con régimen alimenticio muy riguroso. Remontada esa crisis, se fue incorporando a casi todos los actos de comunidad, con ciertas precauciones, excepto un periodo de tiempo que sufrió un coma diabético. La vida no se la auguraban larga, por lo que estaba preparada en cualquier momento a lo que le Señor dispusiera. Siempre contenta con la voluntad de Dios y sometida a control médico el resto de su vida desempeñó durante algún tiempo el oficio de Maestra de Novicias; los últimos 9 años de su vida fue subpriora.

Fue una monja muy convencida de su vocación contemplativa a la que permaneció fiel, el silencio, la oración, el recogimiento y modestia exterior en todo su comportamiento. Fue afable, caritativa, laboriosa, puntual, delicada con enfermeras y ancianas a las que prodigaba cuidados y atenciones. Apreciada de las personas que la trataron, médicos, enfermeras, y los que, por razón de su oficio de bordadora a máquina, contactaban con ella en el locutorio. El P. Bueno, que la trató desde los primeros años después de su profesión solemne, dice que él siempre la conoció viviendo en continua pascua. Su organismo se fue deteriorando lentamente, especialmente el corazón, a causa de la enfermedad crónica que padecía, condicionando su actividad en los últimos años de su vida. Hasta que un doloroso infarto acabó con su vida antes de las 24 horas de ser trasladada a la Residencia Sanitaria de Burgos. Estuvo toda su vida de consagrada con la lámpara encendida esperando al Esposo, cuando llegó, con los síntomas del infarto muy doloroso, no la sorprendió, y recibió con alegría y agradecimiento lo que por tantos años esperó.

Trasladada al Monasterio, su muerte fue una manifestación de duelo por las muchas personas que la conocían, familiares, pueblo de Caleruega, amistades. El funeral fue el día 31 de octubre, domingo, a las 12, al que asistió todo el pueblo. El P. Basilio Cosme, párroco, se esmeró muchísimo en la preparación de las exequias. Queremos destacar, la intervención durante el ofertorio de cuatro personas que dieron el pésame públicamente a la Comunidad en representación del pueblo: Alberto, alcalde, Lidia, el hijo de Jesusa, y una niña. También actuaron en la Eucaristía de ministroslos Catecumenales de Burgos. El féretro, trasladado desde el coro a hombros de familiares hasta el cementerio, a pesar de la intensa lluvia, fue acompañado por todos sus allegados, vecinos y amistades que vinieron desde Asturias al funeral. Su tumba quedó cubierta de coronas y ramos de flores. Descanse en paz. Ocupa la sepultura VII del lado izquierdo de la capilla del cementerio.

La cronista. Sor María del Carmen González O.P.
La priora. Sor Isidora Pérez O.P.

Nota añadida: actualmente a su sepultura le corresponde el n°14.

DOS FRAILES DOMINICOS HAN SIDO LUZ PARA SOR INÉS DE JESÚS

Sor Inés de Jesús ha sido acompañada espiritualmente por fray Manuel González Bueno[1], apóstol del ecumenismo y fundador del

---

1. Biografía

"González Bueno, Manuel. Cangas de Narcea (Asturias), 15.XI.1925 - Villava (Navarra), 19.XII.2001. Dominico (OP), fundador de las Religiosas Dominicas de la Unidad y del Instituto Ecuménico María Madre de la Unidad.

Nació en el seno de una familia profundamente cristiana. Ayudando a su padre como peón de albañil en el convento de Corias, surgió en su interior la inquietud de ser dominico. Probada su buena capacidad intelectual, se incorporó a los estudios, y en 1945 tomó el hábito de la Orden, en el convento de San Esteban, en Salamanca, haciendo la profesión simple al año siguiente, y la profesión solemne el 6 de octubre de 1949. Ordenado sacerdote el 6 de julio de 1952, en 1954 y 1955 pasó al Angelicum de Roma para hacer el grado de doctor en Teología, volviendo a Salamanca como profesor en San Esteban y responsable de la formación de los hermanos cooperadores entre 1955 y 1963, fecha en que es asignado al convento de Santo Domingo, en Caleruega (Burgos).

A partir de 1960, tuvo una marcada orientación ecuménica, fundando el movimiento "A la Unidad por María", que promovió eficazmente y con presencia internacional en los diversos destinos que tuvo, como Caleruega, Toledo y el santuario de Nuestra Señora de Cortes, en Alcaraz (Albacete), regentado por las Religiosas Dominicas de la Unidad por él fundadas en 1978. Pasó a México para establecer tanto el movimiento como a sus religiosas. Al quedar unas religiosas en España y otras en Querétaro (México), iba y venía constantemente, ya que sus hijas, como él las llamaba, eran lo que más le importaba.

Movimiento «A la Unidad por María» y del «Instituto ecuménico María Madre de la unidad[2] ». El diario espiritual de sor Inés relata con frecuencia sus diálogos con el Padre Bueno y su oración fervorosa por el ecumenismo. Admiraba la obra de su director espiritual, pero prefirió siempre seguir su vocación de dominica de clausura en Caleruega.

Otra gran figura de la Orden de predicadores que ayudó también a sor Inés en sus interrogantes sobre su vocación, aconsejándole seguir en su monasterio sin cambiar de lugar y le transmitió el amor a la Biblia fue fray Alberto Colunga, discípulo del padre Lagrange, fundador de la Escuela Bíblica de Jerusalén en 1890. El Padre Colunga es conocido por su edición de la Biblia «Nácar-Colunga» que tradujeron del hebreo, del arameo y del griego[3]. Su última asignación

---

Después de diez años tuvo que retirarse a una vida más pasiva debido a la enfermedad de Parkinson que le iba agotando, y pasó a la enfermería que los padres dominicos tienen en Villava (Navarra), para ser mejor atendido. Allí falleció de un edema de pulmón.

Los restos del fundador, gran amante de la Virgen, descansan en el panteón que la Orden tiene en el cementerio de Caleruega (Burgos).

Obras: *El Rosario por la fe,* Villava, Navarra, Ope, 1968; *Marchas marianas de la unidad,* Villava, Navarra, Ope, 1969; *Paraliturgias oficiales,* Caleruega, Burgos, Centro Ecuménico A la Unidad por María, 1969; *Mes de Mayo. María y la reconciliación,* Toledo, Centro Ecuménico "A la unidad por María", 1974; *Las virtudes de María* (inéd.).

Fuentes y bibl.: Testimonio de sor María Pueblito, religiosa dominica de la Unidad, enero de 2009; Testimonio de fray Óscar Jesús Fernández Navarro (OP), secretario de provincia, dominicos de la provincia de España, enero de 2009.

R. Martín Ribas *et al., Sublime itinerario. Guía inédita religiosa, hagiográfica, histórica, artística de España,* Madrid, Ramiro Martín Ribas, 2004 (2.ª ed. act.)."

https://dbe.rah.es/biografias/125788/manuel-gonzalez-bueno

Real Academia de la historia

2. El Instituto fue fundado por el padre Manuel González Bueno, fraile Dominico en el Santuario de Nuestra Señora de Cortes, Alcaraz (Albacete), el 11 de febrero del año 1978. https://diocesisalbacete.org/articulos/2648/instituto-ecumenico-maria-madre-de-la-unidad.php

3. **Colunga Cueto, Alberto.** Noreña (Asturias), 27.XI.1879 – Caleruega (Burgos), 27.IV.1962. Teólogo dominico (OP), tratadista, exégeta.

"El 17 de septiembre de 1895 ingresa en el noviciado de los Dominicos en el convento de San Juan Bautista de Corias (Cangas de Narcea, Principado de Asturias); al año siguiente emite su primera profesión religiosa e inicia en el mismo convento los estudios de Filosofía

dominicana le condujo a Caleruega en donde fue confesor de las monjas de clausura.

---

requeridos entonces en la Orden de Santo Domingo (1896-1900); en Salamanca cursa los de Teología (1900-1905). Es ordenado sacerdote el 19 de diciembre de 1903, dos años más tarde termina los estudios teológicos y obtiene el grado de lector.

Se especializa en estudios bíblicos en la Escuela Bíblica de Jerusalén (1905-1907), recién fundada por el padre M. J. Lagrange, y en Roma obtiene el grado en Sagrada Escritura, extendido por la Pontificia Comisión Bíblica.

Vuelto a España, su primer destino es el convento de San Juan Bautista de Corias (1907-1912) donde enseña hebreo, griego, francés y filosofía. Durante los dos últimos años de su estancia en este convento desempeñó el cargo de prior. En 1912, el maestro general lo llama a Roma como profesor del Colegio Internacional Angelicum. Durante su estancia en este centro (1912-1920) enseña exégesis del Antiguo Testamento e Introducción General a la Sagrada Escritura. Los estudios bíblicos estaban entonces polarizados en la llamada Cuestión Bíblica (enfrentamiento Biblia e Historia, con el consiguiente cuestionamiento de los datos históricos bíblicos), y los exegetas divididos entre la llamada escuela Estrecha y Escuela Amplia. Alberto Colunga pertenece al segundo grupo y trabaja por fijar las bases teológicas que permitieran la superación del enfrentamiento entre la Biblia y la Historia. Con esta finalidad elabora en latín una *Introducción Teológica-Histórica a toda la Sagrada Escritura* (Roma, 1919).

M. J. Lagrange, que conoció las pruebas de imprenta de esta obra, expresaba en carta al autor su admiración por la madurez de la misma a pesar de la juventud del autor; sin embargo, cuando estaba ya en galeradas de imprenta se le retira definitivamente el *Nihil Obstat* de los Censores. Colunga introducía la necesidad del método histórico-crítico, aunque sin nombrarlo, para la recta comprensión de "la verdad" de la Biblia (no usará nunca en esta obra la expresión tan recurrente entonces y en años posteriores de *inerrancia bíblica*).

Fundamenta su doctrina en el carácter divino-humano de la Sagrada Escritura, siguiendo la doctrina de Santo Tomás de Aquino sobre la naturaleza y la gracia y sobre las cuestiones de este doctor relativas a la profecía.

Planteamientos asumidos con posterioridad en la exégesis y teología bíblica fueron los mayores escollos para la aprobación de esta obra. Una aportación original de Alberto Colunga fue lo que él llamaba "el sentido evangélico" del Antiguo Testamento, que sería aquél con el que Cristo y los apóstoles habían interpretado los textos bíblicos veterotestamentarios."

https://dbe.rah.es/biografias/4695/alberto-colunga-cueto

PÁGINAS DE MI VIDA[1]

Primera etapa de mi vida

Dando fe a lo que mi hermana, venido al caso, solía decir de mis primeros años, de los cuales yo no recuerdo nada, pero que en mi modo de ser confirma lo que ella decía, voy a decir como ella me describía: traviesa, golosa en extremo, muy cariñosa y que era una *morenina* muy *guapina* que atraía la simpatía de las gentes. En cuanto a traviesa, dejaré memoria de solo dos hechos que les gustaba recordarme cuando yo me quejaba de que sus hijos eran traviesos y ella decía: todavía no llegaron a donde tú llegaste.

Una de las tardes que me acostaron a dormir la siesta, al ver que pasaba el tiempo más de lo debido, se dijeron ésta está haciendo alguna. Creo que subieron a la habitación y me encontraron lo más entretenida con el reloj despertador que había cogido de la mesita de noche, y *sentadina* en la cama lo desarmé de tal forma que parecía increíble que una cría tan pequeña lograra hacer tal cosa. Piezas rotas, tornillos por todas partes, en fin, no sabían si reírse o regañarme, creo

1. Texto sin fecha en un cuaderno azul, puesto al comienzo de Diario ya que describe la infancia y la juventud en Asturias.

que mis buenas hermanas se dejaron llevar de lo primero al verme tan alegre enseñándoles las piezas como que había hecho una gran valentía. Y Como consecuencia de esto tal reloj no admitió arreglo posible.

La otra fue cierto día cuando curaban el embutido. Mi madre me llevó con ella a la caseta en donde este se curaba. Al encontrar el fuego casi apagado me dijo quédate aquí mientras voy a buscar leña, y a mí no se me ocurrió otra cosa que coger mis *madreñinas* y echarlas al fuego. Cuando las vi arder entonces creo que llamé a mi madre diciéndole que no corriese que el fuego ya ardía con mis madreñas. Entonces sí que corría a ver si las podía salvar, pues creo que eran un capricho de madreñas que mi tío Justo, al verme calzar las de los mayores, me encargó unas hermosas a todo capricho, y ese pago les di. Ya de mayor esa tendencia a hacer travesuras se fue convirtiendo en bromas que gastaba con mi hermana, y ella las llevaba bien, sólo algunas veces me decía: "hay que huir de ti como del diablo pues a poco que una se descuida se la haces".

Golosa

En cuanto a golosa tengo que confesar que toda mi vida hasta el presente sentí esta debilidad. Y pienso algunas veces que mi enfermedad es una bendición más de Dios que viene a expiar en mí este pecado, pues regalé mucho al paladar y como consecuencia de esto andaba muy inapetente haciendo sufrir a los de casa mucho con las comidas. Ahora lo reconozco, trato de expiarlo y, sobre todo, pido perdón al Señor por tantas veces como me dejé llevar de esta debilidad. Según decía mi hermana, y los demás asentían y yo lo sentía al vivo, pasteles y tarta me traían de cabeza, todo lo dulce, pero esto de un modo especial. Y el tío Justo, que hasta que se casó estaba en nuestra casa, cuando subía a Oviedo a venir los sábados de la escuela, era maestro nacional, me traía la gran caja de pasteles que ya yo conocía el paquete, y empezaba a dar saltos de contenta. Creo que él me copiaba, y me sentaba en la mesa, abría la caja y la ponía a pasto delante de mí, resultando de lo más divertido al verme tan contenta y nerviosa repartiendo con todos, como a quien le falta tiempo para comer los que quedaban, y como eran muchos y variados de todos quería picar, así que mordiscos van y mordiscos vienen. Y los que eran de merengue o crema me embadurnaba con ellos que no había mejor payaso, así que mi tío lo pasaba en grande con su idolatrada sobrina, no así mi madre que al parecer protestaba diciéndole que además de gastar el dinero tontamente en tantos pasteles, le estropeaba la *rapacina*[2] que luego no se hacía vida de ella con la comida.

A esto que aportaba mi hermana voy a confirmarlo con algún hecho que revela hasta qué punto era golosa. En casa era sabido de todos mi debilidad, y en algunos familiares también, y que cuando iba a casa de ellos o ellos venían a la mía sabían darme con el gusto. Yo no sé qué me pasaba que no parecía más que tenía un instinto especial para captar el olor de los pasteles o confites, escondiendo los de casa algunas veces estas cosas para probarme, pero enseguida daba con ellos. En una ocasión, próximas las navidades, solían comprar con algo de anticipación las cosas de estas que podían guardar para evitar el andar por los comercios en esos días de tanto apuro. Un buen día al llegar a la noche a casa, era por los años que yo estaba en Oviedo y sólo bajaba a dormir a casa, bueno también pasaba los domingos y fiestas en casa, no sé cómo a última hora, cuando ya me iba a acostar, abrí el armario de la cocina y percibí un buen olor a mazapanes, empecé a mirar cacharros hasta que en una sopera grande, allá escondida, que sólo se usaba en las fiestas, me la encontré llena de figuras de mazapán. Bueno, bailaba de contenta con aquella sorpresa, ya que estas eran otro punto flaco mío, y como ya quedaba yo sola en la cocina, vaya pitanza que me di, y así unas cuantas noches más que ya me quedaba adrede, hasta que los terminé y no di cuenta a nadie hasta que el día de Nochebuena va mi hermana a darme la sorpresa y se encontró que ya habían volado, me miró, yo me eché a reír, y no hicieron falta palabras, mi pecado estaba descubierto y todos empezaron a reír, diciéndome mi madre "olfateas más lo dulce que los ratones el queso", y lo que es

2. Nota del editor: *niña, muchacha.*

mi padre cómo disfrutaba, y me decía también "en picardías aventajas a tu hermana".

De estas cosas muchas he hecho en casa sin tener conciencia de que obraba mal, pero después de mi conversión iba recordando y sintiendo necesidad de expiarlo, y así las últimas Navidades que pasé en casa me propuse no probar nada dulce durante las mismas, me costó sobremanera, no estaba acostumbrada a estos vencimientos, pero yo ya sentía como una necesidad al ir expiando en lo posible lo que iba cayendo en la cuenta había hecho mal. Llegadas las primeras Navidades que pasaba en el convento, me llega un paquete de casa conteniendo varias tabletas de turrón y un hermoso paquetón de mazapanes. Vi en estos el cariño de mi madre y de mi hermana condescendiendo con mi debilidad, se me enterneció el corazón y tuve que hacerme violencia para no demostrar al exterior lo que pasaba en mi interior, y nada dije de mi punto flaco por los mazapanes, y bendito sea Dios por todo, aportó que en estas Navidades no habían puesto ninguna figurita de mazapán después de tenerlas en mis manos, qué bien hace el Señor las cosas, con sacrificio sí, pero con gran amor le iba ofreciendo estas pequeñas cosas como expiación de mis pecados de regalo al paladar. Podría ya no decir más de esto, pero me viene el recuerdo de muchas más cosas de las que voy a decir, sólo dos en las que veo de un modo especial la acción de Dios, mi Padre, purificándome de estos mis fallos, pero a la vez con la ternura del mejor de los padres.

Cuando llegó mi toma de hábito, la familia, teniendo en cuenta mi punto flaco, querían darme un buen día con pasteles, pero alguien les advirtió que como monjas de clausura con una vida tan austera de seguro que no tendríamos permitido comer esas cosas, con lo que ante el temor de que no las pudiésemos comer, desistieron de traerlas, y cargaron en pastas, bombones y cosas por el estilo, pero sin ser pasteles. Y cuando aquí dijeron sus deseos pero que les habían dicho que no podríamos, una monja muy salada contestó: "lo que no podemos es comprarlos porque sin pasteles podemos pasar, pero si nos los regalan vaya que sí los comemos". Con la cual, cuando vinieron a mi profesión trajeron pasteles en abundancia, y entre estos venían bastantes *carbayones*, un pastel muy estimado, especialidad de la confitería Camila de Blas, la mejor en Oviedo en aquellos tiempos, y que este pastel se cotizaba más del triple que los corrientes, pero era de lo mejor, y yo tenía el paladar muy afinado en estas cosas. Así que mi hermana, con satisfacción, me dijo "tienes aquí tus queridos *carballones*", le sonreí sin decirle nada, pero para mis adentros me decía "los caprichos de casa ya se acabaron, veremos a ver lo que el Señor dispone", y lo enfoqué ya todo con fe, y cuando voy a comer al mediodía teníamos de postre dos pasteles cada monja, y la que estaba a mi lado, uno de ellos era un carballón, mientras que yo nada de carbayón, pude indicarle algo, y a buen seguro que le faltaría tiempo para cambiármelo, pero descubrí la acción de Dios privándome de esa satisfacción y como tal así la acogí.

A otro día también nos han vuelto a poner más pasteles y tampoco me tocó el querido carbayón, que puedo decir ya no me costó como el día anterior y aun sentía agradecimiento porque el Señor me había regalado con pasteles en este día de mi profesión cuando una se comprometió más profundamente con Cristo a vida de entrega y de sacrificio y cómo el Señor tiene sus detalles aun con las cosas materiales.

Otra cosa que voy a dejar memoria sobre ello me ocurrió un día de Pascua. Llevaba ya unos meses en tratamiento de la diabetes, el régimen de comida era de los más severo, Dios sabe el hambre que pasaba, y este día de Pascua yo creo que levanté de la mesa con más hambre que nunca para ir a acostarme unas dos horas de reposo, que así tenía mandado. Con tanta hambre me entró una tristeza que, una vez en la celda, no pude por menos de romper a llorar, porque no parecía más que el enemigo aprovechaba esta ocasión para recordarme con tal viveza, como que lo ponía delante de mí, la abundancia de comida que había en mi casa, y en este día no faltaba una buena tarta, y yo con tanta hambre mi angustia se aumentaba, haciendo un esfuerzo me volví al Señor y, como en otras ocasiones, le ofrecía todo esto ya no solo por mí, sino por todos los pecados de gula que se cometían en el mundo, y esta angustia se fue transformando en arrepentimiento cada vez más profundo al ir recordando las muchas confiterías que sólo en Oviedo había frecuentado, creo que salieron 48, sabiendo al dedillo en donde eran mejores los pasteles. Aunque con este recuerdo más me abracé con más amor a las privaciones que mi enfermedad me aportaba viendo en ello la mano de Dios que para mi bien así lo iba disponiendo todo. Él mandaba lo uno y lo otro, así el sacrificio como la luz para descubrirle a Él y abrazarme a ello por amor a Él. Y con ser tan sumamente golosa en el convento no lo manifesté, ¿para qué?, para que alguna hermana me diese su postre cuando era algo de esto, lo tendría a pecado puesto que lo que necesitaba era expiar lo pasado, y si es después de enferma, para que tuviesen compasión de mí al ver que no podía tomar nada dulce, que solo el Señor sepa nuestros sacrificios puesto que por amor a Él se abrazan.

En cuanto a cariñosa veo que esto es un don de Dios que me dio abundantemente y, como Dios no retira sus dones, sigo siendo cariñosa, y creo que cada vez más, mi agradecimiento pues al Señor dador de todo bien. No obstante, diré que el ambiente en que viví en casa y la misma familia, en que no recibía más que cariño por todas partes, favorecía en mí este don de Dios. Luego mi vocación de contemplativa, amar el Amor, y mi enamoramiento por Cristo lo potenció al máximo. Al ser mis hermanos mayores, vine a ser para ellos algo entrañablemente querido en que me cogía y otro me quitaba, todos a porfía, el tío Justo algo de locura lo que tenía por mí, y de mis padres, qué decir.

Mi hermana Marina no se cansaba de ponderar el encanto que yo tenía en mis primeros años, tanto que, cuando su hija le decían que era igual que yo y la llamaban con mi nombre, ella siempre decía sí que se parecen, pero mucho más *guapina* era Mela, si bien ha cambiado, que del encanto de pequeña no le queda nada. Luego, como me traían muy *limpina* y bien vestida, junto con unos hermosos tirabuzones de los que recuerdo yo, esto en un pueblo en aquellos tiempos contribuía a que destacase entre las otras crías, y fuese tan cogida y llevada de una parte a otra, pues mi casa estaba a la orilla de un camino muy frecuentado y las gentes me cogían mucho. Solía mi hermana recordarme que al cogerme en brazos me preguntaban a ver cuánto me quieres. Entonces, que las abrazaba con todas mis pobres fuerzas y les iba diciendo una serie de cosas que les hacía reír cuanto querían. En mi imaginación infantil expresaba mi cariño con medidas materiales, y así empezó diciendo te quiero tanto, tanto, como todo lo que cabe dentro de... nombraba una serie de cacharros de cocina que yo veía tenían cavidad, esto aún me parecía poco y añadía tanto como caben en las casas, y aun no quedaba satisfecha, y seguía diciendo te quiero hasta los *follerones* del *trichorio*.

Estos eran unos barrizales que había a la entrada de un prado, que creo que la primera vez que los vi pasando las vacas por ellos, y se hundían las patas, y a mí me impresionó esto, creyendo que se iban a tragar a las vacas, y, claro, decir que las quería hasta aquí me parecía que ya no cabía más, y todavía en un esfuerzo de encontrar más, terminaba diciendo "hasta donde se terminen los caminos". Esto dicho a media lengua entre tanto abrazo y besos creo que les divertía por demás, y lo que primero solo era para los de casa, terminó siendo para todos los que pasaban y me preguntaban cuánto los quería.

Al empezar a recordar algo de estos mis primeros años tengo que decir que era un tanto curiosa, muy amiga de abrir cajones para ver lo que había dentro, como a algunos no alcanzaba, me subía en una silla, y en alguna ocasión los abría más de la cuenta y me venían al suelo, y alguna vez cayendo yo también con ellos. Llevada de la curiosidad, en una ocasión me encontré con un bote *majo*, pero el lugar en donde estaba no era para pensar que pudiese tener cosa buena, le abrí, vi como unas escamas brillosas y, creyendo que sería algo dulce, llevé a la boca, los efectos pronto me dijeron que me había engañado, era sosa cáustica, empecé a escupir y la boca se me puso en carne viva, la curiosidad trajo buena penitencia.

La primera vez que recuerdo verme en la Iglesia también fui presa de una curiosidad. Recuerdo verme en la tribuna en brazos de mi hermano y entre muchos hombres alrededor. Curioseando con la vista de una parte a otra vi detrás de mí unas escaleras y sentí curiosidad de subir por ellas, mi hermano accedió y subimos los dos, y cual no fue mi alegría al verme en el campanario junto a las campanas a la vez que, dado como está la iglesia dominando todo el pueblo, menudo panorama que contemplaba como para no querer bajar de allí, pero mi hermano me convenció diciéndome que desde allí no oíamos misa. Bajamos y cuál sería mi atención a la misa que yo no recuerdo ni poco ni mucho ver altar ni sacerdote, sólo muchas mujeres con mantilla en la iglesia. Ver las mujeres con mantilla me chocaba mucho, y así en casa yo quería hacer lo mismo y cogía estas de mis hermanas, también les cogía algún rosario, sobre todo devocionarios, que había en abundancia, y andaba de una parte a otra diciendo que iba a misa, y algunas veces me ponía a rezar, pues yo sabía que a la iglesia se iba a rezar. Desde muy *pequeñina* me enseñaban a rezar, y el mismo tío Justo me enseño algunas oraciones muy bonitas que aprendía de memoria con facilidad.

Guerra civil

Viviendo en este ambiente de cariño en que la vida pareció toda de dulzura, tengo que decir que me pasaba mis miedos, pues era miedosa en extremo, la oscuridad me atemorizaba sobremanera y las tormentas algo terrible también. Y este miedo que ya llevaba impreso por naturaleza, se fue aumentando durante el tiempo de guerra que me tocó vivir en mi infancia. Nací el 17 de septiembre de 1931, y el 36 estalló la guerra, pocos años tenía pues, pero los bastantes para darme cuenta de muchas cosas y vivir en este tiempo entre sobresaltos por algunas cosas que veía. Recuerdo una noche en que nos incendiaron la iglesia con gasolina, las llamas eran despampanantes, y por ser de noche aún impresionaban más. Como mi casa quedaba muy cerca de la iglesia y se la veía muy bien, se juntó mucha gente delante de casa lamentándose del hecho. Yo de mi casa no veía a nadie, me sentía atemorizada y perdida entre la gente, y en un momento de angustia exclamé "tanta gente viendo el fuego y nadie me quita de aquí". A esto un mozo me cogió en brazos y me dijo "no tengas miedo Melina, que aquí no llega el fuego, nos están quemando la iglesia". Ya dominaban las fuerzas del mal y no se pudo evitar tal salvajada.

A esto fueron siguiendo otras impresiones fuertes. Varias veces entraban en casa hombres con pistolas, hablaban con mi padre y luego se ponían a registrar toda la casa. A mí esto me atemorizaba porque yo no sé, porque tenía una pistola de juguete, pues al tener tantos juguetes, comprados casi todos por mi tío Justo y ya no sabía que traerme hasta me traía juguetes de chicos como eran aviones, pistolas, soldados, y luego me explicaba para qué eran estas cosas, así que al ver hombres con pistolas hablar con mi padre, bien creía que le iban a matar, sólo Dios sabe lo que una cría tan pequeña sufría viendo esto.

Luego como el pueblo está en mucho declive, el terreno y mi casa bastante en alto con una vista hermosa, pero de lo más peligrosa para la guerra, pues a mucha distancia, pero quedaba enfrente de la cuesta de Naranco de Oviedo de donde lanzaban proyectiles hacia mi pueblo a cualquier hora del día o de la noche. Lo que es de noche, era impresionante sentirlos pasar silbando por el aire, y luego la explosión, así que en cuanto se sentían toda nuestra zona salía de casa a meterse en unos refugios húmedos y oscuros que Dios sabe el sueño y el miedo que pasé en ellos. Y puedo decir que la Divina Providencia me libró de ser destrozada por un proyectil a otras dos *rapacinas* y a mí. Detrás de casa había un prado en donde estaba cuidando sus vacas una *rapacina* mayor, y se nos ocurrió a una prima mía para algo más pequeño que yo ir con ella, de pronto empiezan los cañonazos, nosotras con gran pánico le dijimos a la otra "marchamos que caen cerca de aquí", ella nos dijo, "no, pasan más lejos", pero ante el miedo nos marchamos, ella también sacó a las vacas que marchaban bramando y dando saltos, y apenas habíamos desalojado aquel prado cuando cae en él un proyectil muy cerca de la piedra en donde estábamos sentadas, que de haber estado allí nos hubiera alcanzado la explosión, pues abrió un cerco grande.

Con esto de los proyectiles se ve que mi madre se dio cuenta de lo mal que lo pasaba, y decidió mandarme a dormir junto con mi hermana *Lolina* a casa de mi tía Serena, una hermana de ella que vivía en otro extremo del pueblo, y su casa quedaba muy retirada sin peligro de estos, y así, después de la cena, nos íbamos a dormir a casa de esta tía, y yo por lo menos la noche la pasaba sosegada. Mi madre y mi hermana Marina se quedaban solas en casa, mi padre trabajaba de noche, en guarda jurado, y venía a casa muy de madrugada, y mi madre no quería que encontrase la casa cerrada, y mi hermano Amador y mi tío Justo estaban en la guerra.

A todo este miedo que venía pasando se sumó otra más. En uno de los prados detrás de casa, que ya mencioné, empiezan a hacer trincheras en ellos y un nido para las armas, y entablar tiroteo, total que se encontraron en el terreno con mucha piedra y empiezan a tirar barrenos con tal cantidad de dinamita que las piedras que se levantaban por el aire no parecía más que iban acabar con mi casa y las de mis tías, ella, hermana de mi padre que estaban las casas juntas. Los mismos milicianos cuando iban a hacer las descargas nos avisaban que saliésemos de casa, y se oían unas explosiones que asustaban. Luego escuadras de aviones que, si bien no hacían grandes bombardeos, sí que tiraban algunas bombas, y el hecho de verlos ya daban miedo. El miedo me cercaba por todas partes, hasta un primo mío, Eusebio, que siempre demostró quererme mucho, me decía "si te preguntan qué eres no digas..." no sé qué cosa me decía él, "porque te matan, tienes que decir que eres...", no sé qué otra cosa me decía que yo no entendía nada de partidos. Y menos mal que, como era pequeña, no entendí una serie de amenazas que por cristianos nos hacían, como de quemarnos vivos a todos en casa, de llevarse a mi padre para matarle y cosas semejantes. Y como coronación de este tiempo, matan a mi hermano en la guerra, convirtiéndose mi casa en puro dolor, allí sí que las lágrimas eran el alimento cada día, sobre todo para mi madre y, aunque pequeña, ya sentí la pena de este hermano.

A este propósito voy a referir un hecho. Terminada ya la guerra, y estando en la escuela, llega un mozo vestido de soldado, y entró en la escuela de los niños, y se lleva con él a sus hermanos, todos pocos de alegría, al pequeñín lo cogió en brazos, y qué besos le daba, yo al ver esto me acordé de mi hermano, y qué pena se apoderó de mí. Andando el tiempo, este mozo se casó con mi hermana, y en la infancia había sido compañero de mi hermano, y se querían mucho. Recordándole muchas veces en casa y cómo le ponderaba.

Terminada la guerra en la que mi tío Justo también había caído herido, según era él de patriota y buen cristiano, él a la cabeza movilizó al pueblo, y enseguida se empezó a reconstruir la iglesia, y los primeros funerales que en ello se hicieron fueron por mi hermano, día de recuerdo y de pena. En medio de tanto miedo y dolor, una cosa no me tocó: pasar hambre. Gracias a Dios nos cogió la casa repleta de comida, que mi madre hábilmente supo esconder a tiempo cuando empezaron los registros a las casas, luego había buenas vacas de leche, gallinas, terneros, cerdo, luego la cosecha de la tierra y los alimentos que no se daban en nuestra tierra, tal como aceite, azúcar y cosas por el estilo, mi hermana y una prima mía iban a las Caldas, otro pueblo en donde había comité con alimentos, y ellas llevaban leche, pollos, y se las cambiaban por otros alimentos y otras cosas necesarias, como jabón, así que el hambre no se conoció en casa ni durante la guerra ni en la postguerra, y aún mi madre repartía con el necesitado. Este entrenamiento con el miedo y el sufrimiento aún siguió después de terminado la guerra, pues a los pocos meses de esto enferma mi padre gravemente y mi hermana *Lolina*, los dos a un tiempo, y se temía el desenlace de ambos. Dios que es Padre poderoso tuvo misericordia de mi pobre madre para no verse abatida con tanto dolor. Mi hermana se fue, pero mi padre se recuperó.

Muerte de su hermana Lolina

Qué días y noches aquellos, todos andábamos en vela, mi madre no se apartaba ni un momento, cuando al lado de uno, cuando al lado de otro, no sé cómo podía resistir tanto, unos días antes de morir mi hermana, convencida del paso que se avecinaba, pidió que la llevasen a la habitación de mi padre para despedirse de él. Yo recuerdo verla atravesar una salita que mediaba una habitación y otra, iba envuelta en una manta y sujetándola mi madre y mi hermana Marina. El encuentro y la despedida con mi padre no lo vi, sería demasiado fuerte, y tal vez mi madre, tan avispada en todo, se diera cuenta, y no me dejaría pasar. Pero me quedó grabado ese verla pasar como alguien a quien se le va la vida. Murió un 29 de noviembre de 1939, a la una de madrugada, y cuando esa mañana fui a ver a mi padre me preguntó cómo había descansado, yo le respondí que mejor que otras noches, y él añadió "pues tu hermana *Lolina* también se fue a descansar al cielo", y sacando un brazo de la cama me abrazó emocionado. En esta ocasión supe de lágrimas y de dolor, no con la profundidad de los demás, pero, aunque niña, sentí gran pena. Luego la vi sobre una cama cubierta con una sábana, y más tarde en la caja, no impresionaba, estaba como un ángel, era joven, 18 años y todo contribuía a su buen aspecto. Yo como *rapacina* no reprimía las lágrimas, mientras que los demás se las tragaban para no impresionar a mi padre que esta prueba según estaba él se jugaba entre la vida y la muerte, así que mi madre estaba muy pendiente de él, y en una ocasión oí decirle: "no hay que disgustarse, hay que resignarse con la voluntad de Dios", no se lo creía, pero esto tenía que llegar, y como le animaba y luego se iba al huerto a desahogarse llorando, en donde no la viesen, porque todo esto le recrudecía la llaga reciente del hijo que había muerto en la guerra destrozado por una bomba.

Con la muerte de esta hermana puedo decir que empezó una nueva etapa en mi vida, pero antes de comenzar con esta, voy a decir algo sobre esta hermana que fue como un ángel para mí. Era la quinta de mis hermanos, pero a mí que era la sexta y a la vez la última, me llevaba unos diez años, así que yo le recuerdo como bastante mayor a mí, y bajo su tutela. Ella, cuando contaba unos dos años empezaron a advertir que se deformaba la columna, y por más medidos con los que la trataron, nada se pudo conseguir, la deformación aumentaba oprimiendo el corazón, y a los 18 años se asfixiaba, y después de unas semanas en cama, con mucho sufrimiento, Dios se la llevó. Ella parece ser que sufría al verse así y se aislaba de las otras *rapacinas*, en parte porque en muchos juegos no podía participar porque se ahogaba.

Mi madre se daba cuenta de todo, y no era pequeño el sufrimiento que llevaba encima de sí viendo a una hija así. Luego el Señor la había dotado de excepcionales dotes para la casa, la costura y los bordados era algo especial .Y yo añadiré que para mí era como un ángel custodio que me cuidaba, me enseñaba, no me dejaba de la mano, qué bendición de Dios verse una respaldada por una hermana así, con lo que hizo de mí una niña muy sensata y modosa dentro de lo que cabía en mis pocos años. Ya cuando estaba muy *malina* me llamaba a su cama, me decía que se moría y me empezó a dar consejos. Recuerdo decirme: "con qué ilusión esperaba el día de tu Primera Comunión, pero no llego a ese día, ya te acordarás y rezarás por mí", y se quitaba un sello de oro que llevaba, y me lo daba como recuerdo, yo no lo cogí, luego me quedó la pena por no haberle cogido, dándole ese gusto a ella. Era muy piadosa y estaba en todo, yo como después que fui creciendo me di cuenta de lo que era según estaba con tanto ahogo y ver con qué serenidad hablaba de la próxima muerte con un sentido cristiano de admirar, así que el Señor se la llevó porque la encontró preparada.

Segunda etapa de mi vida

A partir de la muerte de mi hermana se abre una segunda fase de mi vida, que en mi conciencia diría que es la más pecaminosa. Mi natural tímido, y según me había dejado preparada mi hermana, parecía que todo me tenía que favorecer para retraerme del mal, sin embargo, todo lo contrario, para hacer el mal era valiente . Gracias que mi madre se dio cuenta con la soltura con que andaba, y me fue encauzando, pues el *dime con quién andas y te diré quién eres* es buena verdad. Qué necesario es la vigilancia de los padres y las buenas compañías. Viendo lo que en mí pasó, parece que una se siente tentada a decir ¿cómo el Señor me llevaría tan pronto a esta *hermanina* cuando esta separación fue para mi alma motivo de caídas? Pero el Señor, que todo lo hace bien, cuando así lo dispuso, es que convendría para que brillase más su infinita misericordia sobre mí. Pero siempre tengo el recuerdo que en esta etapa fue cuando más ofendí al Señor. Hoy día me siento perdonada, experimento la ternura, bondad y misericordia infinita de Dios nuestro Padre, y quisiera amarle tanto, tanto hasta morir de amor para resarcirle de todo lo que le ofendí.

Al morir mi hermana, la casa que ya estaba de dolor por la muerte de mi hermano, ahora todo se recrudecía más, sobre todo yo lo advertía más al faltarme ella, y veía que en casa no había más que silencio y dolor. Mi padre, ya mejorado, da pie para mi madre desahogar más el dolor de los hijos, pues por él se reprimía, así que se la encontraba llorando en cada rincón de la casa, tanto que un día le dije, vestida de negro y llorando, "pareces una *güela*". Ella me miró en su pena, y, queriendo como sonreír, me dijo "nadie sabe la pena que llevo en el corazón, dos hijos en tan poco tiempo y uno sin estar su madre a su lado..." y el llanto no la dejó continuar. Así que ante este ambiente triste de casa yo no paraba en esta nada más que lo imprescindible. Salía de la escuela y me quedaba con otras chiquillas, el caso era no entrar en casa. La pena se me fue quitando. Como *rapacina,* se olvida más fácilmente, y las malas obras iban brotando. De tanto bueno como me habían ido inculcando en mis primeros años sólo me quedó un cierto temor de ofender a Dios gravemente porque tenía bien aprendido que el pecado mortal me llevaba al infierno. Este temor servil lo conservé siempre hasta que descubrí mi vocación religiosa, en que este fue ardiendo para dar paso al amor, y hoy por hoy es el amor el que me mueve. A pesar de todo es para dar gracias a Dios por ese temor y que, si no fuese siquiera esto, entonces aún sería peor.

Llegado el invierno iba con otras *rapacinas* mayores que yo a una caseta que hacían lumbre y allí nos calentábamos, jugábamos a las cartas y lo peor de todo eran las conversaciones que allí se hablaban, que no eran para mi edad. Para mí eran cosas nuevas lo que oía, y luego en mi imaginación iba dándoles vueltas, no solo durante el día sino acostada antes de quedarme dormida, con lo cual la mayor parte de los días dejaba mis oraciones de la noche por andar ocupada con esas cosas. Esto me hizo mucho daño, pues al rezar menos, más iba resbalando por el mal. Me hice desobediente, contestona, holgazana y, lo que fue peor, el tiempo que estuvimos sin iglesia en mi pueblo me iba todos los domingos y días festivos a la parroquia que distaba de mi casa casi dos km.

Íbamos las niñas de la escuela formadas junto con la señora maestra, una fervorosa cristiana, y así hiciese frío o no estuviese muy bien, iba con entusiasmo a misa, cosa que después, con la iglesia del pueblo reconstruida, que me quedaba a dos pasos de casa, cualquier cosa que me pasase ya encontraba motivo para no ir a misa, menos mal que mi madre como no viese en mi algo que en realidad fuera causa para no ir a misa, no me dejaba perderla, "nada de pamplinas" me decía ella, "pronto vas a hacer la primera comunión y haz que ir acostumbrándote a lo que pronto te va a obligar". También se daba cuenta si me acostaba sin rezar, y muchas veces me regañaba y me decía lo que a ella y a sus hermanos les decía su padre "cuando vamos para la cama, los ángeles nos miran a ver si rezamos, y si no rezamos encomendándonos al Señor, antes de dormirnos, dicen ya van los animales para la cama, en cambio cuando nos ven rezar dicen: "aquí está un cristiano". Así que a ver si vas a ser tú como los animales". Más que especificar mis pecados, diré, y creo que no exagero, que más o menos pequé contra casi todos los mandamientos. No obstante esto, no me parece presunción si digo que, dado el extremado temor que yo tenía al pecado mortal, no como la ofensa que implicaba a Dios, sino como merecedor de las penas del infierno, no me parece, según las luces que tengo hasta ahora, que se haya dado en mi tal pecado, al menos nunca tuve conciencia de él, sea por ignorancia o sea que en realidad por la misericordia infinita de Dios, creo que desde el bautismo hasta hoy no se ha roto la vida de la gracia en el alma, si bien por esos años andaría bien sofocada con tanto pecado. Así que cuando llegó el tiempo de hacer mi Primera Comunión, tenía conciencia de que era pecadora y ansiaba con toda el alma confesar tanto pecado como veía en mí.

Primera confesión

Pero si grandes eran mis deseos de confesarme y quedar limpia de tanto pecado, las cosas no se presentaron como una deseaba. Corría el año 1940, en el 39 había terminado la guerra y como consecuencia de esto había mucha escasez de sacerdotes, a esto añado que, si bien en el 39 ya muchos niños mayores hicieron la Primera Comunión, aún para el 40 quedaban muchos que por la edad ya les correspondía haberlo hecha en años anteriores, pero seguramente por causas de la guerra no la habían podido hacer, total que el sacerdote de la Parroquia (Caces) con mi pueblo (Puerto) y otro más (Siones) un acto así se hacía todo en la parroquia, al verse con tantas almas que confesar y él ya mayor no se le ocurrió otra cosa que tanto a niños como a niñas confesarnos de dos en dos por el lado de los hombres. A mí me tocó con otra *rapacina* de mi pueblo que sé lo conocía de verla en la escuela, y como ella tenía unos dos o tres años mayor que yo, no participábamos de los mismos juegos, así que no había confianza una con la otra. El sacerdote solo nos hizo unas preguntas muy de prisa sobre algunos pecados propios de *rapacinas* que yo todos reía en mí, y le respondía que sí y sin dejarnos decir nada nosotras nos dio una gravísima exhortación mandándonos que nos arrepintiésemos de todo y sin más nos dio la absolución. Nerviosa que estaba ante la primera confesión que iba a hacer, y luego según estaba deseando confesar todo lo que yo entendía había en mí de pecado y presentarse las cosas así, salí con una depresión que para qué más. Por otra parte, me decía "cuando el sacerdote lo hizo así es que en estas cosas se podrán hacer". La Señora maestra era la que nos iba mandando pasar y nada decía... Así que yo me sentía en cierto modo tranquila, pero a la vez deprimida.

Primera Comunión

Al otro día, 26 de mayo, muy pronto, la misa en la Parroquia para hacer la Primera Comunión los críos de los tres pueblos. Yo no sé si el madrugón, por una parte, luego la depresión que había en mí, y, sobre todo, el nerviosismo de que iba a recibir al Señor y me parecía que no lo iba hacer bien, que no estaba preparada, el caso es que nada más levantarme me empecé a marear y a vomitar que no eran hacer vida de mí.

Con qué sacrificio pude llegar a hasta la Parroquia, teniendo que parar la fila varias veces durante el trayecto, luego, ya en la iglesia, con tanta gente aún me ponía peor, me tuvieron que sacar varias veces, y bien creía que no iba poder recibir al Señor. Pero el Señor me ayudó, me dio fuerzas y mi primer encuentro con el Señor en la Comunión se realizó y todo en mí cobró vida en todos los aspectos. Aquí sí que podía repetir lo que tantas veces oí decir a mi madre: "gran cosa es recibir al Señor en la comunión y no sólo para el alma sino hasta tambien al cuerpo". Algo de esto experimento también yo. Y dentro de lo que cabe en una *rapacina* de ocho años largos, mi encuentro con el Señor fue consciente. De regreso a casa en el pueblo mucha gente salía al camino y me besaba con una fe diciéndome "hoy estás *santina*". Llegada a casa, el gozo y el dolor se daban cita en el ambiente familiar. Mi familia era cristiana y no podíamos por menos de alegrarnos todos en el día de mi Primera Comunión, pero a la vez el recuerdo de mi hermana, que bien seguro desde el Cielo se alegría con nosotros, pero somos humanos y su ausencia corporal se dejaba sentir muy vivamente en este día, máxime sabiendo cómo ella deseaba hacerme el traje para este día, prepararme y presenciar todo esto, así que con motivo de todo esto no se hizo ningún extraordinario en este bendito día. Una vez hecha la Primera Comunión había costumbre por aquellos años, que las que habían hecho esta siguiesen comulgando, los siete domingos siguientes en honor del glorioso San José. Yo los hice muy gustosa y creo que, con fervor, en la segunda confesión se me expansionó el alma, no sé el tiempo que estaría, me expansioné a gusto diciendo al sacerdote todo lo que hubiera querido confesar en la primera, y que no me fue posible. Yo estaba tranquila porque me había arrepentido de todo, aunque no hubiera podido decir nada más que lo que me preguntaron. Pero ahora qué a gusto me sentía, qué alegría, qué paz sentía en mí, esto solo me podía venir de Dios.

Pasados estos siete primeros domingos la costumbre general era confesar y comulgar una vez al año por Pascua florida como nos decía el catecismo. Esta costumbre a mí no me iba, todo el año sin confesar ni comulgar me parecía monstruoso y, como la Señora maestra era muy buena cristiana, se hablaba de esto en la escuela, y luego ella lo decía al sacerdote, y así, en algunas fiestas o algún domingo más señalado, el sacerdote venía un poco antes de la misa y confesaba a las que lo deseábamos, y luego ya consagraba en la misa, pues no teníamos el Santísimo permanente, sólo en el momento de la misa. Cuando quedaba muy cerca algún domingo o fiesta de precepto del día que habíamos comulgado, la Señora maestra nos decía tener cuidado de no pecar para poder comulgar sin confesaros, era la única ocasión que se presentaba entonces de comulgar dos veces muy cerca una de la otra. Esto que una agradecía con toda el alma me ponía a prueba por otra parte, según era de contestona y desobediente en casa, así que en esos días andaba como metida en una camisa de fuerza sin saber rebullirme y empezaba por salir lo menos posible a jugar con las otras *rapacinas* pues era muy juguetona y distraída y estando en el juego que me llamasen que no atendía, ya estaba la desobediencia encima, así que no saliendo a jugar era la manera de cortar por la sano, y así una serie de medidas que tenía que tomar para poder ir a comulgar sin confesarme antes.

Por este tiempo yo tenía conciencia de que me portaba mal en casa, que era mala, pero me parece que no hacía nada por enmendarme y luego, como mi padre me tenía tan mimada y consentida, pues para él todo lo que yo hacía estaba bien, no cambiaba la situación.

Y yo diría que mis Comuniones por este tiempo no debían ser infructuosas, yo deseaba recibir al Señor, y lo recibía ocasión que tuviese, y luego me entretenía a dialogar con el Señor. Y recuerdo muy bien que por esos años muchas veces, después de recibir al Señor, le pedía que me diera vocación de monja, que yo quería ser toda para Él. Se lo pedía con fe y fervor, pero de esta petición no hablaba con nadie, y menos decir nada a los de casa, lo primero que me diría mi hermana Marina "buena eres para ser monja", según el concepto que tenían en casa de las monjas, para ellas estas eran almas privilegiadas, y con lo mala que yo era, se escandalizarían. En cambio, sí les decía una petición que hacía siempre al Señor: el vivir y morir en gracia.

Vocación de niña

En cuanto a ser monja voy a decir lo que un día pasó en la escuela. Nos dice la Señora maestra que cada una escriba lo que le gustaría ser cuando fuese mayor. Aquí cada una tenía campo libre para dar curso a su imaginación o a los deseos de su corazón. Yo creía que esto lo leería la Señora maestra y no pasaría la cosa más allí, así dije llanamente lo que deseaba, y así escribí "cuando sea mayor quiero ser monja para ser toda del Señor". El Espíritu Santo me inspiró y me dio fuerzas para atreverme a escribir esto, y solo salía mi respuesta por este camino. Otras deseaban alguna carrera, otras yo creo que se habían puesto de acuerdo, y muy eruditas, decían que no pensaban en el mañana sino el ser actualmente unas niñas modelo, y nombraban no sé cuántas cualidades. Y no faltó una respuesta tan original que se daba por feliz siendo carnicera, por lo mucho que le gustaba cortar carne. La maestra fue leyendo todas las respuestas, pero sin decir a quienes correspondían, solo daba su parecer, pero cuando se encontró con la mía cambió de estilo, no leyó lo que decía, solo se limitó a mirarme con cierta bondad y complacencia a la vez que decía como enternecida Emelina, Emelina... Ella me quería mucho y no sé lo que le pasó, mientras que yo estaba toda apurada, con miedo a que después de decir mi nombre leyese lo que había escrito.

Yo no sé qué contrastes se daban en mí por estos años, con ser mala brotaban en mí también sentimientos buenos, como era el pedir al Señor ser monja, vivir y morir en gracia, y luego no dejaba de ser mala. En una ocasión esta Señora maestra nos habló de lo mal que estaba el pueblo sin Santísimo, que la oración de las niñas tiene mucha eficacia, que se lo pidiésemos al Señor, y a mí esto no me cayó en el vacío, con ser tan poco rezadora le pedía al Señor que el sacerdote le dejase en el sagrario, y un día, en un arranque, me cojo unas cuantas *rapacinas* y voy con ellas a la puerta de la iglesia, estaba ésta cerrada, y allí, de rodillas todas, ni sé el rato que estuvimos rezando cuanto sabíamos y pidiendo al Señor tenerle en la iglesia. Cuando nos quisimos levantar no aguantábamos las rodillas, allí hubo oración y sacrificio, pero oración fue eficaz, no la nuestra sino la de todas las niñas, pues a los pocos meses se va el sacerdote y viene otro relativamente joven (39 años), con otro estilo muy distinto al que se fue. Este se extrañó de que no tuviésemos Santísimo en la iglesia, y enseguida lo puso, estableció también la costumbre de hacer los primeros viernes de mes, y en fiestas grandes, él advertía que venía algo antes de la misa por si alguien quería confesar. En fin, las cosas fueron cambiando, y todo favorecía más al Espíritu, pero aquí también surgió una nueva dificultad para mí.

En ayunas no resistía nada, así que me las veía y deseaba los días que quería comulgar, me mareaba de tal manera que más de una vez me tuvieron que sacar de la iglesia sin conocimiento, otras veces mi madre me vigilaba y en cuanto veía que me quedaba pálida me sacaba, y algunos días tenía que quedarme sin comulgar porque no me pasaba el mareo. Algunas paisanas decían a mi madre que por qué me dejaba ir en ayunas, que tomase buen almuerzo y que dejase de comulgar, a mí me dolía que dijesen esto, ellas enseguida daban la solución, y por otra parte el ayuno corporal era tan riguroso en aquellos tiempos que quien tan mal pasó con éste, sabe apreciar ahora y dar gracias por esta flexibilidad de la Iglesia, siempre madre solicita del bien de sus hijos, que ahora suaviza el ayuno eucarístico.

Nuevo sacerdote

La llegada del nuevo sacerdote produjo alegría en el pueblo, pero a los pocos meses de esto se corre la noticia de que la Señora maestra pidió traslado para Oviedo con el fin de educar a sus hijos, pues su marido ya tenía la escuela en Oviedo, y esta noticia produjo pena no sólo entre nosotras, sino en todo el pueblo en general, quien admiraba la labor tan sacrificada y abnegada que esta buena maestra hacía en las niñas. Era una fervorosa cristiana con un sentido de responsabilidad a toda prueba, se entrega a nosotras sin descanso y hasta casi no nos daba recreo en el afán de que aprovechases el tiempo en la escuela lo más posible, pues, como ella nos decía: "tenéis más tiempo el resto del día de jugar y expansionaros, y en cambio en pasando estos años escolares seguramente no tendréis ocasión de adquirir más cultura, así que aprovecharos ahora que el día de mañana os sentiréis agradecidas". Y qué gran verdad decía. Que el Señor le recompense todo el bien que nos ha hecho en todos los aspectos, siempre la recuerdo con cariño y gratitud y aun antes de venirme al convento la visitaba alguna vez y ella lo agradecía mucho. Me faltó el detalle de ir a despedirla al venirme al convento para que una tenga que lamentar sus muchas limitaciones.

Nueva maestra

La pena por la Señora maestra que se nos fue pronto, fue pasando al venirnos una Señorita muy buena también en todos los aspectos. Y cosas que Dios permite, yo que me sentía tan querida de la anterior con esta me tocó pasar una temporada de prueba de humillación.

Humillación en la escuela

Cuando ella llegó, estábamos clasificadas las mayores en el grupo 3°, las medianas en el 2°, a este correspondí yo, las pequeñas en el primero y luego las *pequeñinas*, que no tenían número. Nuestro grupo era el más numeroso, habiendo algunas un poco torpes para retener las explicaciones que nos daba, y aún peor todavía para estudiar, a mí me daba pena de ellas porque algunas, las pobres, por más que se esforzaban, su cabeza no daba para más, y lo que hacía de la lección etc. Pero yo era despistada, algunas veces no cogía bien las palabras, y cuando la Señorita nos repasaba esto, se dio cuenta que había copia entre nosotras, y aunque todas éramos del mismo grupo, ya ella dentro de este grupo había hecho una división, unas las más adelantadas y otras el pelotón de las torpes, como alguna vez solía decir. Bueno, pues yo, que siempre adelantaba a las de mi edad yendo a la cabeza del grupo, me veo ahora pasar al pelotón de las torpes, creída ella que yo era también de las que copiaba. Yo tal vez por timidez y no por virtud me callé, y nadie me defendió, porque cualquiera que dijera que era yo la que les pasaba a copiar lo mío, todo hubiese quedado en claro.

Me costó mucho, fue la primera vez que experimenté la humillación, y hasta me parecía que la Señorita no tenía ninguna consideración conmigo. En casa no di cuenta de nada, pero yo sabía con todo esto y cosas de Dios, es que me convenía esto porque al poco tiempo sin yo hacer nada para que me cogiese afecto, pues siempre procuré mostrarme al natural sin querer pasar por lo que no era, ella empezó a cogerme cariño y descubrir, según ella, buenas calidades en mí, que me tenía por una de las niñas modelo de la escuela, que ni yo lo creía, ni lo veía en mí.

Y la cosa empezó por la visita del inspector. Llegó éste a hacer la visita del año y nos hizo varias preguntas, y en éstas propiamente yo no despunté como debía, en parte porque me puse nerviosa y en parte porque no soy yo de expresión fácil. Pero luego él nos puso en el encerado dos problemas, el uno algo difícil, entraban varias divisiones y el otro lo encontré muy fácil y como él dio libertad para que cada niña sacase el que pudiese, yo me metí por el difícil, porque vi que podía salir con él, y creída que las de segundo, las adelantadas, lo sacarían también. Y cuando él, acompañado por la Señorita, fue de pupitre en pupitre mirando, creo que quedó algo sorprendido, y más la Señorita, me vieron con el problema sacado, pues sólo se habían metido con él las de tercero. Dado lo distanciado de mi sitio al de las de tercero se veía claro que no hubo copia, sino que había salido de mí. Debo decir que las matemáticas se me daban muy bien. Bueno pues a partir de este hecho la Señorita me hacía preguntas y me iba siguiendo más de cerca, y aunque ella, muy buena y sacrificada con todas, me atrevería a decir que me llegó a coger gran afecto. Por ejemplo, al irse o venir de vacaciones, nos rifaba algunas cosillas que a nosotras nos hacían gran ilusión. Yo nunca tenía suerte de que me tocase algo, ella se daba cuenta y me decía: "igual me pasaba a mí en el colegio", y como no hay mejor cosa que experimentar una las cosas para luego comprender a las demás, lo que hacía era al final de la rifa regalarme algo que yo le agradecía mucho. Incluso una vez que no pude asistir a la escuela y era un día que había rifa, tuvo el detalle de dedicarme una estampa y mandármela por las niñas cercanas a mi casa. Esta delicadeza fue muy apreciaba y agradecida por todos los de mi casa.

Oviedo

Y ya cuando a los trece años largos dejé de asistir a la escuela para ir a Oviedo a instruirme en labores, ella aun quedó unos años más de maestra en mi pueblo, y para el día de su santo me seguía invitando a la merienda que en ese día daba a todas las niñas, y el primero, y creo segundo, acepté, luego ya me veía grande entre las *rapacinas,* aparte que tenía que bajar de Oviedo antes de lo debido, y ya no iba, pero la amistad y la gratitud me quedó para siempre. En otra cosa que también demostró su interés por mí, era que a todo trance quería que me diesen carrera, según ella decía que era inteligente, que sacaría con facilidad una carrera que era una pena el que me quedase sin ella. Sobre esto ya la Señora maestra anterior había hablado con mi madre, pero no con tanta insistencia como ésta. Esto se habló en casa y estaban dispuestos mis padres a dármela, a pesar de las dificultades que surgían, no en cuanto a lo económico, que gracias a Dios se desenvolvían con desahogo dado el sueldo de mi padre y lo que se cosechaba.

Pero el recuerdo de mi hermano, que sin terminar la carrera de magisterio murió en la guerra, y que por aquel entonces con grandes sacrificios se la daban, pues tenían que empezar por el gasto del tren para desplazarse todos los días a Oviedo, luego comida en Oviedo, libros, profesores, etc. Y en aquellos tiempos que no corría el dinero, les suponía sacrificios, pero creo que su inteligencia era privilegiada y no era cosa de dejarle con lo que aprendiese en una escuela de pueblo, esto dijo, los retraía luego otra dificultad era que yo no era un encanto para las comidas. Era tal la inapetencia que yo sentía sobre todo en todos estos años de *rapacina* hasta que empecé a ir a Oviedo, que no eran hacer vida conmigo con las comidas, ya habrá ocasión de decir el motivo de esta inapetencia.

Así que temían me pusiese a estudiar y sin estar en casa para las comidas, me enfermase, máxime que por aquellos años se habían dado en el pueblo algunos casos de tuberculosis, y luego yo que me costaba salir del ambiente del pueblo, tiraba para atrás, así que me quedé sólo con los estudios primarios de una escuela de pueblo y las clases que me dio mi tío Justo durante las vacaciones de un verano, era muy buen maestro y aproveché mucho en ellas. A esto debo añadir que, en mis primeros años escolares, tanto mi hermana Marina como *Lolina* me enseñaban algo también. Cuando empecé a ir a la escuela no recuerdo los años que tenía, pero ya era algo *grandina*, y enseñada por mis hermanas ya sabía algo leer, hacer sumas fáciles y escribir muy mal. De todas formas, fui incorporada con las niñas del grupo más pequeño que venían a ser como yo, éramos unas diez o doce, pues antes, como las familias eran más numerosas, había muchas crías en la escuela, recuerdo de estar matriculada hasta cincuenta y tantos, era escuela unitaria.

Envidia

Bueno pues todas estas pequeñas nos colocábamos alrededor de una mesa grande con las patas cortadas a nuestra medida. Lo pasábamos en grande tanta chiquillería. De vez en cuando la Señora maestra iba a nuestra mesa a enseñar a leer, difícil tarea enseñar al que no sabe, pues después de estar explica que te explica esta letra así y este de otra manera haciéndose entender con los dedos al preguntar luego qué letra era, le saltaban con cualquiera menos con la que era, otras en cambio estábamos deseando contestar, pero no nos preguntaba hasta que un día escribió en el encerado algunas letras y me mandó leerlas, y las leí con soltura. Entonces ella junto con las vocales escribió alguna consonante que también acerté a leer. Entonces me cogió la cartilla del primer "Rayar" y me puso a leer por ella por distintos sitios, y al final me dijo: "niña tú sabes leer", yo respondí "sí Señora, me enseñaron mis hermanas", y una *rapacina* añadió "también sabe sumar", ella lo comprobó, y luego siguió haciéndome preguntas como un pequeño examen, y al final me dijo "no te corresponde estar en esta mesa" y me llevó a un pupitre. Por esta distinción no sentí ni pena ni gloria más bien lo primero al verme un tanto separada de mis compañeras con las que me sentía tan a gusto: esta cosa sin importancia a mi parecer, despertó algo de pelusilla, y al regreso a casa me afrentaban con las cosas que me decían: "qué poca gracia que supiera leer cuando me enseñaban mis hermanas". Yo recuerdo que no les callaba y les decía "también vosotras tenéis hermanas, que os enseñen".

Aquí fue la primera vez que yo descubrí lo que era la pelusilla, la envidia por el bien ajeno. Salvo algunas *cosinas* de éstas, siempre me llevé bien con las *rapacinas*, iban con más ilusión y de buena gana a la escuela que si algún día no podía ir porque me necesitaban en casa, me costaba un disgusto. Mi hermana Marina le gustaba mandarme de punta en blanco, y yo era muy poco cuidadosa para no mancharme, así que la pobre tenía bastante que me aguantar. A este propósito dio un brote mío de amor propio y vanidad. Como tenía poco cuidado de no macharme, uno y otro en que siempre me traían con ropas muy claras que enseguida se manchaban, total que determinaron al llegar a casa ponerme un mandilón. Un buen día me pareció feo el mandilón, y mi resistí a ponerlo, y no había manera de que mis hermanas hicieran vida de mí porque yo me sentía apoyada por mi padre que me consentía todos los caprichos, pero en este día no fue así, ellas le dijeron lo que pasaba, y él, todo serio, me mandó ponerme el mandilón, no tuvo que decírmelo dos veces.

Podría dar fin a esta segunda etapa de mi vida y abrir otra al salir de la escuela y comenzar a ir a Oviedo, pero me siento movida (movimiento que no sé si viene de Dios o si es mío, yo en mi afán de serle fiel voy siguiendo estos movimientos) a decir algunas travesuras y episodios de mi vida por estos años que cuando me ocurrían me parecía poca suerte, o mala parte como solía decir, pero que ahora veo providencia de Dios y protección de la Santísima Virgen.

Entre los muchos consejos que me dio mi *hermanina Lolina* en sus últimos momentos ya muy ahogada, tanto que mi madre que estaba junto a ella me decía que en el alma te lleva, presta atención a todo lo que te dice, *mira con qué esfuerzo te habla*, pero a mí poco me quedó, si bien esto que voy a decir me quedó bien grabado y creo que lo cumplí bastante bien. Me encargó le visitase la tumba y que le pusiese flores. Al principio era mi madre quien me mandaba, ella me preparaba las flores y el agua que debía llevar para echar en los búcaros para que las flores se conservasen más frescas, incluso mandaba a alguna otra *rapacina* mayor que yo conmigo para que me abriese la puerta de cementerio, pero cuando me fui espabilando en esta ocupación ya me buscaba yo *rapacinas* a mi medida y otras veces iba sola. Cuando iba sola, y la cerradura ya desgastada me empezaba a dar la lata, mi paciencia se acababa pronto, entonces pasaba las flores por entre las verjas de la puerta y luego yo saltaba por encima de ésta, exponiéndome a desgraciarme con la altura que tenía la puerta, y luego los hierros en punta en que se mataba. Antes de hacer esa maniobra miraba para una parte y para otra para ver que no era vista por alguien que lo fuese a decir a mi madre, me daba cuenta de que no era bueno lo que hacía.

En el cementerio

En una ocasión me acompañaba una compañera de travesuras. Ella vivía en Oviedo, pero tenía familia en el pueblo, y las vacaciones las pasaba en el pueblo, y hacíamos buenas migas porque las dos éramos a cuál más trasto, y lo que es la misericordia de Dios, a las dos nos escogió para sí, ella es religiosa angelina y yo dominica. Sea Dios bendito. Bueno pues a las dos nos llamó la atención la sepultura pequeña que solía haber en casi todos los panteones, y a mi más me chocaba al ver que el nuestro las tres sepulturas eran todas grandes del mismo tamaño, mientras que en otros eran dos grandes y la del medio más pequeña. Picadas de la curiosidad nos acercamos, aunque estaba algo corrida la lápida, y nos inclinamos a ver lo que había dentro, creídas de que esa la dedicarían para enterrar en ella a niños, pero no logramos ver nada, su profundidad resultaba *oscura*. Entonces, ni cortas ni perezosas, levantamos la lápida con gran esfuerzo y miramos hacia dentro, y lo que vimos fueron calaveras, quien nos ve soltar la lápida y echar a correr despavoridas. Cuando acordamos con nosotras, el corazón nos palpitaba enormemente, el pánico fue tremendo, y lo peor era que yo tenía que cerrar la puerta del cementerio para llevar la llave a casa, y mi compañera no se atrevía a ir conmigo, y yo no sabía qué hacer, si ir para casa sin la llave, tendría que decir lo que pasó, e ir a cerrar sola no me atrevía, qué apuros bien merecidos estaba pasando, pero al fin fui sola y cerré con más miedo que *pa qué*. Las hacía, pero tenía mala pata, bien tenía que expiar mis travesuras al momento, la providencia de Dios que así me iba enseñando, pues si me salieren bien aún sería peor.

Flores para la Virgen

Tantas travesuras podrían contar que no sé qué coger ni qué dejar. Diré alguna más accidentada como todas. En un recreo proponen las *rapacinas* mayores el ir a coger flores para la Virgen, y yo iba con ellas. Llegamos a una tierra al lado de unas casas rodeadas de rosales silvestres. Como una banda de abejas nos lanzamos sobre las flores cuando, de pronto, sale el amo de la tierra de una de aquellas casas corriendo desmandado y soltando palabrotas, que si nos coge nos mata porque le dejábamos abierta la tierra. Llegamos a la escuela todas sofocadas. La Señora maestra se dio cuenta de que algo nos pasaba, tanto que se descubrió todo, juntándose al regaño y justo que nos dio el paisano de la tierra, el regaño de la maestra, pues que ¿cómo comprendíamos que le podía ser agradable a la Virgen flores robadas? Bendito sea Dios que así velaba por mí. Para una triste vez que yo caí en el ajo se descubrió todo, cuando cada dos por tres llegaban *rapacinas* con esas flores y nadie sabía de dónde procedían, mientras que yo tenía flores en casa a dar y tirar, y buenos ramos que mi madre me daba con qué fe y generosidad para la Virgen, pues, como ella decía, cuanto más doy, más la Virgen me bendice las plantas.

Y mira por dónde caí en la tentación de ir a robar flores para la Virgen. La Virgen, la Virgen... Antes de seguir adelante con mis travesuras siento necesidad de pararme un poco en la Virgen. Creo que mi amor a la Virgen nació en mí con la gracia, y toda mi vida a la Virgen yo amaba y la invocaba, sobre todo cuando me veía en un apuro o caía en la cuenta de que había hecho una traslada, pero más que para corregirme e imitarla tengo que confesar que era como un buscar su protección para verme libre del apuro o del regaño que me esperaba.

De todas formas, con ser tan imperfecta mi invocación, puedo decir que siempre sentí la protección de la tierna madre, la Santísima Virgen. Y no sola yo, sino que en casa se hablaba de esto también, pues lo mismo mi madre que mi hermana solían con cierta frecuencia mandar celebrar alguna misa en honor de la Santísima Virgen, como acción de gracias por la protección que sentían de Ella. Y esto que vi en ellas me movía cuando yo fui mayor a hacer esto también. Por los años de *rapacina,* y aun de mayor, antes de descubrir mi vocación, ni sé la de salves que solía decir a la Santísima Virgen como un obsequio, como un piropo espiritual, y me salían con tal confianza y amor que ahora me doy cuenta de que en esto me movía el Espíritu de Dios, pues ¿por qué me salía hacer eso con esa espontaneidad? Y si es el ejercicio de las flores que tan hermoso hacíamos en la escuela todos los días del mes de mayo, dejé huella en mi alma para toda la vida. Y de este santo ejercicio brotó en mí un gran amor a la Virgen en el ministerio de su Inmaculada Concepción, pues era un cuadro grande de la Virgen en este misterio el que teníamos en la escuela, y nos dirigíamos a Ella.

Recuerdo un día en que con gran fervor en lo que cabe una *rapacina*, recé el rosario, luego el ejercicio de las flores con cantos. Total, que se hizo largo, pero yo no me daba cuenta y estuve todo el tiempo de rodillas hasta que la flaqueza de mi cuerpo se desmayó con gran susto de las demás *rapacinas*. Cuando volví en mí, yo no me había dado cuenta de nada de lo que acababa de ocurrir, sino que era como un dulce recordar a la Virgen, la Virgen purísima, nuestra Madre espiritual.

Hice alguna otra trastada. Por estos años a derechas no hacía nada, puede decirse. Mi natural buscada lo fácil y cómodo como la que más y holgazana, echar una mano en las faenas de casa era por demás, decían que andaba tiesa, que no me doblaba a nada, lo más que decían que les divertía con mis payasadas, era divertida y las hacía reír con mil cosas que se me ocurrían, tanto que algunas veces mi madre me decía "Dios te conserve ese humor". Tenía una que regañarte y no puede.

Cuidando vacas

En un verano me mandaron unos días a cuidar las vacas en un prado grande que constaba de una llanada y costera. Estaba todo de hierba casi para segar, pero dado que aquel año había abundancia de hierba, para que mi padre no anduviese cargando cargas de hierba para subirlas al carro, lo de lo costera a mi madre le pareció bien que las vacas paciesen esta, y me mandó a mí cuidarlas para que no se metieren a pacer la llanada. De las tres vacas que teníamos, una muy buena, pero ya metida en años y les daba pena venderla, yo sentía mucha compasión por ella, y para que no se molestase por la costera la dejé pacer por la llanada. Detrás de esta se metían las otras, total que en unos días estropearon todo el prado. Un buen día llega mi madre y al ver esto echa las manos a la cabeza toda asustada y me dice: "no se te puede mandar nada, y como fuiste tú, tu padre no dirá nada". Entonces yo con un sentimiento hacia la vaca vieja le digo "*pobrecina* me daba pena de ella verla por la costera y la dejé meterse en lo llano y después ya no puede hacer vida de las otras". Y qué cara pondría que quedó desarmada y no me regañó, más bien hizo como un movimiento para sonreír. Este hecho, o mejor, el mejor, el motivo de compasión que movió este hecho tiene repercusión en mi vida de monja, sintiendo una especial compasión y amor a las hermanas ancianas y a las enfermas, que me mueve a hacer lo que sea sin pararme a mirar si está en ley o no, miro a la ley de la caridad y esa es mi ley.

Robando cerezas

En otra ocasión en una mañana de orvallo no teníamos clase, sería alguna fiesta y nos pusimos varias *rapacinas* a jugar a la casa debajo de un hórreo para librarnos del agua, pero para la marcha de la casa había que salir a hacer compras, y las mayores mandan salir a tres, entre estas me mandan a mí a ir a coger cerezas en un cerezo temprano de un paisano que tenía un perro que si nos coge nos devora. Yo advertí que no tenía suerte, que donde iba yo siempre nos cogía el amo, no me hicieron caso. Llegamos al árbol y sin pararnos, a pesar de lo peligroso que es subirlo estando mojado, yo fui la que más me encaramé en él, y cuando más ilusionada estaba cogiendo aquellas cerezas medio verdes y medio maduras, sentimos de lejos ladrar el Lobo, así se llamaba el perro del amo de aquel cerezo, quien nos ve llenas de miedo y todas nerviosas bajar atropelladamente del árbol, y echamos a correr sin saber una de otra. El perro dio en perseguirme a mí, y yo me veía despedazada por aquel perro tan feroz. Corría cuanto podía a refugiarme en mi casa, pues estaba cerca de ella, pero así y todo el perro me hubiese dado alcance sino es que el amo le llamó. Perdí las madreñas por el camino y llegué a casa que el corazón me saltaba, y mi madre, que estaba en casa, se asustó al verme llegar así. Yo no era, ni decir lo que me pasaba.

Ya cuando me recuperé un poco y pude decir algo, el criado se reía cuanto quería, mientras que mi madre con un cariño me decía, "pero *fía*[3] no te tengo dicho que no quiero que toques la fruta de nadie, si tienes tú de todo, mira lo que te paso". Pero yo no acababa de escarmentar de una vez para siempre, y de estas aventuras corrí las mías, pues no sé por qué razón las frutas de los otros gustan más, y durante

3. *Hija* en asturiano.

las vacaciones del verano nos juntábamos muchas *rapacinas* para ir a cogerlas en huertos que no eran nuestros, y yo casi siempre salía mal parada, o me caí o nos cogía el amo. Luego aquella fruta verde yo que por tantos años andaba tan inapetente y era de muy poco comer, gracias a que mi madre me *empapullaba* con huevos y jamón y estaba fuerte, pero así y toda esta fruta me hacía daño, la devolvía y yo, no solo esto sino también la comida, con la cual mi madre se preocupaba sin saber a qué obedecía esto y yo no tenía mi picardía para no decir a que venía. Ahora todo esto lo veo como providencia de Dios, pues si las cosas me hubiesen salido bien, aun había sido peor.

Otra cosa mala que tenía era el ser tan holgazana. Mi madre se quejaba diciendo que mientras otras *rapacinas* de mi edad ya ayudaban en su casa, que yo no hacía nada. A esto la atajaba mi padre diciéndole: "no está en años de trabajar, con que lleve bien los deberes escolares no se le debe pedir más, y estos los lleva, luego no hay por qué traerla ocupada en otros que haceres". Yo con esto que él decía crecía una cuarta, y eso sí, cuando él me mandaba algo, volaba a hacerlo, tanto que algunas veces ni me enteraba bien de lo que me decía por la prisa de correr a hacerlo. En cambio, con mi madre y mi hermana me hacía la remolona y terminaba haciendo las cosas mal, que era la mejor manera para que no me volviesen a mandar. Al ser mi madre tan servicial, cuando subía a Oviedo, dado que a ella no le costaba el viaje en el tren por estar mi padre empleado en el ferrocarril, pues avisaba a algunas vecinas para si querían algún encargo de Oviedo: luego cuando regresaba me mandaba a mí ir a llevar a las vecinas los encargos que le habían hecho, y más de cuatro veces daba a unas lo que eran de otras.

Algunas más avispadas desenvolvían el paquete para cerciorarse si era lo de ellas, pero otras venían a casa a devolverlo o enterarse con quien lo tenían que descambiar, con lo cual se descubría lo mal que yo lo hacía. Si es mi hermana me daba algún calcetín para coser, y la aguja me parecía mi mayor enemiga, y por más que mi hermana me explicaba para los zurcidos, yo daba cuatro puntadas juntando el roto, y en un santiamén ya terminaba y a jugar se ha dicho, así que no le que daban ganas de darme a coser nada, aunque mi madre insistía que me enseñase, pero también ella estaba convencida que de aguja nada, tanto que en una ocasión la oí decir "esta *rapacina* no tiene estilo para la aguja, no se parece nada a sus hermanas". En esto no fue profeta, pues con el tiempo nadie sabe lo que una puede dar de sí con tesón y buena voluntad, cosa que me faltaba entonces. Si la humildad es andar en verdad, como dice Santa Teresa, he de reconocer que, a pesar de mis malos principios con la aguja, la llegué a dominar bien, tanto en el bordado como en la costura. Debo reconocerlo para gloria de Dios.

En uno de estos veranos de esta etapa, mi madre, muy seria, me dice "vas siendo *mayorina* y es hasta pecado tenerte así tan holgazana, tienes que ir acostumbrándote a llevar cuenta con algo". Y me puso tres oficios de lo más sencillo que ni aún con ellos salía airosa por mi falta de interés. Uno era que tomase el cargo de echar la comida a las gallinas. La cosa era bien fácil, consistía en darles maíz, pero la dificultad para mí estaba en que si este estaba sin desgranar las pobres gallinas las hacía ayunar. Cogía unas cuantas panojas, les quitaba los primeros granos que se desprendían fácilmente, y ya daba la labor por terminada. Las pobres gallinas al quedar con hambre no se apartaban de delante de casa, con lo cual mi madre tan espabilada en todo caía en la cuenta de que no les había dado comida. En cambio, si encontraba el maíz desgranado, entonces era generosa por demás. Empezaba a tirarlos maíz que no solo había para ellos sino para las de todo el barrio. Pero también esto se me descubría, pues cuando pasaban al huerto, andaba el maíz aun tirado por allí.

Otro oficio era de ir al hórreo a buscar la harina para las comidas del cerdo. Tres veces al día me parecí que tenía que hacer esto. Había para traerlo un cacharro especial de porcelana que había que traer bien lleno, y al mismo tiempo con cierto cuidado de que no se cayese por el camino. El cuidado me faltaba, así que, cuando llegaba a casa, la mitad quedaba tirado por las escaleras del hórreo y por el camino. Lo que es hacer las cosas distraída y sin sentido de responsabilidad, y así salían.

El tercer oficio era ir al hórreo también a buscarles las patatas para el consumo del día. Estaban clasificadas en tres montones grandes. Las *pequeñinas* eran para los animales, las medianas para cocer y las grandes para freír. Al principio las traía como me mandaban, grandes, pequeñas, como mandasen, pero luego me mandaban alguna vez pelarlas, cosa que no me agradaba ni poco ni nada, y hasta se me hacía costoso. Entonces, cuando yo veía que las tenía que pelar traía las mayores que encontraba, les daba unos tajos que aquellas patatas no eran conocidas de pequeñas que quedaban. En cambio, la cesta de los mondos pronto se llenaba. A mi madre que no se le pasaba nada, enseguida decía "qué estropicio de patatas a esta *rapacina* no se le puede mandar nada, si hubiese que comprarlas iría la paga del padre en patatas". Pero si padre lo entendía, me defendía diciendo "todo se aprovecha para los animales, qué más da echarlas enteras que en trozos". Este visto decía mi madre que, para él, la *rapacina* nunca tiene culpa de nada.

Cuántas veces con la carga en la cabeza me agacho a coger del suelo una faba o un *maizu,* acordándome de lo que oía decir a mi padre: "un grano no hace granero, pero ayuda al compañero, y este país y esta *rapacina* son de casa rica, todo a lo grande". Así que mal salí con mis oficios. Y otros nuevos no admitía, pues algunas veces mi hermana me decía que al igual que otras *rapacinas* bien podía fregar los platos de la comida, ella decir esto y yo dar media vuelta y emprender el camino a la escuela o a jugar con otras *rapacinas* era todo uno. Ahora de monja es cuando realmente reconozco mi mal comportamiento, sobre todo en esta etapa de mi vida que voy describiendo.

Egoísmo infantil

Otra cosa que hacía mal, y que entonces no me daba cuenta. Corrían los años de la posguerra con lo que tienen de estrechez. En mi casa con la cosa de la labranza, y luego el sueldo de mi padre, no se pasaba mal, había abundancia y mi madre hacía muchas caridades, pero a mí me parecía que todos tenían abundancia y así tan tranquila me salía a comer entre otras *rapacinas* frutas y bocadillos buenos sin darme cuenta de que otras me miraban, y no se me ocurría repartir con ellas. En una ocasión una *rapacina* me dijo "cuando vayas a tirar la fruta que estás comiendo me la das" (yo le daba unos mordiscos y pronto la tiraba). Esto que en aquel entonces no le di importancia, y así otras muchas cosas por el estilo, en mi vida de monja, su recuerdo, me movió a hacer penitencia por estas mis faltas. El caso es que yo veía buenos ejemplos en casa y no los imitaba. Un año me lleva mi tío Justo a Oviedo a ver la cabalgata de los Reyes, que estos para mí venían muy esplendidos, pero para mis primas, las de al lado de casa, como eran muchos hermanos y no andaban las cosas abundantes, venían pobres; mi tío, aunque por ellas no venía el parentesco, les compró algunas cosas, y me mandó a mí llevárselas por si los reyes les dejaban poco. Total, que yo en mi egoísmo me costaba dárselo. Iba de mal en peor, no era la de mis primeros años que enseguida empezaba a repartir con todos.

Otro fallo mío era el ser antojadiza y caprichosa. Un día que veo a mi prima Tina con una cinta del pelo que había hecho ella muy bonita, se me antojó y se la pedí con exigencia. Ella con arranque se la quitó de la cabeza y dándomelo me dijo: "tómala, tienes de todo y se te antoja mi cinta también". Yo la cogí toda satisfecha, aunque a otro día me cansase ya de ella. Este capricho, este antojo mucho me escoció en el convento, pocos en otro sentido le encontraban parecido al pecado del rey David. Tenía lazos y cintas de todos colores y clases, y vengo a quitarle a mi prima lo que ella tal vez solo tendría, y hecho con tanto cariño.

Todas estas cosas en la vida religiosa, al ir iluminando el alma se ven como montañas, y brota espontaneo el deseo de hacer penitencia por ellas, y se pide perdón al Señor con tal arrepentimiento. Y como una ve qué distinto es lo que dicen las personas a como son las cosas en la presencia de Dios, pues mientras la gente dice qué niña más buena, qué moza más formal... A la luz de Dios uno se convence de que no es lo que dice la gente, ve en sí pecado y montañas de pecados por los que hay que hacer penitencia y clamar misericordia del buen Padre Dios misericordioso.

Deseo de venganza

Otro defecto mío era el ser un tanto vengativa. Entre las *rapacinas* teníamos la costumbre al separarnos, darnos la queda, era una pequeña manotada sin intención de hacernos daño, solo que la última que la daba quedaba victoriosa. En esto, como era ligera para correr, rara vez me quedaba con ella, casi siempre la daba. En una ocasión me la dio mi prima Tina, éramos de la misma edad, algo nos había pasado en el juego y no habíamos quedado muy fraternales, total que ella, aprovechando un descuido mío, me dio la queda con fuerza en plan de pegarme. Como yo estaba distraída,. cuando quise reaccionar , ya ella había escapado para su casa. Yo, toda enfadada y respirando venganza contra ella, le dije en alto "me la has de pagar", y mantuve este resentimiento hasta que se presentó a otro día la ocasión al ella de buenas a primeras, ya olvidada de todo, sube a mi hórreo para jugar a la casa. Yo que la veo, salgo disparada de casa que ni el camino veía, en plan de zurrarle. Dios quiso que mi tío Justo lo advirtiera y me detuvo, se ve que yo le habría dicho que le iba a pegar a mi prima que el día anterior me había pegado ella. Entonces él, con enfado, era de genio vivo como mi madre, me afeó tanto la ocasión que iba a hacer, que desarmó mi enfado, mi venganza, y creo que fue un momento en que obró la gracia de Dios en mí fuertemente.

Asimilé la enseñanza que me dio mi tío Justo sobre esto, y donde iba a cometer un pecado se obró una victoria. Luego a lo largo de mi vida he sentido alguna vez este movimiento de venganza ante algunas acciones, pero la gracia se adelantaba a mi ruindad y no me dejaba llevar de ese movimiento que hoy día veo abominable, y que se permita en este campo, aunque no sea más que pequeñas venganzas, no levantará el vuelo mientras no rompa con ellas, aunque en todo lo demás sea muy generosa, este fallo no lo suplirá con nada. La venganza es totalmente opuesta al Evangelio. Cristo que ultrajado no replicaba con injurias, y atormentado no amenazaba, sino que pedía perdón al Padre y disculpaba a quienes le trataban. En esto, como en todo, Cristo es nuestro modelo. Dios nuestro Padre, nos enviará y permitirá en esto, como en todo lo demás, pruebas para acrisolar al alma y hacerla practicar la virtud y viendo las cosas por el lado humano, una se ve tentada a decir "esto es hacer el tonto", perdonar, disculpar, hacer el bien a quienes precisamente nos hicieron mal, y sin embargo todo esto hay que hacer, como cristiana primero, y luego como alma consagrada comprometida en una mayor configuración con Cristo.

Pero qué paz trae todo esto al alma cuando se obra conforme al Evangelio. Este sistema de afearme la falta y persuadirme con razonamientos que no debía hacer tal o cual cosa, creo que tuvo gran eficacia siempre en mí, y era lo que solían hacerme en casa. No eran de pegarme a la ligera, mi padre, blando en exceso conmigo, jamás me puso la mano, mi madre y hermana alguna vez, pero pocas para según era de trasto.

Creo que mi natural no era favorable a la educación por el palo, y cuando veía que a otras *rapacinas* por cualquier cosa les zurraban sus padres, a mí me repugnaba tremendamente ver esto, pues no se podían mover en casa en ese ambiente de confianza y cariño con sus padres, a ellos con su modo de proceder les metían en un temor servil, muy lejos del que yo por la misericordia de Dios, me movía en mi casa de cariño espontaneidad, confianza, y tengo para mí que este trato que recibí en casa favoreció enormemente vivir en esta confianza, intimidad, cariño con Dios, mi Padre, evitando mis fallos, no por temor al castigo, sino porque con ellos le desagrado, no le complazco, y cuando se ama espontáneamente, se busca complacer al amado. Si bien he de reconocer que en mis años de mundo predominaba en mí la ley de temor hacia Dios, tal vez porque se hablaba de Él más como Juez que como Padre amoroso, pero en la vida religiosa, la experiencia que tengo de Dios, me habla de Él cómo Padre amoroso.

Entre tanto pecado y defectos como había en mí, creo que por pura misericordia de Dios no tengo conocimiento de sentir el aguijón de la envidia ni la mentira. No sé por qué razón estas dos cosas se presentaron siempre a mi natural como algo muy ruin, muy feo, que todo mi ser rechazaba. Dado el ambiente de cariño en que me crié y que salía con todos mis caprichos, no veía motivos de envidiar nada. Además, en un pueblo de gentes de vida sencilla, una se hacía al ritmo del pueblo y no sentía el movimiento de la envidia, si bien me daba cuenta que esta existía. Ya de mayor aún más feo veo este pecado capital, y sigo viendo que no hay motivo para caer en él, pues todo el bien que veamos en los demás, en lugar de entristecernos y crear en nuestra envidia, debemos dar gracias a Dios por sus dones en los otros, y sentirnos estimulados a corresponder mejor a los que deposita en nosotros, si diez, diez, si cinco, cinco, con temor, y temblar cada uno trate de ser fiel y no se nos vayan los ojos tras lo que recibieron otros. Cada uno dará cuenta de lo que haya recibido, y no se nos emboten los sentidos con este abominable pecado.

En cuanto a la mentira, desde los primeros años que recuerdo de mi vida, esta fue para mí algo también monstruoso, cosa de mentiras, trampas en el juego etc., estaba sobre mis fuerzas, no lo soportaba y, aunque era tímida, no podía tolerar. Llegando incluso a pegarme con otras *rapacinas* cuando recurrían a las trampas para salir victoriosas en los juegos. Y para mí una persona mentirosa no tiene prestigio, es algo que está sobre mí el valorar a esa persona. En fin, muchas cosas podrían dejar memoria de ellas en esta etapa de mi vida, pero estas ya dan una idea de ella. Es para bendecir a Dios en todo momento y darle gracias sin cesar por su providencia sobre esta alma, y cómo experimenta que la gracia divina la va transformando en todos los aspectos. Sea Dios bendito y glorificado en esta alma-Amor.

Tercera etapa de mi vida

Esta puede abarcar desde los trece años largos hasta los veinte. Son los años en que subía diariamente a Oviedo a aprender labores de bordados y costura. Fueron años en que pude aprovechar en la vida espiritual, dado que traté con personas piadosas y buenas, pero no me aproveché como debiera, y tengo para mí que fue una etapa tibia, ni fría ni caliente.

Al cumplir los trece años mi madre hablaba en casa de sacarme ya de la escuela para que empezase a aprender otras cosas. Sentía gran prisa por enseñarme todas las labores propias de una mujer de su casa, como ella decía. Yo no quería oírla hablar de que tenía que dejar la escuela, me sentía a gusto en esta y, como había oído decir que mis hermanas habían ido hasta cumplir las catorce, yo me agarraba a esto. Pero mi madre me hacía ver que ellos, mis padres, entonces eran más jóvenes y había tiempo para todo, mientras que conmigo ya se veían que iban para viejos, y no era cosa que les pasase algo y quedase sin aprender un poco de todo para valerme el día de mañana. Así que cumplí mis trece años el 17 de septiembre y, por más que yo no quería salir de la escuela, solo me dejaron asistir a ella hasta el 22 de abril, para el otro día empezar a subir a Oviedo para aprender a bordar a mano.

Amor de la escuela

Ni siquiera me dejaron terminar el curso. Con qué sentimiento salí de la escuela, me parecía me arrancaban de algo muy querido, y a la verdad yo quería mucho a la Señorita y a todas las *rapacinas,* y me sentía correspondida, pues a pesar de ser desobediente y trasto en casa, en la escuela no me debía portar tan mal, o es que le entré por demás por el ojo derecho a la Señorita, y ocasión que tenía, me ponderaba por todo lo alto. Muchas personas dignas de fe se daban cuenta del gran aprecio que esta me tenía, aún ya estando fuera de la escuela, y una chica que aprendía a coser en mi casa recordando un día nuestro tiempo escolar, sacó a relucir todo lo bueno que el día que dejé de asistir a la escuela la Señorita dijo a la *rapacinas* de mí. Yo nunca pretendí pasar por lo que era, va contra mi natural, ahora ¿cómo se conjuga que en casa reconozco sinceramente que no me portaba bien, me veía mala, y cómo en la escuela me tenían por buena? ¿sería mi timidez que no sacaba los pies de las alforjas? ¿en la escuela?

Bueno, pues empecé a subir a Oviedo junto con mi amiga Leonor, que lo éramos ya desde pequeñitas, y lo seguimos siendo siempre, y, aunque éramos completamente distintas tanto en lo físico como en el modo de ser, encajábamos muy bien, tanto que mi hermana nos llegó a decir alguna vez que nos admiraba al vernos tan distintas y que nos llevásemos tan bien. Éramos de la misma edad, ella unos meses más. Ella era la buena, la sensata, yo el trasto, el diablo, como mi hermana me bromeaba. Al hablar en casa de ponernos a bordar, mi cuñado fue quien propuso el lugar: unas vecinas de una tía de él, de gran virtud, que eran amigas de su tía y muy cristianas también, la dificultad estaba en que no solían coger jóvenes como nosotras, sino más bien eran estudiantes de magisterio que iban muy poco tiempo a aprender algo de bordado para salvar la asignatura de labores. En fin, intervino la tía de mi cuñado y nos admitieron como de familia. Además, nos quedaba muy cerca de la estación del *Vasco*, que nosotras íbamos en este ferrocarril. Así que en nuestras casas estaban muy contentos por ambos aspectos.

Al principio la bordadora creyó prudente que fuésemos solo unas horas por las tardes, ya que todo el día como deseaban las casas le parecía mucho para unas *rapacinas* acostumbradas a corretear en el pueblo, y encerrarlas de buenas a primeras en un piso, en una labor de tanta quietud. Estaba inspirada, pues aún se cansaba una de estar sentada unas pocas horas, pobre de nosotras si nos meten todo el día, menudo sacrificio, pues no estábamos preparadas para llevar. El ambiente era de silencio y seriedad pues las *maestrinas* hablaban poco, y con la presencia de ellas nosotras no nos atrevíamos a hablar, imponían. Cuando estábamos solas con la bordadora, entonces, o bien ella preguntaba alguna cosa, o nos hablábamos algo con ella, y sobre todo con su tía, que era muy agradable e iba algunas veces con nosotras. Era un matrimonio sin hijos que habían cogido a esa sobrina, y aquello no parecía más que en todo eran unos padres con su hija. La tía con un porte todo de señora le llamábamos Doña Consuelo, piadosa sobremanera, tanto que, cuando sabía de alguna función religiosa que sobresaliese de lo corriente, nos llevaba con ella a la iglesia y nos decía "aunque perdáis algo de bordar, esto es muy provechoso también", y a la verdad, íbamos muy a gusto con ella, y puedo decir que antes aprendimos el nombre de las iglesias y el camino de éstas, que el de las calles de Oviedo, y a movernos por estas con soltura.

Ahora bien, este hogar tan cristiano, la casa decorada tan piadosamente, las conversaciones que se tenían etc. si yo no fuese tan trasto, tan superficial y distraída, tenían que haber calado en mi vida y hacerme más piadosa, y creo que no me aproveché. Claro que al salir del pueblo y subir en el tren sabía el peligro que de hecho en otras de no más edad que nosotras se dio, empezaban ya a coquetear con chicos, pero en nosotras, por la misericordia de Dios, no se dio, nos mantuvimos los dos años y pico que estuvimos en esta casa, muy *neñinas*, tanto que yo, en todo el tiempo que sólo subía a Oviedo por las tardes, durante las mañanas siempre que podía hacía mis escapadas a jugar con otras *rapacinas*, ya más pequeñas que yo, pues las de mi edad ya en casa las tenían más ocupadas en el trabajo. Y aquí tenía yo mis picardías, pues en casa no les gustaba que perdiese el tiempo jugando, y cuando me sentían jugar, algunas veces me llamaban para ocuparme en algo, entonces les decía a las otras *rapacinas* que cuando me llamasen no fuese por mi nombre para que los de casa se enterasen que estaba jugando.

Subir a los árboles

Entre las ocupaciones de este tiempo algunos días era bajar la comida para mi cuñado a un tren que pasaba a las once y pico por mi pueblo. Esto lo hacía con gusto porque cogía a mi paso por la escuela a las *rapacinas* en el recreo, y me metía a jugar con ellas, aunque luego tuviese que correr para llegar al tren. Y a la tarde algo de esto también hacíamos, las dos amigas no habían entrado en la escuela cuando nosotras pasábamos, y como estuviesen jugando a la comba, allá nos metíamos a saltar hasta que llegaba la Señorita y nos llevaba para el tren. Así que mi hermana, que le gustaba mandarme a Oviedo tan arreglada, si ella viera cómo quedaba después de saltar a la comba, ya me echaría un regaño, pero no se enteraba. Por este tiempo, mi madre tenía gran prisa de que mi hermana me fuese enseñando a hacer la limpieza de la casa, a lavar, coser, y ella algunas veces me llevaba a coger fruta de los árboles que había mucha. Esto me gustaba más que las faenas de la casa, me encaramaba en los árboles, que algunas veces mi madre me decía en broma "desafías a los pájaros", ella también subía bien, pero qué cristiana era mi madre, había que verla con que fervor se santiguaba y rezaba antes de subirse al árbol, y cuando bajaba daba gracias a Dios, y volvía a rezar.

Cuando faltaban pocos meses para nacer yo, sufrió una fuerte caída de un cerezo y se ve que la experiencia le hizo ver lo peligroso que se está en el árbol, y cómo se recomendaba a Dios antes de subir, y en una ocasión que yo le dije "estás todo el día rezando", mira que hasta para subir a los árboles, yo en estos me apetece cantar y no rezar como si estuviese en la iglesia, y ella, con una suavidad me respondió: "qué bien se ve que todavía no tienes conocimiento de la vida, no te das cuenta de que en los árboles está uno con la vida colgada y qué menos que ponernos en manos de Dios". Además, esto siempre lo vi hacer a mi padre, y como él, quiero seguir en esta santa costumbre. Esta santa costumbre de mi madre que la primera vez que me di cuenta me sorprendió, no me cayó en el vacío, fue calando en el alma para una encomendarse a Dios sobre todo ante el peligro.

Una vez más hay que decir aquí, las palabras mueven, pero los ejemplos arrastran aun cuando una no esté bien dispuesta para recibirlas. Bueno, pues por este tiempo que estaba las mañanas en casa no me aficioné a las labores de la casa, pero sí a las del campo, y la labranza. Tal instinto tenía para estas que no parecía más que desde pequeña me habían instruido en ellas. Podría referir muchas cosas que en un momento dado hacía con tal acierto que a mi padre le sorprendía, y no estaba poco contento conmigo, mientras que mi madre no me quería ver tan entusiasmada con estas labores que esclavizan tanto, sino que ella me quería muy ama de casa, y que dominare bien le aguja. Y qué cosa de holgazana que era durante mis años escolares tanto en casa como en faenas fuera de casa, ahora iba entrando un poco por el hábito del trabajo, sobre todo lo que me gustaba, y el bordado, cuando ya pasado una larga temporada en que ya dedicaba mañana y tarde en él, me gustaba sobremanera, y la bordadora decía que tenía aptitudes para el bordado, que podía ser profesional, si bien de lo que se trataba era de tener ciertos conocimientos de él para el arreglo de una, sin pensar en profesional, si bien andando el tiempo he enseñado a alguna chica. Al estar todo el día en Oviedo, y por lo tanto tratar menos con las gentes del pueblo, fui perdiendo confianza con estas, y creo que mi carácter se volvió más serio con las gentes de fuera, mientras que con los de casa era un derroche de gracia y de cariño.

Amor de la familia

Sentía un hambre de los de casa, que cuando llegaba a esta, no sabía qué hacerlos, y siempre traía alguna noticia o cosa para divertirles, y lo pasábamos en grande todos, y lo que es los domingos y días festivos que no subía a Oviedo, nadie me arrancaba de casa. Era tal el hambre que sentía del calor familiar que ni diversiones ni nada lo superaban. Por este tiempo hubo unas misiones generales en la Parroquia dadas por dos Padres del Corazón de María. La gente estaba contenta, pero yo he de confesar que tal vez por la poca asistencia a ellas, sólo por semana iba al acto de tarde, a mi poca disposición no cambiaron mi vida gran cosa; iba de buena gana, para ello tenía que dejar antes el bordado y bajar en un tren que pasaba por el pueblo de la parroquia, y luego ya el regreso lo hacía con todos los asistentes de mi pueblo, pues solo resta km y medio un pueblo de otro.

Bordados a máquina

Terminadas las misiones creo que mi vida de piedad no mejoró gran cosa. Después de dos años y pico aprendiendo y perfeccionándome en el bordado de mano, pues mi hermana no estaba poco contenta aprovechando para que le bordase juegos de cama, en cambio mi madre ya estaba pensando en sacarme de aquí para empezar a aprender el bordado de máquina. Y otra vez a sufrir otro desgarrón, me costaba salir de aquí pero mi madre no condescendía, así que al poco tiempo empezamos a ir las dos amigas a la casa maquinas "*Singer*" para aprender a bordar a máquina.

Los primeros días para mí me resultó duro, y bien me resultó por cabezona. Quiso mi hermana enseñarme a coser a máquina, que esto es lo primero que hay que saber para comenzar este bordado, y yo no quise, diciendo que ya lo aprendería todo en el *Singer*, a duras penas me dejé enseñar a enhebrar la aguja, hacer canilla, colocar el canillero, pero cosa de coser a máquina daba más el pedal para atrás que para adelante, así que, nerviosa que me ponía ante la profesora, y al ver tantas chicas allí con tanta soltura bordando, yo no daba pie con bola, así que el primer día, nada más llegar a casa, me pregunta mi madre cómo se me había dado el bordado, y yo toda descorazonada le dije "muy mal, creo que esto no es para mí". Y lo que es una madre, cómo me animaba diciéndome "no te desanimes, sales con todo, cómo no vas a salir con esto también, es el primer día, ya verás cómo mañana te irá mejor". En cambio, mi hermana se reía diciéndome, pero con todo cariño, "ya te decía yo que te convenía ir suelta cosiendo a máquina, así tienes que partir de cero". A otro día ya estaba un poco más suelta cosiendo a máquina, ya no daba tanto para atrás a la máquina y, aunque me salían unas puntadas fenomenales en el cordoncillo que es el primero que enseñan, iba cobrando ánimos y no parecía más que mi corazón salía de una prisión, pues dado mi natural tímido, cualquiera dificultad se me ponía como una montaña.

No había transcurrido la primera semana y ya me parecía que esto era coser y cantar, pues una vez que se coge el pulso a la máquina, el movimiento de las manos, al ritmo de la máquina, ya está todo salvado, pues luego el ir aprendiendo cómo se ejecutan las distintas clases de bordado es lo de menos. Y creo que se me daba bien, puesto que la profesora me ofreció colocación, pero yo le dije que el plan de mi madre no era de colocarme sino de seguir aprendiendo otras labores propias de la mujer, como costura, cocina etc. Aquí estuve tal vez medio año, poco más, aprovechándose mi hermana para que bordase para casa y para ella. La profesora desde un principio se mostró majísima, y aún más cuando supo que éramos de la misma parroquia que su novio, y como en los pueblos las noticias se divulgan rápidamente, nuestros familiares, que teníamos en la parroquia tanto mi amiga como yo, habló al novio de nosotras recomendándonos para que su novia nos atendiese bien y ciertamente que aún se molestaba más por nosotras.

En este tiempo se casaron y la que siguió era tan buena como la anterior, y un día a mí se me ocurrió llevarle un ramo de flores, pues había en casa a montones, lo agradeció tanto que yo le dije que le traeré más, que hay en el huerto para dar y tirar. Las colocó en un búcaro y parece ser que al jefe de la casa también le agradaban, pues un día vi cómo le decía a él "esta es la que trae las flores", y ciertamente que, a partir de esto, al saludarle cuando nos encontrábamos por casa, lo hacía con más gracia, y hasta se permitía gastarme alguna broma. Y esto aumentó aún más cuando un primo mío que trabajaba en *Industria y Comercio* se presentó allí a inspeccionar motores y contadores; mi primo al verme vino a la máquina en donde yo estaba, y con él el jefe que se desvivía mostrándole mis primorosos bordados. A mí, el ser estimada tanto por la profesora como por el jefe, podía decir que me dejaba indiferente, yo seguía mi camino sin complicaciones. Aquí se movía una con más libertad. Salías a hacer encargos, o lo que sea, sin tener que dar explicaciones de nada, simplemente decir a la profesora tengo que salir. Creo que, a pesar de esta libertad, tanto mi amiga como yo nos portamos bien. Estaban nuestras madres que no se quedaban cortas en recomendaciones para que nos portásemos bien. También me costó salir de aquí, me sentía a gusto, pero mi madre tenía prisa, ya estaba pensando en que fuese a aprender de costura y las cosas propias de una mujer de casa.

En cuanto a la costura, tenía la impresión de que iba a ser cosa aburrida, mientras que los bordados tan variados los encontraba encantadores. Ya mi madre estaba cavilando dónde encontrar en Oviedo una modista de seriedad como ella decía, que se molestase en enseñarme y no que me tirase años y años, como ella decía sabía de otros, y al final sin saber hacer nada por su cuenta. Esto no lo veía ella fácil, y mientras indagaba entre sus conocidos, pasaron unos meses que ella y mi hermana aprovecharon para entrenarme en las labores de la casa. Hasta que un buen día hablando con su hermana que vivía entonces en Oviedo, se acordó de una hija modista de una amiga de ella, y que era algo pariente lejana, pero ellas llevaban bastante amistad. Así que mi tía se encargó de todo, y muy pronto ya pude incorporarme a este nuevo aprendizaje y a la vez liberarme de las ocupaciones de la casa, que no me agradaban gran cosa, a la verdad no tenía gran sentido práctico de las cosas.

Mi hermana era limpia en extremo, había que ver cómo tenía una casa de pueblo tan reluciente, tanto que mucha gente que iba a casa lo decía, para faenas del campo no se le daba nada, ahora que para la casa se la pintaba sola, creo que era por demás. Bueno, pues a mí me tenía achuchada diciéndome "ahora limpia esto, ahora esto otro, esto se hace así, esto de esta manera". A mí que no me tiraba la casa me tenía frita, y yo todo lo veía limpio y ordenado. Si es el lavar, nunca fui buena lavandera, con una sábana o pieza grande no me defendía en las manos, sólo lavaba prendas pequeñas y aun se me desollaban las manos.

Y cuando veía a mi madre tan solícita de que aprendiese de todo, yo le solía decir con cierta chispa de humor "para qué tanta solicitud por mí a aprender de todo, si yo me casaré bien y tendré muchacha que me lo haga", y me atajaba enseguida diciendo: "mal puede mandar quien no lo sabe hacer ella". Y una vez me contó la historia de una del pueblo que la pobre madre, bien que se molestó enseñándole, pero que la hija con muchos pájaros en la cabeza de que se casaría bien no se molestó en aprender nada, luego se casó con un simple obrero, y mal lo pasó la pobre, y me decía este ejemplo me mueve a que a la mía no se quede sin enseñar.

Incorporada yo a este nuevo aprendizaje, la costura no se me daba mal, y ya el primer día vine muy animosa a casa y dispuesta a aprender en la costura no un poco, como mi madre deseaba, para mis arreglos, y yo creo que no llevaba quince días aprendiendo a coser, ya empecé a arreglarme en casa ropas mías que hasta entonces me parecía que estaban bien, pero al tener algún conocimiento de la costura les encontraba algo que arreglar, y a mi madre le agradaba verme con esta afición. La modista me cogió con gran interés, me ponía a su lado cuando se ponía a cortar, y me iba dando explicaciones, y si bien al principio perdía tiempo conmigo, a la larga salió beneficiada, pues según me fui soltando con el corte, le cortaba ya muchas prendas, y ella quedaba libre para otras cosas. Luego mi madre era generosa pagando de algún modo todo este interés que ponía por mí. Y aquí me tiré unos tres años muy a gusto. Iba a cumplir ya los veinte años, y como yo ya hacía mis ropas, las de mi madre, hermanas y de algún familiar, y a la gente gustaba, empezaron a llevarme ropa a casa para que se las hiciese, y claro el día en Oviedo ¿Cuándo lo hacía? Hasta entonces con lo de la familia iba sin prisa cosiendo algo de noche, y también caí en la tentación de aprovechar los domingos, pero ahora ya no podía seguir así, y con gran sentimiento tuve que dejar de ir a coser a Oviedo para atender en casa tantos encargos como me traían.

Y aquí se puede decir que se abre otra etapa de mi vida. Pero antes diré alguna cosa más sobre esta etapa que brevemente vengo describiendo. En estos tres años largos que pasé, aquí también me sentía a gusto. Había algunas chicas de mi edad, y otras algo mayores, pero estábamos todas muy compenetradas, y nos llegamos a coger gran cariño. Yo por los veranos les invitaba a que viniesen o alguna fiesta o a la fruta a cogerla del árbol, y a ellas, chicas de capital, les prestaba mucho esto. Y conmigo también ellas tenían sus atenciones, así que pasé aquí este tiempo muy feliz también, y los de casa contentos porque veían que aprovechaba, tanto que un día mi padre satisfecho al ver cómo iba haciendo ropas, me dice "el día que quieras te compramos la mejor máquina de coser que haya en Oviedo, te la mereces". Yo entonces miré a mi madre como diciéndole, "él es muy generoso, pero tú ¿qué dices?" Y me entendió sin palabras, diciendo "sí, sí, estoy de acuerdo con lo que dice tu padre". Pero había en casa la máquina de mi hermana para qué me iba a meter entonces en otra, y aguardé hasta que ya me puse a coser en casa, pero ellos no estaban a gusto hasta ver su deseo realizado, y así, cuando ya determiné que me la comprasen, estaban en lo mismo, y hasta se fiaban de mí para que yo la comprase. Pero a mí me pareció mejor pedir catálogo de máquinas, y mirarlo todos en casa, y determinar por una sin yo dejarme llevar del capricho, porque ellos se mostraban generosos. Y como ellos lo dejaban en este caso todo a mi gusto, me determiné por un secreter con bastantes gavetas, que me hacían servicio para guardar los hilos, pero en ningún momento pensé en cogerme una con un lujo de mueble, dado que la iba a usar bastante y parecía éste una tontería, y así se lo dije a mis padres, y vieron sensatez en mi manera de razonar.

Dejado este paréntesis, vuelvo a lo que venía diciendo. Aquí había mucha alegría, lo que es los lunes contando el domingo era de lo más simpático, y algunas ya tenían novio y hablaban de ellos, y algunas veces la modista les hacía señas , y yo me daba cuenta, para que tuviesen cuidado con lo que hablaban, temía me abriesen demasiado los ojos, pues tanto ella como su madre, una señora ya mayor, me tenía con gran cuidado. Bendito sea Dios, pues todas partes parecía que suscitaba ángeles de la guarda para mi bien, si yo no fuese tan torpe para descubrirlos. La modista había pocos meses que se había casado y su marido era muy conocido de mi primo Luis por ser los dos de Acción Católica de la misma parroquia, así que con todos me iba bien, y lo que es la madre de ella era para mí como una abuela, le entré de tal manera por el ojo derecho que para ella no había pasado otra niña como yo por su casa. El parentesco venía por el novio de esta que era de mi pueblo, y recién casados habían vivido en mi pueblo, así que preguntándome por familias del pueblo lo pasaba en grande conmigo, y luego me empezaron a ponderar la familia de mi madre, diciéndome que el padre de mi madre era un santo, y que ahora su hijo Justo, mi tío el maestro, que actualmente estaba de maestro en el pueblo de ella, decía que era otro santo, que además de enseñar bien a los *rapacinos* era como un padre en el pueblo, aconsejando bien a todos .

Muerte de su tío Justo

De este mi tío se podían decir cosas muy edificantes, en qué situaciones se vio y cómo Dios le inspiró para dar la solución precisa en cosas tan delicadas como algunas personas le presentaban. Dejaré constar sólo un hecho. A su muerte creo que fue una manifestación de gente nunca vista en tanta cantidad en un pueblo. Llegaban autocares de todos los pueblos lejanos que no podían venir a pie, y en los que él había estado de maestro, y un chico joven relativamente se acerca a mi madre y le dice llorando "no perdió la familia a un ser querido, sino que muchos perdieron un padre". Y le contó lo que le había pasado a él, cómo por razón de herencia se había enfrentado con su hermano, y hasta se llegaron a desafiar la vida uno del otro. Mi tío, que lo entendió, los citó a su casa sin saber uno del otro, y con tal cariño y persuasión les habló que aquellos hermanos que no se hablaban y dispuestos a quitarse la vida, se reconciliaron, se abrazaron y empezaron una nueva vida, porque realmente el amor había vuelto a sus corazones.

A este tío yo le conocí mucho porque estuvo muchos años en casa antes de casarse, y conmigo fue bueno hasta por demás, pero mayor, yo que me daba cuenta de las cosas, era de ver cómo era respetado y querido por todos, del sacerdote era su brazo derecho, era un verdadero cristiano. Y si en mí aquello se murió al poco de yo hacer la Primera Comunión, y como a él, en los últimos años de su vida, le había llevado su hija la mayor porque con ella podía estar mejor atendido y más distraído en casa de ella, y como ella entonces vivía en Mieres, yo le veía muy de tarde en tarde, tenía la idea de que era muy bueno, pero no puedo decir a punto fijo hechos concretos. Tanto mi tía como mi madre al hablar, siempre le mentaban mucho, y con frecuencia se le oía decir "esto me lo enseño mi padre, esto lo vi hacer a mi padre", debía de ser una persona de gran virtud, por lo que se les oía a ellas, y al pobre le probó bastante la vida, quedo viudo con siete hijos, el último el tío Justo, de poquísimo tiempo, y qué cristianamente supo educar a sus hijos.

Una vez que salí de aquí, la amistad siguió, pues yo me sentía muy agradecida a todo lo que la modista me había enseñado, si bien ella también se benefició, pues ya una vez yo suelta en la costura y en el corte, le solucionaba bastante, así que de vez en cuando, como yo subía con frecuencia a Oviedo, me acercaba a hacerle alguna visita, incluso en momentos en que ella se veía muy apurada me pedía la ayudase en la medida que yo pudiese, pues ya sabía que no tenía bastante costura, y también me prestaba sus patrones, detalles que son de agradecer. Y cuando supieron me venía monja, como eran buenas cristianas tanto ella como su madre, se alegraron enormemente diciendo la anciana "de esa niña se espera todo eso", fue como la coronación al aprecio en que me tenía.

Durante estos años debo confesar que fui sacando un poco los pies de las alforjas e hice mis picias pirando alguna vez, pocas, el ir a la costura para ir al cine. Luego me remordía la conciencia y lo tenía que decir en casa, y no me regañaban, puesto que los domingos no salía de casa, y veían que iba con chicas buenas, y la modista no se daba cuenta, dado que alguna vez cuando la recolección de algo urgente en que estaban los de casa muy ocupados, pues yo tenía que hacer mis arreglos, no yendo algún día a coser o ir menos tiempo para ayudar algo en casa. Durante estos tres años de mi aprendizaje en la costura, prácticamente puedo decir que los viví al calor de mis tíos que vivían por aquellos años en Oviedo, a dos pasos de la casa de la modista. Ella era hermana mayor de mi madre, que al quedar ellas sin madre, mi madre desde muy niña, se había hecho cargo de todos hermanos, y venía a ser aun ya casada como la madre de todos. Una santa mujer, y lo mismo mi tío, qué hogar más profundamente cristiano, allí todo llevaba a Dios, si yo estuviese mejor dispuesta, y tengo que confesar que fueron para mí como unos segundos padres, los dos cómo se desvivían por mí, y con qué cariño me trataban todos. Incluso querían que me quedase a dormir en su casa para no tener que andar madrugando a coger el tren y pendiente de este, pero mi madre a esto no accedió diciéndoles "no me privéis de la *rapacina* que es la alegría de la casa", nada de esto, pues de simpática no tenía nada, pero como en casa me querían tanto, cualquier cosa que decía o hacía todos les caí bien, sobre todo a mi padre, no sabía dónde me iba a poner. Así que llegaba a casa de mis tíos a la mañana a primera hora, charlaba un poco con los que encontraba en casa, a mi tío algunos días le encontraba por el camino para el trabajo, luego me iba a la costura, y al medio día comíamos todos juntos, y había sobremesa, y a la tarde, cuando salía de la costura, volvía para merendar y a despedirme hasta otro día. Algunas veces también me quedaba, pero lo normal era que bajase a dormir a casa.

Me movía en casa de mis tíos con toda libertad, como si estuviese en mi casa, pero me daba cuenta de que aquello era un ambiente más señorial, había visitas gordas y tenía una que andar más atildada, esto no venía bien con mi estilo, pero en todo estaba muy contenta. Y si es en casa durante estos años qué sacrificio suponía primeramente el tener que madrugar todas las mañanas para coger el tren a primera hora, y luego hasta el último de la noche no regresaba, cuánto me costaba todo el día sin estar con los de casa, y cuando me quedaba algún día a dormir en Oviedo, bien porque mis tíos querían, o porque yo perdía el tren, al regresar otro día, Dios sabe el hambre que sentía de los de casa, así que los domingos que era cuando estaba en casa no se me ocurría salir a ninguna parte con las amigas, rara vez condescendía en salir con ellas; era tal la cosa, el cariño que sentía por los de casa, que estar con ellos era mi mayor felicidad. Incluso algún domingo en que mi padre tenía descanso, y por lo tanto al dormir en casa no se acostaba por la tarde, ya que su trabajo era de noche, pues como él no salía a la taberna, o bien estaba con nosotras en casa o venía o iba él a casa de algún paisano, o bien iba a dar una vuelta como él decía, a ver cómo estaban los prados, que estaban lejos, para ver si había que hacer alguna labor en ellos por semana, pues yo les acompañaba alguna vez, y cuando era en invierno y había mucho barro en los caminos, él me lo hacía ver. Le daba pena verme con mis madreñas trepando por entre el barro, pero yo, con la cosa de ir charlando con él, ir junto a él, le quería tanto que nada me parecía costoso con tal de disfrutar de él, y a la gente le sorprendía esto, que después de estar toda la semana por la capital, los domingos anduviese por los peores caminos del pueblo.

En una ocasión, esta vez iba con mi madre, ella iba al caer de la tarde a ordeñar las vacas que teníamos aquella temporada en una cabaña con prados lejos del pueblo, en la revuelta de una curva muy pronunciada en el camino, de buenas a primeras nos encontramos con dos mozos, uno era un militar de otro pueblo que tenía una hermana casada en el mío, todo un don Juan que se traía las mozas de cabeza, pues al verme a mí por aquellos caminos solitarios y así de sorpresa, quedó plantado, me echó una mirada de arriba abajo y dijo: "si el mundo se quedase así con esta niña delante..." Yo no me inmuté, seguí adelante tan tranquila, mi madre les dio las buenas tardes y no pasó nada, pero se le notó que quedó cortado. Y si era durante el invierno, que no apetecía salir de casa, qué tardes más entrañablemente familiares nos pasábamos todos en casa. Ya que he dicho que era golosa por demás, entonces, cuando mi tía preparaba algo de repostería, andaba yo más lista que poco a enterarme cómo se hacía, y con la cosa de que practicándolo era como mejor se quedaban las cosas, ya llevaba yo novedad para casa, así que muchas tardes de los domingos me los pasaba haciendo dulces, que con chocolate o café, según gustos, todos merendábamos, y mi padre, que era muy goloso, también lo pasaba en grande, y se volvía loco ponderándome, y como había en casa, huevos, leche, manteca ... etc., que no había que comprar, pues mi madre condescendía fácilmente pues decía así la *rapacina* va aprendiendo estas cosas, otras veces me bromeaba ella y mi hermana diciéndome "cuándo vendrás con una receta de algún cocido o guiso, sólo traes de lo que te gusta".

Y decían la pura verdad. Mi tía era una excelente cocinera, habían tenido restaurante y cocinaba bien, y se comía muy bien, y nunca se me ocurría preguntar cómo se hacía algún plato fuera de cosa de repostería. A esto contribuía en parte mi punto flaco por lo dulce, y en parte puedo decir que hasta los veinte años que ya me sosegué. En casa fueron años pendiente de trenes y vida más agitada, y no sé si sería por esto o porque estaba siempre muy inapetente, comía poco, con desgana y muchas cosas no me gustaban. Tengo que reconocer que con esto hice mucho sufrir a los de casa.

Mi madre se desvivía por alimentarme, pues se dieron algunos casos de tuberculosis en el pueblo y ella temblaba pensando que yo iba a caer también, pues decía con "este encanto" para las comidas no hago vida de ella; y en casa de mi tía también se lamentaban de que no comía nada, y mi tío con qué cariño me servía a ver si así comía algo más. Pero ni con esas, no me lo llevaba al estómago, ahora bien, ahora veo que no comía cantidad, pero si calidad: jamón y huevos. Dios sabe los que mi madre me embutió en medio de regateos, pues decía que iba a enfermar. La ejercité bastante en la paciencia con mi mala comedera como ella decía. También por estos años la pobre se la preparaba buena todos los días para levantarme por las mañanas.

Para andar bien tenía que levantarme a la siete y media, o tal vez antes. El tren en el que iba pasaba a las ocho y doce minutos, que estos doce minutos bien me los llevaba el bajar a la estación, y de ligero. La suerte que tenía que como ya traía mucho recorrido solía venir con algunos minutos de retraso, y luego, como en mi estación había cambio de tren para la línea de S. Esteban de Pravia, era larga la parada, debido a los viajeros que se apeaban y a la mercancía que descargaban. Esto era mi salvación para no perderlo la mayor parte de los días. De este se apeaba mi padre que venía del trabajo, y siempre estaba atento a verme, pues de lo contrario no nos veíamos sino los domingos, y cuando por las mañanas me veía llegar tan corriendo solía decirme "hija todos los días lo mismo, corriendo para el tren", le costaba verme así, pero de regañar nada.

Y si él supiera el triunfo que mi madre se ganaba todas las mañanas antes de verme levantada. Ella era de mucho madrugar, y todo lo era necesario según el trabajo que ella llevaba, así que sobre las siete de la mañana ya me empezaba a llamar. Yo respondía: "voy". Y así unas cuantas veces. Y ella solía decir "voy y quieta me estoy". Cuando llegaban las siete y media, subía el tono de voz y me decía "ya no te llamo más, me voy a atender los animales y ahí te quedas, si pierdes el tren a tu cuenta, es un triunfo el que me cuesta el sacarte todos los días de la cama". Pero lo que es una madre, no habían pasado cinco minutos y volvía a casa a llamarme, y algunos días iban a dar casi las ocho, y no había manera de salir de la cama. Uno que yo era de mucho dormir y otro que me solía quedar cosiendo algo por la noche, así que a la mañana no era salir de la cama. Luego me faltaba tiempo para todo, y bajaba desmandada a coger el tren, y ella, que jamás me ponderaba, tal vez porque mi padre lo hacía por demás, ella iba a sacarme los defectos, y así decía "voy a ir detrás de ti diciendo a cuantos te ven pasar corriendo que esto es por no salir de la cama", y no porque esté ocupada haciendo algo, que hasta el desayuno me tenía que poner en la mesa.

Y si es referente a mi vida espiritual, por estos años tengo que confesar que el ambiente me favorecía por todas partes, pero no me supe aprovechar, a parte de los consejos tan cristianos que mi madre me daba y el ambiente de fe y de confianza en Dios, y en la Virgen que se respiraba en casa de mis tíos. Esto me hablaba de la inmensidad de Dios, y en las noches estrelladas me entusiasmaba contemplando el firmamento. Bueno, pues en esta preciosa celda solo estuve meses, ya que, nada más tomar el hábito, se dio comienzo a las obras para hacer un nuevo noviciado encima del antiguo, y hubo que desalojar este improvisando como noviciado el piso alto del pabellón de la comunidad, y aquí era otra parte del paisaje el que se contemplaba. Como no andábamos sobradas de celdas, ahora nos tuvimos que colocar tres en una. Se hicieron dos divisiones mediante cortinas, y como la celda era muy grande, aparte la alcoba, nos instalamos de maravilla con la ventaja de que las tres que nos tocó en suerte ir a tal celda éramos como *rapacinas,* con tal sinceridad y espontaneidad que no fue esto causa de mortificación, pues estábamos unidas y compenetradas como tres hermanas muy queridas. Yo solía ser la última que me acostaba, y cuando a alguna de las otras les parecía que iba largo, si ya habían tocado a silencio, me hacían una carraspera o me soltaban el calzado de ellas para darme a entender de que me acostase.

Primera celda en el convento

Con esto del calzado nos traíamos cada juerga, pues a la mañana poco tiempo que había para vestirse, y que no estábamos muy despiertas, pues en verano a las cuatro y algo nos llamaban. El caso era que el calzado no siempre se encontraba de primeras, y el tiempo apremiaba, y en lugar de molestarse conmigo, a todas nos daba por reír. Lo hemos pasado divertido en esta celda, si bien también hubo días de llanto, pues había cosas que costaban, y como novicias, flacas en virtud, al llegar a la noche daba una rienda suelta a las lágrimas que durante el día había reprimido. Así las cosas, en esta celda, a consecuencia de un disgusto o que el Señor así lo dispuso, empecé a sentir tales dolores de cabeza que en mi vida había tenido cosa semejante, pues al hacer las inclinaciones en el coro, de tanto dolor, hasta parecía que me quedaba sin sentido.

Ya una noche me parecía que no podía aguantar más y pedí a la Madre una aspirina, dándole cuenta de lo que me pasaba. Cuando la tomé me puse el termómetro y tenía 39 de fiebre, pero no se dio importancia, y yo no pude dormir hasta media noche muy bien, pero desperté con tales temblores de frío que, aunque desdoblé la manta que a los pies tenía doblada, esto no era nada para el frío que sentía a pesar de ser el mes de septiembre, y las otras novicias se dieron cuenta y me echaron cuanta ropa tenían en sus camas, hasta los mismos hábitos, hasta el tiempo de vestirse, pues yo no me pude levantar aquella mañana, pues todos aquellos temblores era que me subía la fiebre y me encontraba mal. Cuando avisan a la Madre y le dan cuenta de que de noche lo había pasado mal, me vuelven a poner el termómetro y ya estábamos con 40 grados por la mañana. Se llama al médico, y la cosa se puso un poco alarmante, y como primera consecuencia, a cambiar de celda, pues eran fiebres contagiosas y podía contagiar a las demás. Aquí habría mucho que contar, que tal vez alguna vaya saliendo por alguna otra parte y muchas nunca se sabrán en esta vida.

Qué cosas permite el Señor, pero bendito sea por todo, pues todo contribuye al bien de los elegidos. Si el alma se sabe aprovechar, todo es motivo de santificación. No es mi intención pararme en esto, sino contar la historia de las celdas que llevo recorriendo. Total, que el

Padre creía que posiblemente estaría en la que él vio hasta que profesase solemne, y aún no había profesado simple y ya conocía tres celdas. En esta estuve todo el tiempo que duró la enfermedad, y cuando ya me empecé a poner bien y se acordó el día de mi profesión para el día de la Inmaculada, y en este mismo día ya inaugurábamos el nuevo noviciado con una ilusión loca, así que ya una cuarta celda más que conocía. Y cuando no llevaba ni dos meses, todas las paredes y baldosas se cubrieron de humedad, y lo mismo ocurrió en algunas otras que estaban habitadas, así que a cambiar de celda. Y al poco tiempo volvió a pasar lo mismo con la otra, y así otra más conocí. Total, que en nada de tiempo de tres celdas me tuve que andar, moviendo en el noviciado nuevo, y no pasó aquí la cosa, pues cuando ya se había secado la primera, y me mandaron pasar a ella, llegan dos monjas de una congregación y me dice la Madre que, como nuestra celda tiene una vista muy hermosa, y por otra parte como a mí me afectaba tanto el calor, que podía pasar para una de las que da la vista al claustro.

Al momento le dije que me parecía bien lo que ello decía, y con toda naturalidad cambié enseguida de celda, y hasta con alegría. Pero las celdas de esta parte tenían un inconveniente, al menos para mí, con un tejado de los corredores que rayaba casi con las ventanas, y más de una noche me he visto con un ratón en la celda, así que en los calores del verano no sabía qué hacer, si dormir con la ventana cerrada para que no pudiesen entrar, o dejarla abierta, y entonces me lo pasaba en vela, pues tal calamidad era por un simple ratón ya me sobresaltaba. En esta última celda estuve más de dos años, hasta que profesé solemne, y me quedó cierta veneración hacia esta celda, pues, cuando paso por el claustro o estoy en el jardín de este, no puedo por menos de mirar con gratitud y veneración a la ventana de esta celda ¡tantos recuerdos guardo de ella!

Enfermedad y tinieblas

En el tiempo que permanecí en tal celda fue un periodo de Dios obrar en mi alma a velocidad de vértigo, empezando por mi salud bastante quebrantada, la sed me devoraba, el cansancio y agotamiento llegaban hasta el extremo, luego todas las pruebas de alma y cuerpo que había pasado hasta entonces parecían de juguete al compararlas con lo que ahora pasaba en el cuerpo y en el alma, mi alma era un túnel sin salida en donde ni rostro de Dios había. Llegué a sentirme la criatura más desgraciada del mundo, y hasta parecía que el demonio tenía permiso de Dios para tentarme por todas partes, pues no hacía sino atormentarme con el recuerdo de la casa de mis padres: el cariño que allí todos me tenían, la comida lo que quisiese, cuando ahora todo era pasar hambre y sed, y ni siquiera agua podía beber (no había permiso en aquel entonces para beber entre horas), luego mi alma pura tiniebla ¿en dónde encontraba a ese Dios amor que yo descubrí en los primeros momentos de mi vocación religiosa? Todo parecía ilusión y puro engaño, y a pesar de todo, tengo que bendecirte en todo momento Señor, de dónde pude sacar fuerzas al verme tan fracasada para poder seguir adelante, si no fueses Tú mi Dios que invisiblemente sostenías a esta pobre alma.

Fe en el dolor

Por este tiempo hice los actos de fe y de confianza más heroicos que en mi vida se me presentará otra ocasión, pues contra todo lo que pasaba y veía en mi alma, yo le decía al Señor y la mayor de las veces con los ojos arrasados de lágrimas: "aunque me mates, yo creí y espero en ti[4]", y repetía a cada momento con tal confianza el versículo último del Te Deum "in te Domine speravi non confundar in aeternum." Luego ya empezó de tarde en tarde pasar como una ráfaga de luz en el alma, y el alma vibraba queriendo descubrir a Dios, pero era puro pecado, y Dios la rechazaba. ¡Qué tormento éste! Rayaba en la desesperación, hasta parecía que el alma se sentía movida como el profeta Job o Jeremías a maldecir el día de su entrada en este mundo. Pero no, el Señor era su fortaleza, aunque el alma ni lo advertía, y así podía hacer actos de fe, esperanza y amor a pesar de lo duro de la prueba. Para un alma que no tenía experiencia del espíritu, no caía en la cuenta que se estaba

4. Cf. Job 13,15 : "Aunque me mate, yo esperaré".

realizando en ella lo del grano de trigo caído en tierra, tenía que morir a todo para resucitar a una nueva vida en Cristo, tenía que pasar por el Viernes Santo para llegar a la Pascua de Resurrección, y la pobre no sabía nada de esto ni tenía a nadie que le hablase y ayudase a superar la prueba, sólo el buen Dios escuchaba los gemidos que en esta bendita celda se escapaban de esta alma.

Otras veces la luz de Dios venía sobre mis pecados que me parecían montañas exageradas en contraste con la santidad que en Dios barruntaba el alma, así que me hacía un mar de lágrimas pidiendo perdón y que me purificase de mis enormes pecados. Otras, me acostaba en un estado de pura agonía en el alma y en el cuerpo, y al despertar por la mañana, sin saber cómo algunas veces, el reino de Dios lo sentía dentro de mí. Dios mío ¿qué es esto que pasó en esta alma? Yo no entendía nada, pero el buen Dios, Él lo iba haciendo todo en mi alma, a Él sea el honor, la gloria y la alabanza por eternidad de eternidades, pues sería largo el decir aquí todo lo que me pasó en esta celda, a lo que guardo verdadero cariño y veneración, he sufrido mucho, muchísimo en ella, pero sin entenderlo en aquel entonces recibí de ella. Con esta fueron cuatro celdas las que recorrí en el noviciado nuevo, sin contar a la que volví por segunda vez, más tres que anduve antes de este. No estuvo mal, siete celdas recorrí antes de profesar, pero no me apegué a ninguna de ellas, de todas salía con la mayor naturalidad, bueno, el Señor que me tenía de su mano pues lo que era yo capaz de todo.

El que se apoya en Dios triunfa de todo

El que se apoya en Dios triunfa de todo, de esto tengo algo de experiencia. Podrá uno perder la vida del cuerpo, pero no así la del alma, y a fin de cuentas el cuerpo es para el alma. Cuando los primeros síntomas de mi enfermedad, yo sentía un cansancio, una sed y un hambre a morir. Cuando había aguantado todo lo que pude sin decir nada, y ya empecé a dar cuenta de lo que sentía, el Señor quiso que no se le diese gran importancia achacándolo todo a los calores del verano que tanto me trastornaban.

Ante esto, para mayor sufrimiento me venía al pensamiento que era yo quien me imaginaba esto, que era la naturaleza que buscaba regalo, así que llegué a violentarme tanto no haciendo caso de lo que sentía que hasta los nervios los desasosegaba, porque era un sentirse mal y querer convencerse que era yo quien inventaba el mal, y por otra parte el cansancio era por demás, la boca reseca y una sed a morir de esto no podía dudar, pero como no se le daba en caso importancia y luego sentía en mí tan mezclado las cosas del espíritu y las del cuerpo, que determiné no preocuparme de ello, confiar plenamente en Dios y, si llegaba el fin de la vida del cuerpo, lo importante era que el alma se aprovechase de todo y, apoyada solo en Dios, aunque sufriendo terriblemente, mi alma no perdía la paz, y todo lo esperaba de Dios, pues en ella le parecía que no estaba el hacer más sino vivir abandonada en Dios, y cuando parecía que esto le acarreaba la perdida de la vida del cuerpo, no perdió ni la una ni la otra, y ahora puede decir que el que se apoya en Dios triunfa de todo.

La enfermedad

Yo al menos así lo veo. Cuando esta no obedece a imprudencias nuestras, tengo para mí que es un gran don que el Señor nos da para nuestra santificación.

Tantas molestias, tantos sufrimientos físicos y morales proporciona una enfermedad, y más cuando se sabe de antemano que nunca curarás, que yo con toda sinceridad confieso que no sería capaz de abrazarme a tanto así por propia voluntad, soy cobarde y creo que mi amor a Dios no daría para tanto. En cambio, como veo que en mí no hubo la menor culpa para contraer esta enfermedad, desde el primer momento la recibí como venida de Dios, y esto no quiere decir que no cuesta sufrirla, pero se sufre con fe y con amor, y una bendice en todo momento al Señor por este gran medio que es el dolor para transformar las almas en Dios. Cómo la enfermedad nos hace vivir nuestra nada, nuestra soberbia, nuestro amor propio, nuestro egoísmo y todo un mundo de miserias y pecados que levanten ahora la cabeza ¿dónde están nuestros castillos de naipes? Todo se reduce a bien poco: a verte pura nada, necesitando de todas y sobre todo de Dios.

La cama del enfermo como un altar

Hay sufrimientos físicos, morales y también espirituales. No es de apetecer la enfermedad, en si la veo un mal. Ahora bien, cuando Dios manda la enfermedad y una la recibe como venida de Él, este mal se transforma en un gran bien, pues el dolor purifica y eleva, y transforma en la medida del amor con que lo aceptamos. Si pensamos que es nuestro Padre Dios quien así nos hiere, porque nos conviene, aunque no lo entendemos al principio, ya el dolor, sin dejar de ser dolor, tiene otro colorido. Si vemos en nuestra cama no un lecho de dolor donde descansa nuestro cuerpo porque le faltan fuerzas para mantenerse en pie, sino un altar desde el que en todo momento nos podemos ofrecer al Padre con la víctima divina de su Hijo inmolándose continuamente en nuestras altares, aportando como prenda en el ofertorio nuestros dolores, molestias, tristezas, lo que sea, para que a las palabras del sacerdote en la consagración al presenciarse Cristo en nuestros altares encuentra en ellos nuestra ofrenda y nuestra persona, y la transforma en sí, nos cristifique, nos identifique con Él, y como Él, démonos en comunión a todos, que todos comulguen de nuestro ofertorio, de nuestros sacrificios unidos al de Cristo, que hagamos y vivamos nuestra vida como una misa. Qué bien se presta la enfermedad para hacer de la vida una misa, y vivir esta misa hasta el último momento de nuestra vida, hasta que llegue el momento de entrar en el cara a cara con la Trinidad. Pero antes de esto seamos generosas en vivir nuestra inmolación día a día, minuto a minuto con nuestro Cristo en los altares dando gloria a la trinidad. Muy mal me parece que me expliqué. Lo veo, lo vivo y luego no me sé explicar.

Bendito seas por todo, Señor, y bendito también por esta enfermedad que me has dado. No te la hubiese pedido, y puedes ver mi poca generosidad, pero, puesto que tú me la has dado, bendito seas, pues veo en ella un tesoro de gracias, si las acierto a aprovechar.

El sufrimiento bien llevado es un poderoso medio para hacernos buenos

En mi pobre experiencia tengo que confesar que el sufrimiento de cualquier clase que sea, como se lleve bien, o sea, aceptado con fe y amor, lo veo como un poderoso medio en el camino de nuestra santificación. A este propósito voy a decir lo que me pasó ayer con la enfermera. Llega ésta a ponerme la inyección al medio día, y se queda pensativa mirándome, y luego me dice: "siempre la encuentro recogida en lo suyo: con su Dios. Usted es muy espiritual, siempre se la ve en Dios. ¡Cuánto diera yo por ser como usted! Pues, aunque tarde o me descuide a usted nunca se la ve enfadada". La pobre, yo creo que me cogió cariño en demasía, y ya en todo ve en mí virtud, pues a mí me parece que no hago nada de más sino lo que tengo que hacer, y hasta mal hecho. Después de decirme esto me dice: "me inspira confianza, voy a decirle mis penas y sufrimientos". La pobre lleva su cruz, no de la enfermedad, pero si otras penas que la hacen bastante sufrir.

Como yo no tenía prisa por encontrarme mal, y tengo que estar en la cama, le empecé a decir cómo yo veía muy necesario y bueno el sufrimiento, si nos sabemos aprovechar de él. Cómo el sufrimiento nos desprende de las cosas de la tierra, y cómo nos eleva a las del cielo, cómo nos identifica con Cristo, varón de dolores, cómo nuestra vida tiene que ir sellada con la cruz, y esta bendita cruz es todo lo que de una manera u otra nos hace sufrir. Con el pecado de nuestros primeros padres entró el dolor y el sufrimiento en el mundo, hasta el punto de que el mismo Hijo de Dios se encarnó tomando una naturaleza humana para poder sufrir. Luego gran misterio y gran gloria encierra el sufrimiento. Más cosas como estas le dije que me salían sin pensarlas, y ya cuando daba por terminado mi letanía, la animaba y me animaba a abrazarnos al sufrimiento con todo el amor y generosidad de que fuésemos capaces, prescindiendo de las causas, viendo tan solo en ello que el Señor nos lo manda para nuestro bien, para santificarnos.

Yo no sé cómo le diría esto que ella no hacía más que mirarme, y al marchar me vuelve a decir: "usted es muy probada por la enfermedad, y la enfermedad a usted la está santificado". Yo creo que le hizo bien lo que hablamos sobre el sufrimiento pues a la noche me dice: "voy a hacer como usted dice: abrazarse con amor y generosidad al sufrimiento, todo por amor a Dios". Luego por la tarde vino la Madre a verme y dice que me encuentra muy pálida y ojerosa, que qué pasa. Yo le dije que me seguía dando un poco de lata una muela, pero sin darle importancia. Se fue, no sé si muy tranquila, pues sabe en el peligro que estoy, pero yo traté de no dar importancia a nada. Yo lo veo así, tal vez no ande acertada, pero obro con toda buena voluntad, como si esto fuese lo mejor. Llevo ya unas semanas que una muela me está doliendo bastante, lo que es a la noche sesión continua me da. No sé si es una o todas las que duelen, si los oídos y la cabeza, es un dolor que no me deja parar ni en la cama. Luego por mi enfermedad no puedo tomar calmantes, pues pueden estos traer complicaciones. Se dio cuenta de esto al médico y mandó que de ninguna manera me pusiese en viaje, que se desplazase el dentista al convento. Esto si viviésemos en la capital resultaría fácil, pero en un pueblo trae consigo muchos gastos, y yo fui la primera que propuse a la Madre esperar a ver si me pongo algo mejor para yo poder ir, y así se acordó.

Las estoy pasando moradas pues al no poder dormir toda estoy trastornada. Sed paso a morir, ganas de comer no siento nada a pesar del hambre que dé esta enfermedad, y viene la Madre y disimulo lo que puedo quitando importancia a esto. Me abrazo a mi Cristo en la cruz y comulgo a cada momento de sus dolores, y veo que esto me eleva, y puede que esto sea lo que a la enfermera la haga verme buena, y todo es obra de Dios. Dios me da una fe tan viva para verle a Él a través de todo, para que, sin comprender el misterio del sufrimiento, me abrace a Él como a algo muy bueno, si se recibe por amor a Dios, y procuro disimular mi sufrimiento para que solo Dios y el alma lo sepa, y algunas veces aún quisiera que ni el Señor supiera de mis sufrimientos, que viese solo mi amor a través del sufrimiento, pero sin ver éste. No sé si me expresé. Bueno, termino diciendo que yo en el sufrimiento bien llevado, veo un gran medio para hacernos buenos, para santificarnos y me da gran pena al pensar en tantas personas como están sufriendo en el mundo, y las pobres: la mayor parte sin fe, sin saber del valor del sufrimiento, así que ofrezco al Señor no solo los míos, sino los de todo el mundo para que a través del sufrimiento encuentren la luz, y si hay luz de Dios en el alma, el sufrimiento, sin dejar de ser sufrimiento, tiene no sé qué otro color que se recibe con amor, y con amor los ofrece a Dios, unidos a los de Cristo, y se encuentra gozo hasta en el sufrir.

Es cosa de Dios

En estas tres inyecciones de insulina que me tienen que inyectar cada día encuentro cierta significación, y así las paso al plano sobrenatural y no me quedo en lo natural. En cada infección hago un acto de amor a Dios lo más intenso de que soy capaz. A la de la mañana, me dirijo al Padre, al mediodía, al Hijo, y la de la tarde, al Espíritu Santo. Y cuando además de estas tengo que poner de vitaminas (éstas son las más dolorosas), lo sufro por amor a la Madre de los dolores. Al principio hacía esto con tal fervor e ilusión que deseaba el momento éste. Va pasando el tiempo y las partes del cuerpo en donde estas se inyectan se han vueltos más sensibles que si fuesen pura llaga. Al poner las inyecciones el sufrimiento es mucho mayor, y creo que mi amor a Dios al sufrir este es más profundo, pues, si es voluntad de Él, no pido que me pongan tres sino las que Él quiera, con Él todo lo puedo, y si Él da más dolor, también me dará más fortaleza:. Ahora bien, confieso hoy por hoy, que no espero el momento de la inyección con esa ilusión de antes, veo este momento como la hora de la prueba de dar un acto de verdadero amor a Dios, vivo más este momento de dolor porque no siento esa ilusión, pero estoy dispuesta a lo que sea y veo que es mejor este acto de amor. Con este ánimo, dispuesta a lo que Dios quiera de mí, aunque el espíritu está pronto, la carne es flaca, y algunas veces tal es el dolor que siento en el cuerpo al clavarle la aguja que, aun queriendo sonreír, mis lagrimas me traicionan, así que río y lloro, ríe mi espíritu y llora mi cuerpo.

La enfermera algunos días se da cuenta de la lucha que sostengo, y me dice: “usted quiere sonreír, pero con estas inyecciones yo le clavo hasta el alma, y cuanto más quiero no hacerle daño siempre pasan percances para que le tenga que hacer sufrir más. Esto está claro que es cosa de Dios, pues cuanto más cuidado pongo, más la crucifico. El mundo está muy malo y se ve claro que el Señor pide expiación en las almas a Él consagradas para resarcirse de tantos pecados como se cometen, y me acabo de convencer que es cosa de Dios esto que usted pasa". Ante estas palabras de la enfermera sentí como pena de nuestro Padre Dios. Cómo nos creó, nos redimió, nos santifica y nos destina a la felicidad eterna, y en lugar de pasar este tiempo de destierro en servirle y amarle, lo pasamos distraídos aun los buenos y los malos ofendiéndole sin reconocer cuánto nos ama Dios y cuánto le debemos, y qué mal le correspondemos. En esta pena que sentí me pareció nada mi sufrimiento, si con él lograba resarcir a mi Dios de tanta ofensa como recibe. Benditas mis pinchadas y todo cuanto me haga sufrir, bendito dolor si con él pruebo mi amor a Dios. No sé lo que pasa por mi interior al sentir esta compasión de mi Padre Dios.

Los fervores tontos de una postulante y algunas mortificaciones

Al poco de entrar en el convento casi todas las postulantes que voy conociendo caemos en esta trampa, pues en nuestros fervores tontos empezamos a estar mucho tiempo de rodillas, y como una no viene acostumbrada a esto, como resultado a casi todas se nos ponen las rodillas malas, y si la postulante es del tipo de tontas como yo, aguantando hasta que no se puede más, caro le salen estos fervores. Me avisaron ya al principio las Madres de que no abusase con las rodillas, que se solían poner malas. Yo, como nunca me había pasado nada de esto, les dije muy convencida, como novata que era: "descuiden, yo las tengo fuertes, a mí no se me pondrán malas".

Rodillas heridas

Así lo creía. Pero la experiencia fue muy pronto otra. Empezó una a inflamarse un poco, y no le di importancia, diciéndome "ya te pondrás bien cuando quieras", y seguí así sin darle importancia. Pero ya un día me dolió, la miré y vi que estaba muy inflamada, la estrujé un poco y salió bastante pus y sangre, y en lugar de dar cuenta de ello, y no por miedo a que me regañasen, sino por un fervor tonto, pues mi natural era de tirarse a lo cómodo y rehuir el sufrimiento, bueno pues, esta vez estaba muy contenta con mi rodilla mala, ofreciendo este dolor al Señor. Sobre esta rodilla ni acordarse de apoyarse sobre ella. Era tal el dolor, que saltaba, y lo que hice fue pasar todo el tiempo que tenía que estar de rodillas apoyada solo sobre la otra que estaba sana. Pero como la misa en aquel tiempo era casi siempre rezada, y por lo mismo todo ella estábamos de rodillas, así que, con tanto tiempo de rodillas sobre la otra, también ésta se dio por fracasada. Porque no era sola la misa sino la oración y algunas cosas lo que se estaba de rodillas. Tiré arrodillada sobre una rodilla hasta que no pude más, pues se estaba poniendo como la otra, y ya durante la oración me sentaba, pero aún quedaba mucho para estar de rodillas.

Bendito sea el Señor por todo, pues Él está en todo, es admirable cómo dispone las cosas, pues yo, aun estando que no podía aguantar más, no había pensado en dar cuenta de ello, aún creía que sanarían sin poner remedio. Pero el Señor vela por todos y sobre todo por las tontas como yo, y así en un recreo una novicia del todo entusiasmada decía "es estupenda la orden dominicana en todos los aspectos, pues aquí tienes que dar cuenta cuando te sientes mal, mientras que en otras es norma aguantar hasta no poder más". En nosotras es ley dar cuenta de lo que te pasa. Entonces me dio una corazonada que me dije: "yo no ando acertada ocultando lo que me pasa". El recreo lo dejé pasar en paz, pero a la tarde me faltó tiempo para dar cuenta de ello lo más pronto que tuve ocasión. Cuando pensaba que no le darían importancia, sino que me darían alguna pomada para curarla y nada más, lo primero que hace la Madre es mirarlas, y quedó un poco impresionada de la facha que tenían, y como primera norma fue que no me arrodillase en ningún momento, ni aún al tiempo de la elevación en la misa, y que daría cuenta de ello a la Madre Priora. Esto yo no sé si como éramos las dos asturianas y esto, le daba confianza o qué, el caso es que me echó tal regaño que yo esperaba, empezando por decirme que para ser santa se necesitaba dos dedos de frente y no dejarse llevar de esos fervores tontos que no conducían a nada, que no sabía si curarían por las buenas o si les tendría que abrir el médico, que el aspecto que presentaban no era de esperar nada bueno de ellas. Tantas cosas me dijo, y tan enfadada, que sería largo decir. Yo me sentía acoquinada, pues, con lo que llevaba sufriendo con ellas, y ahora para colmo este regaño me sentía fracasada.

Penitencias excesivas

Volví a coger ánimo cuando me empiezan a poner fomentos, y a los pocos días iba bajando la inflamación, y aunque en un plazo muy largo se fueron curando, pero me costó meses la broma, pues cuando tomé el hábito aun no estaban del todo curadas, y apenas me arrodillaba, y como consecuencia de estos fervores tontos, como la Madre Priora los llamaba, mis rodillas quedaron averiadas. No se han puesto fuertes, pues tengo que andar con cuidado de no abusar al estar de rodillas, y, así y todo, a cada nada se me forma pus en ellas, y el caso es que hoy por hoy tanta misericordia de Dios veo sobre esta pobre alma que no me apetece más que estar de rodillas ante el Señor, y muchas veces pierdo el control y me excedo, pero cuando me doy cuenta, aunque con pena, tengo que sentarme. No me está mal la penitencia que mis primeros fervores me acarrean para tal vez toda la vida de no poder estar todo lo que quisiera de rodillas.

Bendito sea por todo el Señor. Esta experiencia me habla de que en todo se necesita un poco de cabeza para no venir a parar en esto cuando con un poco de cuidado se pudo evitar. Reconozco que no obré bien al aguantar tanto porque uno es quejarse al primer síntoma del mal, y otro es exponerse a que me hubiese pasado algo más grave. Tan corta soy que no siendo en cabeza propia no aprendo las cosas, y así me pasa con todo. Remordimiento no me quedó, pues en mi ignorancia yo obraba con toda buena voluntad creyendo que aguantar era mejor, se lo ofrecía al Señor con todo el amor de que era capaz. Pues estaba a puro tormento, primero al estar tanto tiempo sobre una rodilla, y luego sobre las dos malas.

Esta experiencia de tener que estar apoyada sobre una rodilla porque no me quedaba otro remedio, me dio idea para hacer esto algunas veces para mortificarme, y yo no sé si es que soy menos fervorosa o que el remedio lo tengo a mano que, con toda verdad, confieso no soy capaz de aguantar tiradas tan largas sobre una rodilla como cuando antes. Este tipo de mortificación lo hago siempre que puedo cuando me viene al pensamiento lo nada que somos y el todo de Dios, y qué mal reconocemos nuestra dependencia de nuestro Creador, así que lo hago queriendo como expiar nuestro orgullo, si teníamos que vivir como de rodillas ante esta soberanía de nuestro Dios.

Al decir esto me viene a la memoria otras mil *cosinas* que me hacían sufrir, pero el buen Dios me daba su luz y hacía que viese en ellas como algo que Él mandaba o permitía para que expiase mis pecados y vanidades en lo contrario a lo que falté. A este propósito diré solo alguna cosa, pues sería muy largo si fuese a detallar tantas cosas como de este tipo me han pasado y pasan. Bendito sea el Señor por todo, y Él quiere bendecir mis pequeños sacrificios para que expíe con ellos mis pecados y los de todo el mundo, ya que no cuenta lo grande del sacrificio sino el amor con que se hace. Cuando vine al convento, en mi bolsa de aseo personal traía lo imprescindible, pues ya había caído en la cuenta de que aquí me iba a arreglar con muy poca cosa, no obstante, el jabón, aunque más corriente que el que solía gastar, pero aún era perfumado. Todo lo mostré a las Madres a la vez que las decía retirasen lo que aquí estaría de más. Lo miró la M. Priora y me dijo "puede quedarse con todo pues si bien ese jabón aquí no usamos, termine ese". Lo gasté tranquilamente y me duró varios meses, pues aquí ya economizaba, y cuando terminé la última concha lo dije a la Madre Maestra, que había terminado el jabón. El Señor permitió que se le olvidase y así estuve sin jabón yo creo que casi un mes. Me costaba mucho verme sin jabón por las mañanas, pues por más que me lavaba con agua me parecía que en todo el día no quitaba de mí las legañas.

Pero mi vida en el convento es un continuo ejercitarme en la fe, y así esto lo recibía con fe, veía en ello, no el olvidado de la Madre, sino que Dios permitía esto para expiación de mis vanidades, y, aun costándome esto, mi alma no perdía la paz. Cuando Dios quiso me dio la Madre un trozo de jabón de lo corriente de lavar ropa, y por cierto que tenía bastante sosa, así que contenta con el jabón, pero una nueva mortificación, pues me levantaba la piel y producía escozores, aparte el que no me favorecía tampoco para la piel de las manos pues me daba un poco la lata el eczema, y que tenía que andar con cuidado con los jabones.

Qué contraste empezaba en mi vida, pues mientras que en mi casa todo era regalo y vanidades, pues cuánto tiempo he perdido ante el espejo arreglando la cara con mil vanidades que ahora las veo enormes y entonces me parecía normal. Así que, aun costándome estas privaciones y las cosas ordinarias, había en mi interior no sé qué cosa, no voy a decir que gozo en la privación, pero si una tranquilidad y unos deseos de ir expiando con esto mis vanidades pasadas. Lo que es los primeros años de mi vida religiosa yo sentía una necesidad terrible de expiar mis pecados y purificarme de ellos, así que, con estas privaciones, aun costándome, las aceptaba con mucha fe viendo en ellas algo muy necesario para expiar mis pecados.

Hoy día ya no me domina tanto esa idea de mis propios pecados, ya abandono mi vida en manos de Dios, y ahora quisiera que todas estas *cosinas* que en cualquier momento te vienen encima, sufrirlo todo mirando a todas las almas del mundo, quiero ayudarlas a todas las almas del mundo, y sobre todo veo en todo el sufrimiento de cualquier clase, que sea una ocasión muy hermosa de dar una prueba de amor al Dios amor que tanto por nosotros ha sufrido, así que se mezclen mis pequeños sufrimientos con los de mi divino Redentor, y vea en ellos una prueba de amor. Otra cosa que estos años atrás tuve ocasión de ofrecer al Señor, a consecuencia de mi debilidad y agotamiento, me daban unos calambres en las piernas que no parecía más que me arrancaban los tendones con un garfio. Lo que es estando acostada, cuando dormida iba a dar una vuelta, se comprende que sin darme cuenta me apoyaba en los talones, y al momento me despertaba con un dolor horrible, como me las tenía que ver para poder sufrir el dolor sin gritar.

Otras veces, al levantarme y apoyarme sobre los pies, y otras en el coro o donde sea, y entonces aun lo pasaba peor, porque, de puro dolor, no me era mantener de pie, y yo no quería que nadie entendiese nada.

Ponía de mi parte cuanto podía en sufrirlo, y después pedía al Señor fuerzas para poder sufrirlo, y esa fuerza la recibía del Señor al ponerme delante tantas necesidades de las almas. Unas veces parecía como que un misionero necesitaba ese dolor para convertir a un alma, y un día tan al vivo sentí esto que no parecía más que en mi interior me decían: "si no ayudas a los misioneros, bórrate de ser cristiana". Y de esto me quedó tal idea de que la monja de clausura tiene que ser muy misionera con su sacrificio y oración. No es que al ver tantas necesidades en las almas con ello ya no cuestan las cosas o el dolor no sea dolor, pero una fuerza se recibe al sentir la necesidad de los demás que te estimula fuertemente a aprovecharse de todo y a tratar de vivir lo mejor que una acierta esta bendita vocación que, más que para una, es para los demás.

Monjas "pararrayos"

Cuantas veces en el dolor recuerdo una frase que me dijo mi tía, la que conviví mucho con ella, pues era toda una santa mujer, y para mí era como una segunda madre, pues poco antes de venirme al convento me dijo: "las monjas de clausura son el pararrayos que detienen el castigo de Dios. Cada vez hay más pecado en el mundo y ellas son las que con su oración detienen y resarcen al Señor. Acuérdate mucho en el convento de pedir por este mundo que quedamos fuera". Pues no se me olvide lo que mi tía me encargó y, como digo, en momentos de prueba más lo recuerdo.

También alguna vez, cuando estos calambres, y sobre todo en el primer invierno que pasé en el convento, tanto frío pase en los pies que los tenía helados, lo que es durante los días en que estábamos de ejercicios ni me enteraba cuando al pisar llegaba con el pie al suelo, así que con tal frío se me agrietaron de tal manera que al pisar me dolían las grietas al abrirse que me las veía y deseaba cuando nos sacaba a unos corredores a pasear de prisa para ver si se nos calentaban un poco. Pero un día, tanto me dolía al caminar que iba un tanto despacio, pues me parecía que no era dar más de sí, y en esto se acerca la Madre y como desconocía lo que me pasaba, me manda caminar más de prisa, que si no entré en calor haciendo mayor esfuerzo, logré caminar algo más de prisa, y cuanto más me costaba el ir de prisa me vino el recuerdo de mis años de baile en el mundo, y qué cosa al reconocer cuánto pude ofender al Señor en mis bailes, y tal vez ser causa de que otras personas le ofendiesen, si bien yo no tenía conciencia en aquel tiempo de que pudiese ofender al Señor con mis bailes.

Ahora lo veo de otro modo y reconozco que tal diversión se presta mucho al pecado, así que al recuerdo de esto en mis grietas de los pies veía un contrarrestar lo que había ofendido al Señor bailando, y en medio del dolor lo sufría una gran resignación. Por todas partes me parecía había ofendido al Señor, así que justo era que de todo me aprovecha para expiar mis pecados, y parece que el Señor va poniendo la ocasión por delante, pues, mientras que fuera gozaba de muy buena salud, en cambio en el convento me convertí en un ser enfermo que aparentemente no sirvo para nada, pero el Señor me da fe y veo que lo importante no es ni la salud ni la enfermedad, sino el amor a Dios sobre todas las cosas, y al prójimo por amor a Él. Luego con mis males, si los sé aprovechar, son preciosos medios para desprenderme de todo lo que no sea Dios y volar a Él sin apego a nada.

Otra pequeña cosa que entró en formar parte en este campo de expiar mis pecados fueron una serie de diviesos que en un periodo de más de dos años no me dejaron ni a sol ni a sombra, porque al tener la sangre mal iba haciendo sus efectos por todas partes. El primero que me salió fue una especie de granate en la garganta, y, como con la toca no se veía, pensaba no decir nada, pero coincidió que cuando esto ocurrió estábamos dos en una celda, y lo advirtió la otra al cambiarme la toca de día por la de dormir, y dio cuenta de ello. Me lo limpiaron y en una *temporadina* quedé en paz, pero como cada vez tenía más ácidos en la sangre y peor me encontraba, parece que se daban la mano el que empezaba a mejorar con otro que ya empezaba a brotar, así que después de este pequeño descanso empezaron uno tras otro durante lo menos dos años. En la garganta fue donde más presa hicieron y, cuando me salió el primer divieso, yo que ya me sentía tan mal, tan agotada, luego como consecuencia de éste no era pegar ojo en toda la noche, así que a la mañana yo no podía con mi cuerpo, y así un día y otro día, y ni curaba ni iba a más, y yo no podía conmigo porque cualquier movimiento me hacía pasarlas moradas, así que avisé de él a la Madre. Lo primero que recibí fue un regaño por no haber avisado antes. Se llamó al médico, lo vio y dijo que estaba enquistado, que a fuerza de penicilina a ver si se conseguía se sumiese, pues de lo contrario habría que darle un *tajazo*.

Me pusieron frascos de penicilina ni sé cuántos, y aquello en su ser estaba, y cosa de Dios, lo que no hizo la penicilina lo hizo sencillamente una pinchada que la Madre le dio con una imperdible que a mano llevaba, sin desinfectar ni nada, luego lo limpió lo mejor que pudo, y noté gran alivio, y empezó a curar. Pero se ve que no quedó muy limpio o la sangre que tenía mal, el caso es que aún no había curado del todo y ya cerquita de él otro empezaba a salir ¿qué hacer? ¿volver avisar? ¿volver a llamar al médico? Yo no sé si obraría bien o mal, pero yo, con toda buena voluntad, seguí lo que sentía en mi interior: callar y sufrir.

Con toda la fe de que fui capaz pedí al Señor me revistiese de fortaleza para poder sufrir hasta que Él quisiese y sin que nadie se enterara, y así me escuchó, y lo pude realizar, pues había días en que no podía más, pero daba como un estirón a mi confianza en el Señor y sacaba fuerzas para superar el dolor, y nadie supo nada excepto de algún grano que también me salían por la cara, y claro, estos eran vistos, y mientras me ponían todo el cuidado en ellos, el Señor y yo sabíamos los diviesos que se ocultaban en mi cuerpo. Lo sufría con gran dolor, pero con tanto amor como expiación de mis pecados que no quería que nadie supiese de mis sufrimientos, todos los merecía por mis pecados, y me hizo gran bien esto para ir aprendiendo a sufrir en silencio con la mirada puesta en mi Cristo crucificado, y, aunque me dolían mucho, no obstante, me parecía nada al considerar los sufrimientos de Cristo, e incorporaba los míos a los de Él, y en mi alma había una paz muy grande.

Bendito sea el Señor en todo. Él es quien lo hace todo en esta pequeña alma pues, si estos diviesos me hubiesen salido en mi casa, pondría el grito en el cielo, y qué cosa, cómo veo ahora las cosas de modo distinto. Todo mi camino es descubrir al Señor a través de todo, y cómo el sufrimiento, el dolor, cuando se recibe como venido de Dios, con fe y con amor, vaya cómo acerca a Dios. De ello tengo experiencia.

Ansias de expiación

Tantas son las cosas que de mis primeros años de vida religiosa fueron instrumentos para satisfacer en cierto modo con mis ansias de expiación que sería interminable si las fuese a decir todas. No es mi intento querer decirlas, sino el hacer resaltar la bondad y misericordia del Señor con esta alma pecadora. Me emociono cuando ahora el Señor me recuerda estas cosas, qué Padre amoroso, bondadoso, lleno de misericordia es nuestro Padre Dios. Cómo por estas cosas que me iban pasando me recordaba que lo que ahora me es motivo de dolor en otro tiempo empleé estos miembros en vanidades y en ofender al Señor, justo es pues que ahora expíe con ellos.

Otra de mis vanidades estaba en cuidar mucho las manos, y ya parece que el Señor con estas me hizo purgar algo fuera, y acaso me quedó dentro en el convento. Siempre he tenido una piel en ellas muy fina, y por lo mismo muy propensa a las grietas, pero fuera, aunque era hija de unos sencillos labradores, mis manos eran de señorita, hermosas ellas de por sí, y luego bien cuidadas y aderezadas con algunas alhajas. Pero en mi mayor apogeo con las manos me empezó a salir en ellas algo de eczema, hay qué contrariedad, Dios mío, pues se mostraba rebelde a los medicamentos, y esto en mi vanidad me hacía sufrir, pues, si bien lograba alguna temporada que se curasen algo, enseguida volvía a salir el eczema. Solo como remedio seguro, me decían, había que hacer trasfusión de sangre, pero al pensar que tenía que descubrir ciertas partes del cuerpo al médico o practicante, tal apuro me daba que me veía entre la espada y la pared, y determiné aguantar con ella, y al convento me vine con este fallo, si bien por entonces no se me notaba nada.

Mi tía me había recomendado que diese cuenta de ello a las madres con el fin de que no me pusiesen en oficios de andar mucho entre el agua, pero yo, como esto no me parecía que tenía importancia para no darme o negarme la profesión, me abandoné en manos de Dios, y hacía todo lo que me mandaban: fregar, lavar o lo que fuese, de andar entre agua. Y así pasaron varios meses sin que las manos se resintiesen, pero al caso de estos meses, con motivo de la entrada de una religiosa de vida activa que pasaba a nuestra vida contemplativa, las novicias, con la ilusión de que todo lo encontrase limpio y arreglado, hasta nos dio por fregar todo el dormitorio del noviciado con baldosas de ladrillo. A servidora no sé si acababa el estropajo de frotar o que no era muy abundante desde el comienzo, total que venía a frotar con las palmas de las manos. Y cuando acabamos la labor, en la mano derecha tenía una llaga tremenda, y esta no curaba, y para colmo de males me empezaron a salir ampollas y granitos junto a esta, con el correspondiente picor que produce el eczema, y unas veces podía dominarme, pero otras me rascaba, y ya mis manos quedaron fracasadas.

Me entró preocupación y pesares de no haber dicho lo que me pasaba, y no sé si esto se me notaría, que las madres, sobre todo la Priora, enseguida me dijo: "no se preocupe ni lo más mínimo por esto, y ya tendremos cuidado de que no ande mucho entre el agua". Y ya no me dejaron más lavar y fregar, solo nuestra celda, y fue mejorando, pero no logré que se quitase del todo al venir mi familia a la toma del hábito. Enseguida mi madre me preguntaba si tenía que andar mucho con las manos entre el agua, y que cómo me defendía con las manos. Al decirle que todo me iba bien, que ni me dejaban lavar ni fregar, ella se puso muy contenta, y le enseñé las manos, y quedó tranquila, a cierta distancia, y como ya no veía muy bien, no advirtió nada. Por otra parte, yo con toda mi alma había pedido a nuestro Padre que siquiera por los días que estuviese aquí mi madre que no se pusiese fuerte el eczema para que ella fuera tranquila, y parece que me hizo esta gracia.

Bendito sea en todo el Señor pues, mientras que mi madre se iba tan tranquila, yo con mis manos estaba sufriendo al ver que para mí tenía que haber dispensa y no poder hacer los labores como las demás y según me costaba esto, todavía me hacía sufrir más algunas cosas que el Señor permitía. Sólo diré una. Estábamos en un recreo, no sé qué labor de improviso me puse a hacer, y no se me ocurrió recoger el hábito. Una novicia que me vio, buena y sacrificada como la que más, me dijo: "mánchese bien el hábito, que bien se conoce que usted no lo lava". Estas palabras me traspasaron. Cositas de estas, muchas me han pasado a consecuencia de que no me dejaban lavar. Ahora bendigo al Señor por todo, pues todo lo permitía el Señor para mi mayor bien, y por lo mismo que eran personas buenas las que te decían esto, dolían más. Pasó más tiempo y hubo cambio de Madres, a la M. Maestra la hicieron Priora, y de M. Maestra entró otra que tal vez desconocía en parte lo que me pasaba con las manos, y si ya no se lavaba a mano porque ya había máquina, y en el fregar no lo hacía tanto como las otras, pero aun mojaba bastante las manos al ir a tender tanta ropa de frailes y de monjas. Por esta época, cuando tanto me atacaban los diviesos, así que la mayor parte del tiempo andaba con algo de fiebre, así que el calor de la fiebre, la brisa en los tiempos fríos y mis manos, que estaban para poco, se ponían de grietas que luego, al ponerme a coser, y sobre todo al bordar, era tal el sufrimiento que me producía al meterse el hilo en las grietas, que me tenía hacer verdadera violencia para no llorar, salí al pensar en Cristo elevado en una cruz por amor a las almas. Me daba fuerzas para sufrir con Él y, sin que nadie se enterase de nada, y vaya si el Señor me ayudaba, pues las noches que pasaba en vela la mayor parte del tiempo, luego malestar general por mi enfermedad que aún no estaba en tratamiento, y los benditos diviesos, mi cuerpo era un dolor. De estos no daba cuenta porque no eran de gravedad, y a los síntomas que acusaban la enfermedad no se los daba mucha importancia porque a algún médico que se le dio cuenta de ello no cayó en la cuenta de lo que era, así que no culpaba a nadie, sino que el Señor así lo disponía, y con toda la fe y amor que podía, lo iba sufriendo con una intimidad con el Señor, y no quería que nadie se enterase, solo lo quería para el Señor.

Además, yo veía mucho en mí qué expiar, y no me daba pena de ver mis manos llenas de grietas y sabañones al considerar con cuanta vanidad y regalo las había tratado en otro tiempo. ¡Qué sabiduría y bondad la de nuestro Padre Dios! Con qué bondad de padre va poniendo en el alma luz para que reconozca sus pecados y vanidades, y cómo luego va pudiendo contrarrestar todo aquello en que excedimos, que no obramos conforme a su voluntad. Sería interminable decir tantas cosas como el

Señor me fue poniendo al paso para expiar mis pecados, y así, según ellos, así la penitencia que por todas partes la llevaba.

A otro día de llegar me pongo el vestido de postulante, y les pareció corto. Me mandaron sacar el jaretón, y una vez hecho el remate sin nada de plancha para quitar el anterior doblez y marcar el nuevo, me manda que lo ponga. Todos los seis meses y pico de postulante así lo pase con él, y se necesitaba ser tonta, pues a cada vez que veía este jaretón, así me servía de mortificación. Si es con las comidas, este tipo de pequeñas mortificaciones se multiplicaban. Es verdad que no sé qué entusiasmo hay que cayendo y levantándose con la ayuda del Señor se va superando todo.

De las comidas de mi *tierrina* a las de Castilla, sobre todo en mis tiempos, había bastante diferencia, y costaba acostumbrarse a estas. A los pocos días de venir nos sirven al mediodía unas patatas guisadas, tenía una pinta estupenda, pero al comerlas me encuentro que la mayor parte era calabaza. Las monjas de aquí les gusta muchísimo esta mezcla, mientras que esta postulante se moría de ascos, pues el recuerdo de que la calabaza en mi casa se cocina para los cerdos, y pensar que yo la tenía que comer ahora, no era pasarla, pero como podía la pasaba. Otra cosa que muy mal lo pasaba era con la remolacha, a mí el olor me ponía mala ya, y el día que la comía no fallaba que a la tarde devolvía la comida, después de pasar unas horas con tal revolución que quedaba en paz cuando la echaba a fuera. Qué apurado lo pasé con algunas comidas, de algunas cosas puedo hacer hasta poesía. Y así la morcilla de Castilla, y sobre todo el tocino, fueron los enemigos número uno en la comida, pero terminamos en paz y agradecidos. Cuando el Padre que me mandó me dijo que en nuestra orden había mucho tiempo de ayuno y abstinencia, por esto me alegré diciendo gracias, Señor, pues de grasas ya estoy harta, y no tendré problema con el tocino, cosa que me revolvía solo al verlo comer en mi casa.

Bendito sea en todo el Señor. Llegó el día de Pascua y me dio una gran sorpresa en el desayuno al ver el gran plato de churros que a cada una me dieron, cosa que ni sospechaba este regalo en el convento, y tantos como se comían en mi casa, pero a gusto había renunciado a ellos, pero en esta mañana vi en esto un detalle de nuestro Señor, y así se lo agradecí. Pero en esta semana me esperaba una sorpresa no tan agradable para la naturaleza. Nos sirven de principio un trozo de tocino, y otro de morcilla, que a mí me parecían enormes, y me parecía que estaba sobre mis fuerzas acometer el comérmelo. Así que el tocino lo saqué para las tazas que tenía para la leche, y de la morcilla me comí casi la mitad del trozo, entre arcadas van y arcadas vienen. Haciendo esto tiré unas cuantas veces. La servidora no me descubría y nadie se enteraba, y cuando ya la morcilla la comía todo, pero el tocino en cuanto lo veía en el plato con garbo lo sacaba para la taza, hasta que un día lo advirtió la Madre Priora. En el refectorio no me dijo nada, pero al salir de éste me mandó ir a su celda, y yo iba medio temblando, pues me figuraba lo que me esperaba, y no me equivoqué. Me echó tal regaño por lo que estaba haciendo con el tocino, pues se ve que me venía observando, que ni me atreví a dar razones por qué obraba así, y lo que no pude evitar fue el dejar correr las lágrimas, pues lo veía superior a mis fuerzas el que fuese capaz de comer este tocino.

La Madre aquí me trató con aparente dureza pues había que saber lo que era para mí comer tocino para imponerme al poco de llegar una obligación así, pero al mismo tiempo, en este tremendo regaño, se veía en la Madre su corazón maternal. Ella, como alma de experiencia, me proyectaba hacia Cristo clavado en cruz, como ella me decía cada vez que me regañaba, y esto lo hacía muchas veces. Fue muy amarga la medicina que en esta ocasión me dio, pero muy eficaz, pues me fue explicando, si bien todo a modo de regaño, lo que era la vida religiosa en su parte de renuncia, de abnegación, de desprendimiento a nuestros gustos y caprichos... que en medio del sufrimiento de aquellos momentos sentía agradecimiento hacia esta venerable Madre, y sentía en mí coraje para emprender el programa tan costoso que la Madre me acaba de trazar. Al día siguiente no, pero al otro otra vez tocino. El espíritu estaba pronto, pero la carne era flaca, pues no sabía por dónde empezar a comer aquel tocino con los ascos que solo al verlo me daban. En fin, acometí la empresa, pero a la mitad del trozo ya no podía más y lo dejé, y de pan ni sé lo que me había comido. Luego pasé una tarde fatal con aquel tocino pasado de mala manera, mi estomago estaba inundado de grasa que no admitía más nada.

A la noche pedí manzanilla y me entonó, y ya después siempre que había tocino me daban una taza de manzanilla, y así fuimos venciendo esta repugnancia, y al cabo de cuatro años de lucha logré esta victoria, pues me acostumbré a él, y como ya no me costaba, me impuse yo el comer la piel de este, que a esto aún se me resistía la naturaleza, pero con la ayuda del Señor y con constancia pude conseguir también esto. Bendito sea por todo el Señor, qué bien lo dispone todo para provecho de nuestras almas si nos sabemos aprovechar.

En esto de esforzarme en superar esta repugnancia de tocino, al principio creo que hubo bastante flojedad en mí, pues, si la Madre Priora no me corrige en facha, no sé cómo me las arreglaría, tal vez no intentase esto porque me parecía algo imposible el que me acostumbra a comer tocino. Bendito sea Dios, vuelvo a decir, solo Él sabe cuántos actos de amor a Él y a las almas hacía antes de poder tragar aquel tocino. Él puso su mano, y lo que me parecía imposible, se consiguió, y qué cosa, qué bien viene aún en el plano natural estar acostumbrada una a todo, pues cuando dieron en el *quid* de esta enfermedad, tan sumamente baja tenía la tensión que el médico, dándose perfecta cuenta de lo mal que iban las grasas para los ácidos que tenía en la sangre, no obstante, vio mayor urgencia en procurar que subiese la tensión, y nada menos que me manda que desayune tocino y sin pan. La cosa no parecía fácil estrenar el estómago todas las mañanas con un trozo de tocino, y sin embargo confieso que no me ha costado esto, en parte por el hambre devoradora que produce esta enfermedad, y en parte porque ya me había acostumbrado a él. La morcilla me costó bastante menos acostumbrarme a ella, pues poco a poco me fui acostumbrando a comer todo el trozo que me servían. Además, éstas enseguida se terminaban porque no se conserva esta clase de morcilla como la de mi tierra.

Con esta comida de tocino y morcilla otra dificultad encontraba como era con el vino que nos servían cuando había de esta comida, pues decían que ayudaba a hacer la digestión, y yo, que no estaba acostumbrada a él, no sabía en qué momento lo tenía que apurar, porque en ninguno me apetecía, y algunas veces tan cobarde me sentía que llegaba al final de la comida y allí estaba el vino, y como lo tenía que tomar, el apuro era mayor a última hora. Esta pequeña victoria sobre el tocino me dio luz y ánimos para acometer cualquier cosa por difícil que me pareciese, pues esto que al principio me parecía casi imposible, claro que contaba con solo mis fuerzas, y nada con ellas solo podría, pero por amor a Dios y apoyada en Dios vaya si se supera lo que sea. Tengo experiencia de esto, y si soy tan ruin y miserable es porque mi confianza en Él no es todo lo fuerte que tenía que ser, pues si confiamos plenamente en Él y hacemos lo que está de nuestra parte, nada se nos pondrá por delante.

Con las lentejas también tuve una pequeña victoria. Éstas, tal vez porque no se cosechaban en mi casa y las había que comprar, pues se comían menos veces que otras legumbres, y no sé por qué, el caso era que me gustaban, y cuando había estas, comía algo del cocido, unas cucharadas, no más, que de otra cosa me tiraba largas temporadas sin probarlo. Pero los años después de guerra no sé qué pasaba en la tierra que, al poco tiempo de recoger en la cosecha las legumbres, se hacía en ellas un *bichico* negro que todas en casa lo detestábamos, así que se tiraba mi madre y mi hermana escogiendo éstas antes de preparar la comida para que no pasase ni uno. Y con las lentejas compraba de las de mejor clase, pero también traían algo de esto, y menuda penitencia que se imponían escogiendo en cosa tan menuda para que yo pudiese comer algo, pues por mí las compraban. Una vez que estaba mi madre y mi hermana en esta faena de escoger lentejas, una las miraba, otra las iba echando entre agua, y la que flotaba la retiraba diciendo: "tú estás rellena". Y una paisana que en aquel momento vino a casa y vio tal operación se extrañó toda, y como fuera de sí les dijo: "caras lentejas, en mi casa no se repara tanto", mi madre alegó que para su *rapacina* todo era poco. Pasados estos años ya se vendían muy buenas en unas bolsas de celofán, y venían muy limpias y libres totalmente de bichos, y las solían poner con alguna frecuencia, y ya iba yo comiendo más cantidad, y sobre todo, ya con la vocación me ensayaba en casa a comer bastante potaje, porque me decían que de esto se comía mucho en el convento, y mi hermana por darme la lata decía: "lo que es el que se nos meta una cosa en la cabeza mira como ahora se mete por el cocido".

Una vez en el convento no tardaron en darnos lentejas, y yo me serví a gusto más de medio plato, creyendo que serían como las de casa, y cual no fue mi sorpresa cuando a la primera cucharada ya veo *cosinas* negras, "¡ay Dios mío!, me las voy pasar de ascos, qué hago de ellas y cómo voy a estropear este plato de lentejas". En un momento ni sé los apuros que pasé, pero al fin, haciendo un esfuerzo superior a mis fuerzas, hice por comerlas, pero al llegar con la cucharada a la boca, en lugar de abrirla, se me cerraba, y apretaba los dientes, pues la naturaleza se resistía a ellas. Invoqué a todos los santos que viniesen en mi ayuda, y al fin Dios sabe cómo logré comer todo el plato de lentejas. Me supuso mucho sacrificio, pero una vez comidas me sentía contenta, y qué bueno es Dios, pues cuando volvieron a poner lentejas ya no me costó ni la mitad que el primer día, y así fue cediendo esta repugnancia hasta que llegó el día que si veía los *bichicos* los apartaba con disimulo, pero no andaba dándoles vueltas a ver si los había o no, y es muy posible que me comiese bastantes sin fijarme en ellos. Con un poco amor de Dios y contando con su ayuda todo se puede superar, pues en cuestión de comida sería largo decir cómo me las pasé por yo ser una calamidad en el comer, y cómo con la gracia de Dios se consigue en todo la victoria.

Para mí tengo que el refectorio, si se quiere, es un lugar de mucha mortificación, bien sea por las ocasiones que tienes de mortificarte en las comidas, y sin perjuicio de la salud, y si muy saludable para el alma. Puede una estar pasándolas moradas y sin que exteriormente nadie le note nada, pues ¿qué se consigue con que las demás se den cuenta de si esto me gusta o no me gusta, si me repugna o me dan arcadas? Dar mal ejemplo o que nos compadezcan para anda que hacemos. Para mí tengo como norma no dar a entender nada. ¡Si me gusta doy gracias a Dios porque así me da este regalo, y si no me gusta, también le doy gracias porque me da esa mortificación que no vendrá mal frenar el paladar, que en todo veo motivo de dar gracias Dios! Bueno, pues con mil cosillas que si en la comida, que si en las ropas, que si en uno, que si en otro, aunque siempre muy feliz en esta santa vocación, encontraba mortificaciones por todas partes, y más que buscármelas yo, mi estilo es de ir aprovechando todo lo que me sale al paso, mediante un esfuerzo de fe ir descubriendo a Dios a través de todo, bien que lo mande o al menos lo permita.

Y cuando ya iba superando este mundo de estas mil cosillas, se abren horizontes con otras que todas las anteriores me parecían de juguete comparados a estas otras pruebas en que se iba metiendo el alma. Hasta ahora eran cosillas exteriores, que, salvo algunos fallos, el alma con generosidad se abraza a ellas y se esforzaba por salir victoriosa superándolas, Dios la ayudaba y en ella había entusiasmo, ansias de Dios y toda la llevaba a Él. Pero todo esto terminó en ver la pobre alma un vacío en sí, a la vez que sentía una lejanía de Dios infinita. Las criaturas, las cosas, todo le dejaba un vacío inmenso, se veía rodeada de todas y se sentía sola como en un desierto. Luego una serie de cosas, que no es mi intención decirlas, porque si bien no siempre acerté a juzgarlas rectamente, de lo que hoy me arrepiento y veo claro que todo lo permitió el Señor para bien de esta alma, y hoy reconozco que sólo debo agradecimiento a todos, esto despertó en el alma más ansias de Dios, desprendiéndome por convencimiento propio y experiencia propia de que sólo Dios y sólo Dios es nuestra roca firme, todo falla menos Él, y esta experiencia me enseñó a confiar en Él.

Por aquel entonces recibí una estampa del todo providencial en lo que me decían las palabras de San Agustín "Nos hiciste Señor para ti, y nuestro corazón está inquieto hasta que descanse en ti", y luego me seguían diciendo "no esperes felicidad en las criaturas, sino sólo en Dios". El Señor me habló por esta estampa, porque la paisana de mi pueblo que me la mandó, ni sé cómo se le pudo ocurrir decir tal cosa, si no fuese porque andaba por medio de la mano de Dios. Aquí me vi entre las criaturas a la vez que me sentía sola como un desierto. Dios era solo mi confianza y mi apoyo, pero le veía el alma tal inaccesible que no se puede decir otra cosa que el Señor sostuvo a la pobre alma para que no se desalentase al verse sin apoyo en nadie, y Él estaba muy alto, así lo creía el alma y aunque estaba más cerca que antes, pero era novata, no tenía experiencia de este obrar de Dios, y a tientas iba a pura fe buscando a Dios a pesar de parecerle que nunca le daría alcance.

Vacío y dudas

Así las cosas, en este vacío tan tremendo que le producía las criaturas y todo, y el Señor que invisiblemente sostenía al alma, sino la pobre de que iba a poder tirar hacia adelante, porque hasta a Él le veía tan inaccesible, parecía que estaba el alma expuesta al vendaval de todos, y cuando esperaba un poco de descanso, algo de ayuda sensible del Señor, empiezan a cernirse sobre el alma una serie de cosas que esto ya no eran pruebas de las criaturas y de las cosas, sino venidas del mismo Dios. Pero no entendía el alma que venían de Él, era una fuerza de luz sobre el alma, pero el alma no entendía que aquello era luz, sino sólo veía los efectos que esa luz producía en el alma que era verse un puro monstruo llena de defectos, repliegues, puro pecado, pura miseria, pura nada, sin apoyo en nadie, sin una persona, un director a quien confiar lo que pasaba en el alma para que la orientase, aquello era una madeja de hilo enredada que no se podía sacar de ella nada, tirarla sería lo mejor.

Así se sentía el alma, y morirse sería consuelo, y no por el gozo de ver a Dios, sino por dar fin a tanto sufrimiento. Pero quien se apoya en Dios siempre cantará victoria por muy ignorante que sea la persona. Hablo por propia experiencia. Él me sostuvo porque en Él esperaba contra toda esperanza, porque ir a Él se sentía rechazada el alma. Claro, ella era el puro pecado, Él, la santidad misma. Qué contraste para la pobre alma. Pero ella confiaba, y en lo más terrible de la oscuridad que había en el alma, que hasta tentaciones tenía de dudar si existía Dios o no, ella creía, esperaba y amaba.

No me puedo explicar esto, pues, cómo pude hacer tantos actos de fe, esperanza y amor metida en tanta tiniebla. Dios lo hizo todo, pues no me explico cómo pude salir adelante, porque, ya cuando empezaron algunas rasgas de luz y que el alma se daba cuenta, ya vibraba algo en ella y esto le daba aliento para seguir en la negrura. Cuando éstas iban, y así alternando algo de luz con tanta noche, fue terminando la noche y empezando el día, hasta que llegó el día glorioso en que empezó a lucir el divino Sol, y no se volvió a ocultar más hasta el presente. No sé más adelante cómo hablaré, por de pronto ya han pasado unos pocos años en pleno día, al calor de este Sol divino, sin que llegase más noche ni aun momentos de eclipses. Fue largo y penoso el llegar hasta aquí. Seria largo referir con pormenores todo el trayecto. Por otra parte, no sé lo que estoy haciendo, pues muchas de ellas ni me pasó por la cabeza que fuese a dejar memoria de ellas, pues tendrían otra viveza si las escribiese cuando las pasaba como son esas purificaciones del alma, ahora contar algo de ellas cuando el alma vive como en un ciclo anticipado es cosa muy distinta.

Así que sigo escribiendo llevada de esta fuerza interior que lo veo como cosa de Dios, y en mi ansia de ser fiel a todo lo que de esta alma quiere el Señor, sigo llenando páginas de esta libreta sin ninguna pretensión. Digo las cosas con toda naturalidad y sencillez, como si escribiese para el Señor, y en alguna ocasión que llegue a temer si esto no sería perder el tiempo, y llegue a romper bastantes cosas escritas. Siempre que lo hice empecé a sentir como un desasosiego en el alma, como que no era fiel al Señor al hacer eso. Total, que volvía a determinar conmigo, no antes sin pedir al Señor que me diese luz si esto era de su agrado o no, el volver a seguir escribiendo. Además, ni tengo cultura para esto, ni me sé expresar, así que más de cuatro veces no me es esto sino penitencia, pero si esto es su voluntad, bendito sea, yo me siento muy unida a Él escribiendo, y si esto alguien lo leyese y me mandase quemarlo, creo que lo haría con toda el alma, pues no quiero otra cosa que acertar en todo a cumplir la voluntad de mi Padre Dios.

Llegada el alma a este pleno día con este divino Sol en sí, parece como que entró en un estado de embriaguez de amor, andaba del todo desatinada fuera de sí, diciendo locuras a su Dios amor, porque no se conocía a sí misma, veía tal transformación en sí y tales maravillas contemplaba en su Dios, tanta belleza, tanta bondad, tanta misericordia, tanta santidad, tan infinito veía a Dios que la pobre, fascinada por el amor de todo un Dios, se sentía morir de amor, no podía llevar tanto. Y quisiera poseer todos los corazones del mundo encendidos de amor de Dios para amarle cuanto Dios debía ser amado. Y como esto le parecía imposible, pues solo Dios veía que era el único que se podía a sí mismo cuanto debe ser amado, entonces se volvía a su Cristo con quien se sentía identificada para que Él amase por ella. Aquí el alma se sentía auténtica cristiana, sí, porque se sentía toda ella clasificada, era un vivir Cristo en ella. Como el alma veía claramente cómo Cristo la tomaba por esposa, y hasta hubo fiesta en el alma, era un ver sin ver y un sentirse metida en la Trinidad sintiendo una música tan celestial que en nada las de la tierra se la pueden comparar. Esto fue como un salir el alma del cuerpo, y hasta fuera de sí misma, y ni sé decir si esto duró un minuto o si una hora, pues el cuerpo quedó sin sentido, y cuando volvió en sí, me sentía como desterrada en este mundo, si bien la Trinidad la sentía viva en el alma. A partir de este cobró el alma tal seguridad de que en ella habitaba Dios, que, aunque nunca hubiese oído hablar de la inhabitación de Dios en el alma por la gracia, el alma aquí se hubiese descubierto.

Qué cosa más distinta es hacer actos de fe y de amor creyendo y confiando en que Dios está en el alma a sentirse así posesionada por Él. Además, con tal seguridad va descubriendo distintamente a las tres personas divinas, que es para quedarse abobada adorando esta grandeza de Dios mismo en el alma. Y entre Dios y el alma se cruza una mirada amorosa que el alma, sin ver a Dios, tiene tal seguridad de que Dios la está mirando amorosamente, y ella le mira atentamente, y no quisiera suspender esta mirada ni un solo instante, pero la debilidad humana la traiciona algunas veces y tiene pequeños descuidos que le parecen monstruosidades para con su Dios amor. Luego, esta mirada, cuando el alma acierta a ser lo más fiel que puede, de tal manera se intensifica que no parece más que se va a producir el dulce encuentro en que el alma salga del cuerpo y se encuentre sin velos con la mirada de Dios que la envuelve. Al principio del alma entrar en este gozo, anda la pobre en una locura de amor sin atinar con lo que dice, pero a medida que va pasando más tiempo se va sosegando, y ya es más consciente y más dueña de sí, ya no anda con tanto deliro, y si nota que ama más intensamente, más profundamente al Esposo de su alma y más que querer quedarse gozando de las mieles del Esposo, empieza a sentir en sí una santa preocupación de los intereses del Esposo, que sea conocido, amado, que su reino se extienda más y más en las almas, se siente identificada con el Esposo y los intereses del Esposo, se ve amada de Él, pero todo con sosiego, y cómo el alma se desvive por serle fiel hasta en los menores detalles, ahora entiende de exquisiteces y trata de serle generosa cuanto acierta, pero siempre queda por debajo de sus deseos a considerar que todo un Dios así se vuelca en ella.

Cuánta misericordia y amor experimenta sobre sí, cuántas delicadezas, cuánta ternura tiene el Señor para con una pobre alma, se diría que no la tienen más que a ella, y ella muy bien sabe que esto no se agota en ella, sino que lo hace con todas cuantas de verdad se entreguen a su amor.

Gracia y docilidad

Señor, has subido a esta alma al monte del amor, se ve como en una cima, pero ¡ay de ella si Tú le retirases tu luz y creyese que es algo de ella...!, caería al abismo más profundo, aunque del que tu misericordia la sacó. Todo en ella se ordena a Ti, ya no hay lucha con este bajo mundo pasional, lo ve todo transformado y divinizado por ti, y todo es obra tuya, así lo reconoce el alma y más harías en ella si acertase a serte más fiel. ¡Qué riquezas más insondables guardas para el alma pobre que acierta a ir a ti! Señor, no sé decir nada de cuanto quisiera decir aquí, como quisiera cantar muy alto tus infinitas misericordias. Vale la pena entregarse al Amor, y para esto no hace falta sabiduría sino docilidad, y nos tenga siempre de su mano para que seamos muy dóciles en manos del divino Artífice, el Espíritu de amor; Amén.

La muerte o mejor dicho, el paso a la vida

En mis años de mundo ni en broma se me ocurría pensar en la muerte, la temía terriblemente, y eso que tenía sumo cuidado de no mandar el alma con pecado mortal que yo entendiese fuese tal, que como algo entendiera que era pecado mortal merecedor del infierno, no sé qué fuerza sentía en mí que yo dispuesta me veía hasta dejarme matar antes que consentir consciente en un pecado mortal. A este propósito se me ocurre decir algo que a mí me horrorizaba. No condeno con esto que voy a decir a nadie, pues sólo Dios sabe el conocimiento que de ello tendrían, pero yo en mi caso lo veía un horrible pecado, o sea, que yo tenía pleno conocimiento de que eso era pecado. Esto que a mí me horrorizaba no era nada más y nada menos que algunas chicas que no iban al matrimonio con la pureza que Dios manda. La cosa estaba clara cuando al poco tiempo tenían una criatura. Al pensar que esas chicas se entregaron al novio antes de que el sacramento del matrimonio sellase su amor, por lo tanto, en tiempo no legal. A mí esto me horrorizaba. No me cabía pensar que el amor a un hombre la cegase de tal manera que llegase así a manchar su alma profanando así su cuerpo. Y si se tratase de un atropello, yo en su caso me dejaba matar antes que consentir. Tenía pleno conocimiento de que esto era pecado. Bueno, pues, a lo que iba, tener conciencia de que una cosa era pecado mortal, eso sí, que no consentía, por lo tanto, ahora que sé un poco mejor las cosas, me parece que no manché el alma con pecado mortal, pues podía haber materia grave, pero faltaba la advertencia y el consentimiento, bueno pues ¿por qué yo tenía este miedo tan terrible a la muerte? ¿No sería clara obra de mi Padre Dios que, mediante este temor, siempre hacia las confesiones lo mejor que acertaba a hacerlas, y siempre me parecía que me confesaba mal, y aun dudaba si andaría en gracia de Dios o no?

Ya en el convento sí que pensaba y meditaba algo en la muerte, y francamente la seguía temiendo. Y cuando a los 27 años me empecé a sentir tan mal que todo me iba hablando de que mi vida tocaba su fin en este mundo, o muy verde estaba, o de lo contrario hay que sentirse morir para saber, si no es un alma santa, lo que cuesta a la naturaleza rendirse a la muerte. Era cristiana y era monja, pero solo a ella me resignaba que Dios hiciese lo que Él quisiera, pero qué alegría si me viese mejorar.

Así pasaron meses, costándome terriblemente a la naturaleza abrazar la muerte. Y en esta lucha, cosa de Dios, me acostumbré a morir, y si ya llegó un momento en que me abandoné a la misericordia de Dios, y ya me parecía que no me costaba morir, y más adelante, cuando se acercaba mi profesión solemne, tenía gran ilusión de pronunciar mis votos solemnes, hacer la profesión, y luego ya morir me era un gozo el pensar en ello. Veía en mí tal desprendimiento de todo. Solo Dios me bastaba, que ya era para esta alma verdadero gozo el ir a Dios, pues el temor de la muerte había desaparecido por completo, ya deseaba morir.

Mis fuerzas físicas tocaban ya su fin, andaba arrastrando los pies, y a pasitos como una anciana de 90 años, no era hacer más, pero cuanto peor me veía más repetía: "viva Dios, esto va de maravilla, ya está encima la profesión, profesar y para arriba. Ven muerte, ven enseguida, que tú eres mi mejor amiga para introducirme en aquella vida de arriba que ya el alma vibra al ver en sí algo de lo mucho que le aguarda de esta vida divina". Y cuando ya todo iba de maravilla, al menos el alma así lo creía, los planes de Dios eran otros.

Hago la profesión y toman en serio mi enfermedad, que no sabían aun lo que tenía, pero la Madre Priora dio cuenta de mi agotamiento a un Prior que acababa de llegar para los frailes, y con tan interés lo tomó que me llama al locutorio y me dice: "aquí hay que revolver Roma con Santiago. Hay que saber lo que usted tiene. Si ya no hay nada que hacer la dejamos morir, pero antes hay que agotar los medios".

En fin, me echó buen sermón, y si antes me había costado aceptar la muerte, ahora no era poco lo que también me costaba aceptar la vida, cuando ya deseaba pasar a la vida. Salí de nuevo al médico, y cuando al principio me costaba la muerte nadie acertaba con lo que tenía, y ahora que quería morir, a las primeras palabras, en la consulta, enseguida el médico cayó en la cuenta de lo que tenía. Bendito sea por todo el Señor, que dos sentimientos tan distintos me producen la muerte, primero de pena, y ahora de pura alegría, y para mí la muerte la considero como una hermana queridísima. Me he familiarizado tanto con ella que la aguardo con verdadera alegría, y no es que la veo lejos, pues esta vida está colgada como de un hilo quebrado, y, cuando peor veo mi cuerpo, más alegría me entra en el alma, pues la muerte no la veo muerte sino paso a la verdadera vida.

Más adelante no sé cómo hablaré, ahora hablo del pasado y del presente, y lo que ahora me pasa lo veo completamente normal, y lo que ahora no veo normal era ese temor tan grande que antes sentía a la muerte. Si conocemos un poco a fondo nuestro cristianismo y nos esforzamos por vivirlo lo mejor que acertemos, no hay razón para tanto temor; por el bautismo renunciamos, morimos al pecado y empezamos una vida nueva, la vida de la gracia. Luego toda nuestra vida es un ir realizando lo que en el bautismo se inauguró: eso, un morir a todo lo nuestro para que vaya viviendo a nosotros la vida de Dios, y en la medida que morimos a nosotros mismos y va tomando fuerza en nosotros la vida de Dios, yo lo veo claro, que en esa misma medida vamos perdiendo ese temor que nos espanta al pensar en la muerte porque no estamos convencidos de que somos hijos de Dios y vamos a nuestro Padre Dios. Y esto no porque el alma se encuentre preparada para presentarse ante la santidad de Dios, pero como un niño pequeño se abandona a la misericordia infinita de Dios, como un niño en brazos de su Padre, y no ve en Él la razón de temor.

Hay más allá

Hace unos días contaba en un recreo que una religiosa de una congregación le dio algo así como un ataque y se quedó fría, yerta, tanto que, al no ser capaces de volverla en sí, la dieron por muerta, y empezaron a amortajarla y a preparar las cosas para enterrarla al ver que pasaban horas y horas y no volvía en sí. Así las cosas, la pobre religiosa volvió en sí cuando ya nadie lo esperaba. La sorpresa creo que fue tremenda. Nada, que creían que había resucitado la que daban por muerta, y como religiosas, ansiosas de saber del más allá, creo que la volvían mareada a preguntas, a ver qué cuenta les daba de lo que había pasado en su alma en este tiempo. Y creo que la pobre monja no daba cuenta de nada, y que esto a algunas les extrañaba. La *monjina* nuestra que esto contaba lo hacía con gracia, y cada una iba dando su sentencia. Bueno, no faltó quien no dijera nada, y entre éstas se contó esta monja. Pero ahora se me ocurre dar aquí mi sentencia.

Primeramente, veo que nuestra fe en el más allá no se tiene que apoyar en lo que nos pueden decir los demás, sino en lo que Dios nos reveló, y todo esto nos lo confirma la resurrección de Cristo. Si Cristo resucitó como primicia de nuestra carne, también nosotras resucitaremos, si no, vana sería nuestra fe. Pero con el testimonio de la resurrección de Cristo ¿qué necesidad tenemos de querer averiguar más y más de una persona que estaba amodorrada sin enterarse de nada? Y menos mal, bendito sea el Señor, que no permitió que la enterrasen dando por muerta a quien estaba viva. Esto es para pensarlo en serio al ver en qué peligro colocan a un alma cuando entierran un cuerpo del que ella aún no dejó.

Ahora yo diría que son muy ingenuas, por no decir otra cosa, las que esperan saber algo del más allá por una de estas personas privadas de sus sentidos pero que su alma en ningún momento dejó el cuerpo. Y no faltará tal vez gente que con una fe nada más que un poco hilvanada, que ante una cosa de estas presenciada u oída, tan convencidas digan: "acabándose la vida del cuerpo todo se acaba". Y yo pregonaría a los cuatro vientos: "estamos convencidos que con la muerte del cuerpo solo acaba esta vida, y el alma va a su Dios, de quien salió, para recibir el premio o el castigo según haya obrado cuando andaba con su hermano cuerpo". Esta alma experimente muchas veces tal violencia en sí que no parece más que el alma quiere salir, pero que el cuerpo la detiene. Y van ya tres ocasiones en que esta violencia es tan fuerte que no falta un *ris* para ver el alma partir. Yo no sé por qué el Señor hace esto, pero el caso es cuando esta violencia es tan fuerte no parece más que, hablando al modo humano, el alma atraviesa regiones y se adentró en Dios, y vaya como experimenta aquí ya no es cosa de fe, sino algo así como ver el que el alma libre del cuerpo sigue viviendo. Luego confiesa valiente que hay más allá, experimenta en sí, en cierto modo, ese salir el alma del cuerpo, y adentrarse en este maravilloso mundo sobrenatural, en este reino de Dios que ya con el bautismo el alma recibió acceso a él.

No sé si será un disparate lo que voy a decir, pero lo digo como lo siento: para muchas cosas del espíritu ya no necesita la fe porque es como que lo ve, y algunas veces pienso en la que nos dice San Pablo hablándonos de la fe, la esperanza y la caridad, que como estas dos primeras en el cielo desaparecerán, pues no tienen función que hacer, pues ya se ve lo que se creía y se posee lo que se esperaba, ya la fe y la esperanza no tienen nada que hacer, vuelvo a decir. Y si el Señor por pura misericordia quiere a un alma, lo más ruin y pecadora de por sí, ir mostrándole estas realidades aquí, ¿quién se lo puede impedir? Claro, veo también que esto me hace ver mi responsabilidad ante estos favores de Dios, y aquí también puedo aplicar las palabras de mi Padre fundador: “No os desvanezcáis con los favores y mercedes espirituales que Dios os haga, sino con humildad profunda reconoced la obligación en que os ponen sus beneficios”. “Si grande es mi responsabilidad, yo tenía que ser mejor, pero no acierto Señor. Ayúdame más y más, hazlo tú todo en mí y toda sea gloria tuya”.

Una cosa que me hizo bien

Ya tenía yo vocación de monja cuando una de las veces que fui al cementerio a llevar flores y a rezar algo a mis difuntos, contemplé en él un cuadro que me sirvió de profunda meditación. Parece que así me lo preparó el Señor, pues si esto lo llego a ver poco antes de tener vocación, pues que con ella ya veía las cosas de otra manera, creo que hubiese cogido tal pánico que en buena temporada no me atrevía a entrar sola en el cementerio.

Restos mortales

La cosa fue sencilla pero impresionante. Llego al cementerio, veo la puerta un poco abierta y siento hablar dentro, y entré animosa al ver que había gente dentro. Se trataba del enterrador y de una señora encargada de limpiar el cementerio. Estaban con no sé cuántos aperos junto a un panteón que era de familiares míos, y me picó la curiosidad, y me acerque a él a ver qué pasaba ¿Qué era? Que estaban sacando los restos de una señora que habían enterrado en aquel panteón para pasarlos a un nicho propiedad del marido de la difunta. Esta señora había muerto de un ataque al corazón siendo yo aún muy *rapacina*, y presionada por otras *rapacinas* la fui a ver después de muerta. Al ver a una persona tan mayor y tan desencajada, pues había sido maestra de mi madre, cogí tal miedo que en no sé cuánto tiempo no lo pude echar de mí y mira por dónde me volvía a encontrar con sus restos. Pero esta vez no sentí miedo, sino que contemplé en qué se convierte nuestro cuerpo después que el alma le dejó. Aquí sí que era para pensar que seríamos los más desgraciados si no hubiese resurrección. Pero bendito Dios, es dogma de fe la resurrección de los muertos, y, aunque no lo fuese, creo que algo de esto entiendo por la que Dios en su misericordia me hace entender de esto. Las ropas y la caja estaban sin pudrirse y los huesos aún estaban grasientos y de un color negruzco que impresionaban e invitaban a reflexionar en qué queda un cuerpo.

Estuve buen rato contemplando aquello, y luego me fui a mis difuntos a dejarles las flores y a rezarlos algún Padre nuestro. Creo que los recé con más fervor que hasta entonces lo había hecho, y ya me vine a casa impresionada, pero para provecho. Al llegar a ésta, yo no pude por menos de contar a mi madre y a mi hermana lo que acaba de ver, y mi madre me escuchaba con suma atención. A ella esto le hacía bien también, pero mi hermana enseguida se cansó de escucharme y empezó a protestar que por favor callase, que a quien se le ocurre mirar esas cosas y luego venir a contarlo en casa, y que callase, y que callase que no me podía escuchar. Mi madre me defendía, y eso que casi siempre iba a favor de mi hermana, pero en esta ocasión estaba más inspirada que luego empezó ella a hablar de estas cosas, que junto con lo que yo ya reflexionaba sobre esto y lo que ella nos dijo, yo en unos cuantos días creo que no salía de esta meditación de la caducidad de la vida y en qué acaba nuestro cuerpo. Esto que vi con mis ojos y otras más impresionantes que me han contado, y sobre todo algo que todos sabemos y que todos los días se está viendo es cómo todos morimos, y, salvo algún caso excepcional, en qué acaban nuestros cuerpos: mal olor, gusanos y huesos.

Bendito sea el Señor por todo, pero ya podíamos meditar un poco más en esto, seríamos algo mejores, al ver en qué acaba nuestra soberbia, amor propio desordenado, avaricia, satisfacciones indebidas, en fin, todo eso que nos aparta de Dios. Cuántos cuerpos que se lucen con tanta arrogancia, y tal vez lleven un alma arrinconada, dando por demás al cuerpo, y por de menos al alma, y otros habrá que llevan al alma como un cadáver, y esos hermosos cuerpos en que vienen a parar.

Y, ¡oh dolor!, si ver un cuerpo así impresiona, qué será cuando se vean los cuerpos resucitados de los condenados. Me estremece pensarlo. Pero ellos lo han querido, no han ido engañados, tenían la ley de Dios con su gracia y ayuda para cumplirla, no han querido. Ahora ven el pagó que han merecido, y pienso yo que un alma condenada jamás querrá que llegue el día de la resurrección de la carne para informarla de nuevo al cuerpo y hacerle partícipe de los tormentos que ella padece. Así como al contrario las almas del cielo, si no fuese por el gozo en que viven contemplando a Dios cara a cara, estarían deseando que llegue la resurrección de los muertos para informar de nuevo a sus cuerpos, y hacerle partícipe del gozo que hay en ella, los cielos y la nueva tierra de que nos habla el Apocalipsis en que Dios lo será todo en todos, mientras que para los condenados qué días de bochorno, allí se verá todo, allí pesará la mano del Todopoderoso sobre condenados y demonios.

Es para pensar estas cosas y vivir consciente nuestro cristianismo, pues si un cadáver o los restos de este impresionan, qué será un condenado. Porque ante un cadáver o unos restos, si hay verdadera fe, uno se dice al fin del mundo te volveré a encontrar, y la esperanza se dilata, y el amor de Dios crece también, porque qué bien lo ha hecho todo después de esta vida de prueba, nos volveremos a ver. Ahora bien, contando con la gracia de Dios que sepamos responder en esta prueba.

No somos nada

Otra cosa, si bien no me impresionó como lo que acabo de decir, pero sí que también me hizo bien, y no parece más que fue cosa de Dios, porque, tantas veces como entré en el cementerio a llevar flores, y salvo un episodio que me pasó en él de *rapacina,* nunca vi hasta ahora que parecía que estaba mi alma preparada para estas enseñanzas de palpar que no son nada nuestros cuerpos después de muerta. En esta ocasión me acerqué a un nicho, no por curiosidad sino a rezar por una tía de mi amiga que hacía muy poco tiempo había muerto y la trajeron a enterrar al cementerio del pueblo. Bueno, pues según me acerco, observo que delante del nicho había un gran charco de caldo amarillo espumoso, y ni sé la de moscas grandotas que allí estaban picando. Me fijé mejor y vi que del nicho en que a ella la habían enterrado estaba goteando, y estas gotas iban arrollando hasta que en el suelo se hacía charco. No escapé al momento, sino que me quedé pensando en la hermosura de mujer que tan poco tiempo había que allí la quedasen, y cómo estaría ya su cuerpo cuando ya despedía todo aquello. Aquello que contemplaban mis ojos no era agradable, pero no sé cuánto hablaba a mi alma que no era retirarme de allí, viendo que no somos nada si no fuese nuestra alma inmortal.

Luego lo conté secretamente a mi madre y ella fue a dar cuenta a la familia de la muerta para que mandasen a un albañil a tapar bien aquel nicho que aquello no podía seguir así. Pero hicieron bien estas dos cosas a mi alma, con que viese el Señor me hizo ver la caducidad de esta vida mortal, a la vez que sentir más viva mi vocación de que toda mi vida en fe y amor consagrada el cuerpo y alma al Señor.

Existe el infierno

Es dogma de fe de que existe el infierno para castigo del demonio y de los condenados, y por lo tanto no puede poner en duda esto ningún cristiano. No obstante, algunas veces se es tan ignorante que hasta se desconocen los dogmas principales. Y otras veces sin llegar a tanto, se tiene una idea tan vaga de lo que es un sagrado dogma que aún nos atrevemos a dudar de lo que nuestra Madre Iglesia como dogma declara. Y a este propósito me siento movida a decir lo que en cierta ocasión me pasó por unas palabras que oí.

Estaban dos paisanas de mi pueblo paradas hablando delante de mi casa. Yo estaba en el portal de ésta y oía por fuerza, a no ser que me marchase, lo que ellas decían. Y una decía a la otra después de mucha charla "oye eso del infierno debe ser cuento de curas que nos hablan de él para que seamos buenos, pues de dónde van a sacar tan leña para mantener tal fuego". Ahora me da risa y pena a la vez viendo qué mentalidad tenían aquellas dos buenas paisanas, y que, a pesar de su ignorancia, a su modo, eran buenas cristianas.

Cuando esto pasó era yo bastante cría, y con un temor al infierno algo fuera de serie. Y ahora reconozco el daño que se puede hacer al hablar sin cuidado delante de los pequeños. Puede ser que se oiga hablar cosas buenas y no te queden, pero de lo malo no se escapa nada, y así, de esta conversación que oí a estas mujeres, me entró la duda de si sería cierto o no lo del infierno que, en una temporada, aunque cría y poco reflexiva, no hacía sino pensar en esto, y me sentía halagada ante la duda de si no existía el infierno como decían aquellas paisanas. Por estos años ya no era yo aquella *neñina modosina* y buena de mis primeros años, sino una cría un tanto desenfrenada, contestona y desobediente en casa de primera, y eso que tenía gran temor al infierno, con que cómo sería si no lo hubiese, por eso me convenía asentir con las paisanas. Pero no acaban en mis reflexiones de quedar convencida pues en mi interior parecía que algo chillaba de que existía el infierno, y pudo más esa voz interior que lo que había oído.

Lo que pasa que cuando no se tiene una formación sólida de lo cristiano nos imaginamos el fuego del infierno al modo humano, como una gran hoguera material. Y nada más lejos que esto, pues, aunque Cristo en el Evangelio nos habla del fuego que no se extingue, y del gusano que no muere, no es un fuego como el de aquí abajo, al menos en mi corta experiencia, de otra manera lo veo, es un quemar al espíritu en un fuego más intenso que el de la tierra, no tiene comparación con este tormento, pero uno le llama fuego porque en cierto modo tiene algo de parecido con el fuego. Por poner alguna comparación. Pero quedando muy por debajo de lo que es esto, como parecía, yo el fuego de la tierra como un día de un poco viento que nos molesta, así me parecen las llamas más impetuosas de aquí, al compararlas con este fuego que abrasa el espíritu sin necesidad de leña ni cosa material como pensaban mis paisanas en su ignorancia. Cuando pruebas tan terribles se cernieron sobre esta pobre alma, creo que una de las mayores fue el verse el alma como quemando viva en este fuego, y al mismo tiempo se sentía como rechazada de Dios. Aquí aprendió por propia experiencia lo que entiende del purgatorio y del infierno. La gracia del Señor ocultamente la sostuvo porque era para lanzarse en la desesperación. Fueron cosa de días esto de sentirse el alma quemar en este fuego, pero en tal tormento cada día le parecía que aquello era un siglo lo que duraba.

Bendito sea Dios por todo. Todo lo hizo Él en esta alma, porque alma al recordar eso me parece imposible que haya podido superar tanto sin nadie que me explicase lo que pasaba en alma, y me alentase a seguir adelante, veo que todo lo hizo en mí mi Padre Dios. Bueno, pues, cuando estaba en ese tormento, si me tiran a una hoguera el cuerpo, creo que me parecería que era soplar un poco el viento, aunque esto costase la vida del cuerpo, en comparación con el fuego que quemaba el alma. Dios lo hace todo, pues estando el alma en tanto tormento, normalmente no se le nota nada en el exterior, a no ser alguien la siga un poco de cerca. No hay ganas ni de comer, ni de hablar, ni ocuparse de nada más que de esperar en Dios contra toda esperanza, pero una disimula y va salvando la prueba que no entiende que es prueba, sino que es porque así lo marcan sus infidelidades y pecados.

Tal vez porque yo soy muy flaca, en estos días una *monjina* me notó algo. Ella había poco que saliese del noviciado y a mí muy poco me faltaba ya, pero no nos podíamos comunicar. Pero ella, movida a compasión o por cierto afecto un día se acerca y me dice: "¿qué le pasa? está muy desencajada de cara", y seguí mi camino sin darle más respuesta. Y al mismo tiempo quedé un poco confusa clamando al cielo más ayuda para que nadie me notase nada. Si esto que malamente supe expresar, pasó un alma en gracia, y que solo era para purificarle, ¿qué será el tormento de los condenados? Entiendo un poco de ello porque, si ese verme rechazada de Dios era tan terrible tormento, porque en el alma hay una fuerza que la impulsa a su Creador, y al verse rebasada, es tal el tormento, que no se pueden comparar a nada de la tierra, y luego ese quemarse como los condenados que ese fuego nunca se acaba, porque ya lo de purgatorio pasa, y de purgatorio que aquí sufre el alma, en tal purificación también acaba, por esto digo, entiende muy bien el alma la pena de sentido y la pena daño que sufren los condenados.

Por eso, cuanto hay que pedir por la conversión de los pecadores, ya que el Señor no quiere la muerte del pecador, sino que se convierta y viva, cómo debemos orar y sacrificarnos implorando misericordia de Dios para estos pobres pecadores, ciegos y atolondrados en tantos pecados, no se para a reflexionar a dónde los conduce el pecado. Y las almas en gracia debemos ansiar pasarlo todo aquí. Se sufre menos y con merito, pues aunque sean estas penas tan terribles del espíritu, pues, si bien parecen desesperantes, luego que el alma sale de ellas, se siente cómo resucitaba, y por todas partes encuentra a su Dios amor, cosa que cuando estas penas decía con el salmista: "si subo al cielo allí estás tú, si bajo al abismo allí te encuentro"[5], si me digo que al menos las tinieblas me oculten pero tampoco porque estas son para ti como medio día, porque al alma todo le hablaba de Dios, y a Dios tendía, pero se sentía rechazada. Algo de esto también lo dejen sufrir los condenados, quisieran no saber de Dios, pero saben que existe, y que para ellos ya se acabó el tiempo de la misericordia infinita, y ahora se cumple el tiempo de dar paso a su justicia. Luego existe el infierno.

El cielo

Cuando era muy pequeña en casa me hablaban del cielo, diciéndome que a él iban los buenos, ¡así como al infierno iban los malos!, y en mi imaginación infantil miraba al firmamento, llamado vulgarmente cielo, y me creía que encima de éste estaba el lugar del verdadero cielo. Y cuando en mi tierra pocas veces, por cierto, se contemplaba un cielo azul, sin nubes, o a lo menos con unas nubecitas blancas, como rizadas, me atraía esto, lo veía hermoso y también me decía: "¡cómo será el cielo!". Y hasta en esas nubecinas blancas quería descubrir el lugar que ocupaban los ángeles, ya que me los figuraba tal como los veía en las estampas como *neñinos,* y más me venía a confirmar en esto en una ocasión que a media mañana empezaron a tocar las campanas. Pregunté a mi madre por qué tocaban a esa hora las campanas y de ese modo, y ella me dijo: "Tocan a gloria porque entró un ángel más en el cielo".

Ya un poco mayor, cuando empecé a estudiar el catecismo y decía que el cielo era un lugar al que iban los que morían en gracia de Dios después de estar enteramente purificados de sus culpas, total que yo seguía con la idea no tan ingenua de que este lugar estaba encima del firmamento, pero sí que era lugar. Hoy por hoy es una idea completamente distinta la que tengo del cielo. No sé cómo más adelante hablaré

5. Cf. Salmo 139 (138), 8.

de esto, pero hoy por hoy voy a ver si atino a decir algo de cómo entiendo el cielo.

Primeramente diré que no hay tal lugar determinado, sino que el cielo es un estado glorioso del alma que parte de este mundo en comunión de vida con Dios, y ya una vez purificada se sumerge en esta vida rebosante de Dios en que Dios lo es todo, el alma contempla ya cara a cara Dios, cosa que en esta vida de la tierra no lo puede ver porque lo impide la materia del cuerpo a que está unida el alma, pues Dios es espíritu, luego el espíritu, el alma, es quien lo puede ver, y al ver a Dios, la suma Belleza, el sumo Bien, el Amor, quedará tan encandilada en Él que no podrá apartar ni un solo instante su mirada de Él, y prorrumpirá en un acto de amor que durará toda la eternidad, sintiéndose desbordar en felicidad, porque, si aquí ya se puede encontrar toda nuestra felicidad en Dios, allí que ya le ve ¿cómo poder expresar esta bienaventuranza feliz que jamás acabará ? Toda el alma lo encontrará en Dios, todos sus deseos serán saciados. Allí Dios, nuestro Padre, lo será todo en todos, y todos nos amaremos en ese amor puro de Dios que solo en plenitud en el cielo se puede dar.

El misterio de la Santa Trinidad de un solo Dios en tres personas distintas que aquí en el destierro nos es algo insondable en donde se pierde el alma, pero a la vez algo tan inefable con lo que de él experimenta el alma ¿qué será en el cielo en donde el alma lo vea y lo comprenda? Allí el más ignorante superará con mucho al teólogo más sabio de la tierra. Y si aquí el *Gloria in excelsis* de la santa misa saca al alma como de quicio pensando en el Dios Trino a quien alaba; y si en el *Sanctus*, quisiera verse ya entre los coros de ángeles y santos, cantando aquel *sanctus* eterno al Dios tres veces santo, al Dios santísimo, y si aquí el alma tiene momentos que se siente como suspendida del cuerpo en que no acierta a hacer otra cosa que adorar y amar en un acto ininterrumpido a Dios amor ¿cómo expresar lo que en el cielo será? ¿cómo expresar la hermosura de Dios? Señor, no te sé definir, trasciendo todo lo que de ti se pueda decir. ¿Cómo expresar el gozo y felicidad que el contemplarte cara a cara producirá en las almas? No encuentro palabras que puedan expresar esto que vislumbro, y que no parece más que el Señor adelanta en esta miserable criatura la vida del cielo, pero Señor no acierto, no atino a decir nada de esto. Recurriré a las palabras de San Pablo cuando fue arrebatado, como él dice, al tercer cielo "ni el ojo vio, ni el oído oyó, ni la palabra humana puede expresar lo que Dios tiene preparado para los que le aman[6]".

Y si esta alma de por sí puro pecado, pura nada, cuando está en la oración, en la cama mismo, en su altar, como le gusta llamar cuando por enfermedad tiene que estar en ella, recibe unos resplandores instantáneos, pero tan a cielo saben y otras veces unos toques en el alma que la hacen vibrar de amor, y aseguraría que es tocada por Dios y que algunas veces estas cosas se siguen tan unas a las otras que colocan al alma tan fuera del cuerpo que yo creo que no falta ni un ris para que deje el cuerpo y entrar en este estado glorioso de cielo. Estas claridades se ven tan claro que es cosa celestial, tan a lo divino que no hay luz de la tierra que en nada se parezca, pues lo terreno, terreno es. Otra cosa que solo una vez Dios me la hizo oír fue una música tan celestial que no hay música de violín ni instrumento creado que a ella se parezca. Esto solo pasó en una ocasión en que algo pasó entre el alma y Dios. En esto hubo una fusión, un Dios tomar el alma e introducirla en un gozo tan celestial que, aunque aquella fiesta pasó, el alma en cambio sigue en ese gozo con el Señor hasta el día de hoy, y vive en una intimidad de esposa de Cristo que no parece más que vive ya en cierto modo en este reino del cielo que es reino de amor. En esta misma ocasión el alma percibió un movimiento de cosas en Dios, pero sin ver a Dios, ni creo que nadie le pueda ver mientras viva su alma en el cuerpo. Esto era un conocimiento de cómo Dios es espíritu, y todo lo llena y todo se mueve en Él, y estas almas ya gloriosas no ocupaban lugar, y en Él se movían en una eterna felicidad.

Luego tengo para mí que el cielo no es lugar sino un estado glorioso de las almas sumergidas en su Dios y Creador que todo lo llena, sin que ahora en nuestra vida corporal le podamos ver. Mal me expliqué, siempre me pasa igual, bendito sea Dios en todo, pues no acierto a expresarme mejor. Bueno pues, esta idea que ahora tengo del cielo por lo que el Señor me va haciendo ver, entendiendo que ya en semilla se

6. Cf. I Cor 2,9.

nos da a todos en el bautismo este reino del cielo, pues la gracia que Dios infunde en el alma al ser bautizada es una participación de la vida de Dios, y que está llamada a desarrollarse, y en la medida que ésta se desarrolle, en esa medida será la gloria que tengamos en el cielo. Qué maravillas encierra esta participación que Dios nos da de su vida divina... Por algo nos dice el mismo Hijo de Dios "el reino de los cielos está dentro de vosotros[7]", y cómo el alma, cuando llega a cierta medida de gracia, lo experimenta en sí. ¡Oh reino de Dios en las almas, si fuésemos más conscientes en cultivarlo, qué maravillas obrarías en las almas!

Por esto mismo, con qué pena recuerdo frases como ésta salidas de boca de cristianos: "para cuatro días que estamos en este mundo, a pasarlo bien". No cabe más ignorancia de las cosas del reino de Dios en las almas cuando se habla así. No sería mejor decir: "para cuatro días que peregrinamos por este mundo seamos generosos y esforzados cumplidores de la voluntad de Dios, amando a Dios cuanto con su gracia podamos amarle". Es verdadera pena que haya cristianos que desconozcan estas riquezas sobrenaturales, que en semilla se nos dan al recibir el santo bautismo. Esta vida de amor entre el alma y Dios que es como un anticipo aquí de lo que es el cielo. ¡Oh mi Dios y mi todo, cuánto nos aguarda en el cielo, ya lo creo que vale la pena caminar por la senda angosta que conduce al cielo! Nada son pues los padecimientos de este mundo comparados con la gloria que ha de manifestarse en nosotros en el cielo. Sigamos pues a Cristo con nuestra cruz de cada día, que participando en su muerte también participaremos de su resurrección de su gloria, ya que Él es el primero que resucitó de entre los muertos como primicia de los que mueren. Algo de esto nos lo dice San Pablo.

Y no sé cómo vine a parar aquí. Bueno, pues ahora se me ocurre decir algo de la resurrección de los muertos, es dogma de fe y yo no pretendo decir nada nuevo, sino cómo yo veo toda certeza que han de resucitar los muertos. Creo que, aunque no fuese dogma, descubriría esto por algunos textos de la Sagrada Escritura, y por esa esperanza tan segura que el buen Dios pone en esta alma. Y creo que las almas

---

7. Cf. Lc 17,21.

gloriosas en el cielo, aún en toda su felicidad, sin por ello ser menos felices o faltarles felicidad, ven que la plena glorificación sería cuando de nuevo informen a sus cuerpos.

En el relato de la creación del mundo nos dice el autor que el Señor se dijo: "hagamos el hombre a nuestra imagen y semejanza[8]". El hombre, la persona, ni es solo el cuerpo ni solo el alma, sino las dos cosas unidas lo que forma la persona, luego Dios no va a glorificar solo a una parte, sino al todo de esa persona: alma y cuerpo. Y si el cuerpo, como castigo del pecado de nuestros primeros padres, Adán y Eva, tiene que pasar por la muerte, es un sembrar en corrupción para levantarse glorioso, pues al fin del mundo el polvo de nuestros cuerpos retornará a la vida al informarlo el alma gloriosa, así como el alma condenada informará a su cuerpo para mayor confusión y tormento. Así como el alma y el cuerpo en esta vida forman un todo participando ambos en las mismas cosas, aunque el hombre en sí advierta dos fuerzas, una la del espíritu, y otra la de la carne, pero si el alma vence, se santifica, una ve claro que el cuerpo tiene que participar de esa victoria, de esa gloria, pues él fue su compañero, y si el alma vive en pecado y se condena el cuerpo, también tendría su parte, y parece justo que sufra con ella la misma condena. Luego, en mi ignorancia, prescindiendo de que esto es dogma de fe, yo veo claro que se tiene que dar la resurrección de los muertos. Cristo nos habla del final de los tiempos, y san Pablo también nos habla hermosamente de todo esto, y san Juan en el Apocalipsis, al hablar de la nueva Jerusalén, es maravilloso cómo nos habla de esto. Pero con todo lo revelado, está la prueba más patente de la resurrección de Cristo. Cristo resucitó y nosotros resucitaremos.

Este pensamiento dilata al alma, y la Santísima Virgen fue asunta al cielo en cuerpo y alma, la primera entre las criaturas resucitada, no caben pruebas más claras de la resurrección. Esa alma gloriosa en el cielo tiene que trasfundir su gozo y su gloria a su compañero cuerpo, y Dios lo será todo en todos plenamente, y empezará el nuevo cielo y la nueva tierra de que nos habla San Juan, y ya no habrá necesidades materiales, ni templos, pues el mismo Dios será el templo. Entonces se adorarán

8. Cf. Gn 1,26.

en espíritu y en verdad, y empezará la nueva vida de resucitados con cuerpo y alma por toda la eternidad. Si pensásemos un poco más en esto, algo más generosos seríamos en sembrar aquí para cosechar en la nueva Jerusalén celestial, y no pensando en nuestro gozo, sino en la glorificación externa que el alma santa da a su Padre Dios. Bueno, vuelvo a decir aquí lo que dije ya más arriba. No me sé expresar según lo veo, pues quedo siempre muy por debajo de cómo lo vivo, o lo veo, o cómo lo digo. Bendito sea el Señor por todo.

La vida del cristiano tiene que ser vida de esperanza

Tal como ahora voy entendiendo las cosas, veo claro que el alma cristiana tiene que ser alma de esperanza, alma que pasa por las cosas de esta vida de paso, sin pegarse a nada, con su corazón puesto en Dios, esperando y confiando en Él contra todo lo que le puede suceder. La vida del cristiano tiene que ser una vida de mucha esperanza, confiemos plenamente en nuestro Padre Dios que no nos engañará ni defraudará nuestra confianza puesta en Él, pues a su tiempo cosecharemos centuplicado, y es maravilloso ver cómo la naturaleza nos invita a esta esperanza en nuestro Dios por poco que observemos las cosas que pasan en ella. Y creo que las gentes del campo en contacto siempre con la naturaleza son los más llamados a descubrir el obrar de Dios, a confiar en Dios por la experiencia que les da diariamente el orden de la naturaleza. Cómo llega la primavera y ya todo empieza a cobrar la vida, el calor lo resucita todo; llegan los calores del verano madurándolo todo, después el otoño el tiempo de la recolección, el premio de las fatigas del año. El hombre se fatigó antes de recoger el fruto, pero si el Señor no hubiese dado las lluvias “tempranas y tardías”, el sol cuando era preciso, de nada serviría su trabajo. Luego el labrador tiene que ser hombre de esperanza después de hacer él lo que estaba de su mano, se ve precisado a esperar la cosecha como venida de Dios, y recibirla con gratitud al Creador. Si esto es así en el plano natural de las cosas, cuánto más perfectamente esto se da en el plano sobrenatural, en la vida de la gracia.

Somos "arados de Dios[9]" nos dice San Pablo, y en mi pobre experiencia así veo que es. En nuestra alma al recibir el santo bautismo se abrió un surco en el que se sembró la semilla de Dios, la participación de la vida de Dios en la gracia santificante. Esta semilla divina está pidiendo crecer y desarrollarse, de lo que nos da una idea la semilla caída en el surco de la tierra, y si el labrador tiene que hacer todo lo que está de su parte y luego esperar, confiar en el Señor, igualmente pasa en el alma, tiene que hacer lo que está de su parte, y esto siempre con la ayuda de Dios, pedida y esperada, y haciendo esto: esperar a que el Señor dé el crecimiento y la cosecha. ¡Lo veo tan clarísimo que es así! Pero no siempre vi esto con la claridad que lo veo ahora, por ello vuelvo otra vez a decir el parecido que tienen las cosas de la naturaleza con nuestra vida espiritual.

Cuando el labrador siembra la semilla si no fuese que tanto él como quien le observe, cuenta con la experiencia de todos los años, se diría, vistas las cosas en aquel momento de sembrar, que era un tonto que tiraba la semilla, pero como la experiencia le dice que por esos granos sembrados a su tiempo, y con la debida preparación del terreno, los cosechará muy centuplicadas, y así muy gozoso echa en tierra sus mejores semillas. Esto que todos sabemos es una lección tan sencilla como admirable: lo que recibimos por lo material y visible es para llegar a lo sobrenatural e invisible.

Tierra y alma, dos cosas distintas en distinto plano, pero lo que se hace en una nos habla de lo que debemos hacer en la otra: limpiar la tierra de toda yerba mala para que no sofoque la semilla. A nuestra alma también le es imprescindible arrancar las malas yerbas: vicios y pecados. La tierra necesita abonos, aguas a su tiempo y sol para que la semilla sembrada germine. A nuestra alma también le es imprescindible los abonos y el agua; abonos de práctica de virtudes, y aguas vivas que la fecunden con los sacramentos y la oración. Y por último el sol divino, el divino fuego de Amor, que es quien madura las almas, el Espíritu Santo. Esto no lo vemos con los ojos del cuerpo, pero así es. En el cielo lo veremos todo claro, mientras tanto seamos generosos en

9. 1 Cor 3,9.

dar a nuestra alma todo cuanto necesita para que germine con lozanía esta semilla que Dios por el bautismo sembró en ella.

En cierta ocasión contó mi madre en casa con gran edificación una sementera que presenció y que yo la oí contar, y no saqué ninguna consecuencia de esto, ni pensé siquiera en ello. Y bendito sea siempre el Señor, ¿quién me iba a decir que aquello que le oí contar y que no presté atención, en mi vida de monja el Señor me lo recordase con tanta viveza para que aprendiese la lección para mi alma? Se trataba de dos mujeres que llevaban unos años en tal estrechez de vida, ya que una tenía a su marido muy enfermo y muchos hijos *pequeñinos* que mal se veían los pobres para lograr lo imprescindible para todos ellos. Bueno, pues tenían una tierra cerca de una nuestra, y un día mi madre se acercó a hablar con estas mujeres cuando la estaban sembrando de patatas, y quedó admirada de ver a estas pobres mujeres sembrado semiente tan buena cuando para ello lo han tenido que comprar, pues la cosecha de ellas era pequeña. Mi madre que vio esto lo contó en casa para ensalzarlas a ellas diciendo: "son personas de buen gobierno, pues otras en su caso hubiesen comprado semilla más barata para salir del paso, aunque luego al recoger pagaran las consecuencias, pero estas pobres, a pesar de la estrechez en que se encontraban, como con la esperanza, hacían cuanto estaba de su mano para esperar la buena cosecha".

Ahora y me preguntó ¿este ejemplo que tanto el Señor aquí en la vida religiosa me lo recuerda se encarnó en mi alma? ¿tengo cabeza y buen gobierno para que, a pesar de las luchas, crisis, miserias, pecados... no dejarme abatir y siempre con generosidad sembrar en el alma todo cuanto necesita, para que se desarrolle esta semilla que Dios puso en ella, la gracia bautismal? ¿Tengo siempre esta esperanza inquebrantable en mi Padre Dios, en que a su tiempo recibiré la cosecha de todas mis obras y actos buenos escondidos, hechos solo por amor a Él? ¿En mi obrar transparento que soy un alma de esperanza, de confianza, de abandono en mi Padre Dios edificando así a los demás? ¿O ando sembrando parte en el cuerpo cuando sé muy bien que las obras de la carne dan por fruto la corrupción?

Señor, me das unos deseos inmejorables y siento que eres Tú quien va obrando en mí, pero cuántas veces Señor no aceptaré y estropearé la sementera de mi alma, y no solo en ella sino la repercusión que de no ser ella fiel pesa a las demás. Perdón por todo te pido Señor, y después de estas reflexiones quiero empezar con nuevos bríos a dejarte obrar siempre, a vivir mi vida de esperanza y de abandono en los brazos de mi padre Dios.

Una chispita de cielo

Ayer tarde nos llama al locutorio un Padre para que escuchásemos una música muy buena que con un tocadiscos nos iba poniendo. Por mi parte diré que no tengo oído musical, pero a pesar de esto, no sé qué me pasa que cuando se trata de música de violín o piezas de piano buenas es algo que me eleva y me lleva a Dios. Bueno, pues con agrado escuchaba la música ya que casi todo eran piezas de violín. Es posible que otras estuvieran tan a gusto o más que servidora hasta el punto de que una exclamó: "Padre, esto es una chispita de cielo". De alguna manera quiso expresar lo buena que era esa música, y nada mejor le pareció que decir tal cosa. Yo al menos así lo interpreté, pero en mis adentros me decía: Señor, quien, aunque no fue más que unos instantes, escuchó la música celestial tiene que confesar que aun la mejor pieza interpretada y con los más delicados instrumentos no es para compararla, ni mucho menos, con la música del cielo. Es cosa tan distinta una de la otra que de parecido creo que no tiene más que el nombre en que música es una y música otra. Es algo tan celestial, tan de ensueño, tan divina, no sé qué palabra poner, porque no se puede expresar con palabras estas cosas celestiales, pues este lenguaje humano con el que nos entendemos y expresamos las cosas humanas, al querer valerse de él para decir algo sobrenatural una ve que no puede, que no expresa lo que son estas otras cosas. Y esto me para también aquí: que no sé expresar lo inefable que es esta música celestial, y que aun la mejor de las de la tierra en nada se le parece, pues lo terreno, por delicado y fino que sea, terreno es.

Luego, si bien es verdad que por lo de la tierra nos podemos levantar a lo del cielo, pensemos siempre que aún trascienda con mucho todo lo que nos podamos imaginar las realidades celestiales. Bendito seas por todo Señor ¿Quién podrá sospechar las maravillas que guardas para tus hijos, pues si a una pobre alma le haces atisbar algo de esa maravillosa vida sobrenatural, y que no sabe expresar qué será la posesión de todas estas realidades? Me pierdo mi Dios y mi todo, en vos mi riqueza insondable.

Lo que hoy hablé con una hermana

Una *monjina* muy buena, que por razón de su oficio tengo que tratar bastante con ella, hoy impresionada me preguntó: "¿A usted qué le parece?, ¿cómo será el momento último de nuestra partida?" Se la veía muy meditabunda con esta idea. Yo por mi parte, sin pararme a reflexionar, le dije espontáneamente: "para mí veo esto con arreglo a lo que haya sido la vida, salvo algún caso en que la misericordia infinita de Dios se palpa de un modo especial. Porque una persona que haya vivido con una vida depravada, conociendo los mandamientos de Dios, a mí me parece que, en el momento de la partida, en ese momento de encuentro con la santidad y majestad de Dios, debe ser para temer y temblar, porque lo sería también para el santo si no fuese esa convicción que tiene de que Dios es su Padre. En cambio, una persona llena de buena voluntad se esfuerza por vivir en el estado en que el Señor la haya colocado, lo mejor que acierta, aunque siempre encontrará en sí fallos, y cuanta más luz reciba de Dios más miseria y pecado se verá. No obstante, esto tendrá tal seguridad de que va a su Padre, al que procuró servir y amar lo mejor que acertó, y no veo razón de temer este momento. Porque en esta vida nos esforzamos por ir muriendo a cada momento a todo lo nuestro para que viva Cristo con su vida en nosotros, es normal que este paso al Padre nos resulte lo más natural. Ya lo fuimos realizando la muerte durante nuestra vida, y ahora nos vamos a la vida con alegría." No sé con qué remango lo habré dicho, que cuando terminé de hablar ella soltó una carcajada y me dijo: "estoy de acuerdo con ello, vivamos bien nuestra vida, todo será paz y alegría en el momento de la partida".

Los efectos de la charla de esta tarde

Lo que hablé con esta monja me sirvió de tema para que a la noche meditase en esto. Como tardo mucho en quedarme dormida, debido a las molestias que siento en la cabeza, empecé a pensar en lo que será el encuentro de nuestra alma con Dios al dejar su compañero cuerpo. Y me quedé de nuevo con lo mismo que había dicho a esta hermana. Pero parece que el buen Dios me quiso iluminar un poco aquí, porque fue como un darme una idea de lo que es este encuentro del alma con Dios al separarse ella del cuerpo. Por lo que entendí, creo que es en este momento cuando el alma se encuentra con Dios, y esto no es un encuentro al modo de cómo nos encontramos con una criatura en este mundo, sino el alma ver a Dios, porque ya está libre del cuerpo. Bueno, pues aquí comprende la justicia divina maravillosamente, porque es un verse así, pura nada y pecado, y ver al buen Dios todo santidad y majestad, y ver que a ese Dios ofendió ella, aunque haya muerto sin arrepentimiento de sus pecados y está destinada al infierno, ve claramente que la justicia divina, dándole su merecido, aún usa de misericordia con ella, por lo que supone el ofender a Dios.

Después, dentro de mí decía: Señor, qué mal caemos en la cuenta cuando traspasamos tus leyes, leyes de amor, a quien ofendemos; un gustillo, una satisfacción, un no se frenar la lengua ante una palabra que me hiere... cuántas *cosinas*, Señor, caen en el déficit de cada día, y aun queriendo servirte con toda el alma. Y en cosa de justicia qué finura debemos tener en esto, pues cuantas veces en lo que creemos que es una faltilla pequeña de caridad, es una gran falta de justicia para con Dios, o para con nosotros, o para con nuestro prójimo. Si yo no doy a Dios lo que con su gracia debo dar, estoy cometiendo injusticia con Dios; si yo me meto a una cosa que supera mis fuerzas físicas y de ello se siguen males, primeramente para mí, porque no podré dar luego lo que por imprudencia me prive, cometo injusticia conmigo que repercute también en la comunidad, y si yo me reservo en dar con mis trabajos, mis habilidades lo que puedo dar a comunidad, no ando en verdad, no soy justa, cometo injusticia ¡ay, si me supiera explicar como el Señor me hizo entender todo esto! ¡Cómo pondríamos la mano sobre el corazón, y en lugar de ver las injusticias solo en los grandes, reconoceríamos que todos en nuestro campo no estamos libres de este pecado! ¡Qué bien veremos todo esto al presentarnos ante el Dios justo!

Es verdad que una injusticia en un dirigente de una empresa o cosa así tiene una repercusión tremenda, pero cada uno en su campo, vuelvo a repetir, si miramos al Dios justo ¿no seríamos más justos todos? No veo en este atributo de Dios a un Dios justiciero apuntando sentencia, sino a un Padre justo que da a cada uno según sus obras, según lo que pudo aportar y aportó. ¡Cuánto bien nos haría pensar un poco siquiera en la justicia de Dios antes de realizar o determinar una obra o cosa, reflexionar a ver si está conforme a la justicia de Dios los obradores de la injusticia, de la iniquidad!

El infierno, el purgatorio y el cielo

Estas tres cosas, según la experiencia que voy teniendo y también por lo que me enseñan desde adentro, no son lugares al modo terreno, sino estados del alma después de separada del cuerpo, y que en cierto modo puede alcanzar una idea de ellos en su peregrinar por este destierro. Un alma en pecado mortal, cortada en ella la vida de Dios, el infierno lleva en sí si en este estado le llega la separación, y si en este estado de pecado le fuese dado ver en toda su realidad lo que esto es, claro vería que lleva en sí participación del infierno, de ese estado de privación de Dios y de tormento. El purgatorio, o sea, ese estado en que el alma ya separada del cuerpo se purifica para entrar en el Reino de Dios, quien en este mundo pase por esas purificaciones tan fuertes del espíritu entenderá muy bien lo que es este estado de purificación. Y si "el reino de los cielos está dentro de nosotros[10]" como nos dice el mismo Señor, el alma que pasó por esa fuerte purificación ya no cree esto porque lo dice el Señor, sino porque además de esto lo experimenta en sí, tiene claro conocimiento de que el reino de Dios, es contemplar cara a cara a la Deidad. Por lo que termino diciendo que por el estado del alma puede descubrir algo de estas cosas.

10. Lc 17, 21.

¡Es cosa de Dios!

Es cosa de Dios, así exclama la enfermera hoy al ponerme la inyección ante un gesto de dolor que se escapó. Soy de una sensibilidad en mi cuerpo algo extremada. Y aunque ardo en deseos de amar a Dios, muy poco lo debo amar, porque en mí no veo amor de Dios que me quite el dolor, lo sufro todo con gozo, pero sintiendo el dolor. Cuando empecé con la insulina, recién profesa, la cándida monja esperaba las tres y cuatro inyecciones diarias con gran ilusión, pero los meses fueron pasando y llegó un día en que su cuerpo era un dolor por tanto pinchazo. Es verdad que lo recibía con todo el amor de que era capaz, ofreciendo este dolor por amor a Él, y en provecho de tantas necesidades como hay en el mundo, pero es tanto este dolor algunos días que, en mi debilidad, o me saltan las lágrimas de dolor, o se me escapa un gesto de dolor que la pobre enfermera, si lo advierte, sufre también de verme sufrir. Y en su buen corazón busca agujas finas, ensaya mil cosas buscando no me hacer tanto daño, pero el pinchazo este de que hablo ahora fue un dolor tan tremendo que no parecía más que se me cortaba la respiración. La enfermera se dio cuenta y dijo: "daño". Y yo pensé en las palabras de San Pablo: "Sufro en mí carne lo que falta a la pasión de Cristo[11]". Si soy miembro de Cristo, tengo que compartir con Él sus dolores, su muerte y... su resurrección. Este pensamiento me confrontó tanto que me sentía llena de gratitud a mi Dios, que así me asocio a los misterios de dolor de su Hijo muy amado. Bendito seas por todo, Señor, lo mismo bendito en el gozo que en el dolor, todo lo obra tu amor en esta pequeña alma.

Las filas

Hoy vino a mi mente lo que me pasó en los primeros años de novicia con las filas. Es fácil de comprender que, dado la educación que recibí en una escuela rural y luego al ambiente del pueblo, no quedé muy disciplinada en todas estas cosas de ir en las filas y demás. Bueno, pues

---

11. Col 1,24.

en el convento había que retornar en algunas cosas a estas disciplinas escolares, y yo no me daba buena maña para ello. Empezando mal a llevar la fila. A las postulantes nos colocaban las primeras, formando dos filas, y a continuación novicias, profesas simples, profesas solemnes, reverendas madres consejeras, y remataba la priora. Filas para ir a comulgar, filas para las procesiones, filas para ir al refectorio y salir de éste, en fin, a mí me chocaba tanto ir en filas, máxime que las novicias hasta para ir a coro ya salíamos en fila desde el noviciado como en las procesiones iba la fila todo lo ancho que tuviera el lugar por donde las hacíamos: claustro o dormitorio, y como postulante nueva tenía que llevar al calderillo del agua bendita. Al hacer la parada y volverme de cara a la comunidad veía la trama de las filas, y así pensaba que tenía que ir esta por todas partes, y menuda la que armaba cuando íbamos solo las novicias. Al llegar a algún lugar ancho yo me iba al lado de la pared que me correspondía, y como no me fijaba en la de al lado yo iba toda ancha creída de que lo hacía muy bien, y algunas veces, entre dientes, oía decir a alguna novicia: "cómo esta criatura entenderá la fila", y la tonta de mí ni pensaba que por mí iba la cosa. Y así se repitió esto varias veces, hasta que un día se habló de ello en el recreo. Vi que era yo quien iba mal en la fila, y, cuando les dije que yo me creía que lo hacía bien, se echaron todas a reír más a gusto que otro poco. "Bueno, niñas, es cosa de aprender las cosas, de ahora en adelante, ya iré bien en la fila". Pasaron unos años, y ya antes de salir del noviciado me empecé a sentir mal, mis fuerzas se acababan, y el tener que seguir la fila, sobre todo al subir las escaleras, que ya aquí no era postulante sino profesa simple, y otras llenas de vida abrían la fila y subían las escaleras a velocidad, pero como yo no podía seguirlas, me sentía morir en cada escalón, y debían de ser unos sesenta del coro al noviciado, y tener que subirlos varias veces al día, año y pico, en este estado de salud, me suponía tal sacrificio que solo Dios sabe el esfuerzo y los actos de amor que hacía al sentirme agonizar subiendo escaleras tan de prisa, porque había que mantener la fila. Así se entendían las cosas en aquellos tiempos.

No me arrepiento de los sacrificios y actos de amor que esto me costó, pero esta prueba no la deseo a nadie. Todo santifica si una se aprovecha de todo, pero no se debe exponer a nadie a tales pruebas por una norma que no iba a ninguna parte si no se observaba. Cosas que Dios permite, pues solo Él podía medir el sacrificio que me suponía seguir la fila, y algunas veces que me quedaba algo rezagada porque, a pesar de todo el esfuerzo que ponía, no era capaz de seguir a las demás, me corregían no muy suavemente. Cuando esto pasaba, hacía un nuevo propósito de seguir las filas hasta morir en este esfuerzo. Y por este tiempo me acordaba mucho de santa Teresita, y me encomendaba a ella pidiendo ayuda, pues ella sabía por propia experiencia lo que es subir escaleras cuando una siente que se le va la vida. En este redoblado esfuerzo lo que conseguía era llegar al noviciado, meterme en la celda y, nada más cerrar la puerta de esta, me faltaban fuerzas para llegar a tumbarme en la cama hasta poder coger un poco de aliento para emprender la ocupación que me esperaba, y así me dejaba desplomar al suelo como quien ya no puede más y se tira a morir.

Y cuando ya se acercaba el día de mi profesión solemne que con gran ilusión esperaba este día, y con cuánta insistencia le había pedido al Señor me conservase la vida hasta pronunciar mi profesión hasta la muerte, luego ya podía terminar esta vida, al momento de esto, bueno, pues, en este tiempo recibí una carta del Padre que me había mandado al convento y que con tanto acierto encauzó mis pasos de la vocación religiosa, y me hablaba en esta carta de Cristo varón de dolores. Muy confortante me resultaba todo esto. No me quitaba de sufrir, pero me sentía más unida a llevar la cruz de la enfermedad al lado del Varón de dolores, y cosa de Dios, pues con esto que me decían y otras cosas que se fueron grabando en el alma, me quedó tal idea de cómo nos tenemos que identificar con Cristo crucificado, Cristo, Cristo y Cristo crucificado debe ser nuestra obsesión, esta lección que bien se aprende en el dolor. Bueno, Señor, empecé hablando de las filas y a donde vine a parar. Bendito seas por todo.

Al vivo se me representó hoy la cruz de mi enfermedad

Con tanta viveza se me representó hoy la cruz de mi enfermedad que en un momento de debilidad, a solas con mi Cristo en la celda, rompí a llorar. Me sentía joven, enferma sin esperanza de sanar con una enfermedad que supone una gran carga para la edad y que no acabas de acabar. Hasta las cosas más insignificantes se me representaban como una crucifixión. Mi régimen de comida se me hacía penosísimo, siempre lo mismo, llega una fiesta y no admite cambio de nada, luego siempre sintiendo sed y hambre, si bien ya no es tanto como antes de acertar con esta enfermedad. Llegan los recreos, veo mis connovicias, que cantan, que saltan, se las ve llenas de vida mientras que esta criatura se siente aplanada, no tiene vida ni energía para nada, cuando su natural era de correr y saltar como la que más. Me mandaron limpiar el polvo a la sillería del coro, cosa bien sencilla, y en cambio a los pocos días tengo que dar cuenta que esto me agota, y no quedo para más cuando estás viendo a las demás trajinar sin descanso. Así es la vida de observancia, era mi gran ilusión ser una monja observante hasta en los mínimos detalles, no como esclava de la ley sino como hija libre bajo la acción de la gracia, ser fiel por amor a Dios mi Padre y a mi Padre fundador que nos dio estas observancias para mejor amar a Dios, y ¿dónde están mis observancias? Llevo una vida toda de dispensas.

Cuando llego por la mañana al coro ya llevan mis hermanas buen rato cantando las alabanzas divinas. Salgo de coro y me siento feliz caminando entre ellas, pero a los pocos pasos tengo que separarme o ir a la celda para que me pongan la primera inyección antes del desayuno, esto mismo pasa antes de la comida y la cena. La enfermedad materialmente me aísla de las demás, y esto me hace sentir más al vivo el querer participar con ellas en todo. Termino de comer, todas se van a la recreación, a esa expansión fraternal, y yo me tengo que alejar y venirme al reposo. A la noche, lo mismo, cenar y a la cama, me mandan mucho reposo debido a la acidosis de la sangre. Y sobre todo en la comida, levantarme de la mesa y sin pararme a nada a la cama, pues si no la sed me abrasa, empiezan los zumbidos en la cabeza que me impiden dormir, y ya no falta nada para que la acetona se forme en la sangre. Todas estas cosas que parecen nada cuando una siente la fuerza de Dios, y con qué amor lo lleva una todo viendo en ella la voluntad de Dios mi Padre.

Madre dolorosa como la Virgen María

Hoy me sentía sola, abandonada a mi natural flaco, y débil como el que más, y todas estas cosas me parecían aplastantes, me sentía cargada con una gran cruz que me hizo romper a llorar a la vez que decía al Señor "Señor, no valgo para nada", y parece que este último no le agradó al Señor. Entonces el alma, al notar este desagrado de Él, no sé de dónde saco tal fuerza para una reacción tal, que la que hace un momento se sentía cargada con una gran cruz y que no valía para nada ahora se sentía con fuerzas para decirle al Señor "no está la cosa ni en sufrir ni en valer, sino en amar, y con mi enfermedad, mi nulidad, mis miserias y pecados puedo amarte, puedo vivir abrazada a tu adorable voluntad. Manda, Señor, lo que quieras, que soy toda tuya. No me pertenezco abrazada a la cruz junto a la Madre dolorosa. Quiero a imitación de Ella ganarte almas; quiero ser corredentora también contigo, a imitación de la Madre".

Ante esta visión mi cruz desapareció, nada me parecía lo que aportaba para tanto como tenía delante, y bendecía a Dios con toda el alma por todo lo que Dios nos envía es maravilloso. Que Él nos da siempre su luz, una gran fe y un amor ardiente para abrazarnos con todo lo que nos mande, y lo que en un momento de debilidad nos parece una gran cruz, visto a la luz de Dios es una gran gracia. Bendito sea Dios por eternidad de eternidades. Amén.

Unas palabras con una connovicia

A los pocos días de esto que escribí anteriormente me para unos momentos una connovicia, que actualmente las dos estamos en la comunidad ya profesas solemnes, y me hace su confesión sobre una conversación tenida con otra acerca de servidora. Es una *monjina* muy sincera. Tal vez peque un poco de cabeza ligera, según le vienen las cosas las dice espontáneas, sin reflexionar antes ni poco ni nada. Bueno, pues me empezó a contar lo que habían hablado. Ella lo dijo al detalle, yo solo diré que me han puesto por todo lo alto. Todo depende de los ojos con que se miren a las personas, pues creo que canonizaban hasta los mismos defectos. Veían al parecer que yo era para ellas como una gracia actual que en cada momento, a cada acción que me veían realizar, según ella, era algo que las impulsaba fuertemente a trabajar por la santidad. Y parece ser que esto lo hablaban entre ellas, y en esta ocasión me lo hacía saber a mí, y luego me decía ¡Lo que es la voz de la naturaleza! Pues después de hablar tan bien con esta monja, al separarse una de la otra, le dijo esta si ella tuviese este genio mío y estas pasiones tan desempeñadas, verías tú cómo no sería tan buena, ni tan santa; a ella no parece más que el Señor la santifica sin hacer ella nada. Y aquí volvía a decir lo que es la naturaleza, queriendo rehusar todo esfuerzo para seguir tranquila en su marcha, sin querer hacer caso de los buenos ejemplos que ve en los demás. Nos separamos y yo me quede pensando...

Señor, con tu gracia todo lo puedo, pero debían de pasar algunas personas por donde pasó esta monja para que conociesen la muerte que has pedido a esta alma. Tu gracia lo obró todo en ella, pero ella al mismo tiempo lo tuvo que pasar. Sólo tú conoces y sabes lo que pasa en cada alma, los demás nos engañan las apariencias.

A propósito de esta connovicia diré algo más. Me llevaba unos años en la vida religiosa y en cambio era más joven en edad. Me tenía gran amor y creo que me valoraba por demás, y en cierta ocasión en recreo y con cierta aspereza le dije: "creo que usted está apegada a mí, así que examínese ante el Señor". La dejé cortada. Luego me arrepentí, no de lo que le dije, sino el modo de decirlo, porque en aquel momento creo que la abochorné un poco, pero luego a la larga hizo su buen efecto. Me decía las cosas con tal sinceridad, y muchas de éstas eran como una profecía que iba teniendo cumplimiento. Ella se sentía como agradecida por lo que le había dicho, puesto que lo hacía como frenarse al hablar o estar conmigo para ver si era simpatía natural o verdadero amor cristiano.

Voy a decir aquí solamente una de las muchas cosas que sentenciaba y acertaba. Un día en un recreo yo me hallaba muy contenta plantando unas plantas, y a pesar de lo mal que canto estaba canta que te canta. Se acerca ella y me dice bajito: "usted está muy alegre y contenta, pero tiempo vendrá en que se marche la priora asturiana y las demás paisanas y empiece su calvario". Me sorprendió un poco esto, pero no le di mucha importancia, y luego más tarde me preguntaba: "¿es posible que mis connovicias se piensen que a mí la priora me trae en palmas?" Debían oír lo que dice esta cuando me llama aparte, pues casi siempre es para regañarme. Veo que otras novicias con hacer cosas mal no les dice nada, y a mí, como me equivoque en el coro en un versículo, ya tengo serenata.

Cuántas veces le oí decirme a esta santa madre priora: "mire, que no la quiero para mí, pues, si así la quisiera, sería muy blanda con usted. Pero piense que le quiero para Jesús, y Jesús crucificado, así que tengo que tratarla fuerte, que el cielo no se conquista sentada cómodamente en un sillón, sino por el camino del calvario". Y cuántas veces me hizo llorar esta santa Madre porque me quería bien, aunque servidora no lo entendía así en aquel tiempo, y al recordar las palabras que me había dicho el Padre que me mandó para el convento de que me iba ir muy bien con la Madre Priora, me decía yo a qué llamaría el Padre irme bien, y pensar que aun creían que me tenía mimada, me iba haciendo mella. Y cosa de Dios, aún no había transcurrido un año y que se nos va la Priora, y las otras dos religiosas que había traído con ella, regresaban a su convento. Entonces, en medio del dolor de la separación empecé a comprender lo bien que me había querido esta madre, ya que toda mi vida recordaré con gran veneración. Junto al dolor de la separación de esta madre, se unía el que me producía el de las otras dos, sobre todo una que siempre se había mostrado como un ángel de luz para mi alma. Cuánto esperaba de su ayuda espiritual y ahora me veía privada de esta alma que tanto bien me hacía.

Bendito sea Dios por todo. Con la separación de estas hermanas creo que empezó el calvario que la connovicia me profetizaba. Empezó la falta de salud y las pruebas fuertes para el alma. Qué años me aguardaron, qué serie de cosas y circunstancias se dieron cita en esta alma, y luego tal sensibilidad en la débil alma para que todo se resultase más doloroso... Que solo la fortaleza del buen Dios la sostuvo y pudo llegar a la Pascua de resurrección sin agonizar cuerpo y alma.

Bendito sea el Señor por todo. Todo lo dispone para nuestro mayor bien espiritual, y las criaturas no somos más que puros instrumentos en manos de Dios, cooperando a que realice su obra en los todos cuantos de un modo u otro contribuyeron a esta unión que hay entre Dios y esta pobre alma. Qué importa ante el gozo de la Pascua las espinas del camino. ¿Qué piensen de un modo o de otro? Dios lo sabe todo y para Él se vive. Que la luz de la fe nos ilumine siempre para descubrirle en todo y a través de todo, vivir nuestra entrega, darle amor y siempre más y mejor.

Como se las ingenia el Señor para que una le ame con más intensidad

Por estos años atrás en que sentía tales molestias en la cabeza, llegué a creer que terminaría en locura todo lo que en ella sentía. Al sufrimiento físico se sumaba el moral, no era para pensar de otro modo cuando después de pasar el día aislada de la comunidad. Pues en donde había cantos o ruidos ya no podía asistir, así que ni al coro, al oficio, ni a los recreos, ni al locutorio, ni al refectorio, porque eran tales los zumbidos, ruidos interiores, molestias terribles, que era poco menos que insufrible si el Señor no me diera tanta fe para descubrir el valor del sufrimiento llevado unido a Cristo.

Así que lo que sentía dentro y luego la sensibilidad para los ruidos de fuera me hacían para mayor sufrimiento vivir aislada. Llegada la noche, al acostarme, era tal la sensación y acumulación de cosas que sentía acostada que me entraba una excitación de nervios, unas ganas de gritar; no parecía más que me estaban aplicando fuego en la cabeza, y como si esta estuviese atropellada bajo las ruedas de un tren, que no podía por menos de decirme "aquí algo marcha mal, esto termina en locura y temo esto más que a la mayor enfermedad". Me sentaba en la cama, apoyada la cabeza sobre la pared, y así me tiraba horas y horas, convencida de que de un momento a otro perdería la razón, y mi oración en esta situación no era otra que la de Cristo en Getsemaní: "Padre, si es posible pase de mí este cáliz, pero no se haga mi voluntad sino la tuya[12]". Me da miedo lo que veo venir encima, pero si eso es tu voluntad la acepto con todas las consecuencias que esto trae consigo, y mientras me conserves aun mis facultades, quiero amarte con todo mi ser, con todas mis fuerzas, quiero llenar mi vida de amor porque luego ya no podré crecer en tu amor.

12. Lc 22,42.

Dios sabe con qué intensidad de amor llevaba estos sufrimientos, aceptaba la pérdida de la razón y era en todo mi obrar un querer llenar toda la vida de amor. Duró no menos de dos años esta situación, pero todo lo que no es eterno pasa, y la prueba pasó, y a estos años gloriosos los llamo yo en la presencia de Dios. Una lo sufrió, pero el Señor dio la fortaleza para llevarlo, y cuando empezó a mejorar lentamente la cabeza, el alma cayó una vez más en la cuenta de que todo concurre al bien de los elegidos, y cómo se las ingenia el Señor para que una intensifique su amor. Tiempos así superan a unos cuantos años en vida normal. Bien que lo advierte el alma que lo pasa, y, como en confianza, dice al Señor "ah Pillín, cómo te las arreglaste para sacar de esta criaturita tuya tales actos de amor y de abandono a tu santa voluntad, porque de no ser así o cosas de este estilo, no hubiera tenido tan buena ocasión de manifestarte tan potente el amor en el dolor. Adoro tu obrar, aunque no lo entiendo. Qué bien me vino todo esto para valorar el gran don de nuestras facultades mentales en sano juicio, y para compadecer y pedir por tantas personas privadas de razón sin conocerte y sin amarte, oh mi Dios, todo Amor. Ahora Señor, que siento bastante mejorada, no te pido ni dolor ni gozo, pero si el no olvidar estos ejercicios de amarte con tanta intensidad y que cada momento que pase supere en amor al anterior, que esta pobre vida esté toda llena de amor al Amor".

En el nombre del Padre, del Hijo y del Espíritu Santo. Amén.[13]
"Misericordias Domini in aeternum cantabo"
"¡Magnificat anima mea Dominum...!"
Gloria al Padre, al Hijo y al Espíritu Santo... Gloria también a ti Madre mía.

Después de pensarlo mucho en la presencia de Dios y de invocar su ayuda y la de la Santísima Virgen, mi tierna Madre, al fin hoy, en la acción de gracias de la Comunión, me determiné a dar paso a algo que hace tiempo me viene presionando en mi interior. Se trata de ir escribiendo según me sienta movida, y el tiempo libre y las circunstancias

13. Un cuaderno azul, sin fecha alguna, comprende dos partes importantes del Diario : « Páginas de mi vida » que narra la infancia y la juventud en Asturias y este texto dedicado a cantar las misericordias de Dios.

me lo permitan, pues unas veces serán experiencias del alma, otras fallos y limitaciones, otras recuerdos y consejos que me hicieron bien, otras, en fin, serán páginas de mi vida. De momento no veo en mí más que pura inutilidad para esto, ni sé por dónde empezar, pero pienso que, si es cosa de Dios, Él me ayudará y suplirá mi ignorancia e incapacidad. Así que, apoyada en Él, pongo manos a la obra. Él sabrá lo que quiere de mí, yo voy a ciegas fiada de Él.

Una cosa ahora puedo decir: tomar esta determinación y sentir como que un nudo se desataba en el alma, fue todo uno, a la vez que se dejaba sentir más al vivo la presencia de Dios en ella. Sea Dios bendito por todo. Tal vez quiera hacer brillar su infinita misericordia sobre esta pequeña alma.

Ahora diré algo de mis luchas antes de tomar esta determinación. Yo no sabía cómo interpretar esto, pues una fuerza interior me impulsaba a que fuese escribiendo, pero yo me veía libre de seguir este impulso o no, y me resistía por miedo a ilusión, y entonces venía como un escozor al alma. Otras veces cuando casi me determina a escribir parecía que el alma se esponjaba y Dios se hacía más sensible, y sacaba la conclusión que ante lo primero yo estaba resistiendo a Dios, pero no acababa de determinarme a escribir puesto que también alguna vez me asaltaba cierto temor de que iba a perder el tiempo escribiendo cosas que a nadie interesan, y como no contaba con una persona que me conociese y me pudiera aconsejar en esto, así iba dejando pasar el tiempo sin ver claro cuál era la voluntad de Dios, hasta que hoy en un impulso fuerte me hizo exclamar: "Señor, quiero serte fiel hasta la última tilde, reafirmo mi confianza y mi entrega a ti y a tu acción misteriosa, y más quiero exponerme a dejar páginas para el fuego que estar resistiéndote más. Sólo deseo tu voluntad buscada y amada. Hazme vivir en tu luz y en tu verdad". Y si estas páginas que posiblemente durante mi peregrinar por este mundo nadie leerá, después de mi paso al Padre cayesen en algunas manos y su lectura estimulase a amar más al AMOR doy por bien empleado el trabajo que me impongo. Y sea Dios mi Padre bendito y glorificado en todo. Amén.

MISERICORDIAS DOMINI IN AETERNUM CANTABO

Así como toda la creación proclama tu gloria Señor, con mayor razón todo hijo de Dios debe cantar, proclamar la gloria de su Padre Dios y la misericordia infinita, tu amor misericordioso que nos envuelve y penetra por todas las partes, reconozcámoslo o no. Y diría que esta misericordia en estas personas brilla más, al menos ellas tienen consciencia de que es para misericordia y bondad de su Padre Dios lo que ven en ellas. Creo que algo de esto me pasa a mí. Al contrastar mi vida pasada tan vacía de Dios y tan llena de vanidades que en todo pensaba menos en amar al AMOR y ahora experimentar en lo más íntimo del alma, la ternura, bondad y misericordia infinita de Dios mi Padre que me ama entrañablemente, una vive como fuera de sí, empezando a cantar aquí lo que será su canto en la eternidad: "Misericordias Domini in aeternum cantabo". Y ante tanto amor misericordioso como experimento, en un movimiento de gratitud hacia Dios mi Padre vi la respuesta de mi vocación como cristiana y como contemplativa: ser en el corazón de mi Madre la Iglesia un continuo holocausto de amor, prolongación del sacrificio de Cristo, para mayor gloria de Dios mi Padre y salvación de todos los hombres mis hermanos.

Benditas misiones

Aunque se dio en mí una verdadera conversión a Dios cuando unas benditas misiones cambiaron el rumbo de mi vida al descubrir la llamada de Dios para consagrarme toda a Él, en cuerpo y alma. No quiero decir con esto que me levanté del pecado mortal a la gracia. Sinceramente confieso, según hoy entiendo, no tengo consciencia de que en ningún momento de mi vida desde que la gracia, la vida de Dios, entró en el alma por el santo bautismo, haya sido expulsada por el pecado que corta la vida de la gracia. Esto lo veo pura misericordia de Dios que así con su Providencia amorosa me sostuvo, y en parte también al santo temor de Dios que en casa ya desde *pequeñina* tanto me inculcaron. Tal pánico cogí al pecado mortal, no tanto mirado como ofensa a Dios, sino como merecedor del infierno, que en toda mi vida antes me dejaría matar que cometer a sabiendas un pecado mortal. Salvado esto, cuánto pecado de otro nivel hay en mi vida pasada, cuánta necesidad de perdón y misericordia que la bondad infinita de Dios nuestro Padre no me niega, cómo me siento perdonada y amada hasta el exceso e introducida en la intimidad de un Dios que es amor[14], como nos dice San Juan, y temo más al presente una infidelidad a la gracia que a todos mis pecados hasta aquí.

Y pienso que esto mismo experimentaría todo pecador que se vuelva, se convierta a Dios su Padre. Su gracia nos espera y aunque nuestros pecados sean tan numerosos como las arenas del mar... Dios es nuestro Padre que no quiere la muerte del pecador, sino que se convierta y viva. Viva esa vida de hijo de Dios, que el mismo Hijo de Dios superabundantemente vino a traer a la tierra.

Y cuando un alma experimenta tan al vivo el perdón y la misericordia infinita de Dios su Padre, no parece más que un horno de amor se aviva en ella, en donde toda su vida se va quemando y como disolviéndose en esa llama de amor ansiosa de pregonar a todos las misericordias de Dios.

HONOR, GLORIA Y ALABANZA SOLO A DIOS POR SER QUIEN ES

Honor, gloria y alabanza sólo a Dios por ser quien es. Todo cristiano debe reconocer eso y tratar de dar a su Padre Dios a través de Cristo este honor gloria y alabanza en todo su vivir y en todo su obrar. Pero hay momentos y circunstancias en la vida en que parece que como un grito brota del corazón henchido de amor y gratitud a su Padre Dios pregonando este honor, gloria y alabanza sólo a Dios. A este propósito hoy me vino a la memoria un hecho de los muchos que de este estilo podría dejar memoria de ellos. Advierto que si algo de bueno puede haber en esta alma es todo obra de Dios, que ella de por sí inclinada al mal, como el que más, y llena de miserias y pecados, y las más de las veces ni acertará a ser fiel a Dios. Si es de las criaturas poca ayuda

---

14. Cf. 1 Jn 4,16.

recibió, no parece más que el buen Dios celoso de su gloria de todo la quiso desprender para ir Él realizando su obra.

Vamos al hecho. En una ocasión llego a confesarme con un confesor joven, muy fervoroso, que era el confesor suplente de la comunidad, y nos confesaba con bastante frecuencia. Al principio yo solo le decía escuetamente mis fallos, pero con las exhortaciones tan buenas que me daba me fue inspirando confianza, y entonces le daba cuenta algunas veces de ciertas experiencias del alma, no sea que fuera mi vida pura ilusión.

Ya un día no sé cómo me vi con necesidad de consultar algo que esperaba él me diese respuesta. Yo le dije con toda naturalidad lo que era, y él parece que quedó como cortado, pues en un rato no habló, y luego me dice "esto es mejor que te diera la contestación tu director, consúltelo con él". Entonces, de un modo espontaneo, le digo, pero si yo no tengo director espiritual, y le di cuenta de cómo el Padre que me había orientado en mi vocación ahora se veía muy sobrecargado de trabajo con el priorato de conventos grandes, y que de dirección nada, que me podría escribir una carta al año y a veces ni esto siquiera. ¿Entonces cómo te arreglas? Siguió preguntando él. Pues mire, muy sencillo, lo que voy sintiendo lo confronto con el Evangelio, la regla y las constituciones, y si está de acuerdo con ello, lo interpreto como cosa de Dios y sigo ese impulso interior. Entonces él, en tono de voz distinto, como extrañado y empequeñecido, exclamó: "verdaderamente los directores más de cuatro veces no valemos más que para estorbar la acción de Dios en las almas. Hija mía tu alma la tiene cogida Dios, no necesitas mejor director, sé muy fiel y generosa". Y como pudo, pues se emocionó, me dio una exhortación que me llegó tan al corazón que salí del confesionario alabando, bendiciendo y glorificando a Dios, pues a ti sea Señor el honor la gloria y la alabanza por ser quién eres y por lo que haces en las almas. Me abrió los ojos para reconocer mejor la obra de Dios, y por lo mismo mi gratitud y amor hacia Dios aumentó. Luego reflexionaba ¿Quién me enseñó a ir al Evangelio y a mis constituciones si no este impulso interior? ¿Quién pone en mi interior ese gusto, esa certeza, esa palabra viva de Dios que así me responde en el Evangelio? Todo es obra de Dios, mi Padre, por medio de su Espíritu. A Él la gloria y la alabanza por los siglos de los siglos. Amén.

A raíz de esto, hablando este padre a la comunidad entre otras cosas dijo: "preguntad a Jesús en el sagrario y os responderá en el Evangelio." Al oírle me dije qué gran verdad estás diciendo. Ciertamente, Cristo está vivo entre nosotros, vayamos al sagrario y escuchemos su respuesta en el Evangelio, si es que no respondió antes en el sagrario.

ANDA EN MI PRESENCIA Y SERÁS PERFECTO

"Anda en mi presencia y serás perfecto[15]". Preciosa regla dada por el mismo Dios al Santo Patriarca Abrahán, y en él para todos sus descendientes.

Cuando empecé a familiarizarme con la Sagrada Escritura, no parecía más que el buen Padre Dios se complacía en iluminar a esta pobre hija suya mediante frases de la Sagrada Escritura. Recuerdo un día que abriéndola al azar me encontré con esta frase "Anda en mi presencia y serás perfecto." La tenía subrayada ya, pero al leerla esta vez no fue tanto las palabras que leía cuanto lo que pasó en mi interior. Fue una gracia más del Señor, pues no parecía más que era el mismo Dios quien esto me decía concretamente a mí, pero con tal fuerza, con tal viveza, que es el día de hoy que, al encontrarme con esas palabras, o simplemente el recordarlas, parece que revive otra vez esa escena en el alma. No sé hasta qué punto encarnaré esta divina enseñanza, soy muy infiel a tantas gracias como a cada momento me está dando Dios nuestro Padre, pero si caí en la cuenta de la trascendencia que tiene el vivir consciente de esta presencia de Dios.

Voy a ver si acierto a expresar mis experiencias, sobre todo. Desde *pequeñina* en casa de una manera muy rudimentaria me venían a hablar de la presencia de Dios al decirme "no hagas nada malo porque Dios todo lo ve". Entonces en mi mentalidad de niña me forjé un Dios por encima de las nubes, que lo veía y penetraba todo, y a Él no se le podía ver, y bajo un movimiento de temor procuraba ser, no me atrevo a decir buena, pero sí menos mala, puesto que Dios veía mis obras, pensamientos y deseos. Ya después que aprendí el Catecismo y me lo sabía todo al dedillo, pero a la verdad, sin profundizar en las grandes verdades de

15. Gn 17,1.

nuestra fe, era otra la idea que tenía de la presencia de Dios, pero sin llegar a descubrir a ese Dios Padre amoroso, vivo, candente, palpitante en el espíritu que ahora experimento, sino que puedo decir que en todos mis años antes de entrar en el convento, Dios seguía siendo algo lejano, algo desde fuera. Dios Padre, Dios Hijo, Dios Espíritu Santo, confesaba esta realidad, pero sin experimentar la vivencia de Ellos en el alma, solo con el Señor, el Jesús de la Eucaristía, al recibirle en mi alma, sobre todo después de descubrir mi vocación, le recibía con gran fe y amor, y se dejaba sentir en cierto modo sus efectos, su presencia, pero vuelvo a decir que esta inefable realidad de la presencia de Dios, que amorosamente te envuelve y te penetra por dentro y por fuera, no la descubrí hasta el convento.

Ya en este cuando la madre maestra nos explicó a las novicias las distintas presencias de Dios, cuando nos habló de la presencia de inhabitación, a mí me impresionó sobremanera, me cautivaba esta presencia hasta entonces desconocida aun en teoría. Y decidí en mi interior hacer cuanto pudiese por conseguir, por encarnar y vivir esta presencia de Dios, y el Señor se reiría de mí viéndome a cada momento volverme a mi interior atenta a Él, y a cada momento distraerme otra vez. Y en esta actitud y lucha a la vez, pues quería estar atenta a Él, pero el camino estaba por recorrer. Él me salió al paso con las palabras "anda en mi presencia y serás perfecto." Creo que el Señor vino en ayuda de mi impotencia, primeramente, dándome a entender la necesidad que tenemos de vivir lo más conscientes posibles de esta presencia de Dios si aspiramos de verdad a la santidad, a complacer a nuestro Padre Dios, puesto que su voluntad es nuestra santificación. Junto con esto vi claro la urgencia de controlarse en gustos, imaginación, satisfacciones etc. etc. y sobre todo ejercitarse una mucho en la fe, descubrir la mano amorosa de Dios nuestro Padre a través de todo.

Injertada en el Amor

Es cierto que todo es querido por Él, pero también es cierto que lo permite y que todo contribuye al bien de los elegidos, si nos sabemos aprovechar de ello. La experiencia propia me confirma cómo muchas veces en cosas y circunstancias que humanamente no se veía razón de ellas abrazadas con gran fe proporcionaban al alma un inefable encuentro con Dios que la iba sensibilizando para esta presencia que ella anhelaba. Por ello, quisiera insistir en el gran papel que juega la fe para vivir esta presencia de Dios. Por algo el Señor le da esta enseñanza al padre de los creyentes. Una fe viva, encarnada en obras: en aceptar, encarnar, reaccionar conforme a una fe vivida cada día con más intensidad, coloca al alma en una disposición de fidelidad, que Dios Padre bondadoso, que solo busca nuestro bien, se va dejando sentir de un modo progresivo en el alma, vive y obra en tal intimidad con Él, con tal pureza de intención, buscando siempre el complacerle, porque no se concilia que vivamos esta presencia y luego se busquen otro interés que no sean los de Él, porque ¿quién consciente de esta presencia amorosa de Dios en el alma no se esfuerza en complacerle en todo? De aquí el gran bien que esto trae, pues Él no se deja vencer en generosidad y, como Dios que es, se revela al alma como AMOR que la penetra, la vivifica, la transforma, la hace como una misma cosa con Él, y el alma en cierto modo puede decir que ya empieza a vivir el cielo en la tierra en lo más íntimo de su ser. Se siente inmersa en Dios y todo se simplificó en ella, que es como un mirarse amorosamente Dios y el alma en una comunicación inefable de amor con el Padre, el Hijo y el Espíritu Santo, una se ve injertada en la vida, en el Amor, en la felicidad de Dios.

Así que cuando el alma vive esto intensamente diría que le es imposible pecar. Los fallos le vienen en los momentos que se distrae de esta presencia, de su falta de atención a ellos, en parte por la limitación humana, y en parte porque no se corresponde como se debiera a las gracias de Dios. Y este es mi caso. Ante esta experiencia se comprende muy bien cómo los bienaventurados, fijados ya en el sumo Bien, contemplándole continuamente, les es imposible pecar, pues ¿quién puede hacer algo desagradable a Dios ante su presencia cautivadora? Con razón dice el Señor "anda en mi presencia y serás perfecto".

De esta presencia de Dios se sigue otra experiencia, que es algo así como redundancia de esto. Al estar el alma tan en Dios, siento, no como algo que es su vida, sino como una dulce y gozosa compañía que la sigue, la acompaña, y no es tampoco esa presencia de la Virgen, que algunas veces se experimenta, es algo distinto que yo diría o es el ángel de la guarda junto con otros más, o almas bienaventuradas que, como protectores y amigos, custodian al alma y contribuyen en cierto modo a que esa persona viva en Dios, y su conversación en frase de San Pablo esté en los cielos[16]. Una se admira tal vez por su ignorancia en estas cosas, y ahora experimentarlas tan al vivo, que esto estimula a dar gracias y bendecir en todo momento al Señor por las insondables riquezas que trae al alma este mundo de la gracia. Luego, si esta santa compañía aquí ya deleita, hace pensar que será un gozo más en el cielo la vivencia con los ángeles y bienaventurados, y como todo a una sola voz, desbordando felicidad, alabaremos sin cesar al Señor y proclamaremos con voz potente "Santo, Santo, Santo es el Señor" porque a esto invitan ya aquí esta presencia.

Para vivir la presencia de Dios, a mi modo de ver, veo que la oración es camino imprescindible, pues ambas cosas se completan, porque persona que no haga oración no sé qué interés puede tener por vivir la presencia de Dios, y quien no trate de vivir la presencia de Dios no sé qué oración puede hacer, porque uno ayuda a lo otro, y así, quien se esfuerce vivir recogida tratando de vivir la presencia de Dios, tiene mucho hecho para la oración, pues esta marcará lo que hayamos vivido durante el día: la presencia de Dios o la disipación. Y en el tiempo de oración se fortalecerá el alma para luego vivir mejor esta presencia de Dios y viceversa, y ambas cosas crean en el alma ese clima, ese espíritu de oración, esa intimidad, esa comunión amorosa con los Tres en lo más íntimo del alma, anticipo ya de la vida del Reino comenzado ya aquí, pues bien dice el Señor que el Reino de los cielos está dentro de nosotros.

Es para no cesar bendiciendo al Señor al ver cómo estas inefables experiencias comenzaron por muy poca cosa, el granito de mostaza sembrado en el campo del alma y que la infinita misericordia y bondad de Dios, nuestro Padre, condujo a esto. Señor, que la más exquisita fidelidad a tu querer y a tu obrar sea nuestro mejor agradecimiento quemando toda la vida por el TODO.

---

16. Cf. Col 3,20 Biblia Septuaginta.

LA ORACIÓN

Según entiendo por experiencia, para toda vida en cristiano la oración se hace tan necesaria al espíritu como el aire al cuerpo. Si queremos mantener en nosotros la vida de Dios y que ésta se desarrolle, no podemos prescindir de este gran medio como es la oración. Oración que, a mi modo de ver, se empieza en fe y con algunos conocimientos de Dios y fidelidad a la gracia, vamos descubriendo que dentro de nosotros hay alguien que nos enseña a orar y nos persuade de que sin oración no se puede ser buen hijo de Dios ni agradarle, mientras que persona de oración entra en la intimidad con Dios su Padre, y esto es un mundo nuevo que desconoce quién no cultive la oración.

A poco que reflexionemos sobre algunos textos de la Sagrada Escritura, palabra viva de Dios, en que se nos revela de un modo tan solicito del bien del hombre, tan tierno, tan amoroso, tan misericordioso, que su amor misericordioso nos envuelve y penetra por todas partes, que no es un Dio frio y lejano, sino "un Dios que es Amor[17]", como nos lo define san Juan, un Dios vivo, tierno, inefable, que está más cerca de nosotros que nosotros mismos, pues como nos dice san Pablo "en Él vivimos, nos movemos y existimos[18]". Inefable realidad que experimenta el alma de oración. ¿Quién no se siente encendido en santos afectos de entrar en diálogo e intimidad con Él? Y ¿cómo se deja encontrar de quien lo busca con sincero corazón? Pero, sobre todo, si tenemos consciencia de que Dios es nuestro Padre, que hasta tal punto nos amó que nos entregó a su propio Hijo para que nosotros vivamos por Él, seamos hijos en el Hijo, y por ser hijos envió Dios a nuestros corazones el Espíritu de su Hijo que clama "¡Abba, Padre[19]!" Esta tierna invocación de padre ¿no nos enternecerá nuestro corazón de hijos, pues "ved que amor nos ha mostrado el Padre, que seamos llamados hijos de Dios y lo seamos[20]", y decirle a cada momento ¡Padre nuestro...!, con todo lo que esta incomparable oración enseñada por el

17. 1 Jn 4,16.
18. Hch 17,28.
19. Cf. Rom 8, 15.
20. Cf. 1 Jn 3,1.

mismo Hijo de Dios encierra? Si realmente nos sentimos hijos de Dios en el Hijo y movidos por su Espíritu que todo lo vivifica y santifica ¿no brotará en nosotros como una exigencia amorosa, pues la oración es camino para el amor, de vivir de cara a Dios, en intimidad, en comunión amorosa con el Padre, el Hijo y el Espíritu Santo en lo más íntimo del alma? Entonces qué fácil resulta orar, y orar sin interrupción como nos exhorta el Apóstol[21].

Pero parece que nos hacemos hijos de la complicación por nuestra falta de sencillez, de rectitud, de vaciamiento de nosotros mismos para dejar sitio a Dios, dejarle obrar a Él. Escuchemos su voz que sigue hablando, no sólo a través de las Sagradas Escrituras, sino en sus representantes, en los acontecimientos y circunstancias de cada día. Pues cuando hay fe viva, confianza ciega y amor ardiente que no se ansia otra cosa que alimentarse de la voluntad de Dios, se le descubre en todo, y su voz se deja sentir vivamente dentro de nosotros, máxime cuando se vive consciente su presencia amorosa en lo más íntimo del alma. Si esto hacemos siempre ayudados de su gracia, pues sin ella nada podemos, Dios nuestro Padre se comunica al alma, se sensibiliza en ella, y ésta se siente como metida en una corriente inefable de amor, amor que recibe y amor que se da, ve y que no se puede vivir la vida de hijos de Dios sin esta comunicación, sin este entrar en este misterio de amor en la vida de Dios en el alma. Y todo se hace fácil, como normal, las relaciones entre Dios y el alma.

Ella unas veces se sentirá como un niño pequeño que apenas acierta a balbucear el amor que siente hacia Dios su Padre, en el que descansa segura sintiendo envuelta, penetrada del entrañable amor de Él. Otras veces su nada, su pequeñez, su pobreza, su imperfección, y en contraste de otra parte la santidad, la infinitud de Dios, pero lejos de desalentarse, se alegra de que Dios sea Dios, y cae como en un silencio de adoración ante el que "yo soy el que soy[22]". Porque ese "yo soy el que soy" es Amor y amor pide amor, no hay por qué desalentarse, y sí confiarse a Él y esperarlo todo de Él. Otras veces es tal el amor irresistible que

21. Cf. 1 Tes 5,17.
22. Ex 3,14.

siente hacia Cristo su todo que el alma cae como en un requiebro de amor con el Esposo virginal, en unas ansias inmensas de inmolación, de prolongar en sí su sacrificio redentor, para mayor gloria de Dios y fecundidad de la Iglesia.

Otras veces esa mirada amorosa entre Dios y el alma se hace tan viva, tan intensa, que no parece más que la va a matar de amor, muerte dulce, deleitable, como que todo es obra de amor. Otras veces sentirá como que todo su ser se disuelve en Dios, se hace como una sola cosa con Él, y diría que como que el alma deja su ser, es absorbida por Cristo, y es Cristo en ella quien ora, quien dialoga con el Padre, y la oración sacerdotal es algo muy vivo que Cristo continúa en ella. Es tan variado este mundo de la oración, de la vida de la gracia, de la vida de Dios en el alma, pues Dios es amor y el alma al unirse con El por el amor participa de lo que Él es AMOR, se funde en Él y su comunicación con Él es de lo más sencillo, espontáneo, variado y todo converge a esto: a estar, permanecer en Dios nuestro Padre por la fe y el amor. Y de esta comunicación con Dios por la oración, es de donde le viene al alma la fuerza para la lucha, para la superación de cada día, y como siente que la oración es la respiración del alma, el clima que germina el fuego del amor y que nos da ese sentido sobrenatural de las cosas, ese conocimiento de Dios que nos enciende en su amor, que nos mueve a darle gracias, adorarle, a entregarnos a vivir con la mirada amorosa puesta en Él, ansiando en todo hacer su voluntad, que es la mejor manera de complacerle.

A todo esto, nos conduce la oración. Y el alma necesita quemar tiempos en oración para luego prolongar ésta a través de las ocupaciones del día viviendo en este clima de oración, de atención amorosa a Dios, de presencia de Dios, de unión con Él, que aun dormida siente que su corazón vela, ama, porque el alma no duerme. El alma lo encuentra todo en Dios, y todos en Él, llevándolos en su corazón, en su oración, y en la medida en que la oración alcanza altura en un alma en esa medida, Cristo en esa alma lo está atrayendo todo al Padre. ¿A qué mundo inefable e insospechable nos conduce la oración? Un mundo nuevo de comunicación amorosa de Dios nuestro Padre con sus hijos, los pequeñuelos, los pobres, los hambrientos de amor... "Yo te alabo, Padre Señor de cielos y tierras porque ocultaste estas cosas a los sabios y prudentes y la revelaste a los pequeñuelos[23]": A tu mayor gloria Señor. Amén.

Oración y penitencia

En mis años de mundo mi oración era la vocal. Y en decir de mi cristiana madre, era poco rezadora. Claro que quien me calificaba era una persona que se pasaba, yo creo, la mayor parte del día y de la noche rezando. Como estuviese sola, rezar se la veía, y como era de poco dormir, aprovechaba bien para rezar, así que a ella todos la parecían, sobre todo la gente joven, de poco rezar. Ya después de conversión en las santas misiones, empezó a rotar en el alma de un modo espontáneo el dialogo con el Señor, e incluso, a pesar de andar muy ocupada, sacaba tiempo para hacer algún rato de meditación ayudada por el libro de Santa Teresa "el cuarto de hora de oración" y no me parecía que la cosa iba mal. Ya en el convento seguía con el mismo modo, tal vez luchando más con las distracciones que ahora parecía que me venían más, o es que al estar más sobre una, las advertía una más, pero el alma tenía cierta idea de que hacía algo de oración. Así las cosas, entra el alma en una fase de sequedad que en ella no parecía se encontraba rastro de Dios, y de ella pura tierra reseca y árida que nada brotaba, y sin embargo sentía hambre de Dios, ansiaba la oración, la intimidad con Dios.

La acción de Dios estaba por medio sin que yo lo advirtiese entonces, sólo veía que de lo pasado nada, y nuevo no venía nada al alma. En este estado comienzan los ejercicios espirituales, y el Padre que los dirigía lanza el lema "oración y penitencia", basándose en las palabras de la Santísima Virgen de Fátima. Este lema venía como providencial a mi alma, pues, a pesar de estar en esa aridez, sentía hambre de oración, de penitencia, de no sé cuántas cosas, y que nada me parecía hacía para según tenía que hacer una contemplativa comprometida por su vocación en ser alma de oración para ser alma encendida en amor, alma penitente para expiar los pecados y ayudar a los demás: "suplo en mi carne lo que falta a la pasión de Cristo por su cuerpo que es la Iglesia." El Padre insistía hablando

23. Mt 11, 25.

sobre la oración y que se daría por satisfecho si de estos ejercicios salía un alma de oración, pues que un alma de estas daba más gloria a Dios y hacía más bien en la Iglesia que centenares de oración trivial.

Santa Teresa

Ante esto yo sentía en mí algo muy fuerte, como algo apremiante de ser esa alma de oración que el Padre pedía, pues todas me parecían que lo eran menos yo, y esto no mirándome a mí sino a la gloria de Dios y al bien de la Iglesia. Así que, impulsada por este ardiente deseo, empecé a pedirle al Señor con gran fe y confianza ser esa alma de oración, de entrar en el mundo de la oración, y precisamente cuando me encontraba en ese estado de aridez. Con estos buenos deseos me acordé de que santa Teresa era una gran maestra de oración, y me encomendé a ella a la vez que me proponía leer su vida, la cual me habían regalado y varias veces me había puesto a leerla, y la daba por terminada sin terminar porque se me hacía costosa leerla. Pero esta vez, contra todo lo que sentía, tiré hasta el final, y creo que la santa me lo pagó bien, le cogí gran cariño y sentía su ayuda. El modo como ella explicaba la oración, y la definición que daba de la misma, me gustó y me hacía bien. A ella mi más sincero agradecimiento.

¡Oh amor misericordioso de Dios que en todo me sale al paso con la ternura de un padre! ¡a ti la gloria en todo! ¿Quién sino Él despertaba en mí esos grandes deseos de ser alma de oración, y me movía a pedírsela con tanta fe y confianza cuando con tanta sequedad en el alma parecía que no estaba para nada? Y cosa de Dios a partir de estos ejercicios empecé a notar en mí una fe más viva que me iba iluminando el mundo de la fe con una certeza en las verdades de la fe, y a la vez me movía a descubrir la mano de Dios a través de circunstancias, acontecimientos y lo que me salía al paso, abrazándome a ello con gran fe y amor, sin pararme en personas ni cosas, sino ver que todo lo mandaba o permitía para un mayor bien espiritual, si nos sabemos aprovechar, pues todo contribuye al bien de los elegidos.

Y qué sabiduría la de Dios. bien sabía Él por dónde me llevaba y cómo me atrapaba, pues de otro modo es posible que una no acertarse a dar lo que daba por este camino de la fe, que no sé cómo ponderar el bien que trae al alma este ejercitarse en la fe, una fe hecha vida, pues cuantas cosas que vistas por el lado humano no tienen razón de ser, aceptadas con gran fe y amor traen al alma gracias si el alma va respondiendo, mientras que si nos quedamos en nuestros razonamientos humanos, nuestra fe no marcha, entorpecemos la acción de Dios en nosotros. Mucho se necesita ejercitarse uno en la fe para caminar por los caminos de Dios, pero pidámosle a Él este su don, y a la vez pongamos lo que está de nuestra parte y esta preciosa virtud creciendo en nosotros, y qué visión se llega a tener de las cosas, diría que es un ver y juzgar de las cosas con un instinto sobrenatural, algo así como desde el mundo de Dios, desde Dios.

Este descubrirle a Él en todo suponía mucho ejercitarse no sólo en la virtud de la fe, sino en muchas más que suponía esfuerzo, sacrificio, abnegación, penitencia, mortificación... y con este ejercitarse en la fe fueron viniendo al alma unos afectos tan sinceros, tan tiernos hacia Dios, brotando sobre todo en los tiempos de oración que, aunque me parecía cosa buena, en un primer momento tuve algo de miedo fuese cosa del ejemplo del alma revestido de ángel de luz y así sin más lo dije al confesor esperando una explicación a mi ignorancia pero por toda respuesta en un tono seco me dijo aprovéchelos. Y como por los frutos se conoce al árbol, esta norma nos dio el Señor, esto fue mi mejor regla para juzgar de ellos, me movían a amar más al Señor y me estimulaban a practicar ese mundo de la fe que el Señor me venía poniendo delante, así que sin ningún temor los daba entrada y cada vez eran más frecuentes empezó a venirme también un recogimiento muy provechoso que me hacía estar más en Dios y sentir más viva su presencia y casi siempre esto solía venir después de algún costoso vencimiento que suponía poner más amor, no parecía más que el Señor que no se deja vencer en generosidad, así recompensaba, a la vez que estimulaba a seguir con generosidad estos vencimientos porque entendía así que eran agradables al Señor; a este propósito voy a dejar memoria de uno entre muchos que podría decir de cosas tan vulgares y que han traído un gran bien al alma.

Y si estos ejercicios fueron como un punto de partida en ansiar entrar en el mundo de la oración, este hecho fue como una puerta que se abrió dando paso en cierto modo a este mundo de la oración que aún tenía mucho que recorrer. Me sentía mal, iba quedando muy delgada, la diabetes iba avanzando, pero no sabíamos que era lo que tenía y aunque estábamos en el tiempo de los ayunos no me dejaban ayunar. Un día, cosa de Dios que así lo dispuso o permitió para mi bien, me ponen de cena algo que dado una serie de circunstancias sentí tal asco que veía superior a mis fuerzas meterlo. Recurrí al Señor pidiéndole ayuda porque no quería tampoco que las hermanas de al lado se enterasen de la lucha que estaba sosteniendo entre la materia y el espíritu, luchaba con no ser tiempo de calor, no sé cómo esto se me hacía tan costoso, pero el Señor vino en mi ayuda, una lo tuvo que pasar pero la fuerza para superarse vino de Él, como pude lo metí ofreciendo este sacrificio en espiación de lo mucho que fuera del convento había regalado mi paladar pues era muy golosa y vaya como me había dejado llevar de esto , tanto que ahora muchas veces pienso ante mi enfermedad, salvados los fines sapientísimos que Dios nuestro Padre amoroso se propone con ella, ¿no será también una misericordia más, expiando por aquí con un régimen tan severo de alimentación y sin nada dulce tanto regalo al paladar?

El cielo en la tierra

Bueno, pues terminada la cena tal recogimiento se apoderó de mí y tan viva se hacía sentir la presencia de Dios que me sentía llena de agradecimiento al Señor y como confundida al ver que un vencimiento en una cosa tan vulgar me trajese tanto bien y me sentía más cerca de Dios. Todo es cosa de abrazarse con fe y amor a todo lo que nos salga al paso y como el alma se va iluminando y elevando a través de todo lo que la vida tal como se presente trae consigo. Todo la lleva a Dios y la dispone para la oración, para la unión con Él. A partir de este hecho algo nuevo iba obrándose en el alma, el recogimiento era mayor, la presencia de Dios era más viva y no parecía más que todo se iba simplificando en ella, todo se iba centrando más en Dios para amarle mejor. Y cuando todo parecía bien supo ingeniársele nuestro Señor llevándome por el camino de la fe para descubrirle a través de todo y confiarme a Él, pero lo más duro, y seguramente de esta hablaré en otra parte, fue cuando aparentemente Él que fallaba, me rechazaba, todo parecía perdido, los días transcurrían con tal agonía en el alma que cada día parecía que duraba un siglo, pero oh misericordia de Dios nuestro Padre que bien lo haces todo, todo terminó en una como transformación del alma introduciéndole en esta vivencia de hija de Dios, en esta unión permanente, estable, que se funda en el amor, y así como Cristo dice que Él y el Padre son una misma cosa, en cierto modo y por participación, el alma también aquí puede decir que se hace una misma cosa con Dios por el amor al vivir en esta unión, esta comunión de amor con las tres personas divinas habitando en el alma que es ya en cierto modo su cielo en la tierra[24].

El reino de Dios está dentro de vosotros[25], nos dice el Señor y el alma que experimenta esa unión con Dios, esa vida en ella ve en sí confirmada esta realidad. Y todo este bien a mi modo de ver me vino por la fe impulsada por el amor. Dios nuestro Padre se sirvió de esto para introducirme en el mundo de la oración, de la intimidad, de la unión con El y con todos por el amor.

Penitencia, era la otra cara del lema de estos ejercicios. Nos habló como la Santísima Virgen en Fátima pidió oración y penitencia, e insistía en el mensaje de la Virgen. Y bajo la imagen del bloque de piedra del que se quiere labrar una estatua descubrió el proceso de purificación, llámese penitencia, mortificación, abnegación o como sea, que tiene que pasar el alma hasta llegar a convertirse en esa imagen viva de Cristo. Por cuantos golpes de cincel ha de pasar y fue enumerando de varias penitencias que yo le escuchaba con gran atención, pero sin calar bien en este mundo de las penitencias hasta que más adelante el Señor fue mi maestro iluminándome por dentro y a la vez dejando caer sobre el cuerpo y el alma fuertes cinceladas para ir desprendiendo, no sin dolor, de tanto como impedía la unión con Él. Pienso que hay que temer espíritu penitente y hacer penitencia, hay pecados personales y

24. Aquí se ve la influencia de santa Isabel de la Trinidad (+1906), carmelita del carmelo de Dijon (Francia), en la espiritualidad de sor Inés de Jesús.

25. Cf. Lc 17,21.

colectivos que piden expiación y hay que hacer penitencia y debemos estar prontos a ella.

Ahora bien, según el Señor me enseñó y me pide, la penitencia más eficaz y agradable a Él es con una fe viva, una confianza ciega y un amor ardiente, ir abrazándose generosamente a todo lo que va saliendo al paso en la vida ordinaria de cada día. Ese cumplimiento del deber que sólo Él sabe cuánto puede llevar de penitencia, sacrificio, abnegación, entrega, agotamiento... es auténtica penitencia que complace a Dios enormemente, y por aquí no hay miedo a sufrir ningún engaño, pues es fácil buscarse penitencias y creerse penitente, y luego descuidar lo que Dios providente nos va poniendo al paso. Por eso, fe, fe, y mucha fe para descubrirle a Él a través de todo, y si el alma es generosa su gracia nos acompaña siempre, confiemos en Él, que nunca nos dejará solos si nosotros no le dejamos antes a Él. Y si nos visita con la enfermedad, y que esta no sea motivada por nuestra imprudencia, recibámoslo como don de Dios, con ella viene buena penitencia que nos desprende de las cosas de este mundo al tocar tan al vivo nuestro nada, a la vez que eleva y une nuestra alma con Dios.

Abracémonos generosamente con Cristo a la cruz, con Él todo se puede. "Todo lo puedo en aquel que me conforta[26]", exclamaba San Pablo, y lo mismo puede decir toda alma que se confía al Señor. Todo lo que nos mande y todo lo que permita es para nuestro mayor bien, si no sabemos aprovechar y tiempo, llegará en que el Señor te ilumine, y una ve que no debe a Dios y a las criaturas más que amor y gratitud a todos, porque todo contribuye al bien de los elegidos. Toda vida en cristiano tiene su Viernes Santo en que se ve agonizar, pero, así como el Viernes Santo culminó con la Resurrección, la Pascua, también en el alma se da todo esto, llegando el momento en que Cristo se levanta glorioso en ella y una le bendice y alaba por toda la obra que va realizando en ella, y admira la sabiduría de Dios disponiéndolo todo para nuestro mayor bien.

Que Él nos ilumine en todo momento y nos dé docilidad para dejarnos entrar en su misterio y que no le recortemos con nuestras

26. Flp 4,13.

resistencias su obra de amor en nosotros. Que la Virgen fiel esté siempre a nuestro lado para que la imitación de Ella nos abramos a la acción de Dios en nosotros. Amén. Gloria a Dios.

La consagración al Espíritu Santo

A los pocos meses de estos ejercicios que acabo de hablar, hacia finales de septiembre, la Divina providencia puedo decir nos trajo aquí a un Padre muy espiritual, el Padre Sabino Lozano. Venía a descansar unos días invitado por algunos Padres que habían sido sus novicios. Aprovechaba estos días para hablar a los novicios, y como persona generosa también quiso ayudar a sus hermanas, y así venía alguna tarde al locutorio a dirigirnos la palabra. Como era muy mayor y con la voz muy apagada, se le perdían bastantes palabras, pero así y todo ansiábamos sus charlas tan sustanciosas. Nos habló de la fidelidad al Espíritu Santo, y algunos otros temas más trató. Dada la buena disposición que cogió a esta alma, sus palabras caían en ella como si se las dijese el mismo Dios y según ella necesitaba. Era el Señor sirviéndose de este buen instrumento, y al despedirse nos dio a cada monja una hojita con la consagración al Espíritu Santo. No me pudo dejar regalo mejor.

Todas las mañanas al comenzar la oración yo la leía muy despacio, ansiando vivamente que se realizase en mí todo lo que en ella decía. A la vuelta de poco tiempo, al repetirla todos los días, me la sabía de memoria, con lo cual con mucha frecuencia yo la iba repitiendo mentalmente, y esto elevaba el espíritu, avivaba la presencia de Dios, en una palabra, la oración marchaba mejor y sentía en mí grandes deseos de ser fiel a este divino huésped de nuestra alma, el vivificador, el santificador.

El dulce Huésped del alma

Y en contraste con esto empecé a descubrir en mí una pobreza, una ignorancia, una pequeñez que bien se veía la necesidad que tenía que alguien me tomase por su cuenta. Los caminos de Dios son inescrutables. Él iba abriendo el camino como uno menos lo pensaba. Ante mi nada me volví a este dulce Huésped prometiendo la fidelidad, pero que Él fuese mi guía, lo necesitaba. Estoy muy lejos de ser esa alma dócil y fiel que quiero y debía ser, pero cuánta gratitud siento hacia Él por todo el bien que veo va realizando en esta alma. Cuantas energías gasta uno con toda buena voluntad en querer purificarse de sus faltas y con poco provecho, mientras que cuando este divino Espíritu coge las riendas de un alma, ella que se prepare a sufrir en carne viva, pero también en poco tiempo ni se conoce a sí mismo. Él le descubrirá hasta los repliegues más escondidos de sí mismo, dispondrá las cosas que llegará hasta las fibras más sensibles de todo su ser, le pedirá una fe, confianza, entrega y amor a toda prueba, la acción de Dios caerá con fuerza sobre ella, y hasta parece que quisiera resarcirse de este compromiso. Pero algo ocultamente la sostiene y la impulsa hacia adelante, es el dulce Huésped, y su compromiso con Él lo mantiene a pesar de la acción dolorosa y purificadora que siente en su alma y en todo su ser.

El Espíritu Santo y María unidos

Y el alma se va encariñando con este divino Huésped, y parejo con esto diría que camina, al menos en esta alma así pasó, un amor más entrañable a la Virgen, un deseo más vivo de imitarla, la Virgen fiel, en donde el divino Espíritu pudo realizar a su gusto sus maravillas, pudo apoderarse plenamente de ella para hacer sus primores de amor, y diría, movida de lo que experimento en mi alma, que el Espíritu Santo y la Santísima Virgen están unidos, empeñados en realizar en nosotros la santificación.

La santidad consiste en la generosidad

"La santidad consiste en la generosidad". Con estas palabras, que en un primer momento sorprenden ya que una está acostumbrada a oír que la santidad consiste en la caridad, comenzaron los ejercicios del año siguiente de los que acabo de hablar, y también de recibir la consagración al Espíritu Santo de la que también hablé. La gracia iba obrando en esta alma y entré en ellos con grandes deseos de aprovechar. El Padre que los dirigió fue enclavando los temas propios de ejercicios en los misterios del Rosario. Era una idea nueva, hermosa. La Virgen fiel y generosa en todo salía de modelo, para mí no podía ser más providencia, venía a alimentar el hambre que en mí sentía. El Padre insistía en que el alma generosa y fiel a la gracia, ésta la va transformando, creciendo en caridad, uniéndola a Dios y alcanzaba la santidad. Era de lo más estimulante y hermoso. Con Él hablaba de la generosidad como medio para alcanzar la santidad, hasta el punto de decir que la santidad consiste en la generosidad.

Era algo que convencía plenamente. Cómo nos hablaba de la generosidad de Dios nuestro Padre para con sus hijos dándonos hasta su propio Hijo. Luego de la generosidad del Hijo, quien en su exceso de amor y de generosidad no le bastó llevar a cabo la obra de la redención con su muerte de cruz, sino que se quedó con nosotros en la Eucaristía. Generosidad del Espíritu Santo, el Gran don, que quiere con más generosidad y docilidad que se entregue a Él. Tanto mejor podrá hacer su obra de amor en las almas, pues como dice san Pablo el Espíritu Santo gime en nuestros corazones cuando no lo dejamos hacer su obra[27].

En su idea de resaltar la figura de la Santísima Virgen como modelo de generosidad, la esposa fiel del Espíritu Santo, mucho nos hablaba de cómo ella había respondido plenamente a la acción del Espíritu Santo. Era una doctrina que ensanchaba el corazón y entusiasmaba. Luego venía la parte de nuestra correspondencia a esta generosidad de Dios con nosotros. Era algo que convencía, como el Padre decía, y una se sentía comprometida a esforzarse en ser generosa con la suma generosidad. Me iluminaban estos ejercicios, me comprometían, despertaban más hambre de Dios, de serle fiel, generosa y muchas cosas se me ocurrían preguntar al Padre en la confesión que yo iba tomando nota de ellas, no sea que al llegar el momento la memoria no respondiera.

Con esta idea, se me acerca un día la madre nuestra y me dice, se lo ve que aprovecha, aproveche todo lo que pueda en estos días especiales y al confesor no le importe estar el tiempo que sea. Entonces le dije que esto

27. Cf. Rom 8,26.

me confirmaba en mi deseo de hacer algunas preguntas y hablarle sobre algunas cosas. Llegado el momento de la confesión me puse nerviosa, y en un momento se fueron todas mis ideas. Creo que fue un juego de Dios con esta alma, pues en un instante todo me vino por tierra. Creo que el Padre me lo notó y empezó a hacerme preguntar que no venían al caso con la confesión, pero era un interesarse de una manera tan paternal por mis cosas que me fue inspirando gran confianza. El nerviosismo se me quitó, y vuelta a mi natural sin darme cuenta como quien dice. Estábamos en un diálogo muy animado, y empezaron a salir las cosas con tal espontaneidad, mis faltas, mis anhelos de santidad, le transparentaba toda mi alma.

Paz en la confesión

Hasta entonces no había experimentado nunca en la confesión lo que experimentaba en esta. Luego empecé a hacerle algunas preguntas sobre lo que él había hablado y otras cosas que se me habían ocurrido preguntar, y como en algunas yo buscaba la manera de abreviar porque me parecía que ya iba largo, él se mostraba tan paternal diciéndome: "no tengo ninguna prisa, diga y pregunte cuanto quiera". Y con qué calma y amabilidad iba explicando y dando respuesta a todo. Cuando yo le dije que ya no tenía más que decirle, entonces tomó él la palabra por su cuenta exhortándome a invocar mucho al Espíritu Santo y a ser muy dócil y generosa a sus inspiraciones: "Él es el gran santificador de nuestras almas, sea muy fiel, quiere obrar grandes cosas en usted". Sea cera blanda que se deje modelar y no se cansaba de hablarme del Espíritu Santo, así que yo, que ya estaba tocada de este divino Espíritu, ahora con todo lo que él me decía, mi amor, mi entusiasmo por este divino Huésped crecía. Mi alma se esponjaba oyéndole hablarme de Él. Y cuando salí del confesionario no parecía más que yo no sentía el cuerpo, había una ligereza de espíritu que parecía llevaba al cuerpo, y en el semblante debía reflejar el gozo que sentía en el alma.

Terminados estos días que uno desearía no terminasen nunca, la semilla que daba sembrada ahora hacía falta cooperar para que fructificase, ahora hacía falta encarnar en los mil detalles de que está tramada nuestra vida, esa fidelidad, esa generosidad, esa entrega total a su acción ¿Cómo no invocarle? Y tanto más cuanto uno se iba reconociendo más pobre, más ignorante, más nada, y por lo tanto necesitada de todo.

Esto, por una parte, y por otra, el campo de la generosidad se ponía delante para ir labrándole en los mil detalles de cada día. Me convenció todo lo que el Padre decía sobre la generosidad, pero aún más con una fuerza especial cuando el Señor me lo hacía ver en la práctica. Si no somos generosos, si nos reservamos nuestra parte, si vamos dando tacañamente, atamos, hablando a lo humano, las manos al Espíritu Santo, pues la voz de la naturaleza siempre está pronto para alegar en contra de la generosidad bajo capa de ser prudentes. Yo no sé si es que uno es tan miserable que todo lo experimentó, pero la misericordia de Dios, siempre pronto a manifestarse de mil modos, te hace ver que, como no nos entreguemos generosamente en una vida de fe, de confianza, de amor, descubriéndole a través de todo y entregándonos a los hermanos con esa fe y amor con que tratamos de hacerlo con Cristo, nos quedamos en nuestro corazón, en nuestro egoísmo encerrados, en nuestro yo. Mientras que en ese darnos con generosidad, ese salirnos de nosotros para darnos a Él y desde Él a los demás, es como nos vaciamos, muere lo nuestro para dar paso a la vida de Cristo en nosotros, y entonces con qué amor, con qué pureza de intención, con qué generosidad se obra, y este obrar con un corazón grande, generoso y con gran rectitud de intención, buscando siempre el complacer a Dios nuestro Padre, encierra gran secreto en nuestra santificación.

La fidelidad al Espíritu Santo

Entiendo, y estoy segura de entenderlo bien, que en la fidelidad al Espíritu Santo está el secreto de nuestra más alta santificación. Un alma llena de buena voluntad, con deseo ardiente de ser toda de Dios, póngase a la escucha del Espíritu Santo y ábrase a su acción santificadora en una vida de fe, de confianza, de amor, y esa alma no sólo caminará por los caminos de la santidad, sino que, hablando a lo humano, volará. Veo tan claro esto y estoy tan convencida de ello que me atrevo a discutirlo con quien sea. Ser fiel al Espíritu Santo es ser fiel a Dios, a sus gracias, y la fidelidad a una gracia nos prepara para otra que ya nos está esperando, y si el alma es fiel en secundar las gracias de Dios, su vida se convertirá como en una cadena de amor que la liga, la une amorosamente con Dios amor, y los eslabones de esta cadena están hechos de la fidelidad a las gracias de Dios.

Así que, a mayor fidelidad, más unión con Dios. Qué claro veo esto, pero cuánta fe se necesita para descubrir la acción de Dios a través de todo, y aceptarlo todo con gran amor, como venido de su mano, o por lo menos permitido para probar nuestra fidelidad. Decirle siempre sí, en un sí hecho vida en nuestra vida, aunque sangre el corazón y la naturaleza se resista. Sólo Él sabe lo que cuesta esto, y sin embargo su amor lo exige, lo pide todo, y esto no sólo en los tiempos de fervor, sino siempre. Y uno se ve tan incapaz de llevar a cabo esta fidelidad, menester es dirigir toda el alma al Espíritu Santo para que venga en ayuda de nuestra debilidad, y que Él haga en nosotros el querer y el obrar, y con su ayuda todo se puede, por más flaqueza que encontremos en nosotros. Este dulce Huésped mueve al alma con mucha dulzura y suavidad, y esta tiene que estar muy sosegada para advertir su soplo, el ligero y blando susurro de que nos habla el profete Elías, y aun así se ve libre de seguir este movimiento del Espíritu, o de rechazarle, no abiertamente, porque sería cruel en un alma que aspira a la santidad, pero sí de recortar, de no seguirlo con toda la generosidad, haciendo nuestros arreglos convencionales, y entonces no marchamos al ritmo que este Divino Huésped nos quiere llevar.

Así que, con muy buena voluntad, y creo que esta ya es un don de Dios, pero quien no la sienta en sí que se lo pida, que poniendo lo que está de su parte, a nadie no lo negará. Ábrase a la acción, a la fidelidad de este Divino Espíritu. Sinceridad con Dios, consigo y con los demás. Es muy importante esto. A Dios no le engaña nadie, y en definitiva, cuando somos dobles, cuando no somos sinceros, transparentes, nos estamos engañando a nosotros mismos, y atamos las manos para obrar al Espíritu Santo, no le dejamos realizar su obra en nosotros. Generosidad, si Dios es la misma generosidad que tan generosamente nos prodiga gracia tras gracia ¿no ha de despertar esto en nosotros sentimientos de correspondencia dentro de nuestra limitación humana? Si Dios nos quiere santos "sed perfectos como vuestro Padre celestial[28]", nos dice Cristo y san Pablo añade: "la voluntad de Dios es vuestra santificación[29]", ¿seremos tan tacaños, nos amaremos tan mal, quedándonos, encerrándonos en nosotros, y no dando esa respuesta generosa y pronta para facilitar la acción del Espíritu Santo en nuestra santificación, con pureza de intención en todo nuestro obrar? Es otra condición que a mi modo de ver es muy necesario. Caminemos al encuentro de Dios con un corazón puro, desprendido de todo lo que no sea Dios y su gloria, buscando siempre el complacerle en todo, y aunque no acierte siempre a estar, al menos que nos salve siempre la buena voluntad y rectitud de intención en todo nuestro obrar.

Y ¿cómo experimentaremos en nosotros lo que nos dice el salmista "Qué bueno es Dios para los rectos de corazón[30]", si Dios se complace en los rectos, en los limpios de corazón, se sienten sus palabras: "Bienaventurados los limpios de corazón porque ellos verán a Dios[31]". En el cielo sí, tal cual es, pero aquí, ya en la tierra, tienen una experiencia de Dios, una certeza tal de Él, proporcionado como premio a la limpieza de corazón con que le buscan, que es algo inefable cómo la bondad de Dios se vuelva en los limpios de corazón, mientras que también del Señor son las palabras "estad atentos a no hacer vuestra justicia solo porque os vean los hombres, de otra manera no tendréis recompensa ante vuestro Padre celestial[32]".

Así que gran rectitud de intención, gran pureza de corazón en todo nuestro obrar, no sea que nuestras mejores obras aparentes tengan que oír de labios del Señor: "ya recibisteis la recompensa[33]". Esta sencillez de corazón nos dispone para oír la voz del Espíritu y seguir sus impulsos.

---

28. Mt 5,48.
29. 1 Tes 4,3.
30. Sal 97,11.
31. Mt 5,8.
32. Cf. Mt 6,1.
33. Mt 6, 1.

Y si bien al principio el alma se mueve en pura fe, tiempo vendrá en que este dejarse llevar movida por el Espíritu Santo, propio de los hijos de Dios, pues "los que son movidos por el Espíritu Santo esos son hijos de Dios[34]", nos dice San Pablo, digo pues que esta docilidad en secundar los movimientos del Espíritu Santo trae un gozo inefable al alma, que bien entiende el alma, cuan agradable le es al Huésped Divino encontrar docilidad en las almas para poder realizar su obrar de amor, más diría, exulta de gozo el mismo Espíritu en el alma que se esfuerza por serle fiel, mientras que gime hablando a lo humano cuando se le resiste. Seamos dóciles al Espíritu Santo, sólo Él puede llevar a cabo nuestra santificación.

No lo sabré explicar, pero para mí lo veo claramente, es tal como quedó la naturaleza humana a consecuencia del pecado de nuestros primeros padres Adán y Eva, y todavía como consecuencia también de estos nuestros pecados personales, que menester es que el Divino Espíritu ordene y santifique nuestra pobre naturaleza, pero respeta nuestra libertad. Pensando en ésta debíamos temblar cuando no la sabemos emplear en cooperar generosamente en todo lo que el divino Espíritu nos va pidiendo con finura, exquisitez, de manera que al menor impulso estemos prestos a seguirle. Cuántas veces tenemos que lamentar ocasiones que se nos escaparon de hacer el bien, porque realmente no estábamos atentos al soplo del Espíritu, y no por falta de buena voluntad, sino porque nos falta sensibilidad espiritual para captar cada vez mejor todos los movimientos del dulce Huésped. Esto me hace pensar en que solo hubo una criatura, la bendita entre todas, que secundó siempre los movimientos del Espíritu Santo, su fiel Esposa, la siempre fiel, la Santísima Virgen. Así pudo realizar en Ella sus primores de amor hasta el punto de darnos en el tiempo, fecundada por el Espíritu santo, lo que existía desde siempre: el Verbo de Dios. Sí, el Verbo de Dios hecho carne, la Virgen nos lo dio. Pues también el divino Espíritu quiere formar, encarnar en nosotros místicamente a Cristo.

34. Rom 8,14.

La recompensa de Dios es Dios mismo

Creo que pensamos poco en esto, si no, algo más dóciles seríamos a la acción del Espíritu Santo, y cómo transformaría nuestra alma. Caminaríamos de claridad en claridad. Él es la luz increada, el amor derramado en nuestros corazones que todo lo transforma y vivifica, introduciéndonos en el misterio inefable de amor en que vive junto con el Padre y el Hijo, del que Él es el amor personificado de la inefable Trinidad. Señor ¿quién podrá expresar con palabras lo que pasa en un alma cuando ésta vive en esa tensión amorosa de fidelidad al dulce Huésped? ¡Qué bien recompensas ya aquí los esfuerzos de la tal alma! Eres el Fiel que no se deja vencer en generosidad, y la recompensa no es otra que tú mismo. Gloria pues al Padre, al Hijo, al Espíritu Santo, y también a ti, Virgen fiel, Madre de Dios y Madre nuestra.

Mi descubrimiento por el gran desconocido, el Espíritu Santo

Mi descubrimiento por el gran desconocido, el Espíritu Santo, no en el sentido en que tuviera que decir como le dijeron a San Pablo los de Éfeso "no hemos oído nada del Espíritu Santo[35]", pero, si es el gran desconocido, en cuanto que, confesando el misterio de la Santísima Trinidad, desconocía aun teóricamente la gran función que el Espíritu Santo tiene en nuestras almas en orden a santificarnos, y nada de nada en cuanto a experiencias de este dulce Huésped en el alma. Bueno, pues, después de mi conversión, descubierta ya mi vocación, uno de tantos domingos, como subía a pasarlos en Oviedo con mis tíos, que eran para mí como unos segundos padres, coincidía que era el Corpus dominicano y mis tíos vivían muy cerca de los dominicos. Fueron llegando a casa de mis tíos los hijos, nueras y nietos que vivían en Oviedo, y mi primo Luis, un cristiano ejemplar, nos invitó a la función que había en la iglesia de los dominicos con motivo del Corpus. Y dirigiéndome luego a mí me dijo: "ya verás como te ha de gustar, estas cosas no las

35. Hch 19,2.

tenéis en el pueblo". Efectivamente, no parecía más que presentía lo que me iba a pasar porque, ya una vez en la iglesia, estaba del todo pendiente de mí y se le notaba satisfecho viéndome tan atenta a todo.

San Melchor García Sanpedro (+1858), mártir en Vietnam[36]

La gracia iba obrando, y cuando empezó el sermón sobre la Eucaristía, después seguía sobre el Espíritu Santo, y luego no sé por qué venía al caso nos habló el predicador del Beato Melchor García Sampedro, haciendo hincapié de su fortaleza en el martirio, porque contaba con la fuerza del Espíritu Santo, y cosas tan hermosas y desconocidas a la vez para mí, que era doctrina, me embelesaba, me entusiasmaba, mi alma descubría algo nuevo. Para mí ya no sería, a partir de esto, el gran desconocido. Horizontes nuevos se abrieron en mi alma con este sermón, y estaba como fuera de mí pensando en las maravillosas realidades que este divino Espíritu obra en las almas, y en general cuánta ignorancia hay en éstas acerca del obrar de este dulce Huésped en ellas, aun de las que las tienen por piadosas como era mi caso.

Dios sale al paso

En el pueblo me tenían por una joven buena y piadosa, sencillamente porque no hacía nada que desentonase, y porque iba a misa y a los ejercicios piadosos que hubiera, comulgaba no siempre que había misa, esto lo hacía después de mi conversión, sino con cierta frecuencia, algo más que la generalidad del pueblo, y arreglaba la iglesia y alguna *cosina* así, y para la gente del pueblo ya era no sé cuánto, y sin embargo no era más que una ignorante en las cosas de Dios, y lo que hacía era nada para según debía hacer. Pero en este día, Dios me salió al paso espléndidamente en este sermón, su gracia, su luz vino a raudales al alma, y quedé como abismada fuera de mí, transportada en Dios, y creo que mi primo, alma muy fina para las cosas del Espíritu, notó algo en mí.

36. Protomártir asturiano, canonizado por san Juan Pablo II el 19 de junio de 1988.

Y nada más salir de la iglesia con una dulzura, con un cariño y complacencia, se acerca a mí, en intimidad me dice: "¿Qué tal el sermón?" Yo más que con palabras creo que le contesté con los ojos y el corazón, pues debían irradiar estos lo que pasaba en mi interior.

Felicidad

Me sentía feliz, dichosa, ardiendo en deseos de ser fiel a este divino Espíritu. ¡Qué emoción, qué paz, qué gozo y felicidad había en mi corazón! Esto era algo nuevo, lo que pasaba en mi corazón, esto era la verdadera felicidad y no la que hasta entonces disfrutara, pues aun sintiéndome feliz, y todo me sonreía en la vida, yo en mí notaba una zona, un vacío que nada del mundo lo llenaba. Esto que ahora sentía era de otra clase esta felicidad, y lo llenaba todo. Esta venia del Cielo, mientras que la otra era terrena. En este día se adelantó el Señor a darme a gustar lo que después de varios años de vida religiosa sería lo habitual en mi alma: el gozo, la paz. Si se hablase un poco más del Espíritu Santo, sería algo más conocido, y las almas arderían en deseos de dejarse conducir por Él. Para mí el secreto de la santidad está en dejarse conducir por Él, entenderse con Él, entusiasmarse con Él, y Él realizará su obra.

Soy puro pecado, miseria y limitación, pero siento que, a pesar de todo esto de mi cosecha, tu amor me penetra, me abrasa y me transforma, no teniendo en cuenta mis miserias y mi nada. Sólo me pides docilidad y abertura a tu acción santificadora, y ni me atrevo a pensar que correspondo como tú quieres, por eso recurro a ti para que me hagas dócil y buena, haz en mí el querer y el obrar para que en nada entorpezca tu acción en esta alma, y todo lo bueno que pongas en ella retorne a ti glorificándote a manos llenas. ¡Oh mi Espíritu Santo, me siento fuertemente atraída hacia ti, no me dejes de tu mano, me siento débil y pequeña, ven en mi ayuda de mi flaqueza, no me dejes un solo instante hasta que termines tu obra en mí, y ya en alas del espíritu ir a la adorable Trinidad a cantarle eternamente sus infinitas misericordias con esta alma tan amada de Dios que ya me da a gustar el cielo en la tierra, en esta intimidad de su presencia amorosa en lo más íntimo del alma, sintiéndome hija de Dios en el Hijo a impulsos del Espíritu del Espíritu Santo! ¡Oh mi Espíritu Santo, eres mi gozo, mi paz, mi alegría, mi fortaleza, mi confianza... mi todo, que esta pequeña alma te glorifique en el cielo y en la tierra! Gloria al Padre, gloria al Hijo, y gloria al Espíritu Santo. Amén.

Día de Pentecostés

La liturgia celebra hoy el día de Pentecostés, el Don de Dios a los hombres que nos hace hijos de Dios por el cual clamamos ¡Abba Padre! ¡Oh divino Espíritu, fuego abrasador que purifica, transforma, diviniza, ven sobre las almas y enciéndenos en tu amor y llénanos de tu luz! Que hoy en el silencio de cada alma se realice otro Pentecostés. Transfórmanos como transformaste a los apóstoles. Llénanos de tu luz, de tu fortaleza, de tu amor para confesar a Cristo si fuese preciso con nuestra sangre, y que en todo nuestro obrar demos frutos de amor hechos vida en una gran fidelidad a Dios, y entrega generosa y desinteresada a nuestros hermanos e hijos de Dios.

Es maravilloso recordar en este día lo que fue el primer Pentecostés y los efectos de este. La presencia de la Virgen en el lugar donde se realizó este debía animar grandemente a aquellos miedosos apóstoles, pero cuando llegó el soplo del Espíritu Santo ¿qué pasó? Quedaron transformados y se lanzan, sin temor a nada ni a nadie, a la conquista de las almas predicando a Cristo con tal fuerza y valentía, y gozándose de poder sufrir por Cristo, que ya sabemos por los Hechos de los Apóstoles los efectos del primer sermón de Pedro. Y todo por obra del Espíritu Santo que había descendido sobre ellos. Ahora yo pienso que, aunque en nuestros días no se den estas cosas tan espectaculares, el Espíritu Santo esté menos activo, sigue derramándose en las almas, queriendo hacer sus primores de amor ya que es Amor y quiere transformarnos en lo que Él es: Amor. ¡Oh Espíritu Santo, Padre de los pobres, de los ignorantes, que buscas almas dóciles para realizar en ellas tus maravillas de amor! ¡Oh Espíritu Santo, danos también esa docilidad a tu querer y a tu obrar que necesitas encontrar en las almas para poder obrar, y todo sea a tu gloria! Amén.

Que acierte, Señor, a ser fiel a tu Espíritu

Aunque después de mi descubrimiento por el gran desconocido, el Espíritu Santo, ardía en deseos de serle fiel, no es fácil acertar siempre a descubrir la acción de Dios sobre nosotros y dejarse conducir por su Espíritu, y tanto menos se acierta cuanto uno es más imperfecto. Hoy vienen a mi pensamiento dos fallos que Dios nuestro Padre en su infinito amor misericordioso me asistió con su gracia, y lo que empezó en fallo terminó en victoria. A Él sea el honor y la gloria. Dentro de nuestra vida habitual de silencio, oración, recogimiento, me aficioné sobre manera al retiro de fin de mes en que todo esto se intensifica más, y ya unos días antes de que llegase este, gozaba haciendo planes para ese día, esto ya desde los primeros meses de mi vida en el convento. Pero los planes de Dios eran distintos a los míos. Sus caminos no son nuestros caminos, ni sus planes nuestros planes, como nos dice por el profeta Isaías[37].

Bueno, pues entré en el mes de marzo en el convento, y al llegar el verano es cuando más venían las familias a ver a las monjas. Y cosa de Dios, la mayor parte de las veces venían a coincidir que llegaba alguien de fuera el día de retiro. Y la madre Priora, queriendo tener algún detalle con estas familias, como no tuviese a mano alguna cosa, subía al noviciado a que yo le preparase algo de prisa, en consecuencia, frustrados mis planes, sin tiempo para nada y algunas veces hasta sin siesta. Exteriormente creo que no me notaban mi contrariedad, pero en mi interior cuanto tenía que batallar y las más de las veces quedaba derrotada, me impacientaba y hasta me parecían felices las que no sabían manejar la aguja, así nadie les echaba mano y podían hacer muy tranquilas el día de retiro. Pasó el verano y ya las familias no venían, pero no parecía más que estaba esperándome para este día alguna labor de apuro. Total, que por uno o por otro estaba visto que en este día no disponía de tiempo.

El Señor me fue dando luz y caí en la cuenta de mi fallo al no me aprovechar de esto viendo en ello la voluntad de Dios, puesto que era

37. Cf. Is 55,8.

mandado por mis superiores, y entonces decidí conmigo recibir esta contrariedad no impacientándome, sino esforzándome por ver en ello la voluntad de Dios, y tratar de unirme a Él a la vez que le pedía que Él supliese y me ayudase para que todo contribuyese a unirme más a Él. El caso estaba en que yo fuese consciente recibiéndolo todo con mucho amor y como venido de su mano, siendo en ello lo que me convenía y no lo que me gustaba. Y tuvo su efecto, si bien me costaba verme tan ocupada, en cambio lo recibía con gran paz y procuraba mantenerme unida al Señor dispuesta a lo que Él quisiera.

Así las cosas, en un día de retiro, el Padre que nos dirigiría la palabra lanzó la idea que ¿porque en lugar del viernes último de mes en que hacíamos el retiro, y que al ser un día de labor había más ocupaciones, no lo trasladábamos al domingo último de mes, que las monjas estarían más desentendidas de los trabajos y lo harían mejor? Yo vi el cielo abierto, como se suele decir. La idea para mí no podía ser mejor, y dentro de mí no hacía sino bendecir al Señor que así venía en mi ayuda. De esto descubro dos cosas: primera, cómo el Señor antes de dar solución a esto que tan acertado, pues a partir de aquel día se viene haciendo en domingo hasta el día de hoy, me pidió esa disposición de aceptar ese día ocupada como venido de Él, y segundo, cómo Él viene siempre en nuestra ayuda por los medios que menos se espera si recurrimos a Él confiadamente.

En todo debemos descubrir la voluntad de Dios, y así el alma no pierde nada, y, síaprovecha mucho, pues poderoso es nuestro Padre Dios para suplir en el alma todo lo que ella quisiera hacer y no puede hacer por estar ocupada por caridad o por obediencia en otras cosas. Hagamos todo lo que podamos y Dios hará lo demás, pues lo que nos santifica no es el disponer de tiempo para hacer lo que a nosotros nos parece bueno, sino el cumplir la voluntad de Dios de las formas que se manifieste. Pues también cabe, y con toda buena voluntad se puede hacer, porque una no tiene más luz, y es que con el afán de sacar tiempo para quemarlo ante el Señor, descuidar nuestro servicio, nuestra entrega a las hermanas. Todo lo experimenté en mí. Y voy a decir también este fallo. Antes de entrar en el convento, ya fuera, después de mi conversión, la presencia del Señor en el sagrario me atraía fuertemente a permanecer a sus pies amando al Señor en este misterio de amor y de anonadamiento.

Bueno, pues muchas veces me veía como entre dos fuegos, el fuego que me atraía fuertemente hacia el Sagrario, y a la vez alguna hermana que me solicitaba para algún trabajo y aquí hubo de todo: fallos y victorias. Desde responder con generosidad a la hermana, sirviendo a Cristo en ella con toda el alma, a no negarme abiertamente, pero sí alegando razones que en definitiva no eran más que disculpas para desentenderme de lo que me pedían. Razonamientos para convencer a la hermana de que no podía atenderle, y razonamientos para querer convencerme a mí, pero que al Señor no convencían, como me lo hacía ver. Ciertamente el tiempo para ir al Sagrario me quedaba, pero iba a él y de mi alma no brotaba nada, y el Señor no me decía nada, y si encontraba en mi alma cierto escozor que me hablaba de que no había obrado bien, y fui cayendo en la cuenta de que el Señor no se comunica al alma, que de una forma u otra se desentiende del servicio a las hermanas.

Servir a Dios en las hermanas

Esta experiencia propia fue una eficaz lección para saber en estos tiempos libres lo que le era más agradable al Señor, y si bien el Señor me ponía a prueba, no hay duda de que con su gracia todo se supera, pues cuanto más vehementes eran mis deseos de ir al Sagrario, no parecía más que alguna hermana o alguna cosa me solicitaba, pero no parecía más que la voz del Señor se hacía sentir diciéndome "sírveme en las hermanas y hazlo todo unida a mí". Y llegué a sentirme tan unida al Señor en la más trivial ocupación, que, si estuviese a los pies del Sagrario, todo es cosa de fe y de amor sirviendo y descubriendo al Señor en todo. Esto no quita el que una añore ir al Sagrario, pero si el Señor dispone de otro modo las cosas para que sepamos reconocer su obrar, y en espíritu permanezcamos junto a Él, aunque con el cuerpo no podamos estar.

Y tanto de una forma u otra estemos bien conscientes en nuestra fe y en nuestro amor, y el Espíritu Santo nos iluminará para acertar a hacer siempre lo que es más agradable a Dios Padre. Todo es cosa de acertar a serle fiel, pues lo que muchas veces a nuestras luces nos parece bueno, en los planes de Dios, a la luz de Dios, no es como nosotros lo vemos, y por los frutos lo vamos conociendo, pues, si nos guía el Espíritu de Dios, lo primero que se siente es paz, y luego gozo en el alma, y como nos dice san Pablo "los que son movidos por el Espíritu de Dios esos son hijos de Dios[38]". Y si es hija de Dios y experimenta en sí esta inefable realidad de esto se sigue que también los demás son hijos de Dios, luego todos, hermanos en el Señor, y si hermanos, es ley de amor que hay que ayudarse, sacrificarse, entregarse unos por otros, porque esto nos enseñó el Señor, y esto le es agradable a nuestro Padre Dios, Señor, que acierte y acertemos todos a ser fieles a tu Espíritu.

La caridad fraterna

Habla nuestro Señor: «nadie tiene amor mayor que este de dar uno la vida por sus amigos.[39]" Y cuando una reflexiona sobre esto y ve que realmente Cristo realizó esto, nos testificó, nos rubricó con su vida, con su sangre, su amor... o somos piedras o de lo contrario algo dentro de nosotros nos está espoleando a amar y sacrificarse por el hermano, porque ejemplo nos ha dado el Señor. Y si a esto añadimos también, palabras del Señor: "como el Padre me amó, yo también os he amado, permaneced en mi amor. Este es mi precepto que os améis unos a otros <u>como yo os he amado</u>[40]". Y vuelve a insistir: "esto os mando: que os améis unos a otros. En esto conocerán que sois mis discípulos si tenéis caridad unos con otros[41]". Y san Juan nos dice hablando de la caridad de Dios es la caridad fraterna, cosas que penetran en el alma hasta lo más profundo y uno se dice a si mismo ¿es posible que, con doctrina tan clara, un ejemplo del Señor con quien nos debemos identificar, contando su gracia, pues sin ella nada podemos, y sobre todo sabiendo

38. Rom 8,14.
39. Jn 15,13.
40. Jn 15,9 ; Jn 13, 34. Jn 15, 12.
41. Jn 13, 35.

que ese amor con que debemos amar al Señor y a los hermanos ha sido derramado en nuestros corazones por el Espíritu Santo que se nos ha dado?

Mala correspondencia al Amor

No tengo que buscar el amor fuera de mí, está dentro de mí deseando crecer y expansionarse en frutos de entrega a Dios a través de los hermanos. Y quiero ser realista, no doy los frutos que debiera dar, Señor, que me das tu mismo amor, lo que tú eres, pues como nos dice San Juan Dios es Amor[42]. Y como experimento que tu amor me penetra, me invade, pero acierto a dejarlo expansionarse y a llevarlo a los demás dando y recibiendo mutuamente amor, porque en una contemplativa todo su obrar tiene que ser un dar amor a través de todo. Perdón, Señor, por mi mala correspondencia al Amor, tú conoces mis deseos de serte fiel, de corresponder al Amor, de amar "como tú nos has amado". Los santos vivieron esto, pues bien sabían que en la tarde de la vida serían juzgados en el amor, y esto no por salvar hablando al modo humano una asignatura, sino por complacer al Padre que tanto nos amó en su querido Hijo. Oh misterio de Dios-Amor que nos amas hasta el exceso, y solo nos pides corresponderte con amor, y hasta el mismo amor nos das para que te amemos a ti y a nuestros hermanos.

Santa Inés de Montepulciano O.P.

Escribiendo esto vienen a mi memoria dos recuerdos que me hicieron bien sobre esto. Uno, al poco de tomar el hábito me dieron una estampa de mi patrona, santa Inés de Montepulciano, ya que al tomar mi hábito me impuse su nombre, y en la estampa traía unas palabras de ella a sus monjas y que me dirigía: "Amaos las unas a las otras, pues la caridad es la señal característica de los hijos de Dios." Ciertamente, si Dios es amor y somos hijos de Dios, lo que es nuestro Padre, tenemos que ser nosotros por participación, ya que nos creó a imagen y semejanza de

42. 1 Jn 4,16.

Él y nos dio su Espíritu, su Amor. Luego el amor es la sabia de nuestro espíritu que tiene que circular a través de todo nuestro ser y nuestro obrar, máxime cuando el amor de Cristo a cada una de nosotras nos unió en su casa, viviendo bajo el mismo techo, en su misterio de amor, la Eucaristía, y alimentándonos todos los días de Él, todo nos habla, nos grita de que la caridad debe ser nuestro distintivo, como le era de los primeros cristianos hasta el punto de decir de ellos "mira cómo se aman[43]".

Misericordia ejemplar de su madre

El otro recuerdo me viene de mi cristiana madre, que, en el amor al prójimo, claro está, impulsada por el amor a Dios, era heroica, si bien entonces cuando yo la veía tan sacrificada por el prójimo exponiendo su vida, me parecía que era tonta, que Dios no pedía tanto, y cuantas veces en mis cortas luces, pues yo no la veía como ella, le decía "para ganar el cielo no hace falta sacrificarse tanto por los vecinos, con no hacerles mal ya está bien". Y mi padre algunas veces le llegó a decir "vas a acabar con tu vida antes que el vecino que vas a auxiliar, ya no eres una *rapacina* para darte esas malas noches". Humanamente no se comprendía tanto sacrificio, esto de levantarse en noches crudas de invierno para ir a atender a algún vecino que se había puesto malo, o que se estaba muriendo, o que ya había muerto, para que le fuese a mortajarlo y a dar ánimos a la familia. A cualquier hora del día o de la noche la venían a buscar, y ella no se negaba a nadie, y así se tiraba la noche, y al otro trajinando como si hubiese pasado la noche en cama. Tenía tan arraigado este olvidarse de sí para entregarse a los demás que cuando nosotros protestábamos porque se daba demasiado, ella con una naturalidad nos decía "no hago nada de más para según tiene que obrar un cristiano".

Qué visión más clara tenía de lo comprometido que era ser cristiano. Pues, si bien la mayoría de las personas que se beneficiaron de su caridad

43. Cf. 13, 35. Tertuliano, siglo II, "¡Mirad ***cómo se aman***! Mirad ***cómo*** están dispuestos a morir el uno por el otro".

estaban agradecidísimas de ella, llegando a decir algunos "una madre no hace tanto como hace Aurora por los enfermos", en cambio, otros la pagaban con la ingratitud para que sea discípula del divino maestro pudiendo decir con Él: muchas obras buenas hice entre vosotros ¿por cuál de ellas me tiráis piedras?[44] Humanamente era para no mirar a estas personas en la cara, pero en el corazón de ella había comprensión, amor y disculpa para todos, pues ante alguna cosa de éstas solía decir: "somos humanos, se nos olvidan los favores que nos hacen, y por eso no se va a dejar de hacer el bien, hay que ayudar a todo el que lo necesite, para eso somos cristianos". Y cómo practicaba todas las obras de misericordia, con qué fe y amor sin esperar la recompensa de nada. Pero estoy segura, para ella son las palabras de Nuestro Señor: "Ven bendito de mi Padre a poseer el Reino de los Cielos, porque tuve hambre y me diste de comer, fui peregrino y me hospedaste, enfermo y me visitaste ...[45]". Porque todo lo hizo ella con corazón abierto y generoso porque amaba de verdad a Dios y al prójimo.

Este recuerdo de mi madre que antes de ser monja nunca supe valorar, después de monja es cuando empecé a valorarlo, y como me hace bien y me estimula a imitarla al ver que llevo su sangre, una razón más para darme a la práctica del amor fraterno, muy convencida de que esto supone amar mucho para luego saber sacrificarse, entregarse, olvidarse de sí, para complacer a Cristo en el hermano. Y si esta ley de amor fuese norma de vida en todos, el mundo cambiaría. Qué fraternidad reinará en el mundo, todos hijos de Dios, hermanos en Cristo, ayudándonos y sacrificándonos unos por los otros a fin de hacerles la vida como de hijos de Dios que se aman entrañablemente.

Señor, danos amor, que te sepa amar hasta morir de amor, y amar a mis hermanos como tú nos has amado. Pues como nos dice san Pablo aunque entregare mi cuerpo al fuego si no tengo caridad nada me aprovecha[46]. Y luego nos sigue diciendo las distintas manifestaciones de la caridad, profundo punto de reflexión para pulsar nuestra caridad, y

44. Cf Jn 10, 32.
45. Cf Mt 25, 35s.
46. Cf. I Cor 13, 3.

vivamos en lo real nuestras austeridades, penitencias, sacrificios, cuanto sea, tanto vale cuanto esté animado por la caridad, y tanto nuestra vida oculta tendrá repercusión en la Iglesia en cuanto vivamos en caridad. No en vano nos consagramos al Amor. Luego nuestra vida, mi vida, tiene que ser un testimonio vivo de amor a Dios y a mis hermanos, empezando por los que convivo.

Fiesta de la Santísima Trinidad

¡Oh profundidad de las riquezas, de la sabiduría y de la ciencia de Dios! ¡Cuán inescrutables son sus juicios e incomprensibles caminos! Pues ¿quién ha conocido el parecer de Dios?, o ¿quién fue su consejero?, o ¿quién primero le dio, para que tenga derecho a retribución? Porque de Él, y por Él y en Él, todo existe. A Él la gloria por los siglos. Amén.

Así nos habla san Pablo en la epístola de la misa de esta festividad. Y una, como fuera sí exclama también ¡Oh profundidad, o abismo insondable, oh misterio inefable de amor este de la Santísima Trinidad!, ¡Dios uno en esencia, y Trino en Personas, la razón no lo comprende, pero el corazón lo ama y adora! Y este Dios Uno en esencia y Trino en Personas que lo trasciende todo, creó al hombre a su imagen y semejanza, y cuando este prevaricó le envió a su propio Hijo para que viviese por Él. ¡Tanto nos amó Dios! acercándose tanto a nosotros, que en la encarnación de la segunda Persona de la Santísima Trinidad, Dios, sin dejar de ser Dios, se hizo hombre, en todo igual a este menos en el pecado. Esto, contemplado a la luz de este misterio de la Santísima Trinidad, llena de gratitud, y una no puede por menos de entrar en lo más profundo de su alma para anclarse más y más en este inefable misterio de Dios Trinidad, morando en su alma como en un Templo vivo en el que quiere hacer sus primores de amor y vivir en diálogo, en comunión amorosa con ella.

Presencia de Dios

Todo este mundo nuevo, esta vida nueva, nos ha venido por Cristo. ¿Cómo dejarse asumir por Él para que sea Él en nosotros, impulsados por su Espíritu quien dialogue, quien ame al Padre desde lo más íntimo de nuestro ser? El reino de los cielos está dentro de vosotros[47], nos dijo Cristo. Y esto que una cree fiada de la palabra del Señor que no puede engañarse ni engañar, llega un momento en que esta presencia de Dios, este reino de Dios, en el alma se hace tan sensible que se diría que ya no es la fe la que se lo revela, sino algo más superior, Dios que se hace sentir, se sensibiliza de tal manera que, si una no lo experimentase en sí, no podría comprender cómo podría ser esto, cómo la gracia divina, la vida de Dios, a medida que se va posesionando de un alma, la va invadiendo. Dios se va dejando sentir, y este misterio inefable de la Santísima Trinidad, sin comprenderlo, se hace tan familiar al alma y se hace sentir tan inefablemente en el alma que hacen, en cierto modo, vivir en el alma en ese reino de Dios comenzado ya aquí en la tierra. Es tal la certeza, la seguridad que siente el alma de esta presencia de Dios en lo más íntimo de su ser que sin ver, el alma asegura que ahí está Él.

Siente a estos tres huéspedes divinos, al Padre, al Hijo y al Espíritu Santo, amor personificado del Padre y del Hijo. Tres personas en uno Dios, una sola unidad, una sola divinidad ¡oh Trinidad Santísima, oh unidad simplísima, oh adorable, oh inefable, oh insondable misterio de la Santísima Trinidad! Gloria al Padre, gloria al Hijo y gloria al Espíritu Santo. Es lo que uno acierta a decir para luego entrar en un silencio que habla de adoración a Dios en su misterio de la Trinidad, el misterio de los misterios que conocemos y comprenderemos maravillosamente en el cara a cara en la visión beatífica. Un Dios que es un Padre y que no es el Hijo, un Hijo que es Dios y que no es el Padre, el Espíritu Santo que es Dios y que no es ni el Padre ni el hijo, sino el AMOR personificado del Padre y del Hijo. A ti Dios, uno en esencia y Trino en personas, la gloria, el honor y la alabanza por los siglos de los siglos. Amén.

47. Cf Lc 17, 21.

Sólo tú Santa e indivisible Trinidad eres nuestro sumo Bien, nuestra verdadera felicidad. Bien lo entiende esta pobre alma, aunque no lo sepa explicar. Es algo tan inefable que trasciende toda palabra humana que puede decir algo sobre esta realidad sobrenatural de Dios habitando en el alma, poseyendo esta alma, mirándola y amándola con esa mirada infinitamente tierna y bondadosa, cargada de amor que la penetra y la hace sentirse una sola cosa con él. Y la pobre alma, ante esto que en otro tiempo ni sospechaba ¿qué ha de hacer? Amar y adorar este Dios amor que, sin mérito alguno por parte de ella, así la introduce en su intimidad. ¡Gloria a Ti Santa e indivisible Trinidad!

El día del bautismo, el día más grande de mi vida

El día de mi bautismo es el día más grande de mi vida. Esto no me lo reveló ni la carne ni la sangre, ni lo leí, ni me lo ha dicho persona humana, sino que el Señor me lo dio a entender con tal viveza y certeza que una quisiera pregonarlo a todo el mundo desde "terrazas y azoteas", empleando lenguaje del Evangelio, para que todo cristiano dé gloria a Dios en su Hijo muy amado por este gran don del bautismo. Todos los sacramentos son un desbordamiento de gracia y de amor de Dios a los hombres que, en Cristo su Hijo y en su Espíritu, nos comunica su misma vida, su mismo amor, que por el santo bautismo se comunica, se estrena en el alma. Y si el sacramento de la comunión es el mayor, ya que se recibe en él al mismo Dios, el bautismo es la iniciación en todo este mundo maravilloso de la gracia, y la puerta para todos los demás.

La idea que tenía del bautismo antes de entrar en la vida religiosa era muy pobre. Me quedaba en que perdonaba el pecado original heredado de nuestros padres Adán y Eva y otro cualquiera que hubiese en el que se bautiza, según nos decía el catecismo, y poco más que nos explicaba la señora maestra o el sacerdote. Y por el estilo de los demás sacramentos. Una vez ya en la vida religiosa, al explicarnos los sacramentos e ir una calando en la grandeza de estos, como automáticamente brotaba en mi alma un amor más encendido a Cristo, autor de los mismos, para darnos, comunicarnos por medio de ellos su gracia, su misma vida, como torrentes que vivifican, transforman, santifican por su propia fuerza, ya que el mismo Cristo es en ellos quien actúa, y tanto más cuando encuentra al alma que los recibe bien dispuesta. Y en estos primeros tiempos de vida religiosa, al encontrarme con alguna estampa o figura simbolizando los sacramentos, como el pelícano desangrándose, los ciervos sedientos bebiendo del torrente despertaban en mí un hambre de vida eterna que esto me era un gran estímulo para recibir con más hambre y fervor los sacramentos.

Y ahora cuando experimento en mi alma este mundo tan maravilloso de la gracia, esa vida de Dios en el alma ese como bullir de Dios en ella hablando al modo humano, ese Ser que me penetra, que me invade todo mi ser, que me hace partícipe de su naturaleza divina, que me hace templo vivo de Dios y la maravilla de las maravillas, el don sobre todo don ¡Hija de Dios! en el Hijo muy amando e hija de *Benditísima* Virgen, puesto que Ella es la madre de la Vida-Cristo, y Cristo me da la Vida. "Si alguno me ama, guardará mi palabra, y mi Padre le amará, y vendremos a él, y en él haremos nuestra morada[48]".

Qué inefables estas palabras del Señor, y más inefable el sentirlas hechas vida en el alma convertida en templo vivo de Dios, y el Espíritu que mora en ella la hace exclamar ¡Abba Padre![49] Dios es mi Padre, soy hija de la Trinidad, porque los que son movidos por el Espíritu de Dios esos son hijos de Dios y el hijo ama, dialoga con su Padre, entra en su intimidad. ¡Oh maravilla! La nada de por sí Dios la levanta de su nada y la hace hija suya, con todo lo que esto lleva consigo, ¡gloria sea dada a Dios! Y cuando veo en mí ese enamoramiento de Cristo, me vuelvo al día de mi bautismo y me digo "todo partió de este día, el día más grande de mi vida". Y llena de gratitud ante esta consideración, parece como que el alma se derrite, y al cuerpo le fallan las fuerzas, y cuerpo y alma caen de rodillas bendiciendo, alabando, dando gracias a Dios, mi Padre, por mi bautismo. Todas sus exigencias de amor y entrega a Dios, mi Padre, y a todos los hombres, mis hermanos. Amén.

---

48. Jn 14,23.
49. Mc 14,36.

La Verdad

El Padre Eterno a nuestra Santa Catalina de Siena en sus diálogos le hablaba de su Verbo, de su "Verdad". Porque "nadie conoce al Padre sino el Hijo, y nadie conoce al Hijo sino el Padre, y aquel a quien Este quiera revelárselo[50]" Luego por Cristo, por la verdad, entrar en el conocimiento del Padre. Y Cristo nos dice que Él es el camino, la verdad y la vida[51], y que nadie va al Padre sino por Él. De aquí que el Padre hablase tanto a Santa Catalina de su Verbo, de su Verdad.

Ahora bien, para entrar en este conocimiento del Padre y del Hijo tenemos que ser almas muy veraces para que el Espíritu de verdad pueda obrar en nosotros, configurándonos con la suma y eterna Verdad nuestro bendito Cristo.

Señor, estoy muy lejos de ser lo que tenía que ser, aunque debo reconocer para tu mayor gloria que mi natural, como por instinto, rechaza toda doblez, mentira, adulación... Pero ¿soy esa alma sencilla, pura, candorosa, transparente, que tú pides para obrar en ella, para que el Espíritu pueda realizar esa transformación con la suma verdad? Dame, Señor, lo que me falta, y haz que viva siempre en verdad para entrar en tu conocimiento, para amarte más y más. "Yo te alabo Padre, porque escondiste estas cosas a los sabios y a los prudentes y se las revelaste a los pequeñuelos, a los sencillos, a los rectos de corazón[52]". Señor que sea un pequeñuelo de estos que tú alabas al Padre por ellos. Y al escribir esto me viene a la memoria lo que tantas veces oí a ese varón de Dios, mi buen padre: "o se habla la verdad o se calla uno". Su espíritu recto, sincero le impedía hablar en contra de lo que sentía, era de una seriedad y lealtad de admirar que el Señor se tenía que complacer en él. Y esto que le oía tantas veces no caí en la cuenta de su sentido hasta que vine a la vida religiosa. Y qué necesario es para todo cristiano, máximo para toda persona consagrada en cuerpo y alma a Cristo para llevar hasta las últimas consecuencias la gracia de su bautismo, el andar en verdad y caridad para dejar obrar en ella la

50. Mt 11, 27.
51. Cf. Jn 14,6.
52. Mt 11,25.

gracia de Dios y atraer sobre sí las complacencias del Padre al ver en ella la bella imagen de su Verdad.

El Padre se complace, el Espíritu exulta de gozo, y el dulce Cristo la introduce en su intimidad, revelándole los secretos que él tiene para los pequeñuelos y sencillos, y no a los sabios y entendidos según el mundo. La Trinidad se deja sentir en los espíritus rectos que andan en verdad. Veraces con nosotros mismos, veraces con los demás, y veraces con Dios que, aunque a Él no lo engaña nadie, presentémonos como somos en verdad.

Dios Padre, haz que tu Verdad se imprima en todo mi ser y todos los demás. En tu providencia amorosa me has traído a una orden religiosa cuyo lema "Veritas" figura hasta en su escudo como símbolo de lo que deben ser sus miembros, no defraude nunca ni a la Orden ni a tu Verdad, así lo espero con tu gracia. Amén.

Cerca del Sagrario

Desde que tuve uso de razón, creo, siempre sentí la inclinación al entrar en alguna iglesia el colocarme a ser posible cerca del Sagrario, creía firmemente que en él estaba el Señor y la cercanía material del Sagrario me hacía bien, me estimula y avivaba mi fe. Recuerdo en una ocasión, yo había descubierto mi vocación de religiosa y después de hacer mis compras en Oviedo un poco de tiempo que me quedaba libre antes de tomar el tren, me fui a la iglesia de los PP. Dominicos a hacer una visita al Señor. Qué contraste, después de andar por los comercios tan abarrotados de gente y las calles lo mismo entro en la iglesia y no había nadie, subí iglesia arriba hasta el primer banco lo más cerquina posible del Sagrario. Me puse de rodillas y sentí una pena enorme al ver el Señor aparentemente tan solo. Sentí deseos de poseer todos los corazones de la tierra y postrarlos en adoración ante el Señor en este augusto sacramento de amor. Se me acercaba la hora del tren y yo no era levantarme de allí, me sentía desarmada por la presencia del Señor y a la vez por su soledad. Haciendo un esfuerzo me levanté y por el camino venía acordando conmigo cuando esté en el convento buenos ratos que pasaré a tu lado y en espíritu procuraré estar siempre.

Llego al convento y bendito sea Dios por todo, qué distinto estaban las cosas a como una pensaba, si bien en lo esencial todo se podía conjugar muy bien, todo era cosa de menos sensiblería y fe más recia; el Sagrario estaba en la iglesia a mucha distancia del coro y solo se lo veía malamente a través de unas rejas con cortinas y si a uno le tocaba el coro izquierdo no se veía nada de nada. Si subía al coro alto se acortaba un poco la distancia pero nos volvíamos a encontrar con tanta cortina y celosías que como entre niebla muy espesa se apreciaba su lugar, si bien consolaba el saber que uno habitaba bajo el mismo techo. Me costaba esta distancia y no acababa de acostumbrarme a ella.

Después de unos años de monja empiezan las obras en el coro y provisionalmente se utilizó como capilla uno de los locutorios, oscuro e incómodo y falta de ventilación como él solo pero era la solución que teníamos entonces, pero tenía la compensación de que como todo era reducido el Sagrario quedaba cerca de la reja, si bien las que nos correspondía el sitio a derecha e izquierda no lo veíamos, sólo las de atrás del centro lo veían pero esa cercanía material agradaba y había la posibilidad en los tiempos que no había actos de comunidad en él una se podía colocar al lado de la reja. Como novicia no podía bajar una sola al coro, pero había tiempos de vela y ratos de espera para algún toque de campana, en fin que se sacaba tiempo para ir junto a la reja y esto me entusiasmaba, pero poco tiempo me duró esto, el buen Jesús mi maestro en todo, pronto me pedía el sacrificio de que no era necesario acercarme a la reja que podía permanecer en mi sitio muy unida a Él, todo era cosa de fe y amor, me iba quitando la leche espiritual para que me acostumbrase a alimento más sólido.

Me costaba esto, pero qué bien me vino aprender esta lección para lo que me esperaba después. Con mi enfermedad al principio hasta meses me tiré sin poder ir al coro y como desde la cama, mi altar cama, como solía decir, vivía unidísima al Señor día y noche pues todo era cosa de fe como el Señor me enseñó y la distancia material no contaba para nada, si bien he de confesar que viviendo con el pensamiento y el corazón en el Sagrario, me gusta ir a su lado, tiene algo especial cuando una en cuerpo y alma puede colocarse a los pies del Sagrario. Y cuántas veces ante el Sagrario, al prisionero de amor en este su misterio de anonadamiento he derramado mi corazón con sus penas, con sus alegrías, con todo lo que se me ocurría y que bien escucha y atiende el Señor, tanto más cuanto mayor sea nuestra confianza en El. Es médico de nuestras almas, es consolador, lo es todo porque en El uno encuentra el remedio a todo. Cuantas veces sentí en mí el aguijón del hombre viejo que se resistía a morir ante algún golpe que llevaba y todo mi ser se quería revelar e ir así al Sagrario y después de un rato de lucha y de oración, levantarme totalmente cambiada como una malva, todo en mi pacificado y con ansias de seguir adelante con todo lo que me pidiese el Señor por doloroso y crucificante que fuese.

Otras veces ante el sufrimiento que había en mi cuerpo o en mi espíritu o en ambos a la vez y verme tan miserable, tan nada, recurría a Él no para que me lo quitase sino era su voluntad, sino para que me diese su fortaleza para llevarlo todo por su amor y cómo atiende el Señor, nunca defrauda si a El vamos con fe, confianza y amor aunque muchas veces no se vea de momento que fuimos atendidas, es sabiduría de Dios disponiéndolo todo para nuestro mayor bien aunque una quisiera ver enseguida todo realizado, sepamos esperar en todo la hora de Dios. Pues como tantas veces oí decir a mi cristiana madre: "Gran cosa es recibir al Señor en la comunión" así digo yo ahora gran cosa es ir al Sagrario, allí está Dios para que le amemos y para socorrer nuestras necesidades. Sepamos permanecer con Él y luego que se note en nuestro obrar los efectos de esta permanencia.

La fe en algunas cosas no la necesito

Que Dios mi Padre me perdone si digo una herejía al decir que la fe en algunas cosas, algunos misterios, no la necesito. Es tal la certeza, la seguridad que siento ante algunos misterios que sin comprenderlos ni verlos, es tal la seguridad que Dios pone en mí alma que no tengo que recurrir a la fe para confesarlos, hay algo en mí que me lo asegura. Es como un irte al Señor confirmando en las verdades de la fe. Esto suele venir al alma después de pasar la prueba profunda y que con la ayuda del Señor –sin El nada podemos hacer- respondió el alma, lo supero, porque ella ciertamente lo pasa, pero no cabe duda de que la fuerza a que somete el Señor para luego confirmar al alma en este diría no necesitar la fe. No sé si me sé expresar, trato de decir una experiencia. Para gloria de Dios, creo debo reconocer que me dio un natural fácil a la fe, a la confianza y al amor, con esto no quiero decir que, en este camino de la fe, la confianza y el amor lo encontré todo hecho, hay que ejercitarse en estas virtudes y como toda virtud sobre todo hasta que uno no se arraiga en ella supone mucho sacrificio. Todos, creo, tenemos experiencia de ello, pero creo que, en este terreno de que me ocupo ahora, mi natural, don de Dios, es la preciosa virtud de la fe. Diré algo de cómo fue creciendo en mí la fe.

Desde pequeña, ahora lo advierto mejor, veo que era una rapacina de fe, tal vez por los ejemplos de mis padres personas sencillas de pueblo, pero con una fe y una confianza en la providencia de Dios a toda prueba, esto sin yo advertirlo tenía que calar en mi alma. Luego mis hermanas ya desde pequeñina me hablaban de estas verdades eternas que yo creía con toda mi alma, me enseñaban a rezar y me hablaban de Dios, de la Virgen. En fin, de lo que ellas sabían me enseñaban a mí. Luego, ya en la escuela, me tocaron dos maestras muy buenas cristianas que también nos instruían en estas cosas de Dios, todo esto de una manera muy elemental, pero yo asentía a todo ello con mucha fe y lo que sí no me cansaré de repetir que me formé una idea de Dios al estilo del Antiguo Testamento y no de ese Dios Padre amoroso que Cristo nos reveló y que uno experimenta ahora dentro de sí, por eso la frase de san Juan "Dios es amor" ahora me revela todo un mundo de Dios Padre amoroso, bondadoso, tierno, misericordioso.

Persecución en la vocación

Y si ahora me muevo en la confianza y el amor, antes era en el temor a Dios Juez justo y poderoso y yo no sé cómo fui tan mala cuando siempre me acompañó este temor de Dios, aunque si éste no existiese aún sería peor y todo es para descubrir más la misericordia de Dios sobre mí. Cuando en aquellas santas misiones en que descubri mi vocación a la vida religiosa, todo en mí se fue iluminando, mi fe se hacía más viva, Dios me estaba dando mucha fe y todo en mí parecía que en este campo marchaba de viento en popa, tanto que cuando en el pueblo se supo mi determinación de que me iba monja de clausura se levantó una verdadera persecución sobre mí; a las pobres gentes no les cabía en la cabeza que cuando todo me sonreía en la vida cometiese tal burrada de dejarlo todo para encerrarme entre cuatro paredes como ellas decían y sus lenguas no perdonaban nada. Yo con una fe a toda prueba estaba dispuesta a pasar por el fuego y por donde fuese con tal de seguir mi vocación, esta llamada de Dios que tan viva sentía en mí y vaya si tuve que sufrir, pero la fe y la fortaleza de Cristo que sentía en mí me ayudaba a superarlo todo. Así las cosas, sin saber cómo mi fe se oscureció de tal manera que mi alma se convirtió en un terrible túnel a oscuras y sin salidas, todo eran dudas contra la fe, cosa que jamás había experimentado hasta entonces.

Toda mi vida de fe me parecía pura ilusión, hasta me sentía movida a dudar de la existencia de Dios y mi vocación me parecía una locura, entonces sí que lo que tantas veces había oído a las gentes de que estaba loca al querer encerrarme, entre cuatro paredes a sepultar mi vida, ahora me parecía que tenían razón. En qué agonía se veía mi fe, cuando ya me sentía como extenuada de luchar anteriormente con tanta oposición de la familia y de las gentes del pueblo a que me fuese de monja ahora me veía en esto que estas dudas eran para mí desconocidas. Clamaba a Dios viniese en mi ayuda, pero el Señor estaba sordo a mi voz, con lo que mi tormento aumentaba, pues precisamente me sentía tentada a dudar de la existencia de Dios y de un más allí eso estaba a oscuras por completo. Gloria sea dada a Dios en medio de esta agonía invisiblemente El me sostenía, pues como en estas circunstancias yo le invocaba y me volvía a Cristo y le decía contra todo lo que sentía, te amo y tú has muerto por todos los hombres, yo te entrego mi vida, aunque no haya cielo ni más allá que esta vida, a puro esfuerzo le hablaba así, pero así se lo decía.

La prueba fue pasando y el alma iluminándose de nuevo y precisamente en todo lo que había sido motivo de duda y de lucha qué seguridad, qué certeza le daba el Señor en todo ello, ahora salía a una espontáneo "hacer cada momento actos de fe, de confianza y de amor a Dios, un creer firmísimamente en la resurrección de los muertos, en todo lo que Dios tiene revelado a su Iglesia y ésta como Madre solícita nos enseña, en fin, si grandes fueron antes mis dudas y mi sufrimiento mayor era ahora mi gozo en el Señor y mi seguridad en El.

Después de la tormenta es cuando mejor se aprecia el sol que lo ilumina todo y ante esa seguridad que sentía de estos dogmas de fe me parecía que ésta no la necesitaba y estaba dispuesta a lo que sea con tal de confesar mi amor a Dios. A este propósito bajando un día de Mieres de casa de mi tía a mi casa al pasar en el tren, ya de noche, junto a la fábrica de Mieres, de los hornos de fundición salían unas llamas impresionantes, tanto más al ser de noche en que se apreciaban mejor pues al verlas no se me ocurrió otra cosa que decir al Señor dispuesta estoy a dejarme quemar en esas llamas si preciso es para confesarte mi amor, así lo sentía.

Lucha por comulgar

Dejaré memoria de otra lucha en este terreno de la fe. En esta ocasión era profesa simple y la lucha me venía al ir a comulgar asaltándome tales dudas sobre la presencia real del Señor en la Eucaristía y una tal persuasión como que me decían sé sincera contigo misma, deja la comunión, si ahí no está el Señor, es una hipocresía, lo haces al ir a recibirlo y hasta parecía que me querían impedir el movimiento del cuerpo para que no me acercase a comulgar.

Afortunadamente Dios me sostuvo y por este motivo no dejé ni un solo día la comunión, pero creo que no exagero al decir que llegaba al comulgatorio sofocada de la lucha que tenía que sostener en mi interior entre lo que sentía y lo que hacía, pues contra todo lo que sentía no hacía sino repetir creo Señor firmísimamente en tu presencia real en el Santísimo Sacramento, ayuda mi fe Señor, Madre mía ven en mi ayuda, ayuda mi fe. Esto era como un grito que salía de lo más profundo de todo mi ser en aquellas circunstancias. Llegada al sitio después de recibir al Señor mi acción de gracias no era otra cosa que un repetir creo Señor que te he recibido y te amo, pero todo esto con cuánto esfuerzo lo tenía que decir porque, aún después de recibirlo, las dudas me seguían atormentando y tan tonta era creyendo que estas cosas solo me pasaban a mí que no lo decía a nadie ni siquiera al confesor, me veía un demonio entre ángeles. Esto me duró una temporada larga, no creo serian menos de un par de meses, pero como otras pruebas también pasó.

Y bendito sea Dios, qué efectos más buenos dejó en el alma, con qué fervor comulgaba y no parecía más que el Señor exultaba de gozo en mi alma y este misterio de fe no me parecía tan misterio ante esta manifestación tan viva del Señor en el alma y a partir de este prueba fue tal la seguridad, la certeza de la presencia del Señor en la Eucaristía que me quedó que también puedo repetir aquí la fe no la necesito, no sé lo que diré ni lo que me esperará más adelante, vivo del presente y hoy por hoy cuando comulgo o me postro ante el Sagrario es tal la seguridad que siento de la presencia del Señor que sin ver es como si le vieses. Sea Dios bendito.

Ayuda de la Virgen

De este tiempo de lucha y de invocar a la Virgen para que Ella ayudase mi fe, me quedó la costumbre de seguir invocándola al ir a comulgar diciéndole prepara mi alma para el encuentro con Jesús en la comunión. Pues no hay duda de que Ella prestó su ayuda para que superase esta prueba con provecho del alma. La experiencia me va enseñando que en general el Señor somete a una a estas pruebas para bien del alma para luego darle esta seguridad que no se apoya en uno, sino que es donde Dios y el alma se va afianzando más y más en Dios porque después de la lucha, la prueba va entendiendo mejor la sabiduría de Dios.

Inhabitación de Dios en el alma

Otra cosa de la que también podría decir que en cierto modo no necesito la fe es en este misterio inefable de la inhabitación de Dios en el alma en gracia desde esa vivencia. ¡Qué experimento de Dios en el alma! Cuando a uno le hablan de esto lo cree, pero que distinto es creerlo a pura fe a experimentarlo en sí, esto último es como un ver sin ver, pues así como el alma informa al cuerpo, y cuerpo y alma forman a la persona viva, en cierto modo se da un parecido en esa vida de Dios en el alma, el alma experimenta que algo la está vivificando, la está comunicando vida, algo inefable la posee, experimenta que algo sobrenatural la invade, ve claramente que es templo, morada de Dios, todo su ser en medio de su limitación humana tiende, converge a este sumo Bien que experimenta en sí. Y pienso que, ante esta experiencia tan viva de la presencia de Dios en el alma, aunque nunca oyese hablar de ella, cae en la cuenta de que algo sobrenatural la invade. No sabrá decir cómo, pero no puede dudar de que ahí esté Dios.

Diálogo amoroso con Dios Trinidad

Todo esto mueve a vivir en ese diálogo amoroso con Dios su Padre uno en esencia y Trino en Personas como el alma bien experimenta. Otra cosa que me confirma más en esta experiencia es algo nuevo para mí y es que cuando más unida estoy al Señor y añadiría más metida en su cruz me vienen como unos resplandores, iluminaciones instantáneas, es cosa del espíritu, los ojos del cuerpo no ven nada, que hacen al alma sentir la cercanía de Dios con tal viveza que la hacen vibrar y como derretirse en amor de Dios. Bueno, pues esto iba en aumento y ya una noche después de haber pasado el día muy clavado en la bendita cruz del sufrimiento en el cuerpo y en el alma, pedía perdón al Señor porque me parecía que no había respondido con la generosidad que debiera, si bien diría que el Espíritu Santo exultaba en el alma de gozo. Así las cosas, empezaron a venirnos esos resplandores sucediéndose unos a otros casi continuamente hasta que llegó el momento en que diría que el alma de tal manera la cogió Dios que mientras el cuerpo no daba cuenta de si esta ella estaba sumergida toda en el mundo de Dios. Fue algo tan inefable, tan divino lo que Dios le hizo gustar y un recrearla con una música tan celestial que una no acierta a expresar y no parecía más que el alma se derretía en amor al AMOR que ya en este mundo la hacía entrever un poco de lo mucho que tiene preparado para sus elegidos.

Amar es la vocación de la contemplativa

No hay lugar a duda que esto fue un regalo, una fiesta que Dios Padre amoroso quiso tener con esta alma sin mérito alguno por parte de ella. Sea bendito en sus dones. Y si al volver al estado normal era como un sentirse bajar del cielo a la tierra, no obstante esto, el recuerdo de ello sigue vivo en el alma y la estimula a amar, amar y amar más y mejor a Dios su Padre y a todos los hombres sus hermanos porque amar es la vocación de la contemplativa. Y a partir de esta gracia, esta experiencia, diría que, si ya bien el alma advertía que iba saliendo del profundo Viernes Santo y vislumbrando la pascua gozosa en su alma, ahora recibía como la consolidación, la confirmación de una mayor unión con el Señor; todo en el alma se iba haciendo, luz, gozo, amor y las palabras del cantar de los cantares ¡Levántate amada mía y ven porque ya ha pasado el invierno!" (El Viernes Santo) y a partir de esto también puede cantar el alma: "El Señor es mi pastor, nada me falta, El recrea mi alma y la guía por las sendas rectas por amor de su nombre y después de pasar el valle tenebroso, nada ya temo porque el Señor está siempre conmigo[53]". De todo esto le viene también al alma una seguridad en los misterios de nuestra fe que a partir de esto puede decir que aprendió a rezar el credo, lo vive y siente en sí la fuerza de dar la vida si preciso fuera por confesar las verdades que en él se contienen por la seguridad, la firmeza con que se me presentan.

Bendita la fe, don de Dios, que pide nuestra cooperación pero que a estas maravillas nos conduce. Y aquel verse una envuelta por todas partes en misterios de Dios, de un Dios tan lejos de nosotros, como detrás de muros impenetrables hablando a lo humano,

53. Cf. Salmo 23 (22).

a medida que va creciendo nuestra como va cambiando todo esto y va descubriendo cada vez más cerca a Dios y llega el momento en que se da cuenta en que Dios le revela que "en Él vive, se mueve y existe[54]" como nos dice san Pablo y experimenta que está más en El que en sí misma y aquellos muros impenetrables se fueron adelgazando tanto, tanto, que hay momentos que no parece más que se va rasgar esa tenue gasa que por hallarse el alma en el cuerpo no puede ver a Dios por el estado en que se halla pero que nada le parece lo que impide esta visión.

Dudas para acrisolar la fe

Y aquí el alma se da cuenta de lo necesario que fueron todas esas dudas, pruebas, sufrimientos, todo lo que el Señor le fue mandando para acrisolar su fe desprendiéndole de tanto lastre como llevaba en sí y le impedía entrar en este mundo sobrenatural en que ahora se ve tan cerca de Dios, y esta cercanía de Dios parece que la quema deliciosamente, que le asegura en sus inefables misterios que sin dejar de seguir siéndole misterios, no los ve tan misterios con la esperanza de cuando se rasgue del todo el velo, se produzca el dulce encuentro con Dios su Padre ya libre el alma del cuerpo todo lo verá y comprenderá. Sea Dios bendito en sus santos misterios y nos conceda a todos esta certeza en todos ellos. Amén.

In te Domine speravit nom confundar in eternum

In te Domine speravit nom confundar in eternum, que traduzco: "En ti Señor , espero, no quedaré confundida eternamente". Fue la tabla de salvación para un alma cuando todo le parecía perdido. El agua le llegaba al cuello y un buen día cantando el Te Deum en latín entonces, al llegar a este versículo no sé lo que pasó en su alma, a tientas y a oscuros hacía de este versículo vida de su vida y contra toda esperanza, en Dios se apoyaba segura de que no quedaría confundida.

54. Cf. Hch 17,28.

Sufrimiento físico, moral y espiritual

Qué tiempos aquellos de sufrimiento, cada día se hacía un siglo y esto duró algunos años si bien lo más fuerte fue año y pico, pero vuelvo a repetir cada día se hacía un siglo, hay que pasarlo para hacerse cargo de lo que es esto, todo se daba cita: el sufrimiento físico, moral y espiritual, sólo la fuerza invisible de Dios pudo que una persona tal débil pudiera superar todo este mundo de sufrimiento que era como para perder la cabeza y desesperarse, pero la fuerza de Dios triunfa en la debilidad. Puso a prueba la confianza de un alma, pero todo pasó y llegó la luz para mayor gloria de Dios. Arreciaba la enfermedad, me sentía acabar, cuantos días al acostarme me veía morir de agotamiento y me decía no me desvisto que me encuentren amortajada. Caminaba arrastrando los pies como si tuviese cien años y el subir escaleras me agotaba por completo llegando a la celda y tener que dejarme desplomar en el suelo porque las fuerzas no daban para más y todo esto cuando solo contaba veintiocho años. Y como la naturaleza se resistía a morir, pues es muy hermoso pero pura ilusión cuando, en nuestros fervores de novicia cuando la salud nos acompaña, hacernos grandes ilusiones queriendo morir jóvenes destrozadas por un cáncer o tuberculosas como santa Teresita. Ah, pero qué distinto es la cosa cuando te sientes viva en todo tu ser y el cuerpo agoniza. A esto se unía una serie de sufrimientos morales que ahora admiro la sabiduría de Dios permitiendo y disponiendo las cosas de tal forma para hacer su obra en un alma. Las criaturas, las cosas todas son instrumentos en manos de Dios y una se da cuenta no cuando lo pasa sino después, que todo son preciosos instrumentos en manos de Dios y que sólo debe gratitud y amor a todos porque si una sabe aprovechar todo contribuye al bien de los elegidos. Hasta aquí, aunque con mucho sufrimiento no le fallaba el Señor, en cierto modo descubría en sí la acción de Dios pidiéndole una muerte total a todo, un vaciamiento de sí para llenarse de Dios. Era muy doloroso, pero se sentía el rastro de Dios por el alma.

A tientas buscando a Dios

Pero cuando a todo esto, hablando al modo humano, Dios se ocultó, quedando el alma como en un túnel a oscuras y sin salida y no solo esto, sino que al ir el alma como a tientas buscando a Dios. Éste la rechazaba y empieza la prueba de las pruebas que jamás hubiera podido imaginarse lo que era esto. Entonces sí que se comprendían bien las palabras de Job y de Jeremías maldiciendo el día de su existencia porque era tal la agonía que una sentía en todo su ser que hasta se sentía tentada a preguntarle al Señor ¿Para esto me has traído a la vida religiosa? ¿Me has seducido, me has enamorado y ahora me rechazas? Rechazada y como traicionada por el amor de Dios. ¿De dónde el alma sacaba fuerzas para decirle con fuego en el corazón las palabras de Job: "Aunque me matas confié en ti"; "In te Domine speravit non confundar in eternum"? ¿No era la fuerza de Dios quien la sostenía cuando ella le parecía todo perdido? Se veía a la vez pura tiniebla, puro pecado, mientras que Dios en la tiniebla en que ella estaba lo descubría pura santidad y el salmo 138 con qué viveza se le representaba, parecía que estaba hecho para ella que se sentía agonizar y encontrarse con la santidad de Dios que todo lo sondea, lo penetra y a donde quiera que uno vaya allí está Dios. Qué Viernes Santo tan doloroso como necesario. "Si el grano de trigo que cae en tierra no muere, queda infecundo, pero si muere da mucho fruto", ha dicho el Señor.

Y quien pasa este profundo Viernes Santo comprenderá la necesidad de él en toda vida del espíritu, esa muerte a tanto como una vive en sí que debe morir para que viva en ella la vida de Cristo y que una no es capaz de realizar si el Señor no toma por su cuenta esta acción purificadora sobre un alma. Qué sabiduría muestra el Señor en todo su obrar, es para alabarle y bendecirle en todo su obrar, aunque no lo entendamos en esta sabiduría de la cruz... de la muerte... en este Viernes Santo que no acaba todo en él, pues éste mira a la Pascua, y en la Pascua entra el alma después de apurar el Viernes Santo. Qué paz, que liberación, que gozo en su espíritu, que intimidad con Dios, que enamoramiento de Cristo, qué resurrección se da en ella y ciertamente empieza a vivir la vida nueva en un mundo nuevo que ve en ella. Benditos, sufrimientos, benditas pruebas y bendito todo lo que contribuyó a esta resurrección. Bendita sabiduría de Dios que por la cruz nos lleva a la vida a la luz, al amor, a la resurrección. In te Domine speravit non confundar in eternum. Gloria al Padre...

La tentación

Ante la tentación del tipo que sea y que con algunas se pasa tan mal, parece que una se siente también tentada a exclamar ¿Por qué Dios nuestro Padre que es tan bueno y que conoce nuestra debilidad permite estas tentaciones? Parece que no armoniza su bondad con esta permisión. Así se piensa insensatamente cuando no se tiene experiencia del obrar de Dios y de su infinito amor hacia nosotros que en todo va buscando nuestro mayor bien espiritual, configurándonos en todo con su Hijo muy amado, el que también fue tentado para ser nuestro modelo en todo. Pero en la medida, que Dios nuestro Padre, el Padre siempre amoroso, va acrisolando a un alma, ésta va cayendo en la cuenta que también la tentación juega su papel en el plan de Dios para nuestra santificación, pues cuando nos vemos zarandeados por la tentación empezamos un poco a conocer lo que somos y aprendemos por necesidad a ir a Dios buscando su ayuda. Tentaciones que nunca el Señor permitirá sean superiores a nuestras fuerzas apoyados en su gracia, de esto estemos seguros siempre. Conocedores de nuestra fragilidad, ante la tentación no nos debemos desalentar, sino que apoyados en la fuerza de Cristo lancémonos al combate, pues la victoria no se consigue en ningún campo sino después del esfuerzo, de la lucha, y qué hermoso y cómo se abren nuevos horizontes al alma después de la victoria que diría es Cristo quien vence en ella, el alma lo pasa, pero la fuerza le viene de Dios, a Él la gloria y la gratitud.

Voy a dejar memoria de una tentación contra la castidad que mucho me hizo sufrir, ahora reconozco que a esto contribuyó mi poca formación en esta materia. En mis años de mundo o no me daba cuenta o de lo contrario yo no me veía asaltada con pensamientos ni movimientos de impureza. Una vez de descubrir mi vocación religiosa la virtud de la pureza me cautivaba, el pensar en todo mi ser, cuerpo y alma consagrado al Señor para toda la vida, era algo que me entusiasmaba, me elevaba, ah pero una vez en el convento aquí diría empezó mi campo de batalla en este terreno, no parecía más que demonio, mundo y carne se daban cita para tentarme, pero Dios estaba por medio y sobre todo he de confesar la protección de la Virgen a la que ante cualquier pensamiento o movimiento carnal recurría a Ella con gran confianza refugiándome en su Inmaculado Corazón, a la vez que la repetía "Madre mía Inmaculada concededme la pureza de cuerpo y alma." Y de la propia experiencia debo decir que en campo la Madre siempre Virgen es algo que no sé cómo decir la ayuda que prodiga cuando se recurre a Ella con fe viva y confianza ilimitada. Descubro en Ella tal poder en esta materia que si no lo experimentase no me podría imaginar tal cosa. Ahora claro lo veo que en la que no hubo mancha de pecado quiera transfundir su pureza en las almas.

Bueno, pues, poco antes de hacer mi profesión simple, me visitó la enfermedad, fiebres paratíficas, más latosas de quitar y encima, al tiempo de profesar, y una serie de malos pensamientos, movimientos carnales en materia de castidad que en mi cuerpo se daba todo lo contrario de lo que el espíritu deseaba, tanto que un día, llegada la noche después de todo el día de lucha rechazando todo eso que yo veía como tentación, me pregunta la M. Maestra si quiero comulgar a otro día. Estábamos dos con estas fiebres y nos subían la comunión a la cama. En la Comunión encontraba mi fuerza para todo, pero en aquellas circunstancias me atrevía a meter al Señor en un cuerpo así, quedé pensativa y no supe que decirle. Ante mi silencio insistió ¿Qué pasa? Bueno... Sí, comulgo... pues el Señor me dio luz y pensé yo no quiero todo esto y lucho por rechazarlo luego puedo comulgar. La madre se fue, el día termina, empieza la noche que aquello parecía el final de una vida destrozada por demonios impuros. Era un tormento como el enemigo carne se quería imponer y cuando más invocaba a Dios y a la Santísima Virgen todos parecían estaban sordos a mi oración, así lo pensaba yo, pero no era así, la batalla se estaba librando, si bien yo ya aturdida con tanta lucha rompí a llorar y a temer dudando de mí, de no poner de mi parte todo lo necesario.

Comulgar a pesar de las tentaciones carnales

Llegada la mañana la cabeza se me partía después de toda la noche en vela y en tal lucha y cuando llegó la comunión al oír el miserere hacía mía esta oración y sentía verdadera necesidad de recibir al Señor, pero ¿Cómo recibirle en este cuerpo de pecado? La duda me asaltaba, pero volvía a reaccionar, yo no quiero esto y bastante estoy sufriendo con ello luego puedo comulgar y ¿qué será de mí si no recibo al Señor? Comulgué y con el ansia con que recibí al Señor parece que por unos momentos todo se calmó para volver al poco tiempo otra vez y así tiré otra vez todo el día. Llegada la noche me abrí con la madre Maestra, me animó y también me dijo estas tentaciones, aunque eran las más temidas no eran las peores puesto que eran advertidas y se luchaba enérgicamente contra ellas, mientras que otras menos advertidas llevan el peligro a que sean consentidas. Me dejó animada y se ve que hablé de ello con la madre Priora y ésta también llegó a última hora y en la manera de hablar y aconsejarme me di cuenta de que estaba enterada de lo que me pasaba.

Con el Rosario

Bendito sea Dios, con lo que ellas me dijeron ya no me importaba sentir que no sentir, lo importante era no ofender al Señor y en esto me insistían que estuviese tranquila que el Señor no se sentía ofendido y si podría agradarle el verme en esa lucha. Esto me levantaba el ánimo y las fuerzas para seguir en el combate hasta que El quisiera y ya a última hora me volví a la Virgen y empecé a rezarle el rosario con todo el fervor de que soy n capaz y creo que no lo llegué a terminar quedándome dormida hasta la mañana en que desperté que no era conocida por lo que pasaba en mi alma. Diría que el Señor bailaba de alegría en esta alma, y qué paz, qué gozo, qué presencia del Señor se dejaba sentir en ella, qué liberación de este mundo carnal sentía en sí, así que, me derretía dando gracias a la Virgen y era como un consumirse esperando a Jesús Eucaristía y cosa de Dios solían venir hacia las siete de la mañana y este día iban a dar las ocho y no venían con el Señor y me decía ¿Será posible que cuando te espero con tanta hambre me dejen sin comulgar? Ah, poco después el Señor llegó y hay que vivir estos tiempos de prueba, de tentación, para luego saber valorar este encuentro con el Señor en la comunión. Pasé luego todo el día que podría decir que en la tierra no vivía, todo mi ser se sentía como transportado en Dios.

Bendita tentación, bendito combate y benditos sufrimientos que esto me proporcionó admirando todo en una gran victoria en el terreno de la castidad que tengo para mí que la Virgen Inmaculada me lo alcanzó. No sé más adelante lo que me pasará, me tiene sin cuidado el día de mañana, basta a cada día su propio afán, vivo al momento y cada vez más confiada en el cuidado amoroso que Dios nuestro Padre y la Virgen nuestra tierna Madre tienen de cada uno de nosotros, lo que sí puedo decir que han pasado ya unos cuantos años desde que pasó esto y en este campo siento en mí una verdadera transformación, qué liberación siento en mí de todos estos instintos bajos. Sea Dios bendito y glorificado, pues todo es obra de Él en esta alma. Y si ya desde niña la Virgen me atraía muchísimo en su misterio de la Inmaculada Concepción diría que a partir de esto aún más, la Virgen, la Purísima... Pensar en esto era algo que me transportaba a regiones de luz y de pureza y la Virgen benditísima no hay duda de que tenía en esto su parte como se puede ver por otra cosa que me viene a la memoria y voy a decir.

Esto ocurría por el mes de septiembre y el cuatro de octubre ya cumplía el año de mi toma de hábito, luego el cinco ya podía profesar coincidiendo que el día seis caía este año la fiesta de nuestra Madre del Rosario, una fiesta de la Virgen entrañablemente dominicana, así que toda mi ilusión era profesar en esta fiesta, esto eran mis planes, pero no los de Dios como más tarde se vio. Por una serie de cosas que no voy a decir porque tendría que tocar personas y en definitiva todos somos instrumentos en manos de Dios, se me retrasó la profesión.

Profesión en la fiesta de la Inmaculada

Me costó esto lo que Dios sabe y por si esto fuera poco, caigo en cama con las fiebres recayendo de estas por tres veces pues el afán de ponerme buena yo creo que me levantaba antes de tiempo todo controlado por el médico, pero así salían las cosas y ante esto me asaltó el temor de que no solo se retrasaba aún más mi profesión, sino que no me iba a admitir la comunidad a ella. En qué purgatorio me veía metida, entonces ya no pensaba en fechas sino en que me admitiesen y como vivía agarrada de la Virgen esperándolo todo de Ella y la Virgen nunca defrauda, lo diré siempre por propia experiencia. Así las cosas, un buen día sube la Madre Priora a verme a la celda pues, aunque ya levantada aún no me dejaban salir de ésta, y me dice a ver si de esta vez se pone buena y puede profesar el día de la Inmaculada. Vi los ciertos abiertos y no podía con tanta alegría con lo que me decía y mi amor y mi gratitud a la Virgen crecía intensamente, vi que todo era obra de Ella, qué sorpresa, qué alegría, no cabía en mí al pensar en ser consagrada a Cristo en el día de la Inmaculada. Bendito retraso de la profesión, bendita enfermedad y bendito todo lo que contribuyó a todo esto. Y qué consciente hice mi profesión, pues si las pruebas no me hubieran preparado, a bien seguro que no viviría este acto que tengo que prolongar toda mi vida de este modo tan consciente.

Tres años más tarde tenía también la dicha, este regalo del cielo, de hacer la profesión solemne. Fue un día de acción de gracias y de entrega consciente a los designios de Dios que me concedía llegar a este día con vida, que bien en vida estaba cuando la enfermedad tan avanzada y aun sin saber lo que tenía, todo en mi cuerpo parecía tocaba su fin y con qué anhelo pedía a la Virgen me alcanzase la gracia de hacer mi profesión solemne y así fue en su hermoso día pude reafirmar mi entrega a Cristo. Estaba todo mi ser cuerpo y alma en la mayor prueba, qué obra de destrucción y purificación el Señor estaba realizando en todo mi ser, pero esto me desprendía de todo lo que no fuese Dios y me unía a Él, a su adorable voluntad, aunque entonces no lo advertía sensiblemente, pero los efectos se percibían al obrar.

Así que no creo sea presunción decir que con la preparación que el Señor me pidió para este día y la disposición que veía en mí, de entrega, de inmolación, de desprendimiento de todo lo que no fuese Dios, la profesión obró en mí los efectos de un segundo bautismo en el sentido de purificarme de todos mis pecados hasta antes de la profesión no me angustian, los siento purificados, si bien conservo como una pena que nace de amor al ver que he ofendido a Dios, que como San Agustín también puedo exclamar: "Tarde te he amado, Señor". Sí, tarde descubrí a Dios como el Padre amoroso que con amor eterno me amó y me prodiga siempre su infinita misericordia y sobre todo que Él merece ser amado por ser quien es. Pero realmente temo más a una infidelidad a la gracia ahora que conozco más a Dios mi Padre, que a todos mis pecados antes de la profesión.

8 de diciembre de 1960

Todo me habla a partir de este día de pureza, de entrega, de inmolación de no apartar la mirada amorosa del Esposo buscando complacerle en todo y ¿Quién me enseñará y me ayudará sino mi dulce Madre, la Virgen Inmaculada la que cada día me atrae más en el misterio de su Inmaculada Concepción? Un hecho también de este día bendito 8 de diciembre de 1960 me hablaba de la pureza de la Virgen. La víspera de este día nadie sospechaba que estuviese el día para nevar y cómo me sorprendió ver que amanece nevado, un no sé qué sentí en mi interior viendo en esto como la naturaleza obsequiaba así a la Virgen Inmaculada.

La salutación angélica

La salutación angélica, si bien en la escuela la rezábamos, y en casa mi madre hablaba muchas veces de ella y de cómo su padre ante el toque del ángelus -costumbre que en mi tiempo se perdió- suspendía el trabajo, incluso paraba el ganado trabajando en la tierra para rezar el ángelus. Bueno, pues a pesar de estas cosas yo no había calado, gustado esta tan breve como preciosa oración a la Virgen. Ya en el convento la cosa cambió, me enfervoricé sobre manera con ella. Pero el ángelus con tal fervor que creo si lo hiciese ante la presencia real de la Santísima Virgen, nuestra tierna Madre, no lo haría mejor y entiendo que le es muy agradable esta devoción. Y cosa de Dios, pues toda mi vida la veo envuelta en la providencia amorosa de mi Padre Dios. A esto que yo en el convento sentía por la salutación angélica, me estimuló también el Padre que me confesaba cuando enferma en cama me preparaba para la profesión simple. Me hablaba mucho de la respuesta de la Virgen: "He aquí está la esclava del Señor, hágase en mí según tu palabra[55]".

Luego, unos días antes de mi profesión solemne recibo una carta del Padre que me había orientado en mi vocación, en la que entre otras cosas después de decirme que no le era posible venir a mi profesión que fuese generosa en aceptar el sacrificio y me hablaba también de esta respuesta de la Virgen y en la profesión el Padre que presidia ésta también insistía en esta respuesta de la Virgen aconsejándome la hiciese vida en mi vida. Sería casualidad, yo lo veo cosa de Dios, que a esta inclinación y fervor que yo sentía y precisamente en la respuesta de la Virgen era en lo que más me fijaba, cómo me venían a insistir en ella. Ansío hacer de esa respuesta vida en mi vida no sé hasta qué punto lo conseguiré. El Señor me asiste con su gracia ya que sin ella nada es posible hacer. Me impresiona la respuesta de la Virgen sobremanera. Cuando precisamente se le pide su consentimiento para ser Madre de Dios, la cumbre de sus privilegios y grandeza, Ella, desde la cumbre de su humildad, contesta "he aquí la esclava del Señor, hágase en mí según tu palabra". Madre mía, aquí una quisiera callar para mejor asimilar tu respuesta y tratar de hacerlo vida en mi vida. Sí, la esclava del Señor por amor, no por imposición, a imitación tuya es el alma consagrada al Señor. El Señor llama, invita, pide nuestro consentimiento, no violenta, todo lo quiero por amor y con generosidad. Tú eres en todo nuestro modelo, que la respuesta esté siempre en mis labios y antes en mi corazón, esclava del Señor por amor. Aquí está la esclava, la sierva, la que no cuenta para nada, cúmplase en ella tu palabra, tu voluntad, que su

55. Cf. Lc 1,38.

alimento sea cumplir la voluntad, la palabra de Dios y así contribuir al plan de salvación de Dios sobre todos los hombres como la Virgen de la encarnación diciendo con ella: "He aquí la esclava del Señor."

Complacer a la carísima Madre a través de todo

Cuando la diabetes iba adelantada, la sed me devoraba y por aquel entonces no se podía beber agua entre horas al menos era esta norma en el noviciado. Algunas veces la Madre Maestra me veía con la boca tan reseca que no podía articular bien las palabras y me acompañaba al refectorio a tomar un poco de agua que sólo una se sentía aliviada de momento porque el hecho de subir las escaleras hasta llegar al noviciado con lo agotada que estaba llegaba con la boca tan seca como antes de bajar. Más adelante yo no sé si sería en consideración a mi caso o qué, total que nos autorizaron para poder beber cuando lo necesitásemos y en el mismo noviciado puesto que teníamos agua corriente. Esto para mí suponía cierto alivio, no me podía llevar de la sed que sentía que no había manera de apagar, pero sí refrescaba un poco la boca con sorbos de agua. Pero mi amor a la Virgen y el deseo de obsequiarla con algo que me costase se me ocurrió, puesto que primero por ley, aguantaba la sed por amor a la Virgen mi tierna Madre.

Hubo veces en que esto suponía tal sacrificio que tenía que recurría a Ella pidiéndole ayuda para poder resistir sin beber aquella sed que me devoraba y qué circunstancias aquellas de lucha pulsándole mi amor que no siempre coroné con la victoria. Pues alguna vez fracasaba y bebía y luego qué pena sentía y cómo le pedía perdón diciéndole no te amo mucho cuando condescendí con mi debilidad y esto me estimulaba a esforzarme más aguantando la sed como prueba de amor a mi dulce Madre. Mucho sacrificio y fuerza de voluntad suponía esto, pero lo doy por bien empleado pues creo que se tenía que complacer al ver mis ansías de aprovecharme de todo lo que salía al paso para obsequiarle, complacerle, testimoniarle mi amor y todo parece poco para complacer a la carísima Madre.

Pedid siempre ayuda a la Santísima Virgen, nuestra Madre

Este buen hábito de pedir ayuda a la Santísima Virgen ya lo traje de afuera. Desde niña ante algún miedo o peligro o algo que se me hacía difícil recurría siempre a la Virgen con tal confianza que yo diría que algunas veces más que con nuestro Señor, El hecho de saberla nuestra Madre depositaba en Ella toda mi confianza y nunca quedé defraudada, pues algunas veces que me parecía que no me escuchaba, a lo largo me he dado cuenta de que me escuchaba y mejor me atendía de lo que yo le pedía. Con razón se nos dice en la Escritura Sagrada que no sabemos pedir lo que nos conviene. Pero Dios nuestro Padre y la Santísima Virgen nuestra Madre sí que nos saben dar y ayudar como nos conviene, no a nuestros gustos, pero sí a nuestro mayor bien espiritual.

Tengo que confesar que ya fuera, antes de ser monja, sentí mucho la protección de la Virgen. Es posible que a esto haya contribuido mucho el ambiente familiar de amor a la Virgen que había en casa. Tanto mi madre como mi hermana mucho invocaban y recurrían a la Virgen y daban muchas limosnas para celebrar misas en acción de gracias a la Virgen y esto no me cayó en el vacío pues ya de mayor con mis ahorros obsequiaba a la Virgen con alguna misa y eso si desde pequeña cuando me sentía favorecida por su ayuda le rezaba expresamente dándole gracias a parte de las oraciones que como cristiana hacía. Si bien un fallo que iré dejando constancia de él cuantas veces se presente la ocasión, es que no me propuse fuera imitarla en lo posible, lo veía más necesario para todo, para lo humano y para lo divino, pues en cuantas cosas de tipo puramente natural recurría a Ella con tal fe y confianza filial y entonces ya no la veía tan lejos sino muy cerca y cómo he sentido su ayuda y como brota la alabanza y la acción de gracias espontánea del corazón a la dulce Madre. Y en los momentos de turbación, de sufrimiento probemos ir a la Virgen y sabremos lo que es esta benditísima Madre, la mejor de las madres y eso que el Señor me regaló una madre muy cristiana y muy sacrificada y buena, pero hay que confesar que no es más que un pálido reflejo de esta gran Madre común.

Recuerdo un día, era yo novicia, y estaba sufriendo interiormente, terriblemente y en el primer momento que pude disponer de él me fui al oratorio y caí de rodillas ante su imagen que contemplaba con tal fe que prescindía de ésta para descubrir en ella la presencia de la Virgen y era un mirarla sin articular palabra,. Ella conocía bien el estado de mi alma y yo permanecía absorta mirándola, no sé el tiempo que tuve, solo sé que me levanté de allí renovada, el sufrimiento no había desaparecido, pero me sentía confortada para seguir adelante con cuanto el Señor me quisiera mandar sostenida y ayudada por Ella. Veo claro que Ella nos lo alcanza todo del Señor, lo experimento.

Y a este propósito voy a decir algo que yo experimenté fuera y que me da idea para lo que veo hace ahora la Virgen. Unos tíos míos que él tenía un alto mando en este ferrocarril en que trabajaba, pues mucha gente obrera iba a casa de él a solicitar favores: cambió de puesto o colocación etc. y siempre solían ir cuando no estaba él en casa y entonces lo hablaban con mi tía, una santa mujer toda compasión para el necesitado y a las personas les decía ir tranquilos que ya haré yo cuanto pueda. Llegaba mi tío de la oficina y ella exponía papeleta con tal persuasión que terminaba por rendir a mi tío y mirándola con cariño le decía: con esta mujer no se puede, consigue de uno cuanto quiere, y él bueno de por sí, pero había cosas que no podía hacer todo lo quería, pues intercediendo mi tía, él tenía que dar la cara y todo el mundo quedaba servido. Todo esto aplicado a la Virgen, a su intercesión poderosísima ¿Qué hemos de decir? Que la Virgen todo nos lo alcanza.

Sin la Virgen, una espiritualidad mutilada

Y una espiritualidad en la que no cuente un amor entrañable a la Virgen seguido de esta confianza filial para recurrir a Ella en todo momento y circunstancia. Tengo para mí que es una espiritualidad mutilada si es que de espiritualidad se puede hablar pues no es posible llegar a Cristo por otro camino que el que Él se escogió para venir a nosotros en la encarnación. La Virgen, la Virgen, la tierna Madre, como quisiera invitar a todos a recurrir a Ella nuestra mejor Madre y abogada ante el

Señor, el Hijo de su amor y como deja sentir su presencia cuando con viva fe uno se acerca, se confía a Ella.

La Virgen

El Evangelio pocas palabras recoge de la Virgen, pero son tan elocuentes que calan muy dentro del alma al ver su disponibilidad, su actitud, su entrega total a los designios de Dios sobre Ella, en los que tuvo que ejercitarse bien en la fe. Luego los hechos que nos narran los Evangelios sobre Ella cómo nos hacen ver su exquisita fidelidad a la voluntad de Dios. Por esto el todopoderoso pudo hacer grandes maravillas en Ella porque encontró acogida a su palabra. Y pienso en su respuesta al ángel "Hágase en mí según tu palabra" y de este sí consciente y generoso qué hecho tan trascendente se siguió: el Verbo, la Palabra del Padre se hizo carne asumió nuestra pobre naturaleza y habitó entre nosotros para llevar a cabo la gran obra de la redención.

Pienso en su visita a su prima Isabel. Ella, portadora en su seno del Verbo de Dios, cómo viviría ensimismada en el misterio de que era portadora y era para creerse dispensada de toda otra ocupación para estar solo en las cosas de Dios, y sin embargo su fina caridad, sin aparatarse de estar en las cosas de Dios, la mueve a entregarse también al prójimo, va presurosa, lanzándose al riesgo de un viaje tan lleno de dificultades. Pienso en la huida a Egipto, cuánta incertidumbre, cuánto dolor salvando del verdugo al mismo Dios hecho hombre. Pienso en el niño perdido. Sus palabras mismas hablan del dolor que había en su corazón. En la vida pública también seguías a tu Hijo: tu madre y tus hermanos te llaman[56]. En las bodas de Cana allí estabas solicita pendiente de todo detalle: "No tienen vino[57]". Y al pie de la cruz coronaste tu seguimiento con el Hijo de tu amor sufriendo en el alma lo que el Hijo sufría en el cuerpo, pues quien más quien menos todos nos damos cuenta de lo que sufre el corazón de una madre cuando ve sufrir a sus hijos, cuánto sufriría esta madre exquisita ante tan semejante drama.

56. Cf. Mt 12,46-50.
57. Cf. Jn 2,3.

Y si es en el Cenáculo, la Iglesia naciente allí estaba ella siendo como el alma de aquellos discípulos amedrentados hasta que la venida del Espíritu Santo sobre ellos los llenó de fortaleza. ¿Cómo no amarte Madre mía, cómo no confiar en Ti y esperarlo todo de tu Hijo por media de Ti? Y ahora en el cielo tu solicitud maternal por todos nosotros, ¿quién la podrá describir?

Madre mía que sepamos ir a ti, confiar en Ti e imitarte, que copiemos de ti esa disposición a los designios de Dios tan maravillosos como inescrutables para que el todopoderoso pueda hacer también en nosotros sus maravillas de amor.

Complacer a Dios en las hermanas

En una ocasión me llama la procuradora un tanto apurada y me dice: tengo que hacer una tarta con un estilo especial y para ello necesito seis carretes vacíos, con que sean tres y tres iguales ya me sirven y me enseñó una lámina de un libro de cocina en donde venía fotografiada la tarta que quería hacer. Quedé un poco sorprendida pues quería complacer a la hermana o por mejor al Señor en ella, pero cómo improvisar seis carretes vacíos. Llena de fe y confianza me volví al Señor mostrándole mi deseo a la vez que mi impotencia que viniese en mi ayuda también en esta tan material si se quiere, pero no tan material el hecho de complacer a la hermana. Y cómo el Señor atiende nuestras peticiones cuando nos volvemos a Él con fe, con confianza, con amor haciendo a la vez lo que está de nuestra parte que en un principio cuando tenemos poca experiencia de Dios nos parece mucho, pero en verdad todo lo hace El, a nosotros bien poco nos trae hacer, pero hay que hacer ese poco, ese colaborar con Dios, tengo experiencia de ello y muchas cosas al caso podría decir.

Bueno, pues en un primer momento se me ocurrió ir a mirar en donde tenía los carretes de bordar a ver si había alguno vacío o con poco hilo y sólo me encontré con este último que vacié enseguida y los otros cinco ¿Cómo encontrarlos? De nuevo recurrí al Señor con más confianza aún y quedé como desarmada al ver como si en mi interior me fuesen diciendo mira aquí, mira allí que los irás encontrado como así resultaba, ya llegó un momento que como fuera de mí, llena de gratitud al Señor no parecía más que un grito salía del alma diciendo aquí está el Señor. De momento yo iba recogiendo los carretes sin fijarme cómo eran, pero ya con los seis los confronto y justamente eran tres y tres iguales. Desbordando gratitud hacia el Señor me voy en busca de la procuradora para dárselos y al momento la encuentro que precisamente venia ella en mí busca. Me los cogió más agradecida y yo como que me estaba dando algo que no era mío le dije, a mí nada, agradéceselo al Señor, siervo inútil me sentía pues, aunque yo había hecho lo poco que estaba de mi parte, Él lo había hecho todo. El decirlo no es nada, el caso es vivir estos encuentros, estos contactos con el Señor que sigue vivo entre nosotros si le sabemos descubrir y tocar con la fe. Esa fe de lo que nos habla el mismo Señor cuando nos dice si tuviésemos fe como un grano de mostaza diríais a ese monte quítate de aquí y échate en el mar no dudando en su corazón, así se hará.

De este hecho tan sencillo que pudo quedar sin ninguna trascendencia saqué las siguientes enseñanzas: primero pude haber dicho a la hermana, mira no te puedo complacer pues de momento no puedo improvisar lo que me pides y me quedaría tan tranquila, con mi tranquilidad me hubiese quedado sí, pero no hubiera dado lugar a esta experiencia, a este encuentro con el Señor. Segundo la constancia todo lo alcanza y muchas veces uno quisiera que a la primera nos atienda el Señor y no, hay que perseverar, aquí fue a la segunda cuando el Señor vino en mi ayuda. Tercera dicen que amar es entregarse y la experiencia lo confirma, si de verdad amamos a los hermanos deseamos que sean felices y en lo que está de nuestra parte se lo procuramos complaciéndolos, sirviéndolos, sacrificándonos por ellos que no es otra cosa que amor hecho vida.

Hay que sembrar para recoger

Hay que sembrar para recoger, hoy me hice esta reflexión trasladándola a la vida de la gracia. No hay cosa más natural y que más nos cuesta entender o por mejor practicar: si algo quieres recoger algo tienes que sembrar. Los labradores bien entienden esto en el orden natural y así siembran lo mejor para cosechar bien. La experiencia, les dice que lo normal es que de buena semilla salga buen grano. Y esto llevándolo a otros niveles la experiencia generalmente también nos lo confirma, salvo designios de Dios que permita que se recoja mal cuando se sembró bien. Pero si eres servicial, serviciales serán contigo, si respetas te respetarán, si te sacrificas por los demás también llegado el momento por ti se sacrificarán, siembra siempre con generosidad y recogerás, mientras que si no sembramos no nos lamentemos luego de que no recogemos. Llevamos esto a la vida de la gracia. Sembremos, seamos generosos con el Señor, que bien sabemos uno se deja vencer en generosidad, una medida buena, apretada, colmada, rebosante se os dará. Dios nos tenga de su mano para que sepamos aprender la lección de sembrar.

Cómo edifica la humildad de las hermanas

Una monja joven estaba cosiendo a máquina y otra anciana se acerca a ella pidiéndole por favor, cuando pueda cuando termine lo suyo y no esté apurada ¿podría coserme estas piezas a la máquina? Era de lo más edificante ver a esta hermana con qué humildad solicitaba este ínfimo favor y que la monja joven se sentía edificada y confundida ante este venerable hermana cargada en años y en virtudes, y le sonrió con toda el alma, porque era para comérsela a besos, a la vez que le decía: ahora mismo se las coso y hasta pensó en quitar de la máquina la costura que llevaba empezada para servir con prontitud a Cristo en aquella hermana que también lo traslucía manso y humilde de corazón, pero vio, llevada de un sentido práctico, que no era necesario hacer una rotura al hilo cuando al momento iba a terminar la costura. Ella dejó las piezas y se fue a su sitio y cuando al poco rato la joven se las entregó cosidas, era aún más de admirar en el agradecimiento que mostraba, esto sí que edificaba y aún más confundía y cómo la joven reconocía que no había hecho nada sino que la favorecida había sido ella por el gran ejemplo de humildad que había recibido de esta santa hermana.

Un consejo de una hermana

Un 15 de marzo entré en esta santa casa y la cosa de compañeros de oraciones ya se había hecho el primero de enero, luego por este año quedé sin esto, así que todo el año añoraba el nuevo año con mucha ilusión esta costumbre tan dominicana y provechosa. Al fin llega y precisamente me sale de compañera esta venerable hermana de la que dejo ya referencia. Me entró tal alegría con esta compañera que al darnos el abrazo bailábamos las dos de contentas, no sé por qué, pero en todo ella demostraba quererme mucho y se sentía también muy contenta. Y yo ya egoístamente le dije: espero mucho de sus oraciones, soy una pobre novicia muy necesitada de ayuda y a usted el Señor no le niega nada, así que tiré de mí que hay mucho que podar y arrancar de raíz. Pobrecina, viéndole apretarme las manos con cariño a la vez que me decía: "Pediré de un modo especial durante todo el año por usted, pero usted esfuércese cuanto pueda en trabajar por la santidad ahora que es joven que de vieja no se hace nada y créame que le digo la pura verdad." Este consejo me llegó tan al alma que a pesar de pasar ya bastantes años no hay miedo que le eche en olvido y es un estímulo para esforzarse a caminar con ilusión y generosidad por los caminos del espíritu ahora que soy joven como me decía la hermana no sea que de mayor sea verdad lo que ella me decía de que no se hacía nada. Por otra parte, al saber cómo estoy averiada con la salud no es cosa de dejar para mañana lo bueno que puedas hacer hoy, y tanto el consejo como el verse una falta de salud veo en ello una invitación del Señor a no dormirme, pues puede venir el desenlace de esta vida de improviso y esto es una gracia para superar muchas cosas viendo la inseguridad de esta vida y que solo Dios permanece y por El merece la pena vivirla para El.

Y volviendo otra vez a esta hermana, en mis años de novicia cuando teníamos recreo con las monjas bien al principio, a la mitad o al final venía a mí lado a darme santos consejos pero era algo que bien se veía que hablaba de lo que vivía y cómo calaban sus palabras, y yo me decía en mi interior qué monja más santa y esto aun me lo confirmaba más al recordar mi primera temporada en el convento de postulante que me tocaba sentarme en el refectorio a su lado pues ella era hermana de obediencia como antes se decía y en buena hora se quitó también de los conventos esa diferencia de clases, luego hasta que no llegó otra postulante estaba a su lado pues la pobrecina todo lo mejor de su comida me lo daba a mí que por más que yo retiraba mi plato para que no me diese lo suyo no había manera insistiéndome en que yo era joven y lo necesitaba más que ella. Ya un día se lo dije a la Madre Maestra para que hablase con ella sobre esto que a mí me daba cargo conciencia verla quedarse con poca comida o tener que coger más en otras cosas de menos alimento, a lo que la Madre me dijo hay que dejarla, siempre ha sido así comiendo ella peor para dar lo mejor a los demás, es una santita de buena y sacrificada. Verdaderamente las palabras, sus consejos movían, pero sus ejemplos arrastraban como se suele decir. Este venerable hermana Sor Asunción Lara, tuvo una muerte de lo más edificante, coronación de lo que fue su vida. Sea Dios bendito en sus elegidos.

Después de la prueba qué bien se manifiesta Dios

Ayer he pasado una tarde que, en lo que tuvo de dolorosa, no se lo deseo a nadie, pero sí la culminación en que terminó todo. Hoy, llena de gozo y de gratitud me parece que no era para tanto la cosa, pero ayer muy mal lo pasé. Me sentía bastante mal de salud y tenía que terminar un bordado de máquina que urgía su entrega, y para colmo no era hacer vida de la máquina, me fallaba la puntada, se rompía el hilo y la labor no avanzaba, poniéndome la paciencia a prueba, así que era un continuo invocar al Señor para que viniese en mi ayuda, tanto para terminar la labor como para que me mantuviese en ese dominio de mí para llevarlo todo pacientemente. Al lado de esta contrariedad se daba en mi sufrimiento moral que me tocaba las fibras más sensibles de mi ser, cosas que Dios permite, pues cuánto se puede hacer sufrir a una persona por no saber dominar el pequeño timón de nuestra lengua. Me sentía traspasada, no me apetecía más que retirarme de las demás hermanas y a solas llorar, teniendo que hacerme violencia a cada momento pues las lágrimas querían salir a flote y para qué llamar la atención. Por otra parte, en medio de todo este dolor el alma gozaba de paz y se mantenía unida a Dios.

Así las cosas, termino la labor, la plancho y cuando me dirigía al torno para entregarla, en el camino, de repente un golpe de luz, de fortaleza, no sé de qué, Dios que se manifestó y que todo mi sufrimiento me pareció de juguete ante la luz que tuve de lo que sufrió el Señor: cuántas cosas falsas dijeron de Él, cuántos fueron sus sufrimientos físicos, morales y espirituales, luego el discípulo no puede ser mayor que su maestro, si El, el justo, el inocente tuvo que sufrir tanto. Quien quiera ir en pos de Él tiene que seguir sus huellas. Bueno, pues en un instante este dolor, esta angustia que como un nudo parecía que me ahogaba en la garganta, se trocó en un gozo tan íntimo y profundo en Dios mi todo y su presencia se hacía tan viva en el alma que entonces sí que no me apetecía sino caer de rodillas y adorar a Dios, porque lo experimentaba vivo dentro del alma, cómo se manifestaba y precisamente después de la prueba, el sufrimiento bien llevado por amor a Dios que así lo recompensa ya en esta vida. Y bendito sea Dios en su poder y por todo que de un momento de dolor te conduce a un gozo indecible que una misma se extraña. Para ti sea Señor, mi amor y gratitud por siempre jamás. Amén.

Unas palabras con una hermana

Ando estos días bastante averiada con la salud debido a que la insulina no se inyecta como se debiera. Una hermana se dio cuenta de ello y me avisó. Yo se lo agradecí, a la vez que le decía, en mí no cabe hacer más, ya di cuenta de ello, luego santo abandono en las manos de Dios. Eres tremenda si esto me pasa a mi revuelvo Roma con Santiago, pero no me quedo así, agregó ella. Ella se fue y yo me hice esta reflexión: cada una es cada una en su modo de ver las cosas y Dios no pide a todos igual ni todos responden igual, no he venido al convento para no morirme como diría Santa Teresa, luego ten un cuidado prudencial de tu salud y no una solicitud y preocupación excesiva que no deja sitio para abandonarte en manos de Dios nuestro Padre que El da la salud y la enfermedad, si es verdad que quiere que pongan los remedios oportunos de acuerdo pero tengamos fe para descubrirle a Él a través de todo, pues lo contrario cuántos razonamientos nos hacemos y cuántas culpas echamos a los demás, mientras que si con la fe traspasamos lo humano descubriendo a Dios en todo cuanta paz trae al alma y cuantas preocupaciones se evitan. Cuesta naturalmente este trascender, pero vale la pena, y veo que Dios me lleva por aquí, vida de fe, vida de confianza y abandono, pues sé que El todo lo puede y cuida de nosotros más de lo que nos podemos imaginar porque nos ama infinitamente.

Encontrar a Dios a través de la fe

Encontrar a Dios a través de la fe qué fácil lo veo ahora, pero cuánta ceguera cuando una se hace hija de la complicación buscando a Dios, y sin embargo con que sencillez se encuentra a Dios por el camino de la fe. Saber descubrir a Dios a través de una contrariedad, un suceso, una humillación, una enfermedad. Lo que sea tras pasar el ropaje aparente de las cosas y convencernos que detrás está Dios para encontrarse con nosotros si nosotros nos esforzamos en vivir el don de la fe. Y cuánto bien trae estos encuentros al alma y de cuantos males la libra. Somos fáciles a juzgar y no precisamente viendo la parte buena de las personas y cosas, sino lo contrario, pues para no caer en esto, cuánto bien nos hace la fe que no juzga, que en todo descubre a Dios y cómo el alma encuentra a ese Dios vivo, amoroso, íntimo que parece que hasta se le va a hacer visible y sin que esto último se pueda dar, pero es tal la seguridad, la certeza de estos encuentros con Dios a través de la fe, que no hay mejor presencia en esta vida.

Camino para llegar a esto: la fe, la fe y la fe, una fe viva hecha vida en nuestro obrar y un obrar con la mayor pureza de intención de que seamos capaces y con la experiencia de estos encuentros con Dios, cómo no pedir al Señor que nos aumente más la fe que así nos lo hace y quien encuentra a Dios, dialoga con El, vive unida a Él porque tanto en lo más íntimo de su ser como en lo exterior descubre la presencia amorosa de Dios su Padre que la envuelve por dentro y por fuera, Dios está vivo y activo entre nosotros, solo falta que nuestra fe sea viva para descubrirle, Señor auméntanos la fe para encontrarte en todo.

El sacramento del Amor

Señor, ¿cuántas almas por pura misericordia tuya tenemos la dicha de recibirte diariamente en el gran sacramento del Amor: la Eucaristía ¿Cuántas a pesar de nuestros buenos deseos llegaremos a la perfección del amor teniendo este contacto diario contigo? "Tú lo sabes todo[58]", digo con san Pedro. Pero si una no es santa, no llega a esta perfección del amor, algo en ella falla, pues por ti no queda Señor. Qué grande es este Sacramento, el mayor de todos, pues no solo nos da aumento de gracia, sino que recibimos en El al mismo autor de la gracia que se nos da sin medida. Solo la medida la ponemos nosotros con nuestras limitaciones y nuestra falta de disponibilidad para dejarnos llenar, transformar al contacto vivo con ese Dios-Amor hecho alimento de nuestra alma en este maravilloso sacramento del amor, que cuando una se para a reflexionar sobre él, se pierde en este misterio insondable de amor, de todo un Dios que asume nuestra pobre naturaleza descendiendo hasta nosotros y sube al Padre y se queda a la vez con nosotros en este misterio de amor.

Este sobrepasa todo lo que se pueda decir o pensar, es algo que anonada, Señor, y una ve qué mal corresponde a tanto amor. Si se viviese profundamente, comprometidamente la comunión, el mundo sería conocido por la transformación de las personas, qué fuerza de unión, de transformación veo en este sacramento, unión contigo Señor, y unión con todos los hombres, todos nos hacemos uno al participar de este sagrado alimento, que vivamos esto Señor, ayúdanos, aniquila en nosotros todo lo que se opone a la acción transformadora de este sublime sacramento.

Fiesta del Corpus Christi

Jesús Eucaristía, hostia encendida de amor ¿Quién al contemplarte hoy no arde en deseos de ser unido a ti, recibiéndolo de ti ser también una hostia de amor? Y no solo uno lo desea para sí sino para toda alma

58. Cf. Jn 21,15.

que se alimenta de ti. Hostias de amor escondidas contigo, ser fuerza, luz, calor, fuego de amor incendiando al amor que encuentran sus delicias en recibirte en la comunión y permanecer en tu amor a los pies del sagrario amándote oh mi gran prisionero de amor. Cuánta fuerza, cuánta luz, cuántos raudales de amor salen de esa hostia blanca, pura inmaculada que la fe me dice que en ella estás tú y cuando con fe viva se acerca uno a ti, te toca con la fe, cómo experimenta todo esto con tal seguridad y certeza que uno quisiera gritar a todos y ver que es el Señor en la comunión.

Fiesta del Sagrado Corazón de Jesús

Oh mi Cristo, oh mi amor, por donde quiera que te contemple te encuentro por todas partes rezumando amor, bien dijo San Juan que Dios es amor y el amor de Dios ha sido derramado en nuestros corazones por el Espíritu Santo que se nos ha dado[59]. Y si todo nuestro valor está en el amor de Dios que hay en nosotros y en esta adopción divina ¿Cómo será el amor del Corazón de Cristo, Dios de Dios, consustancial al Padreen quien habita corporalmente la plenitud de la divinidad[60] y a quien se le dio el Espíritu sin medida. Corazón de Jesús, manantial de amor, de misericordia y perdón, lleno de indulgencia para el pecador ¿Por qué no ir a Ti en todo momento, lo mismo en el gozo que en el dolor, cuando nos sentimos pura miseria y pecado, cómo no arrojarse en tu divino Corazón lleno de amor misericordioso y compasión?

Corazón Sacratísimo, Jesús manso y humilde, que tu amor nos penetre, nos transforme, nos haga una sola cosa contigo por el amor y que bebamos y demos a beber de esa agua viva que brotaron de tu corazón abierto a todo el que con fe y amor se acerca a beber de él. Señor, danos esa sed insaciable de beber en tu corazón y que cuanto más bebamos más sed sintamos de Ti para no separarnos nunca de ese manantial de agua viva que salta hasta la vida eterna que eres Tú.

---

59. Cf. Rom 5,5.
60. Cf. Col 2,9.

Mi fallo de hoy

Señor, tú bien sabes cómo comencé el día de hoy, mi corazón me parecía que ardía en tu amor y nada me parecía se me ponía delante con tal de demostrarte mi amor, era un descubrimiento a través de todo y abrazarme a todo lo que me salía al paso con tal generosidad y entrega que aquello no era caminar sino volar, una fuerza obraba en mi impulsándome a todo esto, pero en un momento dado juegos de tu amor haciéndome ver y tocar lo miserable que soy. La que venía volando se encontró con una dificultad que en aquel momento le pareció como una muralla alta que superar y me vi pobre, sin fuerzas, incapaz de nada y en vez de decir con el salmista fiado en mi Dios asalta la muralla[61], me quedé encogida, acoquinada, me faltó confianza y decisión y poco después comprendí que esto no te agradó y la oración ya había pasado, sólo me quedaba pedirte perdón y estar más avispada para cuando se presente otra ocasión. Señor si tu mano poderosa no me sostiene qué nada soy, una vez más lo experimenté hoy.

Que esta experiencia me haga vivir más confiada a ti, más atenta a las exigencias de tu Espíritu que en todo va buscando mi transformación en Ti, que no le ponga obstáculos, que sea dócil a su acción oh mi Cristo, mi Esposo y mi todo. Y que esta experiencia de mi nada me haga confiarme más en Padre Dios, como un niño pequeño lo esperé todo de Él dejándome hacer por El y amar por El, dándote gracias por todo con la paz y alegría de quien se confía a Ti y que mis fallos sirvan para reconocer mi nada y por lo tanto tu obra en mí. Bendito seas Señor.

Una mirada al crucifijo

Ando averiada esta temporada, hay mucha acetona y todo humanamente marcha mal. Me están saliendo unos diviesos por el cuerpo sobre todo en la garganta que no se quita uno y ya está otro y no es cosa de decirlo pues ya bastante se preocupan por la enfermedad sin ir con más. Bueno, pues esta mañana para colmo de males al salir del baño

61. Cf Salmo 18,30.

resbalé, me di tal trompazo que mi cuerpo era todo en dolor, así que al llegar a la celda al mediodía para hacer el reposo iba más muerta que viva y eché una mirada con tal fe al crucifijo que tengo a la cabecera de la cama, pidiéndole me diese fortaleza para llevar tanto dolor, me salió con tanta fe que aquel crucifijo no parecía más que me iba hablar, fue tal la expresión que yo veía en él, pero como por instinto, cerré los ojos y dije, Señor quiero vivir de fe no me digas nada, solo dame tu fortaleza y eso me basta. Ciertamente los dolores no se me quitaron ni yo se lo había pedido tampoco, pero sentí una intervención del Señor en mí que hay que sentirla para saber lo que es y no pude por menos de confesar: Cristo es el mismo ayer, hoy y siempre y realmente está vivo entre nosotros, lo sentía a la vez que un golpe de luz me iluminaba por dentro y me recordaba las palabras de san Pablo: sufro en mi carne lo que falta a la pasión de Cristo por su cuerpo, la Iglesia[62]. Y ante esta iluminación bendecía a Dios por todos los sufrimientos que me daba riendo que eran eficaces para su cuerpo, la Iglesia. Bendito seas Señor, todo lo haces Tú.

Ahí está Dios

Al llegar al mediodía al coro para rezar sexta, clavé los ojos no tanto los del cuerpo cuanto los del alma en el sagrario y me dije: ahí está Dios... Y como un sentimiento de pena se apoderó de mí, pena que a la vez se convertía en ternura para con el Señor y me decía que todo un Dios por amor al hombre se haya quedado con nosotros en este sacramento de amor, no catamos en lo que es esto, porque era para volvernos locos de amor y gratitud a nuestro Señor qué así nos testimonia su amor. Luego me volví a mi interior y me dije: también en mi interior está Dios, hice un acto de adoración a Él en esta presencia amorosa en lo más íntimo de mi ser y no sé cómo esto me movió a echar una mirada a todo el mundo de Dios, a la creación entera, hombres y cosas, y volvía a decir ahí está Dios creando y conservándolo todo. Entonces como que una fuerza se apoderó de mí que no me apetecía sino gritar: en todo

62. Cf. Col 1,24.

está Dios envolviéndolo todo con su amor; el mundo no vive esto, ni tampoco yo, porque es para volvernos locos amándote Señor. Eres el Amor y me sentí como perdida desarmada por tanto amor, pues qué cambio se dio en mi alma cuando entré en el coro y clavé la mirada en el sagrario, iba sumida en el dolor tanto físico como espiritual.

Llevaba unos días sufriendo terriblemente sobre todo en el alma, pues después de venir gozando de unas experiencias tan sabrosas con el Señor, volvía el Señor como a dar otra vuelta al alma, no parecía más que las aguas espumantes llegaban hasta el cuello y no podías hacer pie una quería acogerse a Dios, a su infinita misericordia y no parecía más que el mismo Señor te rechazaba. Qué doloroso resultaba esto a pesar de tener esta experiencia de otras ocasiones y una no puede por menos de repetir en esto las palabras del Señor: "¿Dios mío, Dios mío por qué me has abandonado?[63]" En esta situación entré en el coro y como la mirada al Sagrario me descubrió tanto amor y tanto anonadamiento del Señor y sobre todo su gracia, su presencia me confortó y ante la grandeza de la presencia de Dios en todo cambió la situación del alma y no me apetecía sino gritar en todo está Dios.

De rodillas ante: "Yo soy el que soy"

"Yo soy el que soy[64]", el que es. Esta definición que de sí dio Dios a su siervo Moisés en el monte Horeb, pienso muchas veces en ella y me llena plenamente. Descubro en estas palabras al Dios tres veces Santo, la misma Santidad, el Todopoderoso, el grande, el infinito, el todo, el que es, que no tiene principio ni tendrá fin y como coronación de todo es el Amor. En fin, no se expresar con palabras lo que siento dentro de mi acerca de Dios y esto me hace andar en la presencia de Dios como de rodillas en un santo temor reverencial a la grandeza de Dios. Pero al lado de esto camino la revelación que Cristo nos hizo de su Padre y nuestro Padre que nos ama con locura, que no perdonó a su propio Hijo haciéndole víctima propiciatoria por nosotros pecadores.

---

63. Cf Mc 15,34.
64. Cf. Éx 3,14.

Así que, ante un Dios y Padre misericordioso, una detestando sus fallos, sus pecados, pero no la deprimen estos, los lanza en la misericordia de ese Dios grande y poderoso, de ese Padre del hijo pródigo que acoge siempre con infinita misericordia y ternura y si por una parte anda como de rodillas ante "yo soy el que soy", por otra se siente el Efraím mimado del Señor[65]. Seas bendito por siempre Señor, a Ti la gloria y la alabanza porque tú eres el que Es.

Gloria Patri et Filio et Spiritui Sancto

Antes de entrar en el convento de latín no entendía nada y ahora bien poco entiendo también, pero a fuerza de rezar en latín algo se va entendiendo. Buena, una cosa entendí el primer día y me impresionó sobre manera era el Gloria Patri... acompañado de la inclinación que hacíamos al final de cada salmo. Creo que fue y es una gracia de Dios que esto me hiciese tanta mella y que sigo con ese entusiasmo y fervor diciendo el Gloria bien sea el de la misa, bien sea el de los salmos, y a medida que iba experimentando esa presencia de Dios en el alma no sé cómo explicar lo que pasaba en mí al decir el Gloria... No parecía más que te sentías realmente ante la presencia viva de Dios y perdías hasta la noción de dónde estabas y ni cuenta te dabas de enderezarte con ese Gloria Patri... en la boca como miel que ibas saboreando el resto del día. Gloria al Padre, Gloria al Hijo y Gloria al Espíritu Santo proclamaremos sin cesar en el cielo en unión con todos los bienaventurados y esto mismo ya se puede empezar a vivir aquí. Gloria al Padre, Gloria al Hijo y Gloria al Espíritu Santo por los siglos de los siglos infinitos. Amén. Aleluya.

Un detalle de la Providencia amorosa de Dios

Si fuese a decir los detalles de la Providencia amorosa de Dios mi Padre tiene conmigo, sería cosa de emplear muchas páginas, pero de todas formas voy a dejar memoria de un detalle que me pasó esta mañana, tal

65. Cf. Jr 31,20.

vez el más simple, pero hoy que iba a realizar una labor no tenía aguja apropiada y determiné en mi interior: está al llegar la procuradora a la sala cuando llegue se la pido. Determinar esto y tuve que levantarme a buscar otra labor y al regresar al sitio me encuentro junto a la silla un trocito de fieltro blanco con dos agujas flamantes, tal como las necesitaba, al cogerlas quedé como desarmada, allí se tocaba la providencia de Dios, no obstante yo pregunté a la hermana más cercana si había perdido esas agujas a lo que respondió que no, entonces pregunté a las sacristanas que solían ponerse a trabajar en esta ventana y tampoco las habían perdido diciéndome cójalas y vea que se las regala el Señor.

Esto que me decían estas hermanas unido a lo que sentía en mi interior me hizo volverme a mi Padre Dios llena de agradecimiento puesto que hasta en estos detalles tan insignificantes se dejaba sentir su providencia. Señor, ábrenos los ojos y el corazón para confiar más en tu providencia amorosa.

El amor de Dios libera y transforma

Tengo experiencia que en la medida que el alma se deja amar por Dios, va experimentando en si liberaciones, curaciones podríamos decir, que le van transformando y una reconoce la obra de Dios en ella para alabarle y bendecirle. A este propósito voy a decir algo que en mí era tremendo y cómo el Señor me liberó, me curó y es precisamente acerca del miedo. Yo no sé cómo se realizó esto, pero el caso es que ya desde cría era terriblemente miedosa. Cuando me mandaban de noche subir a buscar alguna cosa en casa al piso de arriba quedaba un pequeño trayecto en la escalera un poco oscuro y Dios sabe cómo me los pasaba para atrevérselo y si es al bajar, a saltos bajaba la escalera creía que me iban a coger por atrás. Con las tormentas las pasaba a morir, invocando a todos los santos, me daban verdadero pánico y como me pillasen sola en casa mi solución era meterme en la cama unas veces debajo del colchón y otras cubriendo bien la cabeza con las almohadas. Como éstas, las tormentas, solían ser por el verano cuando las gentes andaban por las faenas del campo, llegaban muchas a mi casa ya que era la primera que encontraban por esa parte del pueblo para resguardarse de la tormenta y la encontraban cerrada, lo que menos sospechaban que yo estaba en la cama. Si éstas me cogían en Oviedo dentro del miedo tenía un poco menos miedo debido a la seguridad de los pararrayos que allí había, cosa que en el pueblo no había ninguno, pero así y todo lo pasaba muy mal.

Un día que me cogió una fuerte con mucha descarga eléctrica que tocaba estar cosiendo a la máquina y a cada descarga yo daba un salto en la máquina, no estaba en mí hacer menos y creo que hasta me quedé pálida, cosa que advirtió la modista y me mandó me quitase de la maquina y en tono de broma me dijo: yo creía que eras más valiente.

Ya cuando no subía todos los días a Oviedo me cogió una buena en casa y mis padres estaban a la yerba en un prado lejos de casa. Me armé de paraguas, ropa de abrigo y calzado pues me dolía en el alma pensar que los pobrecinos después de estar sofocados de trabajar se iban a mojar y salgo ligera en dirección a donde estaban pero empezaron a arreciar los truenos y relámpagos y a oscurecer el día que yo de puro pánico no podía caminar, me sentía morir de miedo y determiné, con gran dolor de corazón pensando en mis padres, dar la vuelta para casa y así lo hice encontrando a una paisana que iba también a auxiliar a los suyos y al verme dar yo la vuelta un tanto extrañada me pregunta ¿qué te pasa que das la vuelta para casa? Ay déjeme en paz que yo con esta tormenta no llego viva al prado donde están los de casa. Esto fue un poco por alto mi miedo con las tormentas. Ahora si me meto a decir algo sobre el miedo que me producía la oscuridad un poco más se puede ver lo que era.

Desde los trece años hasta los veinte que subía a Oviedo todos los días durante la época del invierno en que los días eran tan cortos, algunos de estos muy mal lo pasaban. El tren en que regresaba llegaba de noche cerrada al pueblo, mi salvación era que se juntaba dos trenes el que yo bajaba y otro que venía de San Esteban de Pravia y en mi pueblo empalmaban los dos ramales del ferrocarril y tenía la ventaja que en el tren que venía de S. Esteban venían muchos obreros de la fábrica de cañones de Trubia y algunos vecinos míos así que subía cuando ellos, y la cosa se presentaba bien pero lo malo eran cuando este tren llegaba a su hora y el que yo bajaba venía con retraso y entonces los obreros

¿Dónde estaban ya? Hasta medio del pueblo. Chicas u otros obreros, o estudiantes siempre había alguien pero cuando ya me estaba acercando más a casa me encontraba sola teniendo que atravesar un corto trayecto sin casas en el camino y muy cerca de este estaba el cementerio con el miedo que yo tenía a los muertos, un poco más arriba a un lado del camino dos refugios aún permanecían en pie de cuando la guerra, para colmo del miedo el alumbrado del camino muy deficiente, eso cuando todas las bombillas estaban bien, no digamos nada cuando se empezaban a fundir y aunque venía prevenida de linterna las sombras que esta hacía contribuían a pasar más miedo.

Algunos días muy pocos me decidía a pasar este trecho sola, pero al terminarlo me faltaba la respiración y el corazón latió fuertemente, era hacer algo superior a mis fuerzas. Otras veces las más, al llegar a la última casa antes de comenzar este camino del miedo, me quedaba esperando aguatando el frio a ver si pasaba alguien y si no pasaban allí estaba espera que te espera hasta que mi madre me bajaba a buscar. Cuando la veía llegar veía el cielo abierto.

Y un invierno que entendió mi padre esto me hizo bajar todo él en un tren que llegaba a media tarde contenta en parte porque me veía liberada de pasar ese miedo, pero contrariada porque la tarde no me daba nada de sí para aprender en la costura. Luego me metía en casa y otra vez a sentir miedo, aquí no era yo solo sino también mi hermana al ver la noche encima y sin ningún hombre en casa. Mi padre trabajaba de noche, solo lo teníamos la noche que descansaba una vez a la semana. Mi cuñado por razón del trabajo solo podía bajar los sábados por la noche hasta el domingo por la noche que ya tenía que marchar otra vez, así que a pasar miedo todos los días que ellos no estaban en casa y la cosa no era para menos, pues por aquella parte terminaba el pueblo y también ya se daban ciertos atracos en las casas, teníamos un buen perro que defendía bien la casa pero pensando en que sólo éramos tres mujeres aunque mi madre era muy valiente, las otras a temblar de miedo y aún peor lo pasábamos cuando mi madre, al ser tan caritativa con el prójimo, cuando había alguien enfermo grave en el pueblo muchos familiares de estos venían a buscarle a cualquier hora de la noche, el perro empezaba a ladrar fuerte y nos despertaba y ya mi hermana y yo estábamos en un sobresalto pensando que ahí estaban los ladrones mientras que mi madre salía a la galería, daba la luz de fuera y preguntaba ¿qué pasa? Pronto salía una voz apenada que decía: está X muy mala, de esta noche no sale, vete auxiliarlo y a consolar a la familia, pues la pobre para todo se prestaba y sin escucharnos se marchaba precipitada y hasta largo rato o todo lo restante de la noche no volvía a casa, y a la mañana andaba bien espabilada para que mi padre no le notase nada. Pero ya algunas veces, cuando esto pasaba en los días de descanso, veía que era jugar con la salud, le decía no eres una moza, ya somos viejos y en estas noches frías vas a coger algo que te llevara al sepulcro. Nosotras no éramos personas pues el tiempo que ella estaba fuera estábamos nerviosas, sobresaltadas, ¡Ay que terrible es el miedo!.

Y aquí voy a hacer un paréntesis contando una faena que le hice a mi hermana pues estando las dos afectadas por el mismo mal no tenía compasión de ella y ocasión que tuviese no la desaprovechaba para meterle miedo. Ella al ir acostarnos miraba debajo de las camas, iba abriendo las puertas interiores hasta dar con ellas en la pared para convencerse que no había nadie detrás de ellas, después de la puerta de entrada colocaba un par de sillas con las patas hacia arriba de modo que si forzasen la puerta estas cayesen fácilmente y que nos despertasen, bueno una serie de cosas hacía que para qué contar.

Total que yo un buen día se me ocurrió ponerme unos pantalones de mi padre y sin que ella lo advirtiese me metí en un cuarto que había en la cocina, me puse detrás de la puerta con una pierna apoyada en el asiento del triciclo del chiquillo, ella que va a abrir la puerta y vio mi pierna, en lugar gritar o escapar de puro nervio y medio, a oscuras en aquel momento el cuarto, se abrazó a mí como si unas manos de hierro me apretaran y yo salté una carcajada, entonces al ver que era yo la pobre no era dueña de sí y me empezó a dar manotadas como si estuviese defendiéndose con algún hombre, creo que ni se daba cuenta de lo que hacía, y entonces era yo la que pedía auxilio a mi madre que ya estaba en la cama, me salió cara esta broma pero no escarmenté.

Otro día, buenas nos lo hemos pasado las dos. Tanto era el miedo que teníamos al llegar la noche que dormíamos cuatro personas en una habitación de dos camas, ni mi hermana ni yo éramos capaces de ir a otra habitación, yo dormía con mi madre en su cama, cierto que grande, y mi hermana con su chiquitín en la otra, y esto todos los días que no había hombres en casa. Mi madre era de poco dormir y cualquier ruido insignificante la despertaba, todo lo contrario a mi padre y a nosotras que si nos dejaban empalmábamos noche y día. Bueno, pues una noche parece ser que mi madre sintió un pequeño ruido en la cocina y le dio la impresión que sería un ratón royendo algo o que le estaban serrando los hierros de las ventanas de la cocina, y sin dar la luz muy silenciosamente se levantó dirigiéndose al lugar del ruido a ver qué pasaba pero con tan mala pata que a tientas fue a parar a los rodillas de mi hermana, ésta que siente que la tocan se despertó y empezó a gritar que había gente en casa, que le habían tocado los rodillas, a los gritos de ella yo me desperté también y como por instinto ante el miedo fui a abrazarme a mi madre y no la encuentro en la cama, entonces empecé yo también a chillar diciendo que ya falta mi madre, como que si venían a robar e iban a llevar personas,

Total, que mi madre llamándonos tontas que no pasaba nada y nos decía el motivo de levantarse, pero nosotras con el susto encima ni la escuchábamos. Luego bajó a la cocina y no advirtió nada y todo terminó en risa y a otro día al llegar mi padre del trabajo ella se lo contó y mi padre toda bondad nos miraba con una compasión diciéndonos pobres hijas mías lo pasasteis apuradas, menos mal que vuestra madre es valiente si no que iba a ser de esta casa.

Tantas cosas de estas del miedo podría contar que las pasaba tan mal que cuando me iba a venir de monja mi madre la pobre tenía cierto miedo a que las pasase apuradas en el convento y eso que en cierto modo ella había descubierto la mano de Dios sobre mí en esto, pues poco antes de venirme quise ir unas semanas a donde mi bordadora para aprender algo de bordadas con miras a que esto podría ser útil en el convento, y al regresar a casa en el último tren me encontraba que ya empezaba a caer la noche que, años antes esto ya me daría miedo, pues ahora no, sentía la presencia del Señor, no sé qué era aquello que me sentía más valiente y mi madre con la experiencia que tenía de la miedosa que era salía a mi encuentro y la mayor parte de los días me encontraba que ya había pasado el trecho malo y me decía extrañada:

pero no te da miedo pasar sola, y yo le decía va el Señor conmigo y no siento el miedo de antes. Fue una experiencia que el Señor me quiso dar en eso, pero una vez en el convento el miedo seguía lo mismo con las tormentas, en lo oscuro y con cualquier cosa.

La primera monja que vi morir pensé que agonizaba yo antes que ella, no me había visto nunca en cosa semejante, y luego a raíz de esta muerte empiezan obras en el coro y dormitorios, hubo que utilizar de coro y de capilla un locutorio pasando por unos corredores medio a oscuras, luego un tiempo por cosa de las obras quedaron los dormitorios sin luz y cuando estábamos al terminar laudes yo tenía que salir del coro a tocar una campana para que las hermanas de la cocina subiesen a la oración, total que yo sola con una vela que algunos días se me apagaba por el camino y pasar por delante de la celda que tan recientemente había muerto una monja me las pasaba moradas, y al tocar la campana ídem de lienzo. Luego aquella temporada habíamos hecho las novicias una comedia, a mí me mandaron que hiciera de ángel y me las tenía que ver con otra que hacía de demonio, y me metía el miedo aún más en el cuerpo que luego en cualquier parte que me veía a oscuras, en la misma celda antes de dormirme que mal las pasaba.

Solo Dios sabe lo mal que lo pasé con el miedo en casa y luego los primeros años de convento. Pero sea Dios bendito por todo que esta mi flaqueza hizo resplandecer su gracia. Empieza la enfermedad y cuando humanamente todo se desmoronaba, ahora veo que fue todo una bendición de Dios muriendo precisamente, era como Cristo iba cobrando vida en mí y haciendo sus curaciones y una fue esto de curarme del miedo. Yo no sé cómo, pero el hecho está patente y no me conozco en este campo, quién me conoció ante una tormenta como me conocí yo y quién me conoce ahora alabando y bendiciendo el poder de Dios ante el espectáculo de una tormenta y cuanto más fuerte sea está mejor, más veo las maravillas de Dios y si éstas son de noche no resisto al impulso que siento interiormente de levantarme y ponerme en la ventana a contemplar y bendecir a Dios, aunque los granizos me den en la cara con caricias del creador.

Y así podría ir diciendo casos concretos en que fui liberada del miedo, curada, transformada, pues ahora comprendo lo que es el miedo y se comprender a las personas que lo padecen y si el Señor no pone la mano qué mal se pasa mientras que si Él pone la mano éste desaparece y lo que antes era motivo de miedo se convierte en motivo de alabanza y una ve claro que este bien le vino de Dios y si Él no se lo quita volverá a las andadas, pero no, los dones de Dios son irrevocables.

Gloria al Señor y dejémonos hacer por el Señor, que no es sino dejarnos amor por El de cualquier forma que se presente ese amor que siempre libera, cura y transforma. Sea Dios bendito. Amén.

La contrariedad, gracia también que nos hace el Señor

Cuando el Señor empezó a obrar más aceleradamente diría en esta alma, de tal manera iba disponiendo las cosas que a mí me parecía que la contrariedad, la prueba me circundaba por todas partes. Ahora diría que su amor me rodeaba por todas partes, pero entonces no lo veía así. Y en esas circunstancias sentía necesidad de comunicarme pidiendo orientación, aunque llegado el momento no me supiese expresar, pues eso también me pasaba en aquel tiempo, total que llego a pasar por aquí providencialmente diría, pero todo eran juegos del Señor realizando su obra sin yo comprenderlo. El Padre que me había traído al convento, venía en viaje relámpago acompañando al Padre Provincial. Y dentro del poco tiempo de que disponía subió al locutorio a saludarme e interesarse como andaba, ya que por carta nada por sus ocupaciones. Empecé a darle cuenta de las cosas del alma y me podía expresar bien y a él se le veía prestar gran atención, pero apenas empecé sin poder recibir una respuesta de él se presenta el Padre Provincial para hablar con la Madre Priora y como no había más que ese locutorio, pues el otro debido a las obras se estaba usando de capilla, aunque el Padre Provincial muy delicado decía que se iba él, nosotros a una nos pusimos en pie y dijimos que nos íbamos nosotros y así lo hicimos, sin posibilidad de volver a vernos, ya que se iban los dos enseguida. Me costó esto lo que Dios sabe porque me parecía que realmente le necesitaba estando como estaban las cosas en el alma.

A los pocos días de suceder esto viene a confesarnos el Padre confesor extraordinario, que no sé porque me apreciaba mucho hasta el punto que entre las connovicias me decían la niña mimada de él. Bueno, pues empezar a confesar y antes de decirle las faltas me preguntó que estaría contenta y que qué tal una había ido con la visita que había tenido... etc. etc. y yo tal vez, un poco ingenua, le conté lo que había pasado y cosa de Dios, en vez de tener compasión de mí, más bien diría que se molestó y en un tono seco me dijo: dígame las faltas. Como pude se las dije, pues al verle así quedé deprimida y más todavía cuando me dio la absolución sin exhortación cuando otras veces me la daba maravillosa.

Así que no pude por menos de romper a llorar y las connovicias lo advirtieron y al recreo del medio día – esto había sido por la mañana –me decían con gran broma: vaya qué le pasó a la niña mimada del Padre X que hoy salió llorando del confesonario. Entonces yo herida en mi amor propio como por instinto elevé las manos y mirando a lo alto dije: sólo Dios, sólo Dios y va a saber el mundo lo que es apoyarse en Dios. Me sentía decepcionada de todos y sólo veía mi apoyo en Dios pudiendo decir con el salmista: levanto mis ojos a los montes, a Dios, de donde me vendrá el auxilio[66]. Bendito sea Dios por todo pues todo está en sus manos, pues esta contrariedad era toda una gracia pues esta experiencia dolorosa, si se quiere, me llevó a confiar más en el Señor, a esperar ayuda de Él y a descubrirle más en todo, a ti levanto mis ojos... En ti me apoyo, en ti confió y no quedaré nunca defraudada.

Descubrir a Dios a través de todo

Esta tarde trabajando en la sala de labor me encontraba muy recogida y muy envuelta en la presencia de Dios, la ocupación era de bordar a mano, luego el trabajo sosegado favorecía esta presencia de Dios y francamente confieso que no parece más que vivía ya el cielo en la tierra ante esta presencia tan viva de Dios en lo más íntimo del alma. Así las cosas una hermana se mete con una labor de costura que yo admiro su buena voluntad, pero que no entendía ni jota de ella, así

66. Cf. Salmo 121,1-2.

que a preguntas no me dejaba un momento, sintiendo hasta la tentación de decirle: ni usted ni yo hacemos nada, ya se lo haré yo en algún rato, pero el Señor me dio tiempo y vi que esto la podía herir y entonces en medio de mi contrariedad porque tantas preguntas me restaban atención a mantenerme en esta presencia del Señor, me volví a Él pidiéndole viniese en mi ayuda, que quería atenderle a Él y también a la hermana, y que no lo compaginaba veía mi limitación, mi pobreza... y cómo vino en mi ayuda aumentándome la fe en esa circunstancia para descubrirle en esa hermana y entonces ya no veía a esa hermana inoportuna diría, apurándome, sino a Cristo en ella y entonces todo en mí se armonizó atendiendo a Dios en mi interior y sirviéndole a la vez en aquella hermana.

Luego al retirarme a la celda después de la jornada de trabajo aún era más viva esta presencia de Dios acompañada de una gran paz y gozo en el Señor y cómo el Señor complacido me hacía entender lo agradable que le es ese descubrirle en todo y entregarnos a los hermanos ciertamente con esa fe de descubrirle a Él en ellos por inoportunos e impertinentes que se presenten, esto prometía porque en los buenos es más fácil descubrirle y sin embargo así me lo daba a entender. Cómo también me hizo ver que en ese que no me molesten para llevar mejor la presencia de Dios podía haber mucho egoísmo del que yo me había librado. Sea Dios bendito por todo y continúe su obra en esta criatura y todo para su mayor gloria. Amén.

La mirada amorosa de Dios a nuestra alma

Hablando al modo humano porque estas experiencias son difíciles de expresar con palabras, diré que llevo una temporada que el Señor me hace experimentar en esa mirada amorosa entre Dios y el alma la ternura entrañable, la misericordia infinita, su perdón hasta setenta veces siete, ¡siempre! Y sobre todo su amor. Es la ternura de todo un Dios que para hacerse entender nos dice que, aunque una madre se llegase a olvidar del fruto de sus entrañas Él no se olvida de nosotros, su Efraín mimado. Es la misericordia infinita de nuestro Padre Dios que, si Él es el Santo de los Santos y nosotros la miseria, la nada, sus entrañas de misericordia nos acogen siempre y ¿quién no siente necesidad de acogerse a su infinita misericordia? Y a su perdón, ¿quién le podrá poner límites? El que nos ha dado a su propio Hijo como víctima propiciatoria por nuestros pecados. Somos salvados por la sangre redentora del Hijo de su amor que con tanto amor lo derramó por nosotros pecadores, pero que el Padre nos ama infinitamente en su Hijo muy amado. Al experimentar esto cómo no caer de rodillas ante el trono de la misericordia divina y adorar en silencio porque aquí no salen palabras sino una gratitud que no se sabe expresar. Y sobre todo experimentar, sentir esa mirada amorosa de Dios sobre el alma, es algo que desarma, no puede la pobre naturaleza humana llevar tanto al sentirse penetrada por esta mirada, es algo que se siente movida a decir con la esposa del Cantar de los cantares: aparta de mí tus ojos, tu mirada, que me mata de amor[67], pero no, bendita mirada de amor, que me siga penetrando y transformando y cómo quisiera que todos experimentasen todo esto y que correspondiesen mejor que yo. Señor me siento perdonada, salvada, muy amada de ti, alcancé misericordia, así que eternamente cantaré tus misericordias porque tu amor misericordioso es un edificio eterno.

No me sale, no sé hacer esto...

No me sale, no sé hacer esto, yo no tengo mano para ello... y una serie de cosas que se nos ocurre decir ante algún trabajo que a primera vista nos parece difícil. La experiencia me dice que esto puede ser una postura cómoda para no nos esforzar, o también un complejo que nos hacemos de nosotros sin motivo para ello. Nadie nació aprendido, nos solía decir mi madre, el aprender supone esfuerzo y pienso que, si no es bueno esa fogosidad sin tantear un poco las cosas lanzarse a ellas y el resultado negativo, como tampoco ese encogimiento de no se decidir a nada... no me sale... pero ¿es que lo has intentado? ¿Has pedido ayuda al Señor y puesto de que estaba de tu parte? Esto que una ve así en las cosas materiales viene a suceder lo mismo en las cosas espirituales.

67. Cf. Cant 6,5.

Dios es el que hace la obra en nosotros, pero no nos podemos quedar quietos cuando Él quiere que caminemos por los caminos que Él quiere pues sus caminos no son nuestros caminos y vaya si el Señor nos mete en aprietos para ver nuestra disponibilidad, nuestro esfuerzo y sobre todo nuestra confianza en El, cuánto nos cuesta aprender la lección del Santo Rey David fiado en ti, me meto en la refriega, asalto la muralla. Tengo experiencia ante cosas que a primera vista parecían muy difíciles, para una desalentarse si una se quedase en sí pero si al ver su impotencia recurre al Señor con toda confianza, su fuerza y su poder obrará maravillas en ellas y que ella misma quedará sorprendida ante estas ayudas tan claras de Dios, mientras que si una se queda en sí cada vez se siente más débil y todo se le presenta insuperable.

La alta sociedad

El recuerdo de una conversación con una señora, me llevó hoy a pensar un poco en la alta sociedad y a encomendarla de un modo especial en la oración al Señor. Según esta señora lo que a primera vista parece de envidiar no es más que una esclavitud, ya que no se puede uno mover como quiere teniendo que ajustarse a ciertas normas y si se salía de ellas era criticada. Ella alegaba, si voy al teatro de sombrero, cubierta de alhajas y muy encopetada tienen que hablar y no digamos nada si me ven salir a la calle a hacer algún encargo cercano y salgo sencillamente de zapatillas como estoy en casa, y terminaba diciendo que a gusto vive el pobre que se puede mover a su aire. Ella era sencilla y lo veía así, al tener que vivir en ese nivel de vida de la alta sociedad.

En cambio, el pobre lo verá de otra manera pensando que se pueden dar todos los gustos y caprichos mientras que a él la pobreza la condiciona. Como se ve nadie hay contento con su suerte, solo cuando se vive un cristianismo comprometido, "bienaventurados los pobres de espíritu porque de ellos es el reino de los cielos[68]", es cuando de verdad se siente la liberación lo mismo el que tiene como el que no tiene porque en el fondo de todo su ser está Dios y lo que interesa es

68. Cf. Mt 5,3.

la alta intimidad con la Santísima Trinidad y todo lo demás se coloca por escabel de sus pies.

Esta es la dignidad mayor de una persona, no la de pertenecer a una clase más alta ni más baja sino la de ser miembro de la Trinidad, hijo de Dios, y esto lo mismo puede ser el pobre que el rico, el tonto que el listo y sirviéramos esto en profundidad caería de nosotros toda esclavitud, nos sentiríamos liberados de estas categorías humanas que para Dios no cuentan nada y cuánto bien podría hacer esto, todos somos hermanos ¿por qué no apearse de esas esferas sociales y compartir con el hermano tal vez pobre en materiales, pero rico en bienes espirituales?

Un detalle de la Divina Providencia

Una noche de verano al poco de acostarme se desencadenó una fuerte tormenta y cuando en otro tiempo estas me atemorizaban, ahora me sentía feliz alabando con el cántico de los tres jóvenes a Dios[69] ante los truenos estrepitosos y los granizos que al tener la ventana abierta algunos rebotaban hasta la cama y luego las iluminaciones que producían los relámpagos el espectáculo no podía ser mejor para ver en todo ello la mano poderosa del creador de estas maravillas. Y cuando todo esto me hablaba de Dios, voy a decir hasta donde llegó mi ruindad empezando a preocuparme por cuatro ciruelas que había en la huerta y que tales granizos las iban a estropear y le pedía al Señor que cesase la tormenta a favor de la fruta que había en la huerta y que se iba a estropear. La tormenta cesó, yo me quedé dormida y al despertar no pensé más en ello. Pero ya en torno a las navidades en ese mismo año nos llega un gran café de latas de frutas en almíbar.

Yo había unos años que un bienhechor nos hacia este regalo, la cosa no fue sorpresa, pero la sorpresa, la providencia estaba en que mientras que en otros años las latas eran de distintas frutas, este año eran todas de ciruelas y mientras las demás hermanas no las sorprendió nada, yo me sentí desarmada no tanto por lo que veía cuanto lo que el Señor me hacía sentir en mi interior recordándome aquella noche

69. Cf. Dan 3, 52-90.

de tormenta y mi tonta preocupación y cómo todo se mueve bajo su divina Providencia, creo que ante esta intervención de Dios en mí, me faltaba hasta respiración y no me apetecía si no fuese por no llamar la atención delante de las hermanas, caer de rodillas y adorar a Dios que en este detalle providencial tan al vivo se me revelaba el Dios providente. Bendito seas el Señor y aumente mi confianza en tu Divina Providencia. Amén.

Procurar hacer feliz a los demás

Una hermana salía de la sala de la labor, iba ligera, se veía que algo le urgía, pero otra hermana anciana no se percató de las prisas que la otra llevaba y con una sencillez y humildad edificante le pide por caridad si le puede echar una costura a la máquina y le daba la prenda para que se la cosiese. Dios quiso que yo advirtiera esto para que quedase edificada, no sé de cual más, si de la anciana al ver tanta humildad pidiendo un insignificante favor, o de la joven acogiendo con tanta caridad a esta venerable anciana. Dejó sus prisas y al instante satisfizo el deseo de la hermana y tengo para mí que el Señor se complació mucho en esta acción, pues esto que a primera vista dado las prisas con que la hermana joven salía de la sala podía ver en lo que le decía la otra una contrariedad interrumpiendo su aire, en cambio se ve que tuvo fe viva, descubrió el Señor en esa hermana y con qué caridad más delicada la sirvió. Ante esto sentí gran alegría en mi corazón, bendecía a Dios porque de nuevo repito que el Señor se tuvo que complacer en esta acción y para mí había sido también un gran estimulo.

Realmente con cuántos pequeños detalles se puede hacer feliz a las hermanas y qué bien podemos servir al Señor en ellas, pues todo lo que no le podemos hacer a El ahí tenemos a nuestras hermanas con quien Él se identifica recibiendo como hecho a Él el menor servicio hecho a uno de sus más pequeños hermanos. Y es maravilloso cuando se vive con esta ilusión, este entusiasmo de servir y hacer feliz a las hermanas, cómo el Señor te inspira mil detalles que una no caería en la cuenta. Ir por ejemplo a una hermana que la ves sufriendo y decirle Dios te ama mucho puesto que comparte contigo la cruz del sufrimiento, ánimo que el sufrir pasa y nos prepara para el gozo de la resurrección, ánimo que Cristo está contigo y así una serie de cosas que ni una piensa, sino que le salen espontáneo si Dios las pone en su boca y tengo experiencia cómo el Señor se sirve del más vil instrumento si se quiere para levantar el ánimo de una persona que sufre. Y cuando hay esa solicitud de preocuparse de los demás reina una fraternidad que todo te lleva a Dios. Bendito sea Dios.

Sólo en Dios descansa mi alma

Sólo en Dios descansa mi alma[70], podía decir con el salmista pues lo que en otro tiempo todo me parecían contrariedades y pruebas ahora voy descubriendo que todo eran gracias de Dios, su amor que me envolvía por todas partes aunque yo muchas veces no lo sabía descubrir, pero hoy día por pura misericordia de Dios puedo decir que me abrió los ojos y veo que no debo más que amor y agradecimiento primeramente a Él y luego a todas las personas y cosas que contribuyeron a darme este descanso en el Señor. Todo en mí se iluminó y tanto en lo pasado como en lo presente todas las contrariedades, pruebas y cuánto me hacía sufrir todo, todo, eran gracias de Dios, lo que pasa que el Señor nos tiene que dar esa misión en fe para descubrirle a través de todo y qué paz, qué descanso trae esto al alma y cómo el Señor se manifiesta a ella y cómo es necesario pasar por una serie de cosas que Dios en su amorosa providencia va disponiendo y que vistas a la luz natural desconciertan, pero no así a la luz de Dios.

Me viene a la memoria un hecho como otros muchos de los que podía dejar memoria, me cuesta decirlo, pero sea para gloria de la sabiduría de Dios obrado en las almas. Se rompió la jeringa de la insulina, pero en esta ocasión ya habían pasado tres días sin que fuese sustituida por otra, luego llevaba tres días sin inyectarme la insulina y me encontraba en cama con mucha sed y muy mal, la vida estaba colgada de un hilo, así las cosas en un momento que estaba la enfermera conmigo en

70. Cf. Salmo 62,2.

la celda vino una hermana a verme y la enfermera disgustada dijo: por caridad cómprenme una jeringa que se nos muere esta monja y la otra sin medir el alcance de lo que iba a decir, dice : no hay dinero en casa. Yo al oír esta frase quedé traspasada, hice de tripas corazón mientras que ambas hermanas estaban conmigo y una vez que me vi sola me volví hacia la pared y con el corazón traspasado rompí a sollozar a la vez que decía al Señor: ni en treinta pesetas estiman mi vida (era el precio entonces de esta clase de jeringas) si las cosas quedasen así vistas por el lado humano pensaría que sería una víctima fruto de los descuidos y sin embargo el Señor me iluminó y cuanto amor en mi dolor vi en todo este hecho. La que dio tal respuesta era una hermana que me quería con toda el alma y que se estaba sacrificando mucho por mi salud y cómo el Señor dispuso que fuese a dar tal respuesta y precisamente delante de mí para llevarme al corazón tal dolor que me hizo volverme al Señor manifestándole mi dolor sí, pero a la vez mi confianza en El.

Pues sólo en El uno puede apoyarse y descansar y cómo en su infinito amor misericordioso salió a mi encuentro haciéndome ver con un realismo tal que me sentí desarmada al recordar que precisamente treinta monedas habían puesto al precio de su vida y cómo el discípulo no es superior al maestro, pues si de verdad ansía la identificación con El, de tal forma al Señor se las ingenia en su sabiduría infinita que por los medios que sea y valiéndose incluso de las personas más queridas, va disponiendo las cosas para realmente vivir en nosotros sus misterios, de gozo, de dolor y de gloria porque realmente esto y muchas cosas de este estilo pasaron pero la paz, el gozo, la confianza y el descanso que el alma encontró en el Señor a través de ellas eso sí que no pasará jamás mientras que el alma apoyase siempre en la gracia de Dios trata de serle fiel y todo es motivo para dar gracias a dios y bendecir su santo nombre por generaciones y generaciones. Amén. Aleluya

Soy inmensamente feliz con el Señor

Cristo mío, soy feliz, inmensamente feliz contigo, felicidad que nada ni nadie me puede arrebatar porque se funda en ti y tú eres el Fiel, el fiel amigo que nunca defrauda ni traiciona. Sostenme con tu gracia para que te sea fiel, pues ni en mí está el ser fiel si tu gracia no lo hace en mí. Eres la fuente de la felicidad que brota del Padre y cuanto más se va apoderando de un alma más la haces participar de tu infinita felicidad. Señor, tú bien sabes que cuando descubrí tu llamada todo me sonreía en la vida según la felicidad humana, pero a la luz de tu llamada todo me pareció nada la felicidad que se podía dar fuera de ti. Pero de ver esto así a experimentar ahora esta felicidad en que me veo inmersa, media todavía un abismo de lo que entonces barruntabas. Y ¿quién habla así? Una pobre monja encerrada como quien dice entre cuatro paredes según el decir de los mundanos y sin embargo en este bendito encierro por amar el Amor, es donde se da la verdadera felicidad. No se necesitan salidas ni distracciones, el Señor llena tu vida, pues quien gusta con suave y bueno es el Señor que da el paladar de su alma entragada para encontrar gusto y felicidad en otra cosa que no sea el Señor.

El colma todos sus deseos, la sacia con su amor, su ternura, su bondad y la cubre con su infinita misericordia con ella porque se ve muy pobre y desnuda de por sí, pero rica en El y se siente verdaderamente feliz y vive en un requiebro de amor con el Señor, el Esposo, que no se deja vencer en generosidad al ver los deseos ardientes de ella de ser toda de Él, esta mirada amorosa entre Él y el alma se hace aún más intensa llegando momentos en que parece más subyugada por esta mirada quiere como romper las ataduras con el cuerpo y fundirse toda en el Amado. El amor divino la venció, el sólo posee su corazón con toda la felicidad que esa trae. Y pienso en el dicho tan conocido "nobleza obliga", si así la trata el Señor ¿cómo no quemar toda su vida en un continuo holocausto de amor a Él y a toda la humanidad que El asumió al encarnarse? Pero aún por encima de esto descubro otro motivo como es por ser quien es. Ya lo creo que se merece mantener estos huertos cerrados donde vidas se queman en el anonimato como incienso aromático en que se complace el Señor. A tanto llega su misericordia con nosotras.

La contemplativa, testimonio vivo de amor a Dios

Si en el cuerpo humano como San Pablo nos describe maravillosamente hay muchos miembros y todos tienen su función a realizar y del buen funcionamiento de todos marcha bien el cuerpo[71], traslademos esto al cuerpo místico de Cristo, diversidad de miembros y dones, pero un solo Espíritu y todos tienen su función que realizar, todos son necesarios en la viña del Señor y no el que más predique, el que más hable de Dios ni el que más identificado esté con la divina Cabeza de este Cuerpo y que pueda decir con San Pablo "mi vivir en mí[72]". Y si San Pablo hizo tanto fue porque el Espíritu de Dios, la fortaleza de Dios estaba en él, le había identificado con Cristo y aquí partía toda su fuerza apostólica.

Pero ¿qué decir de la Santísima Virgen? esta ni se movió ni predicó y ¿quién podrá medir la fuerza de su irradiación en la Iglesia? La gran contemplativa, el corazón como nadie de la Iglesia, el gran modelo para todos y de un modo especial diría que, para la contemplativa, ante este modelo uno ve que nuestra vida, nuestra función de corazón en la Iglesia es necesario ahora y siempre. La Iglesia lo sabe y nos protege como a parcela escogida de la viña del Señor.

Luego quien piense que ya nuestra vida no tiene razón de ser en estos tiempos es como querer arrancar de la Iglesia uno de sus órganos más vitales. ¿Quién comprende esto? Quien lo viva o le sea dado de lo alto el entenderlo. A estas vidas quemándose en un holocausto de amor, no le son desconocidas las necesidades de los hombres, pues al amar a Dios tienen que amar a todo lo que Dios ama, pues la contemplativa alimentada de la Eucaristía, de Cristo muerto y resucitado pues tanto amó Dios al mundo que le entrego hasta su propio Hijo[73] y el Hijo ha venido para que tengan vida y la tengan en abundancia dando su vida para que tengamos esa vida nueva que Él nos mereció, la contemplativa que vive esto ¿Cómo no amar con las entrañas de Cristo todo lo que Él amó y por lo que Él se inmoló y cómo no querer ser viva prolongación de Cristo en este género de vida que pasa desapercibido

71. Cf. Rom 12, 4.
72. Cf. Flp 1,21 : « Para mí, la vidda es Cristo ».
73. Cf. Jn 3,16.

a los mundanos. Veo pues razón de nuestra vocación, y el mundo se beneficia de ella, entiéndalo o no.

No nos vomitó el mundo

Pero sobre todo esto que ya le da razón de ser a nuestra vocación, veo otra razón superior que en un principio no la descubrí así, pero el Señor me lo dio a entender y es que el hecho de que Dios por ser quien es ¿no merece que haya personas que de por vida respondiendo a la llamada cargada de amor de Él se le entreguen y quemen toda su vida en una alabanza y acción de gracias a Él? Aunque de sus vidas no se desprendiera ningún bien para la humanidad solamente ser un testimonio vivo de amor al que "yo soy el que soy" como se reveló a Moisés. Yo veo razón y muy subida razón. Ser testigos, testimonios vivos de amor a Dios, y vuelvo a insistir en lo que ya dije que no se puede amar a Dios sin amar a su vez a los hermanos luego en nuestros monasterios hay amor para todos, caben todos. No nos vomitó el mundo, ni somos personas fracasadas, sino que respondiendo a la llamada amorosa de Dios a seguirle más de cerca rompieron los lazos fuertes de la sangre, seducidas por el amor de Dios para ser testigos de su amor.

¿Y quién se atreve a negarle al Señor en estos tiempos precisamente en que todos se procuran sus vacaciones y un lugar de descanso, el que el Señor tenga estos huertos cerrados de almas vírgenes en donde se pueda recrear el Esposo virginal? Pienso, mejor dicho lo veo, que la contemplativa es un gran regalo de Dios a su Iglesia, puro don de Dios en su infinito amor misericordia a la persona que recibe esta vocación y a toda la humanidad que se beneficia de estos intercesores ante Dios como otro Moisés intercediendo por su pueblo, amando por los que no aman y sobre todo alabándole y bendiciéndole por todo, ensayando aquí lo que va a ser nuestra ocupación en el cielo. Gloria y alabanza a tí Rey y Señor de todo. Amén.

Oración personal, oración litúrgica y presencia de Dios

Oración personal, oración litúrgica y presencia de Dios, según mi pobre experiencia, veo que estas tres cosas caminan juntas completándose y ayudándose una a la otra. Y quien marcha bien en una marchará bien en los demás y viceversa. Porque si en mi oración personal entro en ese contacto vital con Dios mi Padre que me ama con locura y que es todo amor, ternura, bondad y misericordia... esto me lleva de la mano a cantar sus alabanzas, a proclamar sus maravillas, a darle gracias por todo y a interceder por todos, y esto ¿En dónde mejor lo puedo realizar que en la oración litúrgica? Esos salmos tan inspirados hacen vibrar al alma ese dar nuestra voz a Cristo, el gran liturgo del Padre, para que alabe y glorifique en nosotros al Santo de los Santos, al Padre Eterno y como coronación de esta oración litúrgica la eucaristía, misterio de fe y de amor, sacramento de unidad, vínculo de caridad en donde el Padre recibe la glorificación máxima que le puede subir de la tierra. Cobrar conciencia de esto y tratar de vivirlo es algo que saca a uno fuera de sí como para venir a entrar en su silencio de adoración al que "lo es todo", al que es. Luego todo esto lleva a sentir más intensamente la presencia de Dios en el alma que esto lleva a orar sin interrupción como diría el apóstol san Pablo[74]. Porque esta presencia de Dios que le prepara para vivir en esa comunión de amor con Dios nuestro Padre en lo más profundo del alma, bien sea por el diálogo amoroso, el silencio de adoración y mirarse en Dios y el alma en una complacencia inefable, el dejarte amar por Él. Esto es algo que a pesar de nuestros fallos y limitaciones, te lleva a vivir la oración personal y la oración litúrgica de un modo especial y según se vivan éstas también tienen su repercusión luego en mantener viva la presencia de Dios, luego mucho tiempo de oración para luego convertir todo el tiempo en oración, mucho entusiasmo y fervor en la oración litúrgica para luego durante el día seguir alabando en todo momento al Señor y vivir muy conscientes esta presencia de Dios y el cielo en la tierra ya nos lo hace saborear el señor.

---

74. Cf. Tes 5,17.

65-Descubrir la propia vocación y ser fiel a ella

Cuánta infelicidad puede traer el no descubrir la propia vocación a que Dios le llama a realizarse en ella o el ser infiel a ella. No es que yo cuente con esta experiencia, pero tuve a punto de errar en mi vocación si Dios en su misericordiosa providencia no me saliese al paso haciéndome ver cuál era mi vocación a la que Él me llamaba y no a la que yo creía estaba llamada. Hoy, ante un hecho que me han contado y que las noticias no te vienen sin más, sino que todo está previsto por Dios, me hizo volverme al Señor, llena de gratitud y felicidad agradeciéndole el don de esta soberana vocación sin merito alguno por mi parte que hace sentirme puro vaso de misericordia del Señor en donde se vuelca sin medida y a la vez con qué realismo me hace ver cómo sería mi infelicidad sino hubiese seguido mi vocación, pues yo bien creía que mi vocación era el matrimonio, tal vez por ser la vocación más común. Los chicos me gustaban y soñaba con un hogar feliz y con hijos y cómo el Señor sirviéndose de unas santas misiones me descubrió la vocación a que me tenía llamada y no la que creía.

Bendito sea Dios así por mí ¿Qué hubiese sido de mí si hubiese ido por otro camino del que Él me hubiese marcado? La infelicidad, la amargura sería mi patrimonio como el hecho que hoy me contaron, cuánto amor misericordioso, Señor, descubro sobre mí dándome esta vocación y la fuerza para seguirla pues después de descubrirla un mundo de persecución me salía al paso para impedirme la siguiese y con qué persecución personas que me querían mucho, a todo tren me querían apartar de esta vocación diciéndome que cuánto más bien podría hacer en el mundo casándome, educando unos hijos cristianamente y ser ejemplo de familia cristiana en el mundo y no encerrarme en los muros de un convento en donde nadie iba a saber de mí, que total para rezar ya lo podía hacer en mi casa sin necesidad de dejar la familia y las pobres gentes no veían más y por lo tanto no podían comprender esta vocación en la que cada día me siento más feliz y descubro más misericordia de Dios conmigo. Esto no quiere decir que todas vayamos a ser monjas, no, cada una que siga la vocación a que Dios la llama y solo en ella podrá realizarse y ser feliz, pero importa muy mucho centrarse en la vocación a que Dios te llama, florecer en donde Dios te llama.

La virginidad consagrada a Dios, es fecundidad

Ante el llanto de un niño que en mis primeros años de vida religiosa oí un día en la iglesia, mi sensibilidad de mujer, mi instinto maternal se conmovió y en un primer momento sentí como pena de mí al ver que había renunciado a la posibilidad de formar un hogar, tener unos hijos... casi diría que me sentí como fracasada, pero al momento el Señor me iluminó y reaccioné y vi la grandeza de mi consagración virginal al Señor. Si renuncié voluntariamente a un hogar, a unos hijos y no por cobardía a enfrentarme con la que esto supone, sino porque el Señor cuando yo creía que el matrimonio era mi vocación, El me mostró que no era por ahí por donde Él me llamaba y vi que mi vocación era de seguirle a Él en la vida religiosa, pudiendo decir también con el joven Samuel aquí estoy, Señor, porque me has llamado[75]. Señor me has llamado a tu servicio, a consagrarme en cuerpo y alma a ti, renunciando a una fecundidad humana por una espiritual más esplendida, pues lo que hasta ahora sólo sabía de oídas "que la virginidad es fecundidad" ahora lo experimenté.

Maternidad espiritual

La fecundidad humana tiene su límite mientras que la espiritual no, pues una contemplativa unida a su Esposo Virginal Cristo Jesús, se siente madre espiritual de toda la gran familia humana a quien ama y por quien se sacrifica y ora, a los que no conocen a Cristo para que vengan a la luz, nazcan a la vida y los que le conocen para que le conozcan mejor y se injerten más y más en el misterio de Cristo y su Iglesia. El campo que una contemplativa tiene por delante es enorme. En su vida de oración, de silencio, de sacrificio está haciendo un apostolado muy fecundo, no hay miedo que se sienta estéril, sino madre fecunda

75. Cf. I Sam 3,4.

y tanto más cuanto mayor sea su identificación con el Esposo en que también el Espíritu Santo la cubre con su sombra haciendo fructificar su vida en bien de otras almas. Es hermosísima esta vocación consagrada al Señor y a la vez comprometida, porque si el Señor en su infinita misericordia te escogió para Él es para que vivas para El y para su obra, no te perteneces, debes vivir obsesionada con El amándole sin medida y que otros le conozcan y amén, pero esto ensancha el corazón ante la misión para que el Señor te escogió: ser madre fecunda de las almas y precisamente en tu virginidad consagrada al Señor. Esto creo que solo se comprende bien cuando el Señor te ilumina y te lo hace experimentar.

Un temor que me llegó a preocupar

Al poco tiempo de entrar en el convento estaba despistada y no daba pie con bola, para mí todo era nuevo, pero a pesar de esto yo me sentía feliz, centrada, estaba en lo que ansiaba mi alma, así que bendecía a Dios con toda el alma por esta santa vocación que me había dado, traerme a este santo lugar dominicano y verme entre unas hermanas que todas me parecían santas, yo me sentía el garbanzo negro entre ellas, así que mi vida discurría feliz en esta primera temporada pues, aunque me costaba hacerme a algunas cosas, tal era la ilusión y fervor que sentía, que yo no veía cruz en nada. Además, como nos decían y una iba comprobando que el espíritu dominicano era muy alegre todo parecía que iba sobre ruedas. Así las cosas, yo no sé si fue cosa del enemigo o una pesadilla que me vino encima que no parecía más que me decían al oído que no era aquí en donde Dios me quería sino cartuja o trapense, vida aún más austera así que me entró una preocupación que no parecía más que me arrancaban la alegría y mil cosas se venían a la cabeza para pensar y no era pequeño el sufrimiento que me venía encima pensando en lo que esto supondría para mis ancianos padres. Así andaba dispuesta a dar respuesta si esa era la voluntad de Dios pero estaba muy preocupada con todo esto y cosa de Dios Él te pone a prueba para ver como reaccionas y luego que admirablemente da solución a todo pues un buen día en la oración en aquel tiempo había la costumbre de leer antes de comenzar ésta un punto de meditación y misa por donde me vino la respuesta del Señor en estas palabras: "Suele ser tentación de los principiantes sentir vocación de querer buscar vida de más austeridad en otra casa cuando aún no conocen las austeridades y observaciones de la propia".

Al oír esto no sé cómo no di un salto de alegría en la sillería pues mi preocupación en un instante la vi desvanecida y lo que en principio tuvo esto de preocupación a partir de ahora se convirtió en un estímulo para conocer mejor la Regla y las constituciones y el espíritu de la Orden pudiendo aplicarme el refrán no hay bien que por mal no venga y todo me hacía pensar que era aquí en donde me llamaba el Señor, me sentía centrada y más alegre si cabe que antes pues iba calando más en nuestro espíritu dominicano, un espíritu abierto, alegre, muy fraternal en donde todo se mueve en el amor, creo que todo esto venía bien a mi modo de ser, así que bendecía a Dios por todo lo pasado que a este bien me había traído y bien creía que de esta preocupación había quedado curada, pero justamente haciendo los *Ejercicios* como preparación a la profesión solemne y para decirlo todo tan enferma me sentía y de hecho lo estaba que bien creía que había llegado al fin de mi vida y solo pedía a la Virgen me concediese llegar al día de pronunciar mi consagración religiosa y que el Señor dispusiese de mi vida como Él quisiera. Ya me había encariñado con la muerte y si bien sufriendo mucho en el cuerpo había un gran gozo en mi espíritu y deseaba ya ir a Dios mi todo.

Venerable padre Colunga

Así en esta disposición, estando un día en oración ante el sagrario con tal viveza me viene otra vez los temores de que este no es lugar donde me quiere Dios, descorazonada me volví al Señor diciéndole mi vida se acaba por momentos, este agotamiento ya llega al máximo ando más penosamente que un anciano, de cien años ¿Qué quieres de mí? Sólo quiero hacer tu voluntad, ¿qué puedo hacer así? Pero el Señor no respondía hasta que fui a confesar y hablé de esto con el confesor, era el Venerable Padre Colunga, hombre todo de Dios, se hizo cargo de mi situación y en esta ocasión no escatimó ni tiempo ni palabras llegando a la conclusión de que me quedase completamente tranquila que en cuanto a estado de vida religiosa ya estaba en el más perfecto, así que todo eso que sentía no debía interpretarlo como que el Señor me pedía que cambiase de casa, sino que quería de mi gran fidelidad y vida profunde interior. Vi en sus palabras la respuesta de Dios, mi alma se esponjó y no acertaba sino a bendecir a Dios.

Me siento dominicana de cuerpo y alma

Antes de entrar en el convento, pero ya descubierta la vocación hablando de ésta con el Padre dominico que me confesaba, me pregunta que qué orden me llamaba, yo por toda respuesta le dije: no conozco ninguna, tan solo conozco algunas de nombre, lo que si me tira es de las cerradas, de clausura. Noté que se alegró sobremanera, luego me fui dando cuenta que sentía predilección por este tipo de monjas. El, muy prudente, me fue diciendo que puesto yo no me sentía movida a una determinada que me hablaría de la dominicana puesto que dominico era la que más conocía. Y me empezó a hablar que yo ya no deseaba otra cosa que verme pronto en el convento. El, determinó que viniese a este bendito lugar dominicano cuna del fundador que tanto habla todo dominico.

Además, ya van muy adelantadas las otras del convento de Padres que allí se está levantado me decía estaréis muy atendidas espiritualmente, creciendo con todo esto mis deseos de verme pronto en el convento, había en mí tal gozo e ilusión que todo parecía iba sobre ruedas. Pero cuando en casa se empezaron a dar cuenta de mi vocación y de que me confesaba con un Padre en Oviedo y que era él quien andaba por medio preparando mi marcha ¡ay la que se armó no sólo en casa, sino en todo el pueblo!, siendo el blanco de todas las conversaciones, pues la noticia cayó como una bomba y más al saber que me venía de las encerradas que era vivir sepultadas en vida como me decían y algunas personas con toda su buena voluntad qué compasión y pena sentían por mi vocación, y al Padre le ponían de vuelta y media: que a quien se le ocurría dejarte ir monja dejando a tus padres ancianos. Tal vez por otra parte salga poner algo de todo esto.

Total que después de esto, al fin me pude ver en el convento contenta y feliz al verme en donde creía el Señor me quería y a la vez iba comprobando que dentro de una vida austera pero que cuando hay fervor todo se abraza gozosamente, no encontraba esas extravagancias que me decía la gente iba a encontrar y me sentía muy feliz, tanto que con motivo de mi toma de hábito vino el Padre a presidirla y yo toda contenta me faltó tiempo para decirle en el locutorio que era muy feliz y que me sentía dominica de cuerpo y alma y empecé a ponderar la Orden como que no había cosa mejor, estaba encandilada con ella, pero él muy atinadamente fue sosegando mi entusiasmo desmedido al decirme entre otras cosas que todas eran buenas y daban gloria a Dios y me dio una lección sobre las familias religiosas en la Iglesia que si bien contenta y feliz y pareciéndome que no lo había mejor que nuestra Orden reconocía que todas eran agradables y bendecidas por Dios, y que no cabe duda de que cada una con sus matices son la complacencia de Dios. Me hizo gran bien todo esto y también me llevó a conocer más la familia dominicana a la cual la misericordia de Dios me había traído pues ¿qué conocería de ella en unos primeros meses para estar tan encandilada? Los primeros favores que ya te hacían sentirte dominica de cuerpo y alma sin conocer las cosas. Bendito sea Dios por todo que lo que un día decía sin recapacitar hoy lo puedo confirmar con toda serenidad y convencimiento.

Dios mi Padre veo que es una maravilla en su obrar conmigo

Tengo que decir que Dios mi Padre es una maravilla toda su obra conmigo, qué bien lo veo ahora y precisamente en lo que en otro tiempo me parecían pruebas y contrariedades qué amor y qué maravillas de Dios encuentro en todo eso. Voy a decir solo unas tres o cuatro cosas de distintas épocas de mi vida, cómo el Señor disponía las cosas para desprenderme de todo lo que yo me entusiasmaba por demás y me pegaba a ello. Benditos fracasos que así parecían y cómo el Señor estaba detrás de todo para actuar El.

De cría mientras que otras rapacinas eran muy útiles cuidando de sus hermanos más pequeños y ayudando en casa, yo, como hermanos pequeños no tenía, era lo mismo, de la casa consentida y holgazana por demás, menos mal que mi madre se imponía ya que todos los demás me echaban a perder. Bueno pues un invierno se plantó y me dijo ya está bien de hacer títeres pues mientras ella y mi hermana hacían alguna labor por la noche yo las divertía haciendo payasadas, títeres como ella decía. Bueno pues ese invierno se dio cuenta que de ver a mi hermana yo sabía tejer algo y me propuso que me hiciese yo unos calcetines ayudada por mi hermana que ella tejía muy bien. La idea no me disgustó y me faltó tiempo para pedir lana, y manos a la obra y los primeros días con tal fogosidad me daba a ella, pero pronto me cansé y me costó un triunfo darles fin, pero al fin los terminé. Labor de tanto tiempo entre manos y la lana que era de color muy claro, total que cuando los terminé no los podía estrenar sin más, había que lavarlos antes y yo me lo hice por mi cuenta no pude esperar a que los lavase mi hermana, cosa de rapacina, pues no sé qué lavado había hecho y con las prisas que secasen pronto no se me ocurrió otra cosa que ponerlos a secar en unas alambres que en tiempo de invierno colocaba mi hermana sobre la cocina. Yo las utilicé al medio día cuando la cocina estaba al mayor calor colgándolos sin sujetar con las pinzas de la ropa y se ve que de mala manera, total que al poco rato vemos que se levanta una llama en la cocina, un calcetín que se había caído y precisamente sobre una sartén con aceite salpicando ésta y todo se hizo una llama devorando el calcetín en poco tiempo, yo que veo este panorama si me dan una puñalada no sangro al ver en un momento todo el trabajo de un invierno perdido. Mi hermana se reía diciendo los hize de mala gana y así salió la cosa. En cambio, mi madre, lo que es una madre, intuía mi dolor y me animaba diciéndome: todavía te quedó uno, que Marina te dé más lana y pronto haces otro y no pasó nada, pero yo no me sentí capaz de empezar otro; si bien esta contrariedad, este fracaso, que entonces así lo recibí, dejó huella en mí para no ser tan precipitada, ahora veo que todo estaba previsto por Dios pues mi vida dulzura necesitaba algunas de estas cosas para recapacitar un poco y no ir al aire que me salía.

Ya de mayor me pasó otra cosa parecida. Salieron de moda unas chaquetas blancas de tricotón tejidas a mano, me gustaban ese tipo de chaquetas, no así el material empleado en ellas, y entonces me propuse hacerme una, pero de lana blanca. Orientada por mi hermana la hice y me quedó bien, sintiéndome muy satisfecha de mi labor, pero antes de estrenarla me pareció mejor darle un agua ya que al trabajarla estaba un poco sobada. La metí en agua un poco caliente con polvos especiales y al cabo de unas horas cuando mi hermana la fue a frotar un poco observó que la chaqueta había menguado bastante, no había entonces lana de fibra como ahora y así salió la cosa. La ponemos a secar y aún menguó más, teniendo que estrenarla ya un tanto raquítica que no lucía, y no tenía otra solución que tirarla o deshacerla para tejer de nuevo. Las dos cosas se me ponían cuesta arriba, puesto ésta sí que lo había hecho con sacrificio pues tenía bastantes encargos de costura que hacer y entonces robando al descanso la iba tejiendo y ver lo poco que había disfrutado de este trabajo tan sacrificado no sabía qué hacer y me decidí por deshacerla y volver a tejer de nuevo pues me daba cargo de conciencia tirarla sin más, pero ya dejé pasar el verano, y cuando tejía de nuevo lamentaba por qué no la había hecho de tricotón sin haberme expuesto a esto, y todo por vanidad porque de lana iba a ser más elegante y qué misericordia de Dios desbaratando mis vanidades y mis apegos.

Vamos con una tercera cosa, este ya en los primeros años de convento. Desde niña me aficioné por demás a una planta, la planta del cristal, "la cristalina" como le llamábamos en casa. Sus tallos como transparentes me llamaban mucho la atención y en casa tanto mi madre como mi hermana eran muy aficionadas a las plantas y había en abundancia por todas partes, huertos, corredores del hórreo y galería con las más delicadas pues yo siempre tenía una cristalina por mi cuenta. Llegada al convento echaba de menos esta planta y así en la primera visita que me hacían los de casa entre otras plantas pedía ésta también y trajeron varios tallos que todas agarraron y se hicieron plantas muy hermanas pero al llegar el frio intenso del invierno con qué dolor veía entristecerse esa planta hasta que se fueron secando todas, y esto venía repitiéndose durante varios años pues al verano me la traían de casa y en el invierno se secaba, y a uno de estos que se mantenía con vida ni sé la de cuidados que tenía con ella, reconociendo después que estaba pegadina a una triste planta como luego experimenté, pues un buen día que lucía el sol la puse junto con otras en la ventana para que se beneficiase de los rayos del sol y cual no fue mi disgusto cuando al ir a recogerlas horas después veo que de la del cristal no quedaba ni rastro, seguramente que algún pájaro se la llevó de cuajo.

Ante el disgusto que sentí recibí una lección maravillosa del Señor, las cosas no suceden al azar, todo se mueve bajo la sabia mano de Dios, Él permitió esto para que yo cayera en la cuenta de mi apego a esta planta que bajo capa y con toda buena voluntad de que me hacía bien la transparencia de sus tallos había algo que no marchaba bien. Junto con la planta del cristal camina pareja la maceta en que la plantaba. Un buen día encontré en el jardín desechada una maceta toda hecha pedazos, pedí permiso y la cogí y con mucha paciencia fui pegando los trozos con cemento hasta que logré recomponerla, y aquí viene la primera contrariedad con ella pues otra novicia sin percatarse que estaba sin fraguar el cemento la fue a coger y se desarmó toda y mis afames en vano, volví otra vez a pegarla pero ya con esta experiencia la guardé y cuando estaba todo bien secó la pinte de amarillo y quedó preciosa en aquellos tiempos que quién nos daba una maceta así.

Bueno, pues no termina aquí la cosa, van un día dos novicias a buscar arena para fregar la sala de labor del noviciado y no se les ocurre coger otro cacharro para traerla que la maceta que aguardaba vacía para ponerle la planta y al regreso, poco antes de entrar en el noviciado, se las cae de las manos y se estrelló con el suelo haciéndose añicos, yo sentí el golpe y como por instinto salí a ver qué pasaba pues no sé porque me vino a la cabeza que había sido la maceta, y efectivamente era la maceta y sentí tal movimiento en mi interior de enfado contra las dos novicias que si me dejo llevar de él no sé qué les hubiese dicho pero violentándome cuanto pude no les dije nada, pero creo que se dieron cuenta de la lucha que mantenía dentro. Bueno, pues tanto quería yo esta maceta que aún la volví a componer y esta vez era más difícil por tantos trozos pequeños que había, la volví a pintar y aunque algo defectuoso podía pasar y estaba la mar de satisfecha con ella y con una cristalina muy lucida en ella, y la sorpresa que el Señor me tenía preparada, sale la Madre Maestra del noviciado porque la habían hecho Priora y veo que el Señor me pide me desprende de la planta y se la dé pues ella era aficionada también a las plantas.

Tuve un momento de lucha con la que a mí me había costado recomponer por tres veces esa maceta y ahora de buenas a primeras desprenderme de ella me costaba pero en mi interior algo me apremiaba a darlae y no me sentía a gusto, así que determiné, no sin sacrificio, dársela, ella la agradeció, seguramente que se dio cuenta de lo que esto suponía para mí, pero sobre todo, más que lo que podía agradar a ella este detalle, fue el ver que esto le había agradado al Señor, sentí una paz, una presencia de Dios en mi interior que esto me hablaba de que había respondido al Señor, y vuelta al Señor contenta y agradecida le pedía me fuese desprendiendo de todo a lo que estuviese apegada, de lo cual yo no me daba cuenta. Así que con esta experiencia al profesar solemne y salir ya del noviciado les dejé todas las plantas que tenía en la ventana de la celda y sin costarme, más bien me sentía a gusto, liberada. Y ya una cuarta cosa para no decir más de esto, esta se dio no con cosas sino con una hermana de mucha virtud que estaba ella junto con otras dos más prestando ayuda a nuestra comunidad, pero al cabo de seis años la comunidad había aumentado considerablemente pues nos llegamos a juntar doce en el noviciado, y ya los superiores mayores determinaron regresasen a su convento. Bueno, pues esta hermana me impresionaba sobremanera el verla siempre tan recogida, en cualquier parte se la veía como ensimismada en Dios, y a mí esto me edificada y en saber el motivo, tal vez que éramos las dos paisanas o que se dirigía con el Padre que me había traído aquí, total que me quería muchísimo y cuando alguna vez las novicias teníamos recreo con las profesas ella siempre hacía por hablar conmigo y yo con ella y en todo era de lo más edificante, y luego aun sin hablarnos en otros tenía detalles muy buenos conmigo y esto yo creo las tenía con todas pero yo veía los míos.

Bueno, pues el bien que me hacía espiritualmente le llegué a coger gran cariño y tenía tal confianza en ella que cuantas veces me decía a mí misma cuando sea profesa y que pueda tener más trato con esta hermana cuánto bien me va a hacer y ni se me ocurría pensar que tarde o temprano regresaría a su convento y me quedaría a dos velas. Hasta que un día 24 de junio celebrábamos el nacimiento de nuestro Padre Santo Domingo y por tal motivo teníamos merienda cena en la huerta disfrutando todas mucho en esta expansión tan fraternal pero para mí la fiesta se trocó en amargura cuando esta buena hermana me confidenció que se iban pronto a su convento, si bien antes quedaría ya elegida nueva priora y los oficios cubiertos; yo al oírla rompí a llorar, el mundo me caía encima, ella me pidió por amor a Dios que me venciese y que no diese nada a entender, que era una confidencia que había hecho a una novicia y no sería bien visto si se enteraban. Ay Dios mío cuánto dolor tuve que tragarme y cuando ya llegó el día de la despedida fue algo dolorosísimo por ambas partes tanto ellas como la comunidad. Y yo personalmente confieso que en esa hermana me arrancaban un girón del corazón según tenía yo puesta mi confianza en ella.

Bendito sea Dios por todo, detrás de todo estaba Él, pues al verme sin este apoyo fue un volverme más a Él, a esperarlo todo de El, un ver que las criaturas por muy buenas que sean no son más que instrumentos mientras que Él es el verdadero artífice, y tengo para mí que ante este vacío de las criaturas se encargó Él más de su obra en mí, y ese sembrar con lágrimas fue un recoger con regocijo alabando y bendiciendo a Dios porque todo lo dispone para su mayor gloria y nuestra bien. Es maravilloso en todo su modo de obrar. Gloria al Padre por el Hijo en el Espíritu Santo. Amén. Aleluya.

La fuerza de Dios sobre mí en un momento de retiro en la celda

Me retiro a la celda después de la jornada de trabajo, y cuando me encuentro en este tiempo libre con muchas cosas que hacer, resulta que una fuerza de amor de Dios sobre mí se deja sentir, quedé desarmada y no fui capaz de hacer nada sino quieto el cuerpo y quieta el alma para dejarse invadir de esta fuerza de amor que hasta no parecía más que hasta las fuerzas del cuerpo me quitaba, era un dejarse amar porque creo que no estaba en mí hacer otra cosa. Ahora en la noche, antes de darme al descanso, me siento movida a escribir esto. Yo en mi casa siempre he sido muy querida y mimada hasta por demás, sobre todo por mi padre que era locura la que tenía por mí y en su chifladura todo me lo consentía, pues como su niña no había otra según decía él, así que experimenté la ternura y el cariño como quien más. Vine al convento y a la verdad, con el corazón en la mano confieso que hasta el presente siempre me sentí querida por mis hermanas, ahora bien, había algunas cosas de tipo afectivo que echaba de menos, se las ofrecía al Señor y nadie creo se daba cuenta y seguía adelante con mis ardientes deseos de ser toda de Dios y que no tenía que preocuparme de esas cosas que echaba de menos y me hacían sufrir, y me llevaba esto a pensar en lo mucho que Dios nos ama a todos; y cosa de Dios, pasando el tiempo todo lo que en un tiempo echaba de menos veo que lo vuelvo a encontrar en el Señor como transformado, resucitado y así me hace experimentar su ternura, su amor de Padre algo divino, inefable.

Y ya puesta a escribir voy a aprovechar para poner otra experiencia que hace unos días sentí haciendo el reposo que por razón de la enfermedad tengo que hacer después de las comidas. Me acosté pues con una presencia de Jesús muy viva en mí y así empecé a decirle desatinos, era como desahogar lo que en mi enamoramiento del Señor sentía dentro y quedé a gusto y después vuelta a mi interior no cesaba de dar gracias al Señor por esta presencia tan viva de Él que sentía y que me llenaba de paz, de gozo, de felicidad, tanto que volví otra vez a los desatinos diciéndole al Señor, no hay princesa ni reina, ni nada de la felicidad de la tierra que se pueda comparar a la felicidad que tú das a las almas en que habitas. Señor, me siento reina en el reinado de amor de mi Dios y Señor. He sufrido mucho estos años atrás en el cuerpo y en el alma, pero qué liberación siento en mí, cómo me siento amada y poseída por ti.

¡Qué maravilloso ese mundo de la gracia, en donde todo un Dios se hace tan cercano a nosotros, se familiariza con nosotros, nos penetra con su presencia que también hay momentos en que una puede decir con san Pablo, no soy yo quien vive, sino que Cristo vive en mí[76]! Algunas veces es tan fuerte, tan intensa esta presencia de Cristo en ti que ni dormir puedes por el gozo que este trae consigo, y aún dormida qué bien se le puede aplicar las palabras del Cantar de los cantares: yo duermo, pero mi corazón vela[77], si en el fondo de su ser hay algo que vela, que ama, que se identifica con ese ser que te penetra y te invade. Bendito seas por todo Señor, que en personas tan miserables y que tan mal corresponden a tu amor obras también tus maravillas de amor, me siente confundida, Señor, pues aquí solo cuento tu infinita misericordia.

Invasión del amor de Dios en el alma

Hay momentos, bueno ratos más o menos largos, que ni una precisa el tiempo que duran, la fuerza del amor de Dios se hace tan viva en una que, como acabo de decir más arriba, ante esta como invasión del amor de Dios en el alma al cuerpo parece que se le van las fuerzas, mientras que el alma se siente amada, sumergida en Dios, algo inefable lo que pasa en ella, siente que ama intensamente, pero sobre todo que es amada por el Amor, y por los frutos que esto deja en el alma debe ser más bueno, pues queda una paz, un gozo, un hambre de alimentarse de la voluntad de Dios que no hace falta ser muy lista para caer en la cuenta que esto es puro don de Dios y que el Espíritu de Dios anda por medio de todo esto porque no está en una en sentir o no sentir, ni en violentar a Dios para que te dé esto, todo lo contrario, una ve su nada y que esto es regalo de Dios que ni se atreve a pedir sino como niño pequeño en las rodillas del Padre dejarse hacer por Él y recibirlo todo con gran agradecimiento no dejando otra cosa que dejarse alimentar de su adorable voluntad.

Una cosa observo y es que muchas veces suele venir esto después de un vencimiento fuerte o después de descubrir al Señor a través de algo doloroso y parece como que el Señor, que no se deja nunca vencer en generosidad, viene a coronarte eso que una abraza por amor a Él, pero

76. Cf. Gál 2,20.
77. Cf. Cant 5,2.

sin pensar en ninguna recompensa sino eso, porque le ama. En este sumergir Dios al alma en Él, es tan inefable, inexplicable lo que pasa en el alma que si por una parte queda el cuerpo como sin fuerzas, por otra en cierto modo participa a su modo de algo de lo que está pasando en el alma y así se vuelve con una transparencia, con cierto brillo que a la enfermera cuando me viene a poner las inyecciones y coincide que está el alma bajo esta acción de Dios ella se da cuenta de que algo pasa y algunas veces dice: Usted se la ve ensimismada en Dios, no está en lo de aquí abajo y su cuerpo no parece más que resplandece ¿o es que usted al ir al baño le queda la piel así ? Le sonrío y no le doy explicación de más, no lo creo conveniente, aunque es muy maja y guardaría secreto. Y cuando esto pasa ya puedo estar con buen apetito que esto no me lo quite, y esto me lleva a pensar en la resurrección de los muertos al fin de los tiempos, cómo el alma gloriosa informará a su cuerpo y le transfundirá su gloria, su resplandor... que será una maravilla, no parece más que como que lo veo.

Mi gratitud a quienes me enseñaron en mis primeros años al Papa y a la Biblia

En una de las cosas que la misericordia de Dios y también su Providencia amorosa se mostró grande conmigo fue dándome dos maestras en mi educación muy buenas cristianas. Y cuánto bien pueden hacer nuestros educadores y dígase lo mismo del mal que pueden hacer en esa edad escolar en que una ve por los ojos de sus maestros. Dos maestras me tocaron en estos años, cristianas a cuál más, la de los primeros años estaba casada y vivía en el pueblo y era admirada por su virtud, pues cuantas veces mi madre me decía fíjate en la Señora maestra y aprende de ella que es una santa, y ciertamente ahora en el convento es cuando valoro su virtud. A lo que voy.

Pío XII

Por aquellos años había muchas naciones en guerra y entre ellas Italia y era Pontífice SS. Pio XII. Bueno, pues lo que esta maestra nos inculcaba a pedir por la paz y por el Santo Padre para que no le matase una bomba puesto que el salía a auxiliar a los heridos, Dios sabe cómo nos insistía en todo esto y cómo nos hablaba del Santo Padre, el Vicario de Cristo en la tierra. Así que esto me llevó a coger un gran cariño al Papa actual y a rezar por él e iba siguiendo las noticias de él que llegaban a mí con gran interés, eso ya desde niña y en todos mis años antes de venirme de monja, y poco antes de entrar en el convento era el cumpleaños de SS. Pio XII, le ofrecí la misa, comunión y todo el día le recordaba y encomendaba al Señor y queriendo obsequiarle con algo más se me ocurrió ofrendarle todo lo del primer día que pasase en el convento, me parecía entonces que cuanto más costasen las cosas más mérito tenían y ni el mérito estaba en que me costasen más o menos, sino en el amor que en ellas pusiese y por otra parte no fue el día de desconcierto y sufrimiento como yo pensaba, el Señor vio mi buena voluntad y El daría eficacia a este día de ayuda de un modo especial al Santo Padre.

Juan XXIII

Bueno, pues en el convento aun diría que fue aumentando mi gran amor a este Papa y cuando se nos fue a la casa del Padre qué vacío y pena sentía. Llegó el Papa Juan XXIII y todo mi cariño y entusiasmo vuelve a revivir en este Papa de la bondad, el dulce Cristo en la tierra en expresión de nuestra hermana santa Catalina de Siena, alma apasionada por la Iglesia y su Pastor.

Pablo VI

Y llega Pablo VI y yo noto que todo mi ser se une cada vez más al vicario de Cristo y pienso que esto seguirá siempre en aumento a medida que me vaya uniendo más con Cristo, tengo que sentir más con Cristo y con todo lo que Cristo instituyó. ¿Luego cómo no orar, cómo no sacrificarse y estar con la oración y el sacrificio al lado, se podría decir, del Santo Padre? Y ¿Cómo no reconocer que esta maestra tan cristiana fue el instrumento primero de que se sirvió el Señor para inculcarme y darme esta sensibilidad por el Santo Padre entonces SS. Pio XII y por todos los que le van sucediendo?

Amo a la Biblia

Otra cosa buena entre las muchas buenas que estas venerables maestras nos enseñaban era sobre la Sagrada Escritura, este tesoro de doctrina, de vida que a medida que una más va calando en ella más riquezas descubre. Buenas, pues con mucha frecuencia nos hablaba de pasajes de la Biblia más al alcance de nuestra mentalidad de niñas y nos ilustraba sus explicaciones con unos mapas muy estropeados por cierto, pero que traían territorios de Palestina y personajes de la Biblia, luego nos insistía en hechos en que se veía las intervenciones de Dios y la nobleza de algunos personajes, en fin nos hacía bien todo esto, además los sábados nos leía el Evangelio de la misa del domingo y todo esto te sensibiliza con la Sagrada Escritura, tanto que por estos años yo leía en casa algunas veces el Evangelio y hasta un día mirando en los libros de mi hermano de cuando era estudiante me encontré con una Biblia adaptada a niños con grabados y muy amena y me encariñé con ella, lamentando a la vez cuando me encontraba con grabados todos emborronados cuando se trataba de algo un poco fuerte para una cría tal como Sansón peleándose con un león, se ve que eso en otro tiempo no lo sufría y recurrí a tacharlo y también leía por esta Biblia. Dejada la escuela me fui enfriando en todo esto y ya con vocación no sé cómo una amiga me ofrece una Biblia que tenía en su casa y yo la tomé con gran cariño y me entusiasmaba leyendo y recordando lo que en la escuela me habían explicado. Leí muchas páginas hasta que me vine al convento y ya la tuve que devolver. Ya en el convento echaba de menos la Biblia y cual no fue mi susto cuando un día nos dicen que la Biblia no se puede leer sin permiso de un confesor que nos conociese.

Padre Colunga, confesor

De momento me callé, pero luego fui a la Madre Maestra y le dije lo que en mí había pasado que no sabía de tal prohibición y que había leído bastantes páginas sin permiso de nadie y que estaba contenta del bien que me habían hecho y aunque de momento ante esto no me atreví a decir más pero en mi interior estaba añorando una Biblia, sentía necesidad del espíritu de ella. Y la ocasión se fue presentando favorable cuando me empezaron a poner de lectora de las primeras lecciones en el Oficio Divino en latín que las leíamos entonces, y yo que no sabía latín me quedaba poco menos que en albis, mientras que con Biblia podía leer estas por ella y luego ya en latín me daba cuenta de que se imponía dejar a esas teorías de que no se podía leer la Biblia, y una hermana que había venido de vida activa a nuestra vida traía su Biblia que me prestaba y yo se la agradecía con todo el alma, luego la hicieron Madre Maestra a ella y muy pronto aconsejada por ella y por el Padre confesor un gran exégeta, Padre Colunga, me hice con ella.

Y aquí cabe contar una anécdota muy simpática que ocurrió con la Biblia. Llegan mis padres a verme y entre otros regalos venía la Biblia, yo al ver ésta toda gozosa ya no puse atención en más, y mi padre se veía y disfrutaba lo que Dios sabe al verme a mí tan entusiasmada con la Biblia, en cambio mi madre toda pensativa me dice: yo no me rio nada pues en todo el viaje no vengo sino pensando que un libro tan gordo y con letra tan menuda vas a acabar con la vista y volverte loca si tienes que meter todo eso en la cabeza. Al decirle que no se trataba de aprenderlo de memoria sino de asimilar sus enseñanzas, tratar de hacerlas vida en nuestra vida, pues es palabra de Dios dicha para ti también y le fui diciendo algunas cosas, y la pobre se llevó la mano a la frente y dijo: gracias a Dios que se me quita esa preocupación con lo que me dices pues qué preocupada venía todo el camino. Total, que puedo decir que mis maestras tuvieron su parte en sensibilizarme con la Biblia. Dios se lo pague esto y tanto bien como en todo me han hecho.

...Si no os mudáis...

Al abrir al azar el Evangelio y encontrarme con estas palabras... "Si no os mudáis haciéndoos como niños no entrareis en el reino de los cielos[78]", un mundo de cosas vino a mi mente que no sabré expresar. Y por de pronto fue un enternecerle el corazón al ver tanta sencillez y misericordia en el Señor instruyéndonos en las cosas del Reino, empezando por ponernos de ejemplo al niño por su sencillez, su humildad, su transparencia, su candor que atrae y cautiva, el niño no sabe de categorías ¿Quién no admira ese no sé qué que se encuentra en los niños, que se hacen querer y que el mismo Señor los quiso con predilección? Bueno, pues ¿Quién no siente en sí la necesidad de "mudarse", de recuperar ese candor, transparencia e inocencia evangélica que el Señor expresa con la imagen del niño? Y a todos nos llama el Señor a este cambiarse, mudarse, convertirse. Venid y entendámonos, dice el Señor por boca del profeta Isaías, pues, aunque vuestros pecados sean como la grana quedaran más blancos que la nieve[79].

No importa haber sido lo que sea, el caso es que nos mudemos, que reconozcamos nuestros pecados, nuestra indigencia, nuestro nada, pues todos tenemos pecado y nos engañamos a nosotros mismos si dijésemos que no tenemos pecado como nos dice san Juan[80], pero el Señor que sabe bien del barro que somos, solo nos pide que nos reconozcamos y esto dándonos El su luz pues sin su ayuda ni a esto atinamos y, convencidos de nuestro nada, ir confiados a Él como niños seguros de que es todo bondad y misericordia; bien nos lo demuestra en las parábolas del hijo pródigo, de la oveja perdida y cada uno tiene la experiencia de este Dios y Padre que si setenta veces al día caes y vas a Él pidiéndole perdón y misericordia siempre te perdona, y te colma de gracia y de ternura como a hijo muy amado. Señor, que nos sepamos mudar, ser ese niño según el Evangelio que atraiga tus complacencias, para ello danos tu gracia pues sintí nada podemos hacer, tú mismo nos lo dices y una lo experimenta a cada momento...

78. Cf. Mt 18,3.
79. Cf. Is 1,18.
80. Cf. I Jn 1,8-10.

Quien no es fiel en lo poco, no sueñe en serlo en lo mucho

Creo que por aquí me das luz Señor para ver claramente que es imposible ser fiel en cosas grandes, cuando se descuida no se es fiel en lo pequeño, en lo de cada día que va saliendo al paso cuando menos se espera y que se necesita mucha fe y estar muy atento atí Señor, para ir respondiendo en fidelidad a esas mil cosinas de cada día. Cuánta sabiduría de Dios encierra todo esto, pues no hay nada grande ni pequeño en sí ante tus ojos, sino que solo el amor con que se acogen las cosas es lo que las hacen grandes o pequeñas que bien lo entendieron los santos iluminados por ti. Y los que no somos santos creo que por tu misericordia también vamos entendiendo algo de esto. Y qué necesario es tener el hábito de la fidelidad a lo pequeño para que cuando llegue un momento dado que nos sorprende algo gordo darle acogida; ser fiel resultaré doloroso si se quiere pero fácil a la vez porque el alma está avezada a descubrir a Dios, pero si no descubre a Dios en lo pequeño, si no se aprovecha de todo, llegará lo grande y ni será fiel ni en nada encontrará al Señor, pues la santidad no consiste en grandes obras sino en grande amor en todas las obras y cuánto amor puede llevar una vida entregada, vivida en fe y amor descubriendo a Dios a través de todo.

Servir con prontitud y alegría a los hermanos

¿Quién no ha experimentado en su interior la alegría y la gratitud más sincera cuando pides un favor a una hermana y te lo hace pronto y con alegría? Mientras que cuando se deja esperar, hay que recordar y ves que no se hace con alegría, resta confianza y no se atreve uno a insistir. Creo que todos experimentamos lo uno y lo otro y es posible que esto que uno ve en los demás no le sirva de espejo para mirarle a ella misma y ver si cae ella en lo segundo ya que en lo primero parece que cuando una atiende con esa fe viva sirviendo al Señor en ella, el Señor te hace gustar esa alegría interior por ese favor y una se da cuenta, pero no es tan fácil darse cuenta de lo segundo. Por ello danos Señor esa finura espiritual para servir siempre con prontitud y alegría a los hermanos.

Mi vía crucis de hoy

Señor, al reconocer hoy las estaciones del Vía crucis no sé cómo en la décima al considerar tus dolores físicos ante el despojo brutal de tus vestiduras y dejarte a la burla de los que te contemplaban y esto para dar paso a mayores tormentos, todo esto me conmovió interiormente y me decía cuánto nos has amado Señor, el gran rey de los mártires, a mí no se me pedirá esto pero sí tener en cuenta tus sufrimientos y dolores cuando tengo que despojarme de mis puntos de vista, de mis criterios, de mi pequeño mundo... de tantas cosas que te cuestan, pero con esta luz que recibí hoy creo que seré más consecuente en los despojos que me pidas para asemejarme más a ti.

¿Cómo te sientas?

Al confesarme un día me sorprende el confesor al preguntarme cómo me sentía. Yo ni corta ni perezosa respondí espontáneamente al momento, diciéndole que bien y me gusta el asiento cómodo. Entonces él me dice: "hija, tienes que ser más mortificada, a partir de hoy tienes que ser en esto más mortificada, te sentarás sin apoyarte en el respaldo del asiento y en las comidas durante el primer plato te sentarás al borde del banco y con un pie discretamente levantado, pues a la naturaleza hay que domarla por todas partes y así mientras tomas el alimento necesario puedes estar dando a Dios también una mortificación". Lo tomé como palabra de Dios, Dios siempre me ha dado mucha fe en los confesores. Así que salí animosa dispuesta a hacer lo que él me mandaba y también agradecida al ver personas deseosas de tu aprovechamiento espiritual por todos los medios. Ahora bien, cuando una va teniendo experiencia del obrar de Dios en el alma estas mortificaciones que te impones o que te aconsejan parecen en cierto modo de juguete cuando el Señor te coge por su mano con unas cosas y con otras tocando las fibras más sensibles de tu ser pidiéndote una muerte total a todo lo tuyo. "Ahora bien, que no mate por matar, sino para vivificarte para que vivas en Cristo".

La humildad

La humildad, la sencillez me atrae enormemente esta virtud y tengo que confesar que no me veo humilde. No voy a decir que la veo completamente opuesta a mi natural, pero sí debo decir que no le veo fácil a ella, porque en la medida que Dios te va iluminando ves que el Señor te introduce en otras profundidades y nada ves en ti de humildad, eres incapaz de todo, sólo Dios es el que te puede hacer humilde, estoy bien convencida de esto y creo que es una gracia, pura misericordia de Dios el ver esto así, porque si una cree que con su propia fuerza la puede conseguir, el desánimo hará presa en ella al ver que nada consigue.

En cambio, ante esta luz de ver que por ti no puedes nada, recurres a Dios tu Padre con alma de niño pobre, en un abandono filial, no te desanima ni te da miedo lo difícil de conseguir esta virtud porque no es cosa tuya sino Dios quien lo hará en ti en la medida que te dejes hacer por Él y hasta digo que El hace el querer y el obrar. Y reconociendo que no soy humilde desde que veo en mí esa disposición y abandono en que Dios lo hará todo en mí siento una gran paz, paz ante mi nada, mi pequeñez, paz ante alguna alabanza que digan de tí, todo lo refieres a Dios y lo mismo las gracias, las cosas buenas que Dios pone en ti convencida de que cualquiera respondería mejor que una y no veo manera de hincharse sino con temor y temblor agradecerlo todo a Dios y todo esto con una paz que es también don de Dios. Paz ante algo que te hiere, paz ante el dolor de la enfermedad o de lo que sea y cuántas veces ante algo que en otro tiempo sentías que te humillaba ahora se recibe con esa paz y hasta alegría y que es el Señor quien lo hace todo, porque diría que te da luz y le ves a Él ir delante dándonos ejemplo en todo y vale más esta luz que Él te da y ese impulso para caminar con esa luz que todos los esfuerzos que con la mejor buena voluntad una realiza en este camino de la humildad.

Quién no habrá reflexionado muchas veces sobre las palabras de Cristo:" Aprended de mí que soy manso y humilde de corazón y hallaréis descanso-paz- para vuestras almas[81]", y cuánto bien no nos habrán

81. Cf. Mt 11,29-30.

hecho, pero cuando el Señor te ilumina sobre ellas es algo nuevo lo que pasa con ellas en todo tu ser. Si por el sufrimiento aprendió a obedecer como nos dice San Pedro, por las humillaciones que padeció se constituyó en modelo de humildad para que aprendamos de Él. ¿Cabe mayor humillación que toda la segunda Persona de la Santísima Trinidad, Dios de Dios, asuma nuestra pobre naturaleza con todo lo que esto lleva de anonadamiento y humillación? Señor, sólo tú me puedes hacer humilde y de ti lo espero todo.

Mis apuros en el oficio cantado

Siempre me ha gustado mucho cantar a pesar de hacerlo terriblemente mal por mi mala voz y falta de oído musical. Cómo lo haría de mal que algunas veces en casa mi madre me decía cuánto te gusta cantar y no te das cuenta de lo mal que lo haces. Todo me sonría en la vida y estaba alegre y me apetecía cantar. Ya en el convento, en otro estilo de vida, yo me sentía aún más feliz y también me apetecía cantar y como éramos muchas novicias cuando se cantaba en los recreos mi voz desentonada pasaba desapercibida salvo a los que pillase a mi lado. Pero la cosa se presentaba difícil nada más tomar el hábito y a hacer de versiculario, y cuando el oficio era cantado y yo tenía que cantar algún versículo y algunas veces tener que salir al medio del coro y sola como era en unos versículos de estas completas de cuaresma. Sólo Dios sabe los apuros y lo mal que lo pasaba, por más que ensayaba al llegar a decirlos me ahogaba y aún peor me salían que cuando los ensayaba. Y si con Calenda[82] cantaba en latín y algunas tan largas cuando terminaba quedaba agotada y por si era poco las que me tocaban ya a mí la decíamos cada semana; una novicia que me seguía ya que ella era mayor y aún con peor voz que yo, qué mal que lo pasaba, hoy me da risa de estas cosas porque una entonces se ahogaba en un dedal de agua. Una cosa buena tenía cómo era que a pesar de desafinar y salirme tan mal yo nunca me quedaba cortada sea

82. Calenda : lección del martirologio romano, con el nombre y hechos de los santos, y las fiestas pertenecientes a cada día.

con unas notas o con otras, siempre tiraba adelante y siempre llevaba el oficio muy registrado.

Ya un día sube la Madre Priora al noviciado y pregunta por mí, había estado aquella semana yo de versiculario y bien pensé que venía a echarme una reprimenda porque realmente, debido a mi voz, lo hacía mal, tenía que reconocerlo, y salía con cierto miedo a su encuentro. Pero pronto se desvaneció cuando saca una preciosa estampa y me la da diciendo que es el premio a mis esfuerzos en el oficio de versiculario, que el Señor no miraba tanto la perfección de la obra cuanto la disposición con que se hacía y como a ella, aunque tenía fuerte voz, el oído tampoco la acompañaba que sabía muy bien por propia experiencia lo que es poner toda el alma en el canto y no salir muy bien con él. Dios en esto no nos dotó de más, que esto nos sirva para cantarle más con el corazón. Oyéndole a ella se me ensanchaba el corazón pues no estaba en mí hacer más, pues mira que ensayaba y más que ensayaba y nada conseguía y luego sentía en mí ese deseo vivo de que todo lo del Señor saliese de lo mejor, me entusiasmaba la solemnidad del oficio divino y cuanto mejor saliese vibraba y al mismo tiempo diría que sufría porque todo me parecía poco para el Señor y yo no aportaba nada, al menos yo así lo pensaba. Pero ahora veo que el Señor se tenía que complacer en los esfuerzos que hacía aquella novicia, aunque aparentemente ineficaces, pero Él veía la disposición del corazón y esto era lo que cantaba al Señor. Bendito seas Señor por todo.

La paciencia

Algo que presencié hoy me da pie para reflexionar un poco sobre la paciencia, esta virtud callada y silenciosa y muy necesaria para todo. Creo que se hermana con todas las demás, y así como la caridad es la que da vida a todas, ésta la veo cooperando con todas y de unas consecuencias prácticas en nuestra vida cotidiana muy de tener en cuenta, pues cuántas veces ante un gesto, una palabra, una contrariedad, algo que nos hiere, siente una que algo se levanta en ella para protestar viendo en ello el elemento humano, pero la fe y la paciencia se hermanan, una para iluminarte trascendiendo el elemento humano y viendo en ello la mano de Dios y la otra para saber dominarte, tener aguante, y abrazarte a lo que sea pacientemente como venido de Dios, y qué paz, qué gozo, qué liberación y dominio de si se deja sentir en el alma cuando una se deja mover por el Espíritu de Dios en estos casos concretos, mientras que cuando en la práctica nos impacientamos, no tenemos aguante, no sabemos descubrir a Dios en todo eso que nos contraría.

Queda en el alma como un escozor porque nos trascendimos, una se quedó en lo humano y bendito sea Dios cuando nos da este escozor que es un avisarnos que no obramos bien, arrepentirse pues y a estar con la gracia de Dios más avispados para la próxima ocasión que no estará lejos si vivimos atentos al obrar de Dios. El Señor nos tenga, me tenga, siempre de su mano, pues la experiencia que me va dando en todo tenía que ser más dócil, respondiendo mejor a su obrar en mí que a través de todo me va enseñando. Y sobre todo poniéndome delante el gran modelo de paciencia: el Cordero Inmaculado, paciente y silencioso hasta la muerte y muerte de cruz. Qué lección de paciencia hecha vida nos das Señor.

Tapa agujeros

En una clase cuando era novicia la Madre Maestra nos decía: bendita la monja que sirva de tapa agujeros en el convento. Tales monjas son un alivio tanto para las superiores como para las hermanas, se le puede echar mano en cualquier momento, son personas disponibles, sencillos, sin brillos, abnegadas que solo Dios sabe el bien que hacen en el convento. Dios sabe también el sacrificio que supone vivir en esta disponibilidad y servicio, pero todos nos debemos proponer en ser cada una con sus habilidades esa tapa agujeros. Al oír todo esto me sentí muy animada y vuelta al Señor le dije: haz de mí una tapa agujeros. Si le dejo hacer esto en mí no me atrevo a responder, una cosa puedo decir que sigo en este ideal de ser tapa agujeros empleando la masa de la caridad y el campo por aquí también es inmenso: atenciones con las ancianas, con las enfermas, con las que ves sufrir, con las que están con mucho trabajo, no sé pero es un mundo de pequeños detalles que alivian y llevan la alegría a los demás, y el Señor no deja ya sin recompensa en esta vida, porque cuando una sale de sí pendiente de los demás, entregada a los demás sacrificando su tiempo, sus gustos, hasta el descanso, el Señor lo recibe como hecho a Él, ya lo dice en el Evangelio y realmente una lo experimenta, una tiene la seguridad que sirve a Cristo en todo eso que hace y qué ingenio da el Señor para hacer cosas que ni sabías pero en ese afán de servir al hermano el Señor te ilumina y sobre todo qué paz, qué gozo, qué presencia más viva de Cristo se siente dentro de una. En cambio, cuando una no es generosa, no sale de sí, se queda en sí, algo no marcha bien en ella y es la primera en pagar las consecuencias de su falta de entrega, de no ser tapa agujeros. Señor, dame un corazón grande y generoso que viva olvidaba de mí para servirte a ti en los demás.

Sólo el amor hace feliz

Tengo para mí que sólo el amor hace feliz. Ni riquezas, ni honores, ni bellezas, ni nada de nada que no sea el amor puede dar la felicidad. Cuento con la experiencia de una familia que vivía muy cerca de mi casa y su vida se desenvolvía no voy a decir en la miseria, pero sí en una extremada pobreza. Pero era para bendecir a Dios lo compenetrado y enamorado que vivía ese matrimonio desbordando felicidad, tanto que mi madre, mujer lista y observadora, nos decía algunas veces ahí tenéis a X que en medio de su pobreza no los hay más felices que ellos mientras que otros cargados de dinero que no les falta nada y les falta todo porque no son felices. Daba fe a esto que nos decía mi madre, pero ahora lo comprendo. Como comprendo también ahora el por qué de algunas parejas de novios en mis años de mundo yo los veía en las fiestas que se aislaban, no parecían más que no los interesaba la fiesta y como las gentes de todos estos pueblos del contorno del mío más o menos eran conocidos, sobre todo la juventud, yo me decía ya se necesita tener ganas de venir a la fiesta y luego ni bailar ni divertirse aislándose así de ella, no comprendía yo lo que era el amor en esa parejas de novios que al estar juntos, el amor que se tenían los hacía felices y los importaba un comino el bullicio de la fiesta.

Ahora por pura misericordia de Dios, en mis experiencias con Él comprendo la felicidad de los unos y de los otros cuando hay amor y si esto es en una vida a nivel humano. ¿Quién podrá medir la felicidad de una persona que se siente realmente amada por Dios? Hay que experimentar esto para comprender lo que es esta felicidad que viene de Dios y que nada ni nadie te puede quitar porque como nos dice san Pablo: ¿Quién nos separará del amor de Dios?[83] Y si nadie nos puede separar del amor de Dios, al contrario, todo contribuye si lo recibimos con fe a afianzarnos más en este amor de Dios que nos da la verdadera felicidad. Señor, caigo como de rodillas ante ti al experimentar tanto amor, tanta felicidad en lo más íntimo de mi ser, cuánta misericordia revela todo esto con esta pobre alma, porque aquí no cuenta más que tu pura misericordia.

Por tu infinita misericordia me diste un corazón muy ardiente para amar y me hiciste nacer en una familia en que me recibieron con mucho amor y siempre recibí en ella mucho amor. Y en mis años de moza los chicos me gustaban y sentía cierto afecto y simpatía por alguno, pero por tu infinita misericordia no llegué a enamorarme de ninguno, puedo decir que tú estrenaste y poseíste mi pobre corazón, pero aun siendo puro don tuyo qué bien me pagas Señor, cómo me siento amada de ti, cómo siento el peso de tu amor que me llena de felicidad y me hace encontrarlo todo en ti y a todos en tí. Contigo no cabe el aburrimiento, ni se siente la soledad, y el silencio es maravilloso para conectar mejor contigo pues como nos dice el profeta la llevaré a la soledad y le hablaré al corazón[84] y aquí por experiencia de este amor con Dios comprende una el amor de los enamorados, no hacen falta palabras, el amor sabe comunicarse en el silencio, así lo hace Dios y el alma, se miran con mirada de amor y esto es algo inefable en esta vida, algo que si no se experimenta no se puede hacer uno idea de lo que es y quien así habla es una pobre monja probada por la enfermedad que la hace vivir en la

83. Rom 8,35-39.
84. Cf. Os 2,24.

cruz y a la vez desborda felicidad, ¿cómo explicar esto? Pues como dije al principio: el amor, solo el amor hace feliz.

El crucifijo

Cada vez que miro un crucifijo o lo tomo en mis manos casi como por instinto clavo la mirada en él y si lo tengo en mis manos le doy la vuelta y digo: este es tu sitio completar la cruz con Cristo. Veo tan claro, aunque luego en la práctica no lo vivo como debiera, que todo cristiano y más si se quiere ser una contemplativa sensibilizada con los misterios de Cristo, tiene que ser una viva encarnación de Cristo y Cristo antes de resucitar glorioso murió en la cruz, luego el dorso de la cruz es tu sitio, Cristo la cruz y tú formarás un todo y ojalá pudiese decir con toda verdad lo de San Pablo que no quiere saber de otra cosa sino de Cristo y este crucificado. La naturaleza cierto que como por instinto rechaza la cruz, es natural, pero cuando la fe es viva como traspasa ese sentimiento humano y se coloca con Cristo a completar la cruz y qué paz, qué bienestar, qué dulzura experimenta el alma unida a Cristo en la cruz de cada día, de cada momento y circunstancia, sin cargarnos con la del pasado ya ni con la del futuro quenos imaginamos, sino la del momento, ir momento a momento en pos del divino, pues cada día trae su cuidado, su fortaleza para seguirle.

Parece que la enfermedad me colocó en la cruz, qué deseos los míos de una vida entregada, sacrificada, cuando la salud me acompañaba, pero la sabiduría del buen Dios, sus caminos no son nuestros caminos, sus planes no son nuestros planes, cambió mis planes llevándome por otros derroteros en una entrega que yo no esperaba: la entrega a la cruz que Él me manda y tengo Señor que bendecirte porque no es tan dura como a primera vista se pensaba, encierra misterio de amor la bendita cruz que tú nos envías, pues tu cruz, su yugo es suave y su carga ligera como tú nos dices Señor, tú nos da la fortaleza para llevarla, más diría tú las llevas en nosotros, danos esa fe viva para encontrarnos contigo y completar la cruz.

Deseos de ir a ti Señor

Señor, tú lo sabes todo, pero tengo algunos días que pones en mi alma deseos tan vehementes de ir a ti, de verme libre de la materia, del cuerpo que me impide ese contemplarte cara a cara pues si ahora en fe, ese contemplarte en lo más profundo de mi ser es en cierto modo el cielo comenzado en la tierra esto lo lleva a barruntar algo de lo que dice San Pablo: ni el ojo vio, ni el oído oyó[85]... y esto produce tal impulso de ir a ti que no parece más que algo en mi interior quiere como romper e ir a ti. Luego ya cuando estos impulsos me dejan me abandono en tus manos para que sigas tu obra en este alma, sigas manifestando tu misericordia en ella, pues veo que escoges lo débil, lo plebeyo, lo que no cuenta según el mundo, para hacer tu obra a fin de que nadie pueda glorificarse sino que con temor y temblor filial reconozca en sÍ los dones de Dios, reconociendo del barro que está hecha y si el Señor nos mantiene en su luz que es la verdad entonces nos mantendremos atentos a Él con los ojos fijos en Él recibiendo todo como venido de su infinita misericordia en una actitud de adoración y de acción de gracias y un cantar aquí tus infinitas misericordias.

Luego dame vivir en tu luz y manda lo que quieras, bien estos deseos tan fuertes de ir a ti o vivir abandonada a lo que tú quieras, sabiendo que tu voluntad es lo mejor ahora y siempre.

La inmensidad de Dios

Cuando en las noches de verano al ir a acostarme, no puedo por menos de asomarme a la ventana y contemplar el firmamento en las noches estrelladas. Esto es una verdadera maravilla que te habla de la inmensidad de Dios, su creador. Los cielos pregonan la gloria de Dios y toda la creación es un himno proclamando sus maravillas: el despertar de la naturaleza, el canto de los pajarillos, la belleza de las flores... Señor ¿Qué es el hombre para que le regales con tanto? ¿Sabemos reconocer tanto don? ¿Sabemos alabarte y bendecirte ante tanto regalo como

85. Cf. I Cor 2,9.

creaste para el hombre? Todo nos habla de tí, Señor, a poco que con ojos de fe te contemplemos en la obra de la creación. Así razonaba asomada a la ventana al ir a acostarme para luego seguir pensando todo esto, es una maravilla que no termina en esto que se ve con los ojos del cuerpo, sino que en el interior de cada persona conectada con Dios por la vida de la gracia, se dan verdaderas maravillas para contemplar, para vivir al experimentar en sí este mundo maravilloso sobrenatural, este experimentar la grandeza, la inmensidad de Dios que Él es el que Es y sin embargo se abaja a nuestra pequeñez , nos estrecha contra su corazón y nos hace sentir la ternura de todo un Padre lleno de amor en la Trinidad de personas morando en lo más íntimo de nuestro ser. Esto es para caer de rodillas y en silencio adorarle al sentir tan fuertemente el peso de su amor, su grandeza, su todo y por contraste experimentar la propia pequeñez y que así se abaje Dios a tí. Señor, transforma este poco de barro y de lo peor, en una hija tuya que solo viva para alabarte y agradecerte tanto don como por pura misericordia en todo momento estás derramando sobre ella.

Este amor de fuego

Cuando este amor de fuego se apodera del corazón, el alma desfallece al no poder con tanto amor y aquí se puede aplicar lo de la esposa del Cantar de los Cantares: confortadme con pasas y recreadme con manzanas porque desfallezco de amor. Fuerte es el amor como la muerte y la esposa herida de amor, dardos de fuego salen de su pecho uniéndola más con su Esposo de amor. Y sólo el Esposo la puede hacer salir de este desmayo de amor. Levántate esposa mía, amada mía, sal de ese desmayo de amor, pues más suaves me son tus caricias. Qué penetrantes tus miradas de amor, que dulce y embriagador verte herida de amor. Mírame paloma mía, no importa que desfallezcas de amor, soy fuego de amor y con él quiero encender los corazones en llamaradas de amor.

Nostalgia del cielo en el día de la Ascensión

Señor, con qué fuerza me haces sentir hoy día de tu ascensión a los cielos, nostalgia de las cosas de arriba y no sólo esto, sino de que esta alma rompa con el cuerpo para sumergirse plenamente en ti. Es un tormento de amor el que estoy pasando hoy, siento que el alma hace violencia al cuerpo, quiere ascender contigo hoy, pero ante todo cúmplase tu voluntad, tú sabes porque pones estos deseos tan vehementes en ella para luego dejarla aún en el destierro. Adoro tus designios de amor, aunque muchas veces no los entiendo, pero me fio de ti segura de que en todo buscas nuestro mayor bien vinculado a la gloria del Padre. Acepto gustosamente, aunque no sin dolor, tu adorable voluntad manifestada como sea. Cristo bendito, mi vida, mi cielo, mi todo, te amo cuanto acierto a amarte, pero sobre todo esto siento que tú amas con locura y es algo que no se puede expresar con palabras lo que es sentir esta fuerza, esta ternura de tu amor, aunque en el día de hoy se presente bajo tormento de amor. Bendito seas Señor.

85-"Al subir al cielo te dejo un gran amor a la cruz"

"Al subir al cielo te dejo un gran amor a la cruz". Así decía la tarjetina que este año me salió el día de la Ascensión. Señor, tú bien sabes que no la rehúyo y después de las experiencias que a través de la bendita cruz voy teniendo, la amo y descubro tesoros en ella, pero aún me veo muy lejos, Señor, de esa generosidad para salir al encuentro de ella de cualquier forma o circunstancia que se presente. Necesito que me sigas iluminando y fortaleciendo en ella para ir sellándote mi amor a través de la bendita cruz a ejemplo tuyo víctima de amor en la cruz. Mi vida en el mundo todo me sonrió, puedo decir que nunca sentí a fondo el peso de la cruz. Ya en el convento la cosa cambió y en tus inescrutables designios de amor me visitaste con ella mediante la enfermedad y he de confesar que hubo años en que ésta se me presentaba como una gran cruz y la naturaleza se resistía a ella y máxime cuando las tinieblas se cernían sobre el alma y no parecía más que el buen Dios abandonaba mi cuerpo y mi alma. Me veía como abandonada, perdida, cargada con una cruz sin fuerzas para llevarla, sin entender entonces que tú estabas en todo ello, pues si no ¿de dónde iba a sacar fuerzas para decirte úneme a ti al precio que sea cuando me veía agonizar en el cuerpo y en el alma? Y fui entendiendo que la cruz, tu bendita cruz, manifestada mediante una enfermedad o lo que sea, es una fuerza poderosa para atraernos y unirnos a ti.

La cruz, tálamo nupcial

Ante esta luz es como empecé a amar la cruz, que no es otra cosa que amarte a ti a través de la cruz y ofrecerte mi cuerpo para que completes en Él en expresión de san Pablo lo que falta a tu pasión por la Iglesia. Y en esta visión de fe no es que no duelan las cosas, pero qué horizontes se abren en el alma, mientras que el dolor, la cruz sin fe debe ser algo desesperante, así se explican muchos desatinos que se cometen, en cambio cuando Dios, dador de todo don, te da esa fe viva que es como un instinto para descubrirle a Él a través de todo lo que se nos presenta aun sufriendo en el cuerpo o en el alma, Dios, nuestro Padre misericordioso te comunica un gozo en tu interior que te hace gustar en medio del dolor sus caricias de amor en la cruz precisamente, tengo experiencia que aun en la cruz se da el tálamo nupcial, es algo que une, que identifica con el Señor, encierra tesoros tu bendita cruz Señor, que es la enfermedad o lo que te salga al paso cada día. Ilumíname, Señor para que me sepa abrazar a ella con generosidad y grande amor como hoy me decías a través de la tarjetina, pues veo que encierra tesoros de ciencia divina. Enséñame pues, Señor, esta ciencia, esta locura de la cruz para que pueda decir con san Pablo: no quiera Dios que me gloríe en otra cosa que en la cruz de Nuestro Señor Jesucristo, escándalo para los judíos, locura par los gentiles, mas poder y sabiduría de Dios para los llamados[86].

86. Cf. I Cor, 1,18-24.

Nostalgia del Cielo

Oh mi divino cielo, mi eterna morada pensando en ti esta alma siente nostalgia, nostalgia, santa de la verdadera Patria a la que por pura misericordia de Dios estás llamada y en donde te esperan cosas inefables que ahora oscuramente barruntas y que no sabes expresarlas con palabras humanas. Qué gozo Dios mío el que concedes ya a algunas almas y esto no es nada en comparación con lo que en el cielo nos aguarda. Eso de saberte inmutable y al mismo tiempo por tu belleza parece que cada instante cambias al contemplarte el alma tan embelesada; aquí un resplandor que fascina el alma; aquí un movimiento que ante ti todas las almas se postran adoran y te alaban y aunque todo esto en relación con toda la eternidad ya no cuenta, el tiempo parece un eterno instante al contemplar tanta belleza en el Dios tres veces santo.

Oh nostalgia santa de esa bendita Patria, quién pudiera vivir ya en esa santa morada contemplando ya en el cara a cara al Dios santísimo que en la Trinidad de Personas me arrebata el alma y una siente gran nostalgia de verse liberada del cuerpo para volar el alma a su destino. Cuándo Cristo mío, me veré en esa santa morada, cantando el Sanctus de que san Juan nos habla, maravillas en el cielo nos aguardan. Aquí el Cordero con todo su séquito de almas vírgenes que su corazón fue todo para Dios. Aquí el Padre del todo inmutable y aunque distinto en verlo las almas, este principio que no tuvo principio pues existe desde siempre, en un principio sin principio, engendró al Hijo y de ambos por comunicación de amor viene el Espíritu Santo personificación del amor del Padre y del Hijo, misterio tan insondable como inefable que embelesa y supera nuestra capacidad de felicidad. Cuánto nos amas, Señor, al destinarnos a vivir en tu comunidad de amor en la unidad de la Trinidad. ¡Oh amor del Eterno Padre que a tanto llega, cómo cuesta vivir todavía en la tierra cuando así haces experimentar esto!. ¿Quién puede mirar lo perecedero cuando divisa lo inmortal? ¡Oh amor de mi Dios y Padre que a pesar de mi miseria así arrebatas esta pobre alma sumergiéndola en estas cosas altas! ¿cómo no voy a sentir nostalgia de esa morada santa, de ser poseída totalmente por ti? Madre mía, calma estos ardores que me arrebatan el alma y a imitación tuya sepa aguadar la hora decretada por Dios para entrar en su santa morada, reinado de amor que espero por pura gracia y misericordia de Dios, para cantarle eternamente sus alabanzas.

Amor, unión con Dios

Si alguien me preguntase, bueno ya lo voy a decir yo, que camino es el más rápido para la unión con Dios, al instante respondería que el camino del amor. Y fácilmente se comprende que así es. Dios es amor, la criatura es obra del amor de Dios y amor del mismo Dios por el Espíritu de amor que se nos ha dado, luego Dios es amor y su amor está en nosotros haciéndonos una misma cosa con Él, lo que hace falta es que seamos conscientes de esto, que nos dejemos invadir por el amor que transforma y une, somos masa de Dios, dejémonos cocer, transformar por el amor. Señor, no sé expresarme, es algo que ves, pero al querer decirlo con palabras no aciertas. Bueno, Señor, tú lo sabes todo y tú me mueves a ir a ti por el amor. Habrá quien te busque a través de las penitencias, los ayunos, la austeridad de vida... Lo que sea, no hay que descuidar nada, pero lo que dice san Pablo, aunque entregase mi cuerpo a las llamas sino tengo caridad de nada me aprovecharía[87]. En este caso si todo esto no lo hago con amor de nada me serviría, solo el amor da vida, une transforma, santifica. Y con el amor está la hermana fe para hacerte descubrir a Dios no en la lejanía, sino en todo lo que te rodea, circunstancias personas y cosas. Y si realmente descubres la presencia de Dios en todo lo que te rodea y aún más, dentro de ti más cerca de ti que tú misma, vives sumergida unida a Dios y ¿cómo Dios amor no te va unir y transformar en Él? Luego, amor, unión con Dios.

Señor, haznos santos para gloria de Dios Padre

Señor, de palabra todos ansiamos la santidad y con toda buena voluntad, viendo en ella no la propia felicidad sino la gloria que un alma santa te da y el bien que de ella se sigue a tu Iglesia. Estas almas son

87. Cf. I Cor 13.

las que hermosean el rostro de tu Esposa, tu Iglesia. Ahora bien, Señor, con tan buena voluntad. ¿Qué no marcha bien que una no es lo que debería ser? Tú a todos llamas a la santidad y la belleza de esta atrae, pero supone un proceso de muerte a lo nuestro para que viva lo tuyo en nosotros, es un morir para vivir, pero este supone un despojo total, un morir a todo gusto, a toda compensación, lo pides todo Señor y no es Señor y no es porque te recreas en esto viendo a la pobre alma agonizar, sino porque nos quieres de verdad y sabes que sin muerte no hay vida, muriendo nos diste la vida verdadera, muriendo a nosotros esta vida nueva, verdadera es como alcanza plenitud en nosotros y entonces se puede decir que se recupera a todo como resucitado, es un comenzar a ver por tus ojos y comprender tu sabiduría llevándonos por este camino sin engaño posible, tú escogiste el camino de la cruz, de la muerte y hay que seguirte, vislumbrando lo que después de esto se sigue aunque sea a pura fe, sabemos que has muerto pero después de la muerte se siguió tu resurrección, anticipo de la nuestra, esto es hermosísimo saber a dónde nos conduce la muerte.

Pero dada nuestra condición humana, tarados por el pecado, una admira todo esto y quiere lanzarse a la consecución de ello, pero si el Señor no lo hace en nosotros, no nos ilumina a cada momento para ir descubriéndole en todo y abrazarnos generosamente a esa muerte que a cada momento te va pidiendo, una llega a convencerse que por sí no puede nada, porque hay que ver, qué viva se siente una ante una palabra que te hiere, un interrumpir tus planes, una enfermedad que te sale al paso, un sinfín de cosas que día a día te van saliendo al paso que no son más que bendiciones de Dios que te quieren hacer morir a lo tuyo, solo es cosa de descubrir a Dios en ellas y abrazarlas con amor, pero Señor, nos tienes que dar mucha fe para descubrirte en ellas porque si no todos somos el Pedro que según la leyenda huía de Roma evadiéndose de la muerte que le esperaba, pero no el Pedro que al encuentro con el Señor venía a morir por él, retornó a Roma sintiéndose indigno de morir crucificado con la cabeza en alto como el Maestro.

Señor, auméntanos la fe, te pedimos como los discípulos, para que una sepa descubrirte a través de todo, encontrarse contigo en todo, vivir la misa de cada día a través de todo y entonces seremos santos, nos harás santos, porque en definitivo todas nuestras empresas nos las realizas tú para gloria de Dios Padre. Amén.

Yo quisiera... ser santa

Yo quisiera... ser santa, creo que es cantar que fácilmente cantamos las almas, pero ¡quiero! ser santa, con todo lo que esto supone de compromiso ya no es tan fácil cantarlo, porque la naturaleza busca sus componendas y si una se deja llevar de ella no sale del quisiera... y así al deber cumplido de cualquier manera no le da importancia, la fidelidad al silencio, a las observancias no es la cosa tan seria, el echar mano a la hermana que ves sobrecarga ya tengo bastante con lo mío, el no estar atenta a esa voz interior que llama siempre a una mayor fidelidad y entrega es el cantar el "quisiera"... con una cola tan larga que como no le demos un corte haciendo del quisiera ¡quiero! Y ser consecuentes de esto y entonces, aunque todo se cierne sobre mí: sufrimientos, incomprensiones y aunque el cielo se torne negro y no parezca más que una lucha contra todo el infierno, mantengamos el "quiero" y el Señor no defraudará nuestro "quiero". Él lo hará todo, nos hará santos para su mayor gloria y alabanza.

Los santos no nacen, se hacen

Tal como nos vienen describiendo la vida de los santos, son más para admirarlos que para imitarlos y creo que debía ser al revés, que nos los pongan más imitables, más asequibles. Por eso, la autobiografía de Santa Teresita del Niño Jesús me encanta a pesar de todo el heroísmo que encierra esa corta vida, tiene una sencillez, un no sé qué te estimula a la virtud, que no quedas en admiraciones, sino que te lanza a la confianza en Dios nuestro Padre y a aprovecharse una de todo lo que sale al paso dándole sentido a todo. Por otra parte entiendo que el santo antes de llegar a esa transformación en Cristo, partió de una naturaleza tarada por el pecado común a todos, hecho de carne y hueso como yo, con sus inclinaciones buenas y malas, con sus luchas, sus caídas, sus deficiencias, sus limitaciones... que el ambiente en que se viva o la formación recibida favorezca más en unas personas que en otras de acuerdo, pero Dios no niega las gracias necesarias a cada uno en orden a alcanzar la santidad a que Él llama a toda alma, cada una en la medida que Él disponga y esto resulta muy consolador.

Dios llama a todos a la santidad y a todos les da las gracias necesarias para llegar a ella. Luego veo la santidad fruto del querer de Dios: "Sed santos como vuestro Padre celestial es santo[88]". Dios nos quiere santos y fruto a la vez de la fidelidad del alma, ambas cosas se conjugan si fuese cosa de uno ¡Dios Santo! Algunas personas morirían de desánimo al verse tan impotentes para tan grande empresa, pero no, es el Señor el que santifica y vaya cómo despliega su misericordia con los más pobres, más débiles, más impotentes para toda obra buena con tal de que uno reconozca su pobreza, su miseria, su nada y se abra a la acción de Dios. Todo está en dejarnos hacer por Dios nuestro Padre que nos quiere hacer santos como Él es santo, quiere transfundirnos su santidad, comunicarnos su santidad, que esto que veo tan claro lo haga realidad en mi vida, convencida Señor de que los santos no nacen, se hacen.

Los santos sienten, padecen y sufren

Algunas veces se oyen expresiones como ésta: esa persona es una santa, ni siente, ni padece, ni sufre por nada. Tomado al pie de la letra me suena a disparate. Si con esta expresión se quiere decir que esa persona está liberada: cambia la cosa, pero que siente, padece y sufre aún más que los que no somos así lo entiendo, pero claro está con otra visión que no tenemos los que no lo somos.

Entiendo que en la medida que a un alma la va transformando la gracia, esa persona se vuelve más sensible a todo sufrimiento tanto físico, como moral o espiritual. Lo que pasa es que siente en sí la fuerza que le viene de Dios y así se abraza al sufrimiento con fe, con serenidad, con amor, no hace dramas de las cosas, mira a Cristo doliente y de aquí le vienen las fuerzas y esto la lleva a amar más a Cristo, el siervo doliente

88. Cf. Mt 5,48 .

de Yahvé, y a profundizar más en los sufrimientos de su Redentor. ¿Cómo serían sus sufrimientos, dada su exquisita sensibilidad y su visión de las cosas? Porque a medida que la gracia va obrando en un alma va adquiriendo una visión muy distinta de las cosas a como la tenía en un principio. Dios la va iluminando y va viendo las cosas con un realismo, un como verlas del lado de Dios, el hecho mismo al considerar el valor infinito de la sangre redentora de Cristo y lo mal que nos aprovechamos de ella, yo la primera, da un dolor, un sufrimiento al alma que hay que experimentarlo para hacerse una cargo de lo que es esto, sufrimiento que se experimenta en el alma si bien con gran paz y como una clara misericordia para sí y para todo el mundo. También veo cómo una puede estar sufriendo y en lo más íntimo, más profundo del alma hay una zona que no la alcanza el sufrimiento por la presencia tan viva que tiene de Dios en lo más íntimo de su ser. Esto se experimenta después de pasar el alma por la gran tribulación, después de no experimentar en sí ni rastro de Dios, aunque Dios allí estaba, pero no se manifestaba. Luego yo me quedo en que los santos sienten, padecen y sufren más que los que no lo somos.

Soy un juguete en manos de Dios

Hoy domingo, entre el tiempo que medió desde la primera misa hasta la conventual, una sequedad se apoderó de mí, que sorprendida me volví al Señor y le dije: Señor qué pasa aquí pues desde que el alma entró en esta Pascua contigo no volvió a experimentar este estilo de sequedad. Si esto obedece a mis infidelidades te pido perdón, ten misericordia de mí y bien merecido tengo lo que me quieras mandar. Y como el Señor habla al corazón, sentí una tranquilidad que no pensé más en la sequedad en que me hallaba sino que no pareció que todo se llenó de vida, de color y como por instinto empecé a bendecir y dar gracias a Dios por todo, viéndome puro juguete en sus manos de Padre amoroso que en un momento te hace experimentar que eres tierra árida, seca, que por ti nada vales, pero Dios tu Padre lleno de amor y de ternura te ama, y buena prueba te ha dado de su infinito amor que hasta a su propio

Hijo, el Hijo de amor, lo entregó a la muerte por ti para salvarte, para santificarte... con tal viveza se me representaba esto que yo no conocía el estado de mi alma con tal cambio.

Así las cosas, tocan a misa. Bajé al coro que no parecía más que el Espíritu me llevaba. Viví esta misa como solo Dios sabe, porque todo fue don de Dios el que diese tal disposición de entregarme con Cristo al Padre para gloria de Dios y salvación de las almas, que en aquellos momentos sentía en mí tal fortaleza que me sentía capaz de ir al sacrificio con Cristo como fuese, la fuerza de Dios la sentía en mí. Terminó la misa exteriormente puede decirse, pero no en mi interior, me quedé buen rato en el coro dando gracias porque realmente esa misa había sido algo especial para mí. Ya en la celda me llama una hermana para que le abriese un armario que ella no acertaba. La acompañé, le abrí el armario, era cosa de entender la cerradura un poco averiada y luego ella aprovechó para abrir un poco su alma. Según me sentía tan fortalecida y tan llena de Dios y como fuera de mí la empecé a hablar animándola que yo me veía puro instrumento de Dios, no era yo la que hablaba. Las palabras me las ponían en la boca pues, según soy torpe y poco ordenada para expresarme, en esos momentos me lo daban todo hecho. Ella, quedó tan animada y consolada que al separarnos me dijo un Dios se lo pague que aquello le salió de lo más profundo de su alma. Yo, confundida por toda respuesta le dije agradézcaselo a Dios, sólo fue Él quien la consoló. Luego pasé todo el día tan metida en el sacrificio de Cristo, y aunque no me escasearon contrariedades, en ellas veía gracias de Dios y en todo veía motivos para bendecir a Dios y así empezando por tal sequedad como se fue deslizando el día terminando llena de gratitud hacia Dios mi Padre porque realmente soy un juguete en sus manos amorosas de Padre.

Me atreveré a decirlo

Me siento un alma que vive de amor, de amor divino por un Dios escondido a todo sentido. Un alma, oh Dios amor, que sueña contigo, contigo mi Dios, mi amor infinito, Cristo mío tú me llenas, tú me sacias, para ti vivo, para complacerte y volcar en ti todo mi amor y todo mi cariño. Solo tú sabes y escuchas mis desatinos y amorosos delirios. Soy pura nada, pero tu amor prendió en mí y en amarte encuentro toda mi felicidad. Gloria y amor al Padre, al Hijo y al Espíritu Santo.

Delicadezas del Señor

En el recreo de la tarde llega la sacristana con los recordatorios de un Padre que hacía unos días había hecho la profesión solemne pues había sido sacerdote secular y pasó a la orden dominicana. Con ilusión nos pusimos a mirarlos pues eran distintos modelos de estampa. La mayor parte eran de la Virgen sola, otras con el Niño y solo una del buen Pastor con una oveja en los brazos. Al ver esta se me enterneció el corazón y no sé qué pasó en mi interior y disimulé para no transparentar lo que sentía interiormente pues me reconocía en esa ovejina amada del Señor. Después de vistas la Madre las puso boca abajo y se fueron cogiendo según salían y cual no fue mi sorpresa cuando cojo la primera que tenía delante y miré esa precisamente la del buen Pastor. Si el hecho de verla ya me emocionó ahora al ver que la suerte venía a mí, todo esto aumentó y no me apetecía sino soledad porque me sentía desarmada por esta delicadeza del Señor. Dígase casualidad o lo que se quiera yo vi en ello la mano de Dios. Y alguna hermana dijo a ti te pega esa estampa, otra exclamó yo la deseaba pero no me tocó, entonces yo, costándome un poco desprenderme de ella pues la veía tan de Dios, se la di, pero la Madre dijo no, si el Señor se la dio a Usted quédese con ella. Sentí no poder complacer a la hermana, pero vi ser voluntad de Dios quedarme con ella y agradecer tal detalle del Señor. Y tantos podría contar.

¡Es una maravilla como el Señor a cada momento y hasta en detalles tan insignificantes interviene en nuestra vida!

Mi conversación de esta tarde con el Señor

Esta tarde bordando a máquina al ritmo de ésta iba mi conversación con el Señor. Empecé diciéndole que a juzgar por lo que ahora me pasa no sé explicarme por qué se teme tanto a la muerte y esto en personas de fe. Qué fácil es olvidar lo pasado, pero el Señor vino en ayuda de mi frágil memoria recordándome mi temor a este paso de la muerte. Y ciertamente lo pasé y no pequeño, ya antes de ser monja procuraba mantenerme en gracia y me confesaba lo mejor que acertaba y así y todo nunca me encontraba preparada para este paso y eso que era joven y llena de salud que me hacía ver la muerte muy lejos. Ya en el convento mis primeros años seguía en el mismo temor y más aumentó cuando me empecé a sentirme mal, mi agotamiento llegaba al máximo y la muerte la veía a la puerta y todo mi ser se resistía a ella, qué doloroso se presentaba el tributo de este fruto del pecado de nuestros primeros padres.

El morir de cada día

Ahora bien, sin quitar nada a que la muerte obedece a un castigo, a la luz y resurrección de Cristo la cosa cambia. Cristo venció la muerte y nosotros en Él ya la hemos vencido también, lo que tenemos que hacer es con esta visión de vencedores en Cristo ir muriendo cada día a todo lo nuestro para que la vida de Cristo se manifieste en nosotros y en la medida que Cristo va viviendo en nosotros va desapareciendo ese temor a la muerte, y entonces ya no se ve como algo aplastante sino como algo que libera, es el paso de contemplar a Dios en la fe al cara cara, es ir, en expresión humana, a los brazos del Padre que nos espera con infinito amor. Y si ya aquí en este mundo a pesar de andar una cayendo y levantarse y con tanto lastre encima experimente tanto amor y ternura de Dios sobre ella ¿Qué será el encontrarse cara a cara con Él? ¡Lo de Santa Teresa! Las ansias de morir temo me vuelvan a la vida. Señor que una acierte a vivir en ese abandono filial esperando todo de la misericordia de Dios su Padre aceptando el morir de cada día.

El sufrir de un alma

Una persona sufría terriblemente en su alma aparte del sufrimiento del cuerpo que no era pequeño, pero sentía en sí la fortaleza de Dios y aun se atrevía a decirle: con tu ayuda aún puedo más y el buen Dios no se quedaba corto, pues es generoso en todo y por nuestro bien. El sufrimiento fue aumentando y llegó un momento que no podía con más y como el Profeta Elías se sentía tentado a decirle al Señor llévame ya, pero el buen Dios también a ello le dio el alimento de la fortaleza para que siguiese caminando. Las purificaciones en el alma cada vez se hacían más dolorosas, era para abandonarlo todo si la mano invisible de Dios no la sostuviese y animase a seguir caminando porque se sentía agonizar y qué doloroso se presentaba todo esto más aún que cuando la naturaleza por la enfermedad se sentía morir, pero bendito sea Dios que todo lo hace para nuestro bien y nadie que se apoye y confíe en Él quedó defraudado quien me iba a decir que estas tinieblas, esta agonía iba a desembocar en esta pascua con el Señor dándose la mano los dos extremos muerte y vida porque aquello era realmente una muerte y ahora era verse en una vida nueva en que torrentes de luz y de amor la inundaba, era como saltar la gracia a borbotones que ni una se podía controlar porque vivía como fuera de sí, borrachina de amor, luego con el tiempo se fue sosegando, pero qué contraste más fuerte se dio en el alma.

En esto entendió el alma del peligro que hay ante estas pruebas tan fuertes del espíritu el desanimarse uno y cerrarse a la acción de Dios y entonces realmente no alcanza esa muerte que da vida, sino muerte que da muerte, podríamos decir, porque se estaciona el alma cuando ya estaba a punto de entrar en la tierra de promisión, en esta Pascua con el Señor., Danos tu luz, tu fuerza, tu amor para no detenernos en el camino sino que en todo te deje una obrar contra todos los desalientos que uno sienta y tú que comenzaste tu obra la lleves al final.

Mis tres pinchadas de cada día

Con mis tres pinchadas que cuando menos caen cada día, y esto no un año ni dos sino la de años que llevo, y pensar que esto durará toda mi vida, sólo Dios sabe cómo a cuerpo crucifican, pues se ha vuelto tan sensible que no parece más que en cada inyección le clavan una espina. A esto se puede juntar el cansancio, malestar, noches de insomnio, hambre, sed... una serie de cosas que viste mi vida de tejas abajo no es desear y, sin embargo, Señor no me resisto al dolor veo que tú estás conmigo y me haces ver que todo son caricias de tu amor, dolorosas, muy dolorosas para la naturaleza sí, porque incluso algunas veces cuando sientes esa hambre devoradora propia de esta enfermedad no parece más que el demonio te pone delante tanta comida como hay en las casas de aldea, los jamones, embutidos, frutas... todo al por mayor y una ver que está pasando necesidad porque es un hambre falsa la que se siente que algunas veces hasta te hace llorar y tocar tu pura miseria y debilidad.

Pero, Señor, no está una sola, tú estás a nuestro lado para hacer triunfar tu fuerza en nuestra debilidad y también una experimenta esto, pues cuántas veces ante el dolor una se supera, tú lo haces en ella y empieza a darte gracias y a decirte suple en mi cuerpo lo que falta a tu pasión como miembro de tu Cuerpo la Iglesia, y una como que ve el valor redentor del sufrimiento incorporado a tu sacrificio y ya una no dice esto lo sufro por amor a ti, sino sufre tú en mí, renueva en mí tu sacrificio redentor y qué paz, qué serenidad, y hasta gozo diría el entregar a Cristo y por Cristo al Padre toda la vida con sus sufrimientos y gozos como incienso que se quema en su presencia porque la luz de Cristo te ilumina y ves que todo tiene sentido en la vida, y el dolor es maravilloso contemplado y vivido a la luz de la redención, aunque para la naturaleza siempre sea costoso el aceptarlo. Señor cuánto dolor hay en el mundo. ¿Cómo se lleva? Danos a todos la visión de su valor redentor para que se convierte en fuerza transformadora, pues una experimenta que el dolor aceptado con fe y amor transforma, libera Señor, te ofrezco todo el dolor, todo el sufrimiento que hay en todos los hombres mis hermanos para que incorporado a tu sacrificio redentor se convierte para todos en prenda de salvación. Amén.

La vida de un alma contemplativa

La vida de un alma contemplativa cuando llega a adentrarse en el corazón del Esposo y después que Él la va purificando de tanta escoria y la va sensibilizando para sus comunicaciones, una viene a decir que es una vida de ensueño al sentirse amada por este Esposo de amor, esto no quita que haya dolor, pero es una visión tal la que una contemplativa tiene de las cosas a la luz de Dios que esto es un mundo nuevo en el que vive y que yo creo que, aun sin la contemplativa darse cuenta, refleja en todo su ser y su obrar ese mundo que lleva dentro, de paz, de gozo, de serenidad, de dominio de sí, de entrega a los demás, porque el Evangelio se va haciendo vida en ella. El abandono en su Padre celestial que cuida de los lirios del campo y alimenta a los pajarillos del cielo y el cumplimiento de su adorable voluntad es su alimento continuo. Y su mirada en el Esposo crucificado por amor le arranca lágrimas al corazón al contemplar tanto amor y tan mal correspondido, al ver tanto manantial de vida, las almas nos agostamos de sed por no ir a Él. Esta visión produce dolor en el alma, compasión hacia todos empezando por una misma al ver cómo el Señor le da esta luz, y no corresponde como debiera a ella y por ello se ve movida a pedir perdón y misericordia. Pero junto con esto al experimentar esa cercanía de Dios, esa grandeza de Dios, tú eres el único Dios, el santo de los santos, que a tanto llegó tu amor con nosotros pobres pecadores, es algo que sumerge a una contemplativa en un gozo inefable y transfigurado como nos dirá san Pedro y una quisiera hacerle eco de toda la creación visible e invisible para cantar a Dios "Tu solus sanctus, infinitas misericordias" porque aquí una ve que todo es puro don de su infinita misericordia.

Dejarse amar por Dios

En una vida cristiana, máxime en una contemplativa, todo está en dejarse amar por Dios nuestro Padre que nos ama con locura. Dejarse amar por Dios supone vivir de fe para saber descubrirle a través de las personas, circunstancias y cosas, y aquí es donde fallamos y por lo tanto no nos dejamos amar, penetrar de este amor que sana, libera, transforma y el alma llega a esa confianza ilimitada en Dios su Padre después de esas experiencias de encontrarse con Él a través de todo. Y para expresarlo de algún modo en una imagen humana diría la del niño sentado en las rodillas de su padre con su cabecita recostada sobre el pecho, y sus manecitas abrazando a su padre y así descansa lleno de confianza en su padre porque se siente seguro y amado por su padre. Y ¿quién puede así persuadir a ese niño de que su padre no le ama? Nos da lección pues ¿cuántos más motivos tenemos nosotros para estar seguros del amor que Dios nuestro Padre nos tiene, manifestado tan palpablemente en su Hijo Cristo Jesús y en la experiencia de cada día en lo más interior de nuestro ser? Señor, haznos muy sencillos, muy humildes, almas de fe profunda para que nos comuniques la ciencia de dejarnos amar por ti.

Mal madero en el horno del amor

El que recibe a Jesús Eucaristía, fuego de amor transformador un día y otro día, un año y otro año y así toda una vida en contacto con este fuego transformador y su alma no vive abrasada y transformada por este divino amor, que confiese humildemente que es mal madero en el horno del amor y la primera que se tiene que confesar de esto soy yo. Señor, según me haces ver la fuerza de este sacramento para transformar a un alma que una comunión bastaría para transformar una vida, y pensar que un día y otro día te estoy recibiendo y cuán lejos estoy de ser una llama viva de amor, una hostia de amor identificada totalmente con la Hostia mayor. Por ti no queda Señor, soy yo la que no respondo, algo no se abre en mí a tu acción transformadora, tú vienes sin medida a nuestras almas, pero somos nosotros los que ponemos la medida al recibirte. Abre, Señor, todo mi ser a esta acción transformadora de tu cuerpo y de tu sangre, transfórmame en una llama viva de amor que se consuma día y noche adorándote en espíritu en tu misterio de amor en la Eucaristía y en una comunión de amor con el Padre en todo su misterio trinitario, pues al recibirte a ti, Señor, como tu humanidad está unida a la Divinidad de la que nunca se separó, comulgo contigo, con el Padre y con tu Espíritu.

Esto es muy grande Señor, para caer de rodillas, golpearme el corazón y adorar. Perdón, Señor, por todos los obstáculos que pongo a la acción de tu gracia en mí. Derriba en mí todo lo que se oponga a esta acción transformadora de tu amor y conviérteme en una hostia viva de amor, que tu amor me penetre y transforme totalmente. Madre de Dios y madre mía que en cierto modo también te recibo a ti en la comunión puesto que de ti tomó su humanidad Cristo y no solo a ti sino que también comulgo con toda la humanidad mis hermanos los hombres. Qué misterio de unidad, de amor encierra la comunión con el cuerpo del Señor, pon tu ayuda Madre mía para que uno lo viva profundamente.

Algo doloroso presiento que viene sobre esta alma

Presiento, Señor, que algo doloroso se está acercando a esta alma. No sé qué le mandarás, pero me avisas de que me disponga, que algo viene ¿Qué responder Esposo mío? Con la dulce Madre respondo: aquí está la esclava del Señor cúmplase en mí tu palabra, tu adorable voluntad. No sé, vuelvo a repetir, lo que me aguarda, tal vez quieras ver mi disposición y luego no pase nada, no lo sé, me fio de ti y eso me basta, tu fortaleza triunfará en mi debilidad, todo lo puedo en aquel que me conforta y quién me separará de tu amor... Con la experiencia que tengo de ti Señor, nada temo porque tú siempre estás conmigo, ya no caben esas tinieblas en que una se encontraba en un túnel sin salida, en que no encontraba rastro de ti y una se veía como al borde de la desesperación. Ahora ya se hizo la luz, topé contigo más hermoso que nunca, luego me siento optimista ¿Qué me puede pasar? No me dejes de tu mano Señor, que me veo muy pobre y muy débil y con muchas miserias, pero esto no me acoquina, pues veo que vas a ser glorificado en mis miserias y mi nada que en todo momento te están reclamando tu misericordia, luego mi nada atrae tu misericordia la que ya comienzo a cantar aquí y prolongaré eternamente y en tus manos me pongo, Señor.

Un martirio de amor está pasando esta alma

Voy a ver si atino a decir algo de lo que está pasando en esta alma, cosa difícil es poder expresar con palabras lo que en ella pasa. El alma se siente locamente enamorada de su Dios, de su Cristo, Esposo de su alma, y ve que aquél que tan locamente ama no la mira, diría con palabras humanas que él es indiferente, que ella a Él no le dice nada mientras ella se derrite por Él. Esto es un tormento de amor que hay que verse en él para apreciar este tormento que me atrevo a llamarlo martirio de amor. Y aún recordar tantas gracias, ternuras y comunicaciones del Esposo en otro tiempo, ahora todo le sirve para aumentar el tormento. En este sufrimiento una cosa la conforta: la gran paz que hay en ella y en medio del sufrimiento algo pide en ella que siga adelante tu obra y en momentos de mayor dolor como fuera de sí en una santa locura de amor grita en su corazón: mátame como quieras y no mires como me matas, mira tan solo que estoy locamente enamorada de ti y moriré en esta locura de amor. Otras veces, más sosegada el alma, se vuelve a la Virgen diciéndole Madre mía, mi confianza y mi todo después de Dios, tú bien sabes lo que está pasando esta alma, esto es un martirio de amor que cada momento en este sufrimiento le parece al alma una eternidad y no podría comprender lo que es este sufrimiento si no me viese metida en él, pero a ti recurro para que me hagas fiel a esta hora de dolor y todo sirva para manifestarle mi amor a Jesús, pues aunque aparentemente me haga sentir su desamor, no puedo dudar de él y a su acción me entrego repitiendo contigo "el hágase".

Que Él goce de mi amor, aunque yo no goce del de Él, aunque qué a gusto le diría: Esposo de mi alma ¿dónde moras? Mi alma te busca por todas las partes y dentro de ella donde guardas esa mirada amorosa con que en lo más íntimo de su ser la mirabas, la penetrabas y la hacías vivir en un requiebro de amor que ni el sueño podía concebir. Ante tanto gozo y algunas veces acompañado de unas vibraciones del Espíritu y unos resplandores instantáneos que todo le hablaba de tu cercanía ¿dónde está todo esto Esposo mío? Adoro tus designios de amor, dame fortaleza para entregarme con toda docilidad a ellos y sigue tu acción transformadora en esta pobre alma para que el Padre se complazca en la imagen de su Hijo en ella y que el Espíritu Santo, alma de mi alma, consuma la unión del Verbo encarnado y esta alma, la unión del todo con la nada, pero que su infinito amor hasta esto se abaja.

Cristo mío, mi Dios, mi Señor, mi Esposo y mi todo, en ti confió, haz de mí lo que quieras, te sigo a ciegas pues en estos momentos no sé por dónde me conduces, pero estoy segura de ti, me fio de ti y en tus manos sé que no me pierdo. Espíritu Santo sigue tu acción invisible en esta alma para mayor gloria de Dios. Así sea. Madre mía, tú sabes en qué situación me encuentro, es un tormento nuevo de amor y a pesar de todo no acierto sino a ponerme en manos de tu Hijo para que haga con esta alma lo que Él quiera, que responda a todo en fidelidad a sus designios amorosos, que su adorable voluntad sea mi alimento en todo momento y circunstancia. Tenme siempre de tu mano maternal para que, contigo y ayudada por ti, mi vida toda se consuma en holocausto, en una entrega total a tu Hijo y a la humanidad entera. Madre mía hazme fiel a esta hora y toda mi vida de entrega.

Ya está brillando tu rostro, Señor, sobre esta alma

Cuando el alma se sentía toda ella enamorada de Jesús diría que se siente derretirse amando al Esposo, resulta que sin saber cómo, Él la somete a una experiencia dolorosísima, que yo llamaría martirio de amor: ella derritiéndose por Él y Él que no la mira, como que se ve aborrecida por Él, al que tanto ama. Hay que experimentarlo en carne viva para saber lo que es este tormento de amor, pues porque ama sufre, ella lo jugó todo por Él y ahora se siente en vacío, en nada. Él no la mira y cae en una verdadera agonía, se siente como fracasada, engañada. Y sin embargo algo hay en ella que la mueve a dejarse en manos de Él para que Él siga haciendo su obra en ella aunque a ciegas sin entender lo que hace, pero fiada de Él que en esto como en todo, después que pasa la prueba, vuelve el Señor a mostrar su rostro aún más radiante, más fascinador y una ve que todos son juegos de amor para enamorar más al alma y así esa mirada amorosa sobre el alma se vuelve aún más radiante más subyugadora, más cargada de amor diciendo también con las gentes de tu tiempo "todo lo hace bien". Sí, Cristo mío, todo lo haces bien, todo lo haces para tu mayor gloria y nuestra felicidad.

Después de estas cosas una aún te ama más y vive como borrachina de amor diciéndote desatinos y cantando tus misericordias porque me veo muy pequeña, muy limitada, pura miseria, pero mi vacío, mi nada hace cabida a tu amor, a tu grandeza y veo que tu amor misericordioso, tu infinita misericordia con esta pobre alma viene sobre ella como un torrente en crecida que la inunda, que la fortalece, que se siente segura en manos del que lo es Todo mientras que ella es la nada, pero apoyada en el Amado camino victorioso y como a la esposa del *Cantar de los cantares* también se le puede aplicar. ¿quién es esta que sube del desierto apoyada en su amado? Es un alma sencilla, muy pobre, muy ignorante y muy nada en todos los sentidos, pero que ante sus ansias de santidad para que Dios fuera glorificado en ella, y al tocar su inutilidad, su nada para tal empresa descubre en sí la necesidad de ponerse toda en manos de Dios para que El llevase a cabo en ella su obra; a ella le tocaba dejarse conducir, dejarse hacer mediante una vida de fe, de confianza, de amor descubriéndole a Él en todo, en lo pequeño, en lo grande, en la prueba como en el regalo, aceptándolo como venido de su amorosa mano aunque no vea, ni comprenda el por qué de muchas cosas, aprovecharse de todo, impregnándolo todo de amor, desde esas pequeñas menudencias de las que está envuelta la jornada de cada día, hasta las cosas más grandes que se presentan menos veces pero que si no hay el hábito de aprovecharse de lo de diario, de lo pequeño mal se puede descubrir a Dios en lo grande, lo difícil.

Cuánta fidelidad y constancia supone el tratar de vivir atenta a las cosas del momento, un día y otro día, con la mirada puesta en el Señor deseando complacerlo a Él en todo lo que sale al paso, que bien comprende una esto después de la prueba, después de esos encuentros aún más radiantes con el Señor a través de la fe, qué bien lo veo ahora Señor al iluminarse tu rostro nuevamente sobre esta pobre alma tan envuelta y penetrada por tu amor y tu misericordia.

El crecimiento en gracia es bueno para todo

Cada día me entusiasma más este misterio del crecimiento en gracia. Tenía una idea muy rudimentaria de este mundo tan maravilloso de la gracia, pero ya en el convento, en el noviciado, cuando nos hablaban de ésta y lo mismo en alguna plática no sé qué pasaba en mí, sentía verdadera hambre de saber de esto porque no parecía más que se abrían mundos nuevos en el alma. El saber que a más gracia corresponde más gloria y cuanta más gloria alcance un alma más glorificará a Dios por toda la eternidad. Cuando oí esto no pareció más que en mi alma se dio como una explosión de gozo y de gratitud por el don de la gracia que a esto nos lleva. Cuando leí en san Pedro: "Hemos sido hechos partícipes de la naturaleza divina[89]" sin saber explicarlo, un mundo se me abrió, se iluminó mi bautismo en donde se me depositó en germen esta vida de la gracia, esta participación de la naturaleza divina y a una, como desarmada ante tanto don, no le apetecía sino caer de rodillas y decirle al Señor qué es esto que estoy viendo porque no parecía más que un mundo nuevo que una no se sabía explicar, y lo tenía ante su vista. Señor cuánto nos amas, te entregaste a la muerte por nosotros, nos vivificas con tu gracia, nos diste tu Espíritu, nos diste a tu benditísima Madre, te quedaste con nosotros en la Eucaristía sacramento del amor en donde se nos da el autor de la gracia divina, esta gracia que nos hace criaturas nuevas, hijos de Dios, partícipes de su misma naturaleza. Señor esto es toda una locura de amor de un Dios por nosotros y qué mal correspondo a tanto y a esta gracia que cura, libera, transforma, pues a pesar de mi mala correspondencia cómo voy experimentando todo esto en mi alma.

---

89. Cf. 2 Pe 1,4.

Sí, Señor, tu gracia me va curando, me va liberando, me va transformando y aún en cosas de tipo humano cómo siento sus efectos y ya no digamos nada en el mundo de lo sobrenatural, y pienso precisamente que lo que pasa en el alma repercute en el cuerpo liberándole de muchas cosas. Diré alguna que en estos momentos me viene al paso. El dormir, era una persona dormidora por demás, nunca me veía saciada, tanto que mi madre me decía algunas veces estas mis fías (*hijas en asturiano*) entontecen durmiendo, nunca se dan por satisfechas. Vine al convento y los primeros años pasé sueño a morir y cómo a medida que la gracia de Dios iba obrando en el alma esta necesidad de dormir tanto fue cediendo y hoy día me basta y aún me sobra el descanso restringido que se lleva en la comunidad, y cuantas noches por molestias de la cabeza que impiden dormir o por gozo en el espíritu el sueño brilla por su presencia y a la mañana me llego nueva. Otro fallo en mi natural era el retener las cosas, pues aprenderme de memoria con gran facilidad lo aprendía, pero del mismo modo se me olvidaba, y en cuanto a dar avisos o hacer encargos de compras en los comercios tenía que llevarlo apuntando porque si no a casa no llegaba nada, todo se me olvida. Ya en el convento de buenas a primeras no me vi curada de esto y entonces lo que se suele decir el que no tiene cabeza tiene que tener pies. Y oh misericordia y bondad de Dios conmigo en esto como en todo, cómo te vas adueñando del alma y la vas transformando que en muchas cosas ni me conozco.

En esto de la memoria ni me sé explicar lo que pasa, no parece más que en mí hay algo que no se le pasa nada, pues sin esfuerzo por retener, sin pensar en ello se encuentra una con las personas o las cosas y de pronto te sale al paso lo que tienes que decir o hacer de tal manera que una misma quede sorprendida ante esto, cuando una bien tenía experiencia de que todo se le olvidaba. Sea para mayor gloria de Dios, pues bien veo que esto no es industria mía sino obra de su gracia en mí y parece que el alma va participando de los dones de Dios porque en esto el alma entiende cómo el Señor lo tiene todo presente, en todo está a punto y nada se escapa de su mirada. En esto de crecer el alma en gracia, que es bueno para todo, me viene a la memoria otra cosa. Siempre he creído en lo que se nos enseñaba acerca del pecado de nuestros primeros padres Adán y Eva. Sabiendo y creyendo esto no penetraba yo en este gran mal que esto trajo a la humanidad.

Ahora, en la vida religiosa es cuando empecé a experimentar en carne propia este gran mal, esta división en nuestro interior lo que san Pablo nos dice: "Apruebo el bien que veo y hago el mal que no quiero. ¿Quién me librará de este cuerpo?[90]" Sólo Cristo, su gracia lo hace en nosotros, su gracia que transforma, diviniza... y si es terrible ver y experimentar cómo está la naturaleza caída y qué alegría se siente al saber y experimentar que en donde abundó el pecado sobreabundó la gracia[91], sí, experimentar la fuerza de la gracia de Cristo, capaz de transformar superabundantemente todo lo que hay en nosotros de pecado, es algo maravilloso. Señor, que una acierte a dejarse penetrar por tu gracia. Otra cosa que experimento y no sé si va vinculado a la gracia o es otro don de Dios, y es que hay momentos y no está en uno tenerlos, sino que bien ve que es cosa de Dios, que te da una intuición para en cierto sentido ver lo que pasa en el interior de alguna persona en razón de poder hacerle algún bien adelantándote a algo que te va a pedir o a darle una palabra de consuelo en algo que está sufriendo. Y claro algunas hermanas quedan sorprendidas diciéndome, pero cómo sabe esto, cómo se adelanta a darme lo que yo le iba a pedir, y en una ocasión una me dice: Usted lee en mi interior, quedando yo más corrida que otro poco, si bien luego una se vuelve a Dios viendo que todo es obra de Él. Bendito sea por todo. Amén. Y nunca me siento satisfecha de alabarte y bendecirte Señor por las maravillas que tu gracia obra en las almas. Señor, si yo correspondiendo tan mal a tu gracia me haces experimentar cosas tan inefables ¿Qué pasará en las almas fieles? Esto es un mundo nuevo, una vida nueva de hijos de Dios que en la medida que la gracia va obrando en el alma como se siente esta inefable realidad de hijos de Dios, amadas por el Padre, algo que te deja como desarmada al experimentar a todo un Dios que te ama con ternura inefable, algo que se vive y no acierta una a expresar porque es tan distinto cuando te hablan de esto a cuando una lo siente.

90. Rom 7,19.
91. CF. Rom 5,20.

Qué distinto es por ejemplo cuando te hablan del misterio de la inhabitación de la Santísima Trinidad en el alma en gracia a cuando una experimenta esa presencia de Dios en lo más profundo de su ser, algo vivo, cercano, que te invade con su amor. Yo de esto, en mis años de mundo, ni idea tenía de ello, ya en la vida religiosa cuando te hablaban de esto te entusiasmaba y era como un reclamo para volverte hacia dentro y hacer actos de amor y de adoración al Dios viviente en tu alma, pero a pura fe, sin experimentar su presencia. Luego, pasando el tiempo, cuando una iba experimentando muy al vivo la acción de Dios en el alma de vez en cuando Él le hacía experimentar su presencia, pero era tan fugaz que lo que hacía era aumentar el deseo de esa presencia que no estaba el alma acostumbrada a ella y le parecía tan buena por los efectos de recogimiento y de vivir hacia dentro en comunión de amor con este Dios viviente dentro de sí. Pasando más tiempo esta presencia se iba haciendo más viva y más duradera llegando a experimentar lo que el Señor nos dice en el Evangelio "El reino de los cielos, el reino de Dios, está dentro de vosotros[92]", y realmente así una lo experimenta. Oh inefable realidad que si una no lo experimentase no podría comprender esta maravilla de la gracia en que Dios se hace presente en el alma, se hace sentir, habitar en ella, se ve poseída de Él, de su amor que la invade y penetra y esto lleva como a un anonadamiento sabroso, a una adoración y alabanza de la que no es al que Es porque una quede como atontada, desarmada ante esto que ve en su alma. Bendito seas Señor por las maravillas que tu gracia hace en las almas.

Festividad de San Pedro

En este día tuve una experiencia y parece que en este momento me siento movida a dar cuenta de ella. Había el reposo de la comida y me encontraba muy unida al Señor en el sacrificio, pues cuesta que llegue la hora de la recreación de todas las hermanas y más en un día de fiesta y tener que por razón de la enfermedad ir al reposo cuando tu deseo sería estar con ellas, pero viendo en esto la voluntad de Dios,

92. Cf. Lc 17,21.

con sacrificio dejas el recreo para ir a cumplir la voluntad de Dios. Bueno, pues acostada me vino como un sueño dulce, algo espiritual que me iba uniendo más al Señor y a la vez no parecía más que iba como perdiendo las fuerzas del cuerpo, parecía que se me iba la vida, pero con una paz, una tranquilidad, un gozo de que iba al encuentro con Dios mi Padre que no se me ocurría llamar a nadie, sino que con una confianza plena en el amor de Dios mi Padre y en su infinita misericordia me sentía que iba a su encuentro y fue un experimentar la lejanía de todo el mundo material que me rodeaba y sentirse una como en otro mundo de cercanía de Dios, de cercanía con los santos, algo inexplicable pero maravilloso, aquello no parecía más que el alma vivía en otra región de más cercanía a Dios en quien encontraba su descanso, su gozo, su todo, se pierde la noción del tiempo y de que una tiene cuerpo y cuando una vuelve al estado normal no parece más que baja del cielo a la tierra, si bien le queda a una esta experiencia sabrosa de Dios que no se olvida. Bendito seas Señor.

Ser santa

En mis años de mundo oír de ser santa me parecía algo solo destinado a almas extraordinarias y mirándome a mí me decía: yo gracias que me salve. Creo que antes de venir al convento no aspiraba a más. Una vez en el convento la visión que tenía de la santidad cambió al ir viendo en una la acción de Dios. Pobres de nosotros si pensamos y creemos que la santidad se consigue por nuestra energía, que Dios la da sin más al que quiere y a los demás nada. Empiezo por entender que el que santifica es Dios y que el sujeto es una persona de carne y hueso como una con sus fallos, con sus limitaciones, con una naturaleza tarada por el pecado, pero son personas que se ponen en manos de Dios y se dejan hacer por Él. Esto que se dice tan pronto a mi modo de ver encierra todo el secreto de la santidad. Porque este dejarse hacer supone un vaciarse de sí, un dejarse morir a lo de uno según Dios te vaya poniendo circunstancias, personas y cosas, un descubrirlo a Él a través de todo y entregarse a su acción dolorosa al principio, es pasar de muerte a vida, pero que en todo momento está llena del amor de Dios nuestro Padre queriendo transformarnos en la imagen del Hijo de su amor y esto a todo cristiano, luego nada de solo salvarnos, sino dejarnos santificar por Dios nuestro Padre pensando no en nosotros sino en la complacencia y gloria que da un alma que se deja hacer por Dios.

La sangre derramada de Cristo

Hoy en un rato de reflexión me paré a pensar en este divino tesoro como es la sangre de todo un Dios derramada para lavarnos de nuestros pecados. No cabe mayor amor que dar, verter su sangre por amor a nosotros, pobres pecadores, para reconciliarnos con su Padre. Y como deseabas, Señor, recibir este bautismo de sangre con todo lo doloroso que suponía ¿tenemos conciencia, Señor, del amor que esto supone? ¿Sabemos agradecer y ponernos en contacto con tu sangre redentora que lava, purifica, sana, libera, diviniza? "Cordero de Dios que quitas el pecado del mundo, ten misericordia de nosotros", porque ni aún sabemos acercarnos a esta divina piscina como dice SS Pío XII para lavarnos de nuestros pecados y abrillantar la túnica blanca de la gracia. Oh amor de todo un Dios, oh Cordero Inmaculado cómo te dejaste inmolar, oh Cristo redentor danos luz para comprender el misterio redentor, este misterio profundo de amor en donde todo un Dios se inmoló, no cabe mayor amor, tú mismo nos lo has dicho.

Algo así como a modo de visión

Todo pasó en un instante y con los ojos del cuerpo estoy bien segura de que no vi nada, pero en mi interior fue como un ver esto y lo que se siguió de ello una lección. Vi como en un estanque muy grande, de aguas muy claras y transparentes, a una joven resplandeciente, algo que deslumbraba y como algo angelical se paseaba por las aguas. De pronto sin saber cómo por una esquina del estanque aparece un bicho tan raro y feo que jamás había visto cosa semejante ni aun pintada, y con valentía se acerca para acometer a la joven, me quedé como sin respiración en aquel instante ante lo que parecía iba a suceder, y cuál no fue mi gozo cuando la joven con una majestad sorprendente levanta su pie sobre aquella boca tan horrorosa y este se retuerce primero y luego desaparece y la joven sin darle importancia volvía a pasearse sobre las aguas. Pero vuelve a aparecer otra vez el bicho, ella vuelve a repetir lo mismo, viéndose cada vez con más dominio sobre él hasta que desapareció por completo y esto a modo de visión desapareció de mí. Entonces me dio a entender el Señor que la joven era un alma en gracia y el bicho el demonio atacándola, y así como la joven con señorío y valentía le aplastaba la cabeza, así toda alma en gracia apoyada en la fuerza de Cristo y en su Madre Inmaculada, no se debe amedrentar ante ningún ataque del demonio, sino que todo le debe llevar a afianzarse más en Él, segura que nada le podrá hacer el demonio por mucho que le acometa. De estas cosas me pasaron más y es algo que te sorprende cuando menos lo esperas. Generalmente suele ser después de momentos o días de prueba y es algo que te queda tan grabado que, aunque pasa el tiempo, no se te olvida. Podría dejar memoria de más cosas de éstas, pero no parece que el Señor me lo pide.

Ansias de ver tu rostro oh mi Dios Amor

"Dios mío qué grande eres", digo con el salmista. Y tu amor me cautivó, qué ansias tengo de ver tu rostro, de contemplarte sin el velo de la fe, sino cara a cara cuál eres. Sólo tú sabes los deseos tan vehementes que me haces sentir de ir a ti, contemplar tu rostro y alabarte y bendecirte con toda la familia de Dios que ya contempla tu faz, tu rostro. Señor, ¿por qué me das estos deseos tan ardientes y luego me dejas aquí? Sé que no te complaces en el sufrimiento así porque así, luego cuando me das este sufrimiento alguna finalidad tiene que yo no alcanzo a ver. Hágase pues tu adorable voluntad y dispón esta pobre alma para este dulce encuentro que veo como una fiesta que algún día llegará.

Sígueme ...

Hay momentos en que Dios pide sacrificios y cuando la prudencia humana da mil razones para evadirse de ellos, si una está atenta al Señor, despierta en la fe, siente como que una voz se levanta dentro de ella y ahora pide uno, ahora pide otro y es necesario responder en fidelidad a lo que te pide si quieres avanzar en su intimidad. Llevo unos quince días bastante fastidiada con la diabetes a causa de una muela que está doliendo, no me deja dormir con todo lo que esto luego trae, no me siento persona, parece que arrastro el cuerpo en un armazón de hierro que no me vale con él. Bueno, pues todas las mañanas junto con la comunidad subimos acompañando al Señor que lo llevan a una hermana enferma. Son casi sesenta escalones los que hay que subir, cuando llego arriba me siento medio muerta. El rezo del miserere no lo voy seguir por el agotamiento que siento, sólo de vez en cuando le digo al Señor: todo sea por tu amor y por amor a las almas. Un día que tan mal me sentía le dije al Señor: voy a quedarme en el coro con las hermanas mayores, no creo que me pidas tanto, pero su voz se dejó sentir: sígueme, sígueme por el camino de la cruz tal como se presente. Esto con tal fuerza se dejaba oír que olvidando mi agotamiento me lancé escaleras arriba, aunque humanamente dado como me encontraba parecía un desatino, pero los caminos de Dios no son nuestros caminos.

El rendir más

Se dice que la necesidad agudiza el ingenio y la experiencia parece que confirma esto. Voy a dejar memoria de algo de esto. Cuando me sentía tan mal que no podía tirar de mi cuerpo había ciertos deberes que tenía que hacer, entonces me veía precisada a reflexionar un poco antes de lanzarme a las obras para ver cómo hacer las cosas rindiendo más con las pocas energías que tenía. Dios que siempre ayuda cuando se le invoca venía en mi ayuda y era como un ver el programa del día al comenzar éste e ir economizando viajes en cosas que podrías hacer a la vez, ahora aprovechabas para coger uno dejar otro, dar al paso algún aviso, en fin, que como se suele decir de un tiro matar varios pájaros sin llamar la atención con nerviosismos ni prisas, sino centrada en Dios bajo su mirada amorosa se hacían las cosas y una se daba cuenta que iba saliendo adelante con ellas, y esto dejó hábito para ver que no quién se mueve mucho es el que más rinde. Otra cosa que, también a causa de esto, vi lo necesario que era el tener ordenadas las cosas, cuánto tiempo a la larga esto economiza ahora palabras y todo contribuye a la paz, al silencio, al ambiente de recogimiento para darme enseñanzas.

Mi maestro es el Señor

Gracias Señor, porque cada día la experiencia me va enseñando que realmente tú eres mi maestro en todo y aun en las cosas más triviales y menudas, pero nada es sin provecho en tu seguimiento cuando todo se realiza por tu amor. Voy a dejar memoria de algo que en un rato libre en la celda me vino a la memoria. Al principio de vida religiosa leía las cartas que recibía en la primera ocasión de un rato libre que tuviese y algunas veces esto pasó momentos antes de ir al coro a la oración con lo cual impresionada por las noticias que acababa de recibir si bien algunos veces éstas ayudaban a hacer la oración sobre ellas, tengo que confesar que las más de las veces me servían de disipación, hasta que un buen día al ponerme a leer una carta, poco antes de ir a la oración, mi maestro, el Señor me iluminó haciéndome ver que no debía leer las cartas en esa ocasión.

Reaccioné al momento diciéndole al Señor no la leeré más en esta ocasión, lo haré al acostarme, dame tu ayuda para que sea fiel a este propósito que sobre esto hago ahora : dada mi ruindad me suponía cierto sacrificio esta cosa tan trivial y más de cuatro veces sentí la tentación de leerlas, sobre todo cuando estabas pendiente de alguna noticia pero con la ayuda del Señor vencí a la tentación hasta que un día recibo por la mañana una de casa y la guardé para la noche y a la tarde vuelvo a recibir otra de casa también, sorprendida me dije: algo lo pasa cuando llegan así una carta tras otra y sin más abrí la segunda casi inconsciente, leo al azar con lo primero que encuentro a la vista decía “están hospitalizados en Oviedo bastante graves a consecuencia de un volador que les explotó entre las manos" al leer esto me vino a la memoria mi propósito y con gran sacrificio metí la carta en el sobre cuando mis deseos de enterarme de quien se trataba crecían por momentos pues bien seguro que será alguien de la familia, pero miré al Señor y me dije lo que pasó ya ha pasado en tus manos lo pongo para que cuides de estos y quiero ser fiel a este compromiso.

Cuando a la noche la leí vi que se trataba de dos chiquillos del pueblo un tanto traviesos que se encontraron con un cohete sin explotar y se les ocurrió explotarlo, llevándose la mano de uno, causándoles graves quemaduras y en fin que el Señor puso su mano, que aún la cosa pudo ser más lamentable. Me costó el aguantar hasta la noche con esta carta pero qué sanación, qué liberación en este terreno produjo en mí. Sigo en el propósito de leerlas a la noche, salvo las que son referentes a encargo de labores que tal vez urja enterarse pronto del contenido, pero cómo el Señor te enseña y te da su gracia en todo con que liberación y dominio de sí leo ahora las cartas echando antes una mirada al Señor y a ver lo que dices, Señor.

Las observancias religiosas

A mi modo de ver creo que no hay auténtica observancia regular en una comunidad, sino hay una profunda vida interior. Porque un alma de vida interior es un alma que vive conectada con Dios, un alma de finura, de exquisitez, un alma que ama y desea ardientemente complacer a Dios en todo y ve que no hay cosa pequeña en la fidelidad a Dios, todo lo aprovecha potenciándolo todo por el amor y así la más mínima observancia regular tiene sentido cuando es movida por el amor, porque al estar atenta el alma al Señor en todo ve ocasiones de probarle su amor y fidelidad. Y como un alma así es sensible y flexible si tiene que dejar una observancia por un motivo de caridad con una hermana, no es esclava de la letra, del cumplimiento rígido de la ley como esclavos bajo el yugo de la ley como nos dice San Agustín en la Regla, sino que como hijos libres bajo la dirección de la gracia se entregan a las observancias con la libertad de los hijos de Dios que quieren complacerlo en todo. Y cómo se nota en la práctica cuando mueve el Espíritu de Dios, cuando es fruto de la vida interior o cuando es rigorismo externo de la ley.

La santa indiferencia e identificación con la voluntad de Dios

La santa indiferencia e identificación con la voluntad de Dios no es cosa fácil en lo que de mi pobre experiencia puedo decir. Teóricamente es fácil decir, no deseo otra cosa que cumplir la voluntad de Dios y cuando esa voluntad de Dios se manifiesta favorable a nuestro modo de ver las cosas todo va sobre ruedas y parece que una se siente indiferente a todo con tal de cumplir la voluntad de Dios. Pero como los caminos de Dios no son nuestros caminos ni sus planes nuestros planes, cuando su voluntad se manifiesta a través de personas acontecimientos y cosas contrariando nuestro natural, nuestro modo de ver, entonces las cosas cambian y es cuando una se pulsa cómo anda la santa indiferencia e identificación con la voluntad de Dios, porque cuando las cosas van a nuestro aire todo es fácil y cuando no van a nuestro aire hacer actos aislados también con esfuerzo y la ayuda de Dios se hacen, pero vivir habitualmente en ese estado de santa indiferencia en ese alimentarse de la voluntad de Dios, entiendo que se necesita una muerte total a uno mismo y muy vivos para Dios para que obsesionados con su mayor gloria obremos en todo con santa indiferencia, buscando en todo el que Dios sea glorificado.

4 de agosto, festividad de Nuestro Padre Santo Domingo

Día de gozo en el Señor al celebrar la Orden dominicana la fiesta de nuestro Padre fundador. Seas por todo loado Señor. Porque al reflexionar un poco en este día sobre la figura de nuestro Padre en la Iglesia, una alaba y da gracias al Señor por lo que esta persona concreta, nuestro Padre con su carisma de fundador supuso en la Iglesia al fundar una familia religiosa que, modestia aparte como diría san Pablo, hay que reconocer la gloria que este hombre, todo de Dios, dio a Dios y a su Iglesia. Nobleza obliga, como se suele decir, luego esto nos exige a sus hijos seguir sus huellas en fidelidad al carisma que él recibió. Pero al lado de esto una ve la misericordia que Dios su Padre tuvo con ella llamándola al seguimiento de su Hijo en la orden dominicana como contemplativa y en este santo lugar dominicano cuna del fundador en que todo habla. Señor, reconozco que esto es un privilegio vivir en Caleruega, en su casa solariega y en el día de su fiesta esto aún se valora más y se agradece desde lo más profundo del corazón y también una se siente movida a preguntarse: ¿Cómo correspondo a esta vocación de dominica, contemplativa y en Caleruega? ¿Siento vivamente en carne propia las necesidades de la Iglesia, ese celo por las cosas de Dios y esa compasión por los pecadores? Su amor a la Eucaristía que le convertía en el gran adorador nocturno, su amor filial a la Virgen, ¿cómo vive en mí? Glorioso Padre Domingo, cumple lo que prometiste de sernos más provechosos desde el cielo, tennos siempre de tu mano, intercede por nosotros ante el Señor para que caminemos fieles a tu carisma y seamos agradables a Dios glorificándole.

5 de agosto, festividad de Nuestra Señora de la nieves

Este día se celebra en mi pueblo la fiesta de la Virgen bajo la advocación de la Virgen de las nieves. Sé la historia de esta advocación por lo que los predicadores nos decían en este día: ya en el convento esto que una vivió de niña no se olvida fácilmente y este día recuerdo de un modo especial a la Virgen y le presento a mi querido pueblo. Bueno, pues estando en un coloquio con la Virgen y parecía que la cosa no venía al caso pasó por mi mente como una ráfaga de luz que me hablaba de la inmensidad de Dios y de nuestra pequeñez. Me vi pura nada y en mi interior me vi como que caí de rodillas adorando a Dios perdida en su inmensidad, algo que una experimenta y que no sabe expresar. Me pareció que nada se puede decir de Dios, sólo Él es el que es. Hazme

Señor vivir en esta luz. Tú eres el todo, yo soy la nada. Que a imitación de la Virgen proclame tu grandeza en el silencio y en la adoración y te inclines con misericordia a esta tu sierva.

Sentirse amada de Dios

Cuando una llega a experimentar profundamente en lo más íntimo de su ser este sentirse tan amada de Dios su Padre, es algo que conmueve el corazón y una se pregunta ¿es posible que todo un Dios se incline a esta pobre criatura con tanto amor? Y la respuesta no se hace esperar, no parece más que textos y más textos de la Sagrada Escritura que hablan del amor que Dios nos tiene y de su amor manifestado en su Hijo Cristo-Jesús, se iluminan en tu mente que ni pensabas en ellos, pero con tal viveza que una se ve envuelta y penetrada por todas partes del infinito amor de Dios su Padre, porque esos textos es experimentarlos tan al vivo dentro de sí que se experimenta en ellos la palabra de todo un Dios hablándote al corazón, manifestándote su eterno e infinito amor que quedas anonadada, conmovida como aplastada al no poder con tanto amor y a la vez es algo inefable el saborear este amor de todo un Dios a nosotros pobres pecadores.

Una se pierde ante tanto amor y generosidad de Dios. Dios es amor y cómo se experimenta esto y cómo una, yo concretamente, tengo que confesar que no correspondo a tanto amor aun contando con mi limitación humana. Por ello, Padre lleno de amor y de ternura hacia nosotros, te pido perdón por mis infidelidades a tu amor y aumenta en mí el deseo y hazlo realidad de llegar a la plena configuración con el Hijo de tu amor para que sea Él en mí quien en todo momento te ame, te alabe y corresponda a tu amor. Haced vuestra obra de amor en mí. Me veo envuelta y penetrada por el amor del Padre, del Hijo y del Espíritu Santo que tanto amor Padre amoroso no lo eche en saco roto, sino que no encuentre resistencia en mí para que pueda fructificar como tú quieres y las almas me exigen, pues en una contemplativa su vocación no es para sí, sino que como madre fecunda tiene que fructificar. Espíritu de amor, fuente de fecundidad, dilata los senos de mi alma, y fecúndalos con tu amor. Cristo-Jesús, sacramento de amor transfórmame, no sea yo quien vive, sino tú en mí quien ame, quien dialogue con el Padre, quien lo realice todo en mi correspondiendo así tú en mí al amor con que nos ama Dios nuestro Padre. Amén.

La mortificación no resulta tan dura cuando hay fe y entusiasmo en la entrega al Señor.

A este propósito se me ocurre plasmar una experiencia sobre esto. Entré a mediados de marzo en el convento, había sido un invierno muy frío y todavía me tocó pasar bastante, pero me defendía con el frío. No así cuando llegaron los calores intensos del verano, era un aplanamiento el que sentía que yo nunca había probado los calores de Castilla, luego las ropas negras de postulante y la falta frecuente del baño, parecía que andaba una en un cerrazón de hierro caldeado, y aún peor se preparó al verano siguiente ya con las hábitos y ropas de lana a raíz de la carne, humanamente lo pasaba a morir y como no era dormir debido a tanto calor me decía "yo enfermo y me van a echar del convento", con lo que aún se hacía mayor mi mortificación.

Pero al lado de esto, oh misericordia de Dios que siempre me acompaña, me hacía ver que no estaba la mortificación en cilicios ni disciplinas, sino en aceptar lo que solo al paso en nuestro caminar hacia ti, ahora sería el calor, en invierno el frío, ahora una, ahora otro, todo mandado o por lo menos permitido por ti, y aunque de momento el clima me era muy mortificante la experiencia me fue enseñando que otras cosas resultaban aún más duras y mortificantes, pero cuando iluminas la fe en un alma y le das entusiasmo en tu seguimiento aun confesando que la mortificación siempre cuesta, pero qué distinto se llevan y realmente no resultan tan duras ante la visión que tienes de ofrendar algo a Dios que tú no buscas sino que Él te pone delante y eso es la mortificación que pide Dios, la que le agrada porque ahí está su voluntad. Todo es cosa de fe, de que el Señor ilumine nuestra fe. Ilumina mi fe, Señor, para que en todo te vea. Y que nunca decaiga ese entusiasmo en mi entrega a ti que te hace superar lo que sea con tal de seguir tu llamada de amor porque es cosa de descubrir en toda tu llamada de amor y darle respuesta.

Una lucha que mantuve en un recreo

A los pocos meses de entrar en el convento, estando en un recreo en la huerta todas las del noviciado junto con la Madre Maestra de pronto, al otro lado de la tapia, empieza a tocar una musiquina, mala orquesta parecía y desafinada, y allí salían todos los cantos para mi bien conocidas. Bueno, pues, esta postulante al oír todo esto vibraba todo mi ser y un mundo de recuerdos se acumulaban en mi mente y con todo ni quieta podía estar sentada sentía unas ganas de ponerme a bailar que solo Dios sabe la lucha que tuve que mantener. Qué cosa, con qué decisión dejé atrás mis diversiones y cuanto salía al paso con tal de seguir esta llamada de Dios a la vida religiosa y cómo en un momento dado todo ese mundo que había dejado volvía a bullir en mí y tuve que batallar conmigo, pero la gracia triunfó.

Uno lo deja todo no sin sacrificio, pero no a lo tonto sino por algo que vale la pena como es el seguimiento de Cristo, pero esto que haces con decisión, con generosidad todo de un golpe luego una ve que a lo largo de la vida religiosa tienes que ir viviendo cosa por cosa ese desprendimiento, esa muerte a todo lo que no sea el Señor y no siempre se siente con ese fervor y generosidad. También hay tentaciones de adorar como los israelitas de Egipto. Pero el Señor que te deja sentir tu flaqueza te va curando y esta lucha en esta tarde supuso una curación, pues más adelante iba oyendo la misma cantinela, pero no la añoraba, sino que veía en ello la vanidad y vacío de esas cosas, sólo Dios llena y lo compensa todo. Mi música ahora, mi concierto ininterrumpido diré que es esa atención amorosa al Dios amor en lo más íntimo de mi ser, esto es lo que llena, me hace feliz, me divierte y me enamora, solo en Dios está la verdadera felicidad. Bendito sea Dios por todo.

Hambre de Dios en la Comunión

Soy pura miseria, puro pecado por propia cosecha, pero esto me lleva a reconocer la misericordia que el Señor tiene conmigo, pues cuanto más nada me veo, más hambre, más necesidad siento de Él, sobre todo en la Comunión. No sé más adelante como hablaré, pero hoy por hoy diría que no puedo vivir si me fallase este encuentro con el Señor en la comunión. En cierto sentido esta hambre se despertó en mí en ese tiempo ya con la vocación descubierta que pasé antes de entrar en el convento y ahora se vuelve a despertar vivamente con todo esto de la enfermedad. Fuera, en mi pueblo y los allegados también, no había costumbre de la Comunión frecuente, en general la mayor parte de la gente se contentaba con la confesión y Comunión Pascual, la que era algo más piadosa lo hacía también con motivo de algunas fiestas, pero propiamente comulgar frecuentemente nadie lo hacía, aunque tal vez alguien lo desease, pero era llamar la atención y los respetos humanos te apartaban de este gran bien de recibir al Señor. Al menos en mí confieso que eso me pasaba.

Una vez que se terminaron estas santas misiones que obraron mi conversión, la gente quedó más instruida y enfervorizada y ya todos los domingos comulgábamos buen número de personas y en mí tal hambre de Dios se despertó que se me hacía largo esperar al domingo y así empecé a recibir al Señor todos los días que había misa en mi pueblo que era casi a diario, y como todas las semanas tenía que subir a Oviedo a hacer compras para la costura aprovechaba uno de los días que no había misa en el pueblo para así oírla en Oviedo, e iba casi siempre al convento de los dominicos ya que aquí cada media hora celebraba algún Padre y yo hacía mis arreglos para ir a una hora u otra. Y en esta bendita iglesia he tenido unas experiencias de Dios en este encuentro con Cristo que por momentos al recibir al Señor quedaba como absorbida por Él, perdía la noción del tiempo y no parecía más que no vivía en este mundo. Dios es Padre providente y siempre te da lo que necesitas pues estas experiencias eran tanto más vivas cuanto yo más lo necesitaba, pues al saberse en el pueblo que yo me iba monja no parece más que se levantó una persecución contra mí y no se necesitaba poco ánimo para seguir adelante y el Señor no me lo escatimó en el encuentro con Él en la comunión en donde lo encontraba todo.

Ya una vez en el convento he de confesar que la persecución había cesado y me sentía feliz y centrada en esta santa vocación puro don de Dios, en lugar de esto despertar en mí más hambre de Dios y de gratitud, diría que no sucedió así y vaya un hecho como prueba de esto. Al llegar el primer invierno cogí catarro, me mandan pronto a la cama con la orden de que al otro día no me levantase cuando la comunidad, sino poco antes de la Comunión para recibir ésta. Reloj no tenía entonces y lo que me iba a orientar era un toque de campana interior que se daba al terminar la calenda para avisar a las hermanas para la oración, este toque solía ser sobre las seis y media y la Comunión la venía a dar el padre capellán sobre las siete y media. Medio adormilada sí que oí el toque de campana y me dije todavía queda casi una hora, di media vuelta y me quedé otra vez dormida. Cuando volví a despertar vi que aún no amanecía y bien creía que me sobraba tiempo, pero me levanté, bajo al coro, lo veo todo a oscuras y me dije están en la oración, no ha venido todavía el padre y cuál no fue mi sorpresa cuando al poco rato la Madre priora dice el "agimus tibi gratias" de la Comunión. Dando así en comunidad por terminado la acción de gracias de la comunión. Un poco me costó quedarme aquel día sin comulgar por dormilona pero no fue tanto la cosa como si esto me pasase fuera cuando tanta hambre sentía de Dios y cómo ahora con la enfermedad volvió a despertar esta hambre de Dios en este sacramento de la comunión. Paso algunas noches fatales, sobre todo cuando hay acetona que me impide dormir, luego estas molestias que siento en la cabeza que repercuten los sonidos en ella que no sin sufrir y acostada una tiene la sensación como que las ruedas de un tren te pasan aplastando la cabeza, así que estas noches así y luego durante el día la vida de aislamiento que tiene que llevar pues no resistes los sonidos del canto en el oficio, la lectura en el refectorio, el recreo etc.

Así que es una situación que te hace vivir colgada de Cristo eucaristía porque sólo en Él una encuentra la fuerza para abrazar amorosamente a la cruz que Él envía y la comunión es mi fuerza, así que el hambre que el Señor me hace sentir de Él me devora y así cuando llega la mañana después de haber pasado una noche fatal cuando veo que es la hora de la Comunión Dios sabe cómo bajo a recibirle, no parece más que la vida se me va por momentos pero todo sacrificio parece nada con tal de recibir este soberano bien: el Señor. Lo recibo y vuelvo a la celda algunas veces tengo que echar mano del pasamanos para poder subir las escaleras y enseguida me acuesto para levantarme ya a media mañana y si el subir las escaleras me supone tanto esfuerzo y fatiga, el gozo, la alegría de recibir al Señor y la fortaleza que siento con El supera con mucho el sacrificio anterior y me siento capaz de cualquier sacrificio con tal de poder recibir al Señor y así si la noche no la paso tan mal puedo levantarme para misa y si me encuentro mal que tenga que estar en la cama viene entonces El, me traen la comunión. Bendito seas Señor, no puedo vivir sin ti. Quien come mi carne y bebe mi sangre habita en mí y yo en él[93] y así es Señor, se realiza una fusión entre los dos que una no puede vivir sin ti y así como tú vives por el Padre, una vive por Ti.

Si el Señor no me tiene de su mano soy capaz de sentir vanidad y complacencia por cualquier tontería

Señor, la experiencia me va enseñando que si tú no me tienes de tu mano iluminándome para reconocer mi nada y darte por todo, tanto cuando las cosas salen bien como cuando a pesar de la buena voluntad que pones te salen mal, veo que soy capaz de sentir vanidad y complacencia en verdaderas tonterías. Tal vez yo sea más ruin que los demás y me pasa esto. Vaya un hecho de muestra. Próximo ya el tiempo para hacer profesión simple, pero que aún no estaba admitida por la comunidad caigo en cama con fiebres paratíficas y esto fue una prueba tremenda para esta novicia, creyendo que esto sería motivo para echarme del convento según entonces se miraba la enfermedad y realmente fue una gracia más de Dios, ahora lo veo, no entonces. La Madre Priora cayó en la cuenta de lo que estaba pasando y un día me dice: usted está pasando un purgatorio, preocupada por la profesión,

93. Cf. Jn 6,54-56.

vea en ello una prueba que el Esposo le envía para prepararla para la profesión.

Esto me dio aliento, pues pensaba, están en darme la profesión, pero cuanto más eran mis deseos de ponerme buena tanto más se complicaban las cosas, me dejaba la fiebre unos días, comenzaba a levantarme controlada por el médico y la recaída segura por tres veces volviendo a asaltarme la duda de que no me ponía bien y qué iban hacer así con una novicia, así que la situación me hacía agarrarme al Señor para quien no hay nada imposible, me tuviese de su mano, recuperase la salud y me diesen la profesión y todo me lo concedió. Bendito sea el Señor que escucha siempre la oración del pobre y desvalido. Y toda esta prueba de la enfermedad diría que unía más al Señor y a las hermanas, sentía grandes deseos de incorporarme a la vida de comunidad, de ayudarlas y sacrificarme por todas y en fin me sentía fervorosa y con ánimo para todo, pero el buen Dios que siempre vela por una y otra cosa de lo más trivial me hizo ver cuán nada soy si Él no me tiene de su mano, capaz de sentir vanidad por una verdadera tontería y esto precisamente cuando me sentía muy fervorosa.

Voy al caso. Ya me levantaba muy agotada, pero me sentía mejor que las otras veces y con cierta confianza de que no recaería más veces, si bien mis superiores andaban con mucha precaución de que no saliese de la celda ni hiciese nada y así ya unos cuantos días hasta que un día se me ocurrió sin más hacer la cama, puse los cinco sentidos para hacerlo con toda la perfección de que fui capaz, me quedo de maravilla, luego me sentí en la silla en parte fatigada y en parte muy hinchada, llena de vanidad contemplando lo bien hecha que estaba aquella cama, todo lo contrario a lo que debía de hacer de dar gracias a Dios porque ya me iba poniendo buena. Así las cosas, llega la Madre Maestra con la comida y al ver la cama hecha, lo que menos se fijó en si estaba bien o mal hecha, sólo se fijó en que hice lo que no tenía que hacer y me regañó aparentando enfado, pero creo que en el fondo no lo había. Esto no fue más que el principio y eso que a mí me faltó humildad para decirle la complacencia que estaba sintiendo por haber hecho bien la cama, pero el Señor completó el regaño haciéndome ver con tal viveza lo miserable que era, capaz de hincharme, de sentir vanidad por cosa tan insignificante. Fue una experiencia tan viva de mi nada, de lo miserable que soy si el Señor no me tiene de su mano, un ver que si algo bueno una puede hacer es todo puro don de Dios, pura misericordia que, aunque esto ya hace años que pasó, creo que esta lección del Señor se mantiene viva en el alma.

Una experiencia del perdón de Dios

Poco antes de hacer la profesión solemne, estando una tarde en el oratorio del noviciado, veía mis pecados como montañas de grandes, me sentía enormemente pecado y pecadora, y pedía al Señor por intercesión de la Santísima Virgen, refugio de pecadores, tuviese conmigo misericordia. Y como estaba próxima profesión y nos habían explicado que ésta venía a hacer las veces como un segundo bautismo, esto me animaba a arrepentirme de mis pecados y esperaba que la profesión hiciese sus efectos. Pero he aquí que de pronto no parecía más que el Señor se levantaba en medio del alma y me dice estás perdonada. Esto hay que sentirlo para saber lo que es. Me vi envuelta en su perdón, en su misericordia, en su ternura y amor que cómo aplastada por tanto amor y perdón. Rompí a llorar, pues no era contener lo que pasaba en mi corazón y así me expresaba, eran lágrimas de amor, de gratitud hacia Dios mi Padre que tan vivamente me hacía sentir su perdón y su amor. Ante esta experiencia poco después mi recuerdo iba hacia todos los pecadores y no me apetecía más que gritarles que se volviesen a Dios nuestro Padre rico en perdón y misericordia para acoger al pecador, siempre dispuesto a otorgarnos su perdón y solo cuando se experimenta un poco este perdón de Dios se comprende las entrañas de perdón y de misericordia de nuestro Padre Dios.

La oración confiada del niño

Cuánto alcanza la oración sencilla y confiada del niño. Recuerdo que en mi pueblo, siendo yo niña, no había Santísimo en la iglesia. Esta la habían quemado cuando la guerra y ya una vez reconstruida el sacerdote que la atendía era mayor y tenía que atender más pueblos y en consecuencia tenía a mi pueblo sin el Huésped principal. La señorita que teníamos en el pueblo muy buena cristiana se lamentaba de estar el pueblo sin Santísimo y nos invitaba a las niñas a que pidiésemos al Señor que se solucionase eso. Un buen día nos pusimos de acuerdo unas cuantas niñas y al salir de la escuela nos encaminamos a la iglesia y la encontramos cerrada, era normal esto, nos pusimos de rodillas ante la puerta y allí clamamos a Dios que viniese en ayuda del pueblo para que hubiese Santísimo en él. Ni noción teníamos del tiempo que allí permanecimos de rodillas pidiendo y suplicando a Dios, allí se juntaba oración, penitencia y ayuno. De rodillas en aquel tosco cemento frío, luego como era a la tarde después de salir de la escuela con ganas de merendar... el fervor lo suplía todo. Y cuando nos incorporamos nos miramos unas a otras y con tal seguridad lo decíamos que el Señor nos escuchó y pronto nos pondrían el Santísimo.

Yo sentía en mí esa seguridad y pienso que en las demás les pasaba lo mismo porque todas así lo pensábamos. Pasó muy poco tiempo y de buenas a primeras nos quitan el sacerdote y nos mandan uno relativamente joven y una de las primeras cosas que hace es poner el Santísimo. Y cómo luego se oía decir a las personas mayores: gracias a Dios que vemos lucir la lámpara del Señor diciéndole que le tenemos a Él. No creo que sea presunción al pensar así, pero aquella oración sencilla y confiada rasgó los cielos y nos dio lo que pedíamos. Sea Dios bendito en todo. Amén.

Mi historia de hacer las camas

Una gran contrariedad para mí era tener que hacer las camas, menos mal que esto y la limpieza de la casa corría a cuenta de mi hermana, ella era muy casera y todo esto se le daba muy bien. Por otra parte, como yo me pasaba el día en Oviedo y luego ya los últimos años, antes de venir al convento como andaba muy ocupada con los bordados y costura, me desentendía bien de hacer las camas, pero algún domingo mi hermana me solicitaba para que le ayudase a ella en la limpieza, que era relimpia como ella sola, y yo enseguida replicaba: mándame lo que quieras menos hacer camas. Ella quería que las hiciese bien y yo que no estaba práctica y que las tenía atravesadas y luego el inconveniente de mis uñas largas raro era la vez que al hacer las camas no se partiese alguna al esponjar el colchón proporcionándome tal simpleza un pequeño disgusto a mi vanidad. Así que en confianza se puede decir que esquivaba cuanto podía el hacer las camas. Sólo cuando faltaban unos meses para venir al convento me dio como una corazonada y me dije no está bien, el que no haga siquiera mi cama, y desde aquel día me hice responsable de la cama y limpieza de la habitación, por otra parte, problema de las uñas ya no había pues en un momento de desprendimiento de vanidades que iba descubriendo en mí las había cortado, ahorraba tiempo en el arreglo y quedaba curado de los disgustos tantos que me proporcionaban cuando se rompían.

Todos estos pequeños detalles a mi hermana no le pasaban desapercibidos y solía decir: la señorita va dando cambio. En el convento no encontré problema en hacer las camas, pues solo tenía que hacer la que yo usaba y aquí no estaba mi hermana para dármelas todas. Procuraba hacerla bien dentro del poco tiempo que en el noviciado teníamos para hacer la cama, y vaya también mi fallo en invierno con tantas mantas, alguna vez por escasez de tiempo la llegué a tapar; dormía bien y apenas se movía nada en ella, no así en verano que con el intenso calor de Castilla algunas noches con tantas vueltas no paraba ropa en la cama y tenía que levantarme a hacerla de nuevo y también la cama que entonces era un tablero de madera apoyado unos banquillos, estos con tanto movimiento en la cama ni sé la de veces que los tuve que cambiar porque se rompían. Cuando esto ocurría los primeros años de noviciado había energía y vida en mi cuerpo, que ya cuando la enfermedad de la diabetes estaba tan avanzada me fallaba energía para hacer la cama y hasta para moverme en ella, aquello no era persona y aunque me mantenía en pie mis fuerzas no daban de sí para nada.

Así que ante mi impotencia hasta para hacer la cama determiné conmigo no hacerla más que los sábados y domingos que disponía de más tiempo y a fuerza de tiempo iba haciendo ésta con gran esfuerzo, pues imposible poder extender las ropas con garbo sino ir colocando en un rebujo y luego ir tirando de ellas hasta que quedasen extendidas. Esto era lo que hacía los sábados y domingos pues por los demás días de semana el cuarto de hora que nos daban para asear la celda la mayor parte la pasaba tumbada en el suelo del agotamiento que llevaba de subir las escaleras hasta el noviciado. Cuando ya se puso en tratamiento la enfermedad y después de la profesión solemne y haber estado una temporada de cama por el agotamiento en que me hallaba, bueno pues cuando yo me sentía con más vida y me empecé a levantar y me pongo a hacer la cama no era conocido de cómo me había visto a como me veía, el primer día que pude ya extender al aire las mantas alababa y bendecía a Dios y en mi interior cantaba el *Te Deum* a todo pulmón. Tiene que verse una en la necesidad y experimentar vivamente su limitación para luego saber agradecer mejor los dones de Dios, al menos dada mi ruindad así me pasó. Así que ahora hago la cama con una alegría y unas ganas de cantar, bendiciendo a Dios, que bendita impotencia que me llevó a esto. Y algo así me pasaba al vestirme y desvestirme, me veía acabar y cuantas noches sentía la tentación de dormir vestida creyendo que no amanecería viva, así que todo me lleva a alabar y a bendecir a Dios. Gloria al Padre, al Hijo y al Espíritu Santo. Amén.

La celda

Ya que dije algo de la historia de las camas, no estará demás el que diga algo de las celdas. Poco antes de entrar en el convento, por razón de obras que iban a hacer en él, el Padre que me mandaba para aquí tuvo la oportunidad de ver éste por dentro y creo que le enseñaron la celda que pensaban darme para habitar. El, con mucha ilusión me habló de ella y dijo: en ella estarás hasta que salgas del noviciado y a profesa solemne. Eso creíamos las criaturas, pero los planes de Dios eran muy otros. Y a la verdad cuando me vi en ella quedé impresionada, todo lo encontraba mucho mejor de lo que me imaginaba y eso que ya el Padre me había dado cuenta de ellos. Pues en mi pueblo las gentes tantos disparates me decían de estas como si ellos las hubiesen visto: que eran lugares subterráneos sin ventilación, como refugios, que abundarían los bichos, sobre todo ratones, y con el miedo que me daban éstos, no hacían sino crearme dificultades para dar respuesta a la llamada de Dios, pero en medio de todo yo les solía decir si el Señor me llama Él me dará fuerzas para todo y aunque sean como me dicen me apoyo en el Señor y sigo adelante. Era el Señor quien me hacía hablar con tal determinación.

Así que, cuando la realidad era muy otra de la que mis gentes me decían, me sentía en la celda más feliz que una reina en su palacio. Solamente al asomarme a la amplia ventana me ofrecía un paisaje delicioso para contemplar las maravillas que Dios puso en la creación, si bien un paisaje muy distinto al de mi tierra, pero también con sus encantos como son estos horizontes y llanuras inmensas que hablan de la inmensidad de Dios y en las noches estrelladas me entusiasmaba el contemplar el firmamento viendo en él la huella de Dios.

Bueno, pues en esta hermosa y sencilla celda solo estuve unos seis meses, el tiempo de postulantado, ya que nada más tomar el hábito se dio comienzo a las obras para hacer un nuevo noviciado encima del antiguo y hubo que desalojar este, improvisando para noviciado el tercer piso, ocupando parte de las celdas del dormitorio de las monjas, y este dormitorio tenía otra orientación, bañada de sol la celda que todo era claridad, cosa bien distinta de lo que me decían. Y como no se andaban muy sobrados de celdas nos colocaron a las novicias de dos en dos en cada celda y en la que yo ocupaba nos pusieron a tres, tres rapacinas, espontáneas y sinceras que aquí se dio una experiencia fraternal de convivencia muy hermosa, estábamos compenetradas, nos ayudábamos mutuamente y lo que en un principio parecía iba a ser motivo de mortificación nos compenetró más y más. Yo solía ser la última que me acostaba y cuando a alguna de las otras les parecía que iba largo, si ya habían tocado a silencio me hacían una carraspera dándome a entender de que me acostase yo.

Otras veces, con toda confianza, me soltaban calzado de ellas con el mismo fin. Con esto del calzado pasaban cosas curiosas como era a otro día al levantarse, no muy despiertas, a las cuatro y algo de la mañana, no siempre se acertaba de la primera en dónde estaba caído el calzado y el tiempo apremiaba, pero lejos de enfadarse las hermanas nos daba por reír a todas buscando a ver en donde había caído la zapatilla o la alpargata. Otras veces no se presentaban las cosas para reír y así ante algún sufrimiento salían las lágrimas y también nos consolábamos unas a otras y una daba rienda suelta a las lágrimas que tal vez durante el día habías reprimido. Así las cosas, en esta celda a consecuencia de un fuerte disgusto que había pasado o que el Señor así la mandaba al llegar a la noche tenía un dolor tan fuerte de cabeza que en mi vida cosa semejante había pasado, pues al hacer las inclinaciones en el oficio, la cabeza se me partía y al enderezarme cómo que perdía el equilibrio y me quedaba sin sentido.

Enero del 68[94]

Cuando el sufrimiento y la enfermedad pesan sobre uno, si nos miramos a nosotros, creemos que llevamos una gran cruz, pero si salimos de nosotros y contemplamos a Cristo en la cruz, vemos que nuestros sufrimientos unidos a los de Él forman como el tálamo nupcial donde el alma funde su amor al Esposo deseando identificarse totalmente con Él.

¡Dios mío, qué bueno eres! Mi pobre alma no puede llevar tanto amor y ternura de todo un Dios que se abaja hasta su pequeñez, y la pobre se siente morir de amor. ¡Dios mío qué bueno eres...! ¡Tú olvidas tantas ofensas como recibiste de esta alma para que ahora te fíes así de ella y la colmes de amor! ¡Dios mío qué bueno eres...! Estoy como fuera de mí desde que te recibí hoy en la Comunión, sólo Tú sabes lo que me hiciste sentir y que yo no acierto a decir lo que pasó por mí. Soy miseria, puro pecado, una ingrata e indigna de tanto regalo y cuando más merecedora me veo de ser rechazada por ti, veo que tu amor me penetra por todo mi ser y me veo morir perdida en ti. Dios mío qué bueno eres, qué bueno eres y la eternidad entera estaría diciendo que bueno eres.

Dios mío, mi bienaventuranza eterna que ya en este mundo de destierro me das a gustar; haz que acierte a gastar mi pobre vida en tu presencia, tu amor me lo exige y las almas lo necesitan. Señor ¿hasta

94. Texto comenzado en el mes de enero de 1968, en un pequeño cuaderno azul de la marca « Guerrero », que parece ser unos de los primeros textos del Diario por sor Inés de Jésús O.P.

cuándo peregrinar por este destierro? Señor ¿Por qué nos engañamos tanto? ¿Por qué me arrebatas el alma para volver a quedarse penando en este destierro? Perdón Señor y ten misericordia conmigo, pues ni sé lo que digo. Soy puro pecado Soy puro pecado y miseria y todavía me atrevo a decirte hasta cuándo. Perdóname, Dios mío, y no me tengas en cuenta mis desatinos.

¡Suscipe[95] Santa Trinidad! El sacrificio de esta vida unido al de Cristo y ve en esta oblación otra vez el de Cristo en uno de sus miembros y por El, con El y en Él te sea dado el honor y gloria que le son debidos al Padre impulsado por el Espíritu Santo. Amén

Señor, no me pertenezco, Tú sabes que todo te lo entregué, no tengo derecho a quejarme de nada, sigue tu obra redentora en mi alma y no me tengas en cuenta mis resistencias a tu gracia Señor, dame tu gracia para que te sea sumamente dócil dejándome llevar por donde tú quieres, quiero ser un alma totalmente identificada con tu Hijo, mi dulce Cristo. Jesús mío, todo hermosura, bondad y amor, mi Dios y mi todo, océano de amor en que me pierdo, haz de mí una verdadera esposa tuya en la que puedas renovar todos tus misterios y que solo viva para complacerte en todo a ti. Madre mía ¿Quién sino tú para enseñarme a vivir solo para nuestro Jesús? Ayúdame, madre de Jesús y madre mía.

Dios mío y mi todo ¿Cómo me amas tanto? Experimento en mi alma tal amor y tal ternura de todo un Dios, que diría que el amor de Dios pesa sobre ella y se siente morir, no puede llevar más sino le aumentas la capacidad para poder recibir esta nueva fuerza de amor. Dios mío que te sea muy fiel y generosa para serte un poco menos ingrata. Cómo siento tu amor Señor y me parece increíble lo que está pasando en esta alma, tan mundana y olvidada de ti en otro tiempo, y que tu amor y tu infinita misericordia ahora todo me lo perdona y que sólo me pides amor. Dios mío, que acierte a amarte más y más. Ayúdame, Señor, pues nada puedo sin tu ayuda, que en todo cumpla tu adorable voluntad, esta será la mejor manera de demostrarte mi amor. Madre mía, virgen fiel, ayúdame.

---

95. Recibe.

Jesús mío, después de pasar unas horas haciéndote compañía en el sagrario, ahora en la celda reflexiono conmigo y me digo: quién me iba a decir hace unos cuantos años cuando te hacía de tarde en tarde alguna visita y con cinco minutos ya me parecía que bastaba, enseguida terminaba lo que te quería decir y en ese ajetreo de mundo me parecía que ya el tiempo no daba para más, que ahora, si mis fuerzas físicas resistiesen y mis superiores me lo aprobasen, pasaría los días y las noches junto a ti en el sagrario. Sólo Tú llenas mi vida, todo lo que en otro tiempo me divertía todo me parece mentira y vanidad, ahora sólo Tú me llenas, me haces feliz, inundas mi alma de gozo y placer y con una fuerza irresistible me atraes al sagrario perdiendo la cuenta del tiempo que paso contigo pues una hora me parece unos minutos. ¿Quién hizo este cambio en mi alma Señor? Tú y sólo Tú, bendito seas eternamente. Tú que lo haces todo en mi Señor, concédeme la gracia de que en ningún momento me separe de ti en el sagrario, sea en cuerpo y espíritu, sea sólo en espíritu cuando mis obligaciones me permitan otra cosa.

Amar a Dios más y más

Jesús Eucaristía, llenas toda mi vida, ahora que yo sea un alma en la que encuentretus delicias. Jesús mío, mi Dios y mi todo, Tú lo eres todo para mí: mi felicidad y mi cielo anticipado: ayúdame, Jesús mío para que yo sea toda tuya y viva plenamente mi vida de entrega a Ti. Jesús mío, vida mía, concédeme la gracia de que, cada instante que pasa, supere en amarte al anterior. Solo deseo amarte más y más y no salir de la santa locura del amor a mi Dios.

¡Madre mía! Tú, la criatura y fidelísima, que en todo agradó al Señor, enséñame y ayúdame a seguir tus ejemplos para que acierte a hacer siempre lo más agradable al Señor.

Cristo mío, nos dices a través de las Sagradas Escrituras que tus delicias es estar con los hijos de los hombres[96], pues yo te digo que las mías son permanecer unido a Ti, vivir para complacerte a Ti, ser toda

96. Cf. Prov 8,31-33.

totalmente toda tuya oh mi Esposo querido, vida de mi alma, Esposo adorado todo lo encuentro en Ti, transfórmame totalmente en Ti, vive Tú en mí para mayor gloria del Padre y bien de las almas.

¡Madre mía ¡Tengo miedo, mucho miedo... Ya tú sabes de qué... Madre mía, confianza mía, no permitas que en ningún momento criatura alguna me robe ni la menor chispita del amor que hay en mi corazón y que todo lo quiero para mi Jesús. Ame a las criaturas por Él con Él y en Él.

Amor amenazado

Me creía fuerte y segura de que nadie sería capaz ya de robarme ni una pieza de este amor indiviso que siento arder en mi corazón hacia Jesús, pero esta mañana sentí miedo en mi alma ante un recuerdo que me distraía de mantenerme atenta y amando a Dios, así que Madre mía vengo a Ti, me refugio en Ti. Tengo miedo de mí, tenme siempre bajo tu protección maternal, contigo nada temo, pienso que el Señor permitió esta debilidad para que no me fíe nada de mí, pues si Él no me sostiene soy capaz de todo... hasta de repartir mi corazón aun cuando lo siento arder de amor a Él. Madre mía tenme siempre de tu mano.

¡Madre mía! Vengo con el corazón lleno de amor a Dios a darte gracias por tu santa y eficaz protección. Ya pasó todo lo que ayer me hizo temer y qué ceguera y necedad me parece amar algo que no sea Dios o algo que no lo ame sino en Dios. Bendito y alabado seáis por siempre Señor, bendita y ensalzada seáis Madre mía. Gracias Madre mía, contigo nada temo. Madre mía, sea mi vida como cirio que siempre arde y se consume ante al Señor. Esta idea me vino hoy al orar contigo por la Unidad de todos los cristianos y ver el cirio que ardía y se iba consumiendo como una oración por la Unidad. Sea mi vida una oración continua por la Unidad de la Iglesia. Únenos, Madre de la Unidad, escucha nuestras oraciones, acelera la hora de la unión de todos en tu hijo.

Jesús mío, mi Esposo adorado, cada vez te quiero más, mi alma está enamorada de ti, belleza infinita, soy toda tuya Tú lo sabes muy bien, pero haz que en cada momento y en cada circunstancia viva más consciente y con más plenitud mi entrega a ti, estoy consagrada a ti, no me pertenezco en nada, luego dispón de mí según tus designios y tu adorable voluntad, vive tu vida en mí para mayor gloria del Padre en unión con el Espíritu Santo. Madre mía, la Virgen generosa y fiel, ayúdame a vivir con generosidad mi consagración total a nuestro Jesús.

Dios mío, Trinidad Santa e indivisible, mi alma vive sumergida en vos y esto es ya un anticipo de cielo en espera del cara a cara en que te contemplaré cuando mi alma abandone al cuerpo. Sólo Tú Dios mío sabes cómo te haces sentir en lo más íntimo de mi alma, es algo tan inefable lo que pasa entre ti y ella que no sé decir nada ¡Es algo que no se puede expresar con palabras! Soy pecado, soy miseria, soy pura nada, pero cuanto menos soy más dueño y Señor te veo de toda mi alma, y esto me da confianza para esperarlo todo de Ti, a confiar más en Ti, me fio de Ti, me entrego a ti pues en qué manos mejores que las tuyas me puedo abandonar. Dios mío y mi todo, sólo Tú llenas mi vida, en ti está toda mi felicidad, ahora que yo te sea cada vez más fiel. Gloria al Padre, gloria al Hijo y gloria Espíritu Santo y gloria también a ti Madre mía.

No me dejes ni un momento

Dios mío, me has creado, me has redimido con tu propia sangre, te desposaste con mi alma, te vuelcas en ella con tu amor y tus finezas, me destinas a ser eternamente feliz contigo en el cielo ¿Qué más puedes hacer que no lo hayas hecho...? Jesús mío, hermosura mía, mi Esposo adorado qué responsabilidad la mía sino soy fiel y generosa. No me dejes ni un momento, tengo miedo de no ser fiel a todo lo que quieres de mí. Madre mía, confianza mía, ven en mi ayuda, enséñame a hacer siempre lo más agradable a nuestro Jesús. Amén.

Jesús mío, Esposo adorado, soy toda tuya, ya Tú lo sabes. Pero qué cada día me una más y más a ti hasta ser una sola cosa contigo. Madre mía, tenme siempre de tu mano para que este creciente deseo de que Cristo lo sea todo en mí, en ningún momento disminuya, sino que siempre vaya en aumento y le ame más y más y mejor, buscando en todo el complacer a nuestro adorado Jesús. Jesús mío, cielo mío, haz que cada acto de mi vida sea un testimonio vivido de mi entrega total a Ti.

Morir de amor

Jesús mío, amado mío, quiero amarte hasta la locura, hasta el delirio, hasta morir de amor y sería feliz si después de amarte yo así, viese que todos te amasen más que yo ¡Solo quiero saberte amado y conocido, mi Dios mi amor y mi todo!

Cristo mío, Esposo adorado, vida de mi alma, fecunda mi oración y toda mi vida para que te pueda dar muchas almas. Hazme una esposa fecunda, que no huya el sacrificio ni el dolor por penoso que sea con tal de llevarte almas para glorificar a la Beatísima y Santísima Trinidad.

Siento en mi espíritu un gozo y una pena al mismo tiempo. Gozo por las ansias tan grandes que siento de llevarte almas Jesús mío y constituye para mí un placer ofrecerme a ti para que sigas tu obra redentora a través de esta pequeña alma a ti entregada. Soy pecado, soy miseria, soy pura nada, pero sé que Tú quieres y puedes pasar a través de ella haciendo el bien llevando almas al Padre. Te siento pasar Señor. Siento pena, Señor, porque veo que no no sabemos aprovechar del tesoro infinito de tu Sangre Redentora y yo la primera que no me aprovecho como debiera. Cristo mío quiero amarte hasta morir de amor, quiero quemar toda mi vida en amarte y amar a las almas, quiero darte almas y más almas para que glorifiquen al Padre, quiero amar a la humanidad entera a todas las almas, aunque no sepa dónde están esas almas por las que gasto mi vida, sólo sé y esto me basta que tú has muerto por todas y la esposa tiene que seguir al Esposo dando su vida por los que El la dio. Madre mía, benditísima, ayúdame a quemar mi vida toda para gloria de Dios y bien de las almas.

Jesús mío, si con la experiencia que tengo de Ti, soy como soy. ¿Cómo no voy a disculpar y pedir perdón para todos los que te ofenden si no soy yo mejor que ellos al tener en cuenta las gracias que recibo de ti tan abundantemente y lo mal que correspondo? Señor tenía que ser mejor, perdón y misericordia pues soy una ingrata por lo mal que corresponde a tu bondad y a tu amor. Perdón Señor por todos los que te ofenden es que no te conocen Señor y por lo mismo no se te ama y quién sabe Señor bueno, tú sí que lo sabes que tal vez ese no conocerte es porque los que nos llamaste a seguirte más de cerca no somos como teníamos que ser. Perdón y misericordia para todos Señor. Madre mía, refugio de los pecadores, intercede por nosotros.

¡Oh, mi Jesús, sabiduría increada de mi Dios! Te adoro y amo sobre todas las cosas, tú eres la luz y en ti lo encuentro todo; concédeme la gracia de vivir siempre en tu luz y en tu verdad para gloria de la Trinidad.

Dios mío, Padre bondadosísimo y amabilísimo, siento una pena en mi alma que yo veo que esta pena sólo en el cielo se me quitará cuando te contemple cara a cara sin que nada me distraiga. Quiero en todo momento no apartar tu mirada amorosa de mi alma hacia esa Belleza que mora en ella y oh Dios mío qué pena siento cuando advierto que, aunque no sea más que unos instantes me distraigo, Dios mío, Trinidad Santísima, qué ingrata soy, qué mal correspondo, perdóname Dios mío, pues cada vez me siento más confundida al ver lo nada que soy y al mismo tiempo con qué ternura de Padre tratas a esta alma que tan mal te corresponde. Perdón Dios mío y mil veces te pido perdón, a la vez que, aunque indigna de esta gracia, si conviene a tu mayor gloria, que, en todo momento, dormida y despierta, que los ojos de mi alma no los aparte ni un instante de mirarte a ti, fijar mi mirada siempre en ti como si ya estuviese contemplándote en mi Jesús, hermosura mía, mi Esposo adorado como agradecerte tantas delicadezas como tienes con mi alma.

Átame más y más a ti

Por esto, cielo mío, cuando oigo noticias escalofriantes de almas que un día sintieron tu llamada amorosa para seguirte más de cerca y que más tarde se arrepintieron de ello, una gran pena inunda mi alma al pensar que no han descubierto en ti la fuente de agua viva que solo ella puede apagar nuestra sed de felicidad. Así que Jesús mío, después de encomendarte estas almas que se sueltan de este amor de predilección, te pido la gracia de que las que por tu infinita misericordia permanecemos fieles a esta llamada, nos unas más y más a ti formando un solo espíritu contigo pues digo también con S. Pedro ¿a dónde iremos Señor si sólo tú tienes palabras de vida eterna?[97] Átame más y más a ti pues cuanto más unida me siento a ti más libre me veo con la libertad de los hijos de Dios.

Oh mi Jesús, vida mía, quiero ser tu alegría como tú eres la mía y quiero demostrarte mi amor y mi alegría sufriendo ocultamente por ti, hermosura mía. Oh Dios mío, Padre, Hijo y Espíritu Santo, tres personas y un solo Dios, te adoro y amo con todo mi ser, me abandono enteramente, en vos nada temo, sé a quién me confío, que mi vida la queme toda en tu amor, quiero en todo momento y circunstancia cumplir tu amorosa y adorable voluntad para gloria de la Trinidad Santísima. Cristo mío que en todo momento puedas decir en mi alma: aquí cumplo la voluntad de mi Padre.

Para el amor no hay nada pequeño

Oh mi Jesús, gracias vida mía porque cada vez haces más fácil y sencilla mi vida; solo tengo que descubrirte a través de todas las cosas, circunstancias y personas y aceptarlo todo como venido de ti y con todo el amor de que sea capaz y mi alma queda inundada de luz y de paz al descubrirte con tus nuevos disfraces ¡qué poco me pides Señor para según me das! ¿Qué más puedo desear? Oh, mi Jesús mi Esposo adorado, mi felicidad y mi todo. Quiero serte fiel hasta en los más mínimos detalles ya que para el amor no hay nada pequeño.

Mi Jesús, divina hermosura mi alma no se cansa de contemplarte, pues cada vez descubre en ti más hermosura, la subyugas, la seduces, la fascinas, la sacas de quicio, oh mi Hermosura increada, en ti lo encuentro todo, solo tú llenas mi vida de felicidad y pensar que no eres conocido, que no se te ama como se te debía amar... me apena y me hace sufrir esto, al menos Jesús mío que yo sea toda tuya pues justo es que el todo de esta nada que soy yo sea todo para ti.

Jesús mío, hoy 14 de febrero, Festividad de S. Valentín, me enteré de que es el día de los enamorados e instintivamente tú fuiste objeto de la mirada amorosa que mi alma dirigió a ti, a la vez que no pude

97. Cf. Jn 6,68-69.

por menos de exclamar "oh Amor mío es nuestra fiesta de hoy" y al momento un nuevo torrente de amor inundó mi corazón enamorado de Dios. Qué abundantemente pagas Señor cualquier detallín de amor y sabes Señor que me gusta la fiesta de hoy, pues a nadie mejor que a tus esposas les viene bien esto ya que somos las grandes amadoras del Dios. AMOR.

Mi Jesús, yo no sé qué es esto que pasa en mí pues cuanto más te amo más te quiero amar y que todos te amen. Quiero amarte hasta la locura, hasta morir de amor y al mismo tiempo de yo amarte así, me sentiría dichosísima de que todos te amasen mejor que yo, sólo quiero que seas amado. Jesús mío, tú eres el TODO, yo soy la nada y me siento confundida viendo cómo el Todo se abaja a esta nada colmándola de delicadezas y ternura como una manifestación de tu inmenso amor hacia ella, luego justo es que todo lo que hay en esta nada sea todo para ti mi divina hermosura que seduce mi alma.

Cuanto más te amo más te quiero amar

Madre mía, el mes de las flores ha terminado este año, pero no así mi amor, entusiasmo y obsequios a ti. Espero, con tu ayuda, amarte cada día más y más pues cuanto más te amo más te quiero amar y más me enseñas a amar a Dios. Madre de Dios y Madre mía tenme siempre bajo tu protección maternal.

Mi Jesús y mi Señor, soy la pequeña esclava enamorada de su Señor, ¿verdad que es atrevimiento el mío, Señor? Creo que no, ya que tú me invitas a esto pidiéndome solo amor. Además, tú me amaste primero dándome la prueba más palpable de tu gran amor hacia nosotros muriendo en una cruz, quedándote en la Eucaristía y enviándonos tu divino Espíritu ¿Qué más podías hacer que no hayas hecho para demostrarnos tu amor? Mi Jesús, mi Señor y mi amor que yo acierte a quemar toda mi vida en tu amor.

Jesús, ama tú en mí al Padre

Jesús mío, mi Esposo amoroso, mi amor y mi todo, te amo con toda mi alma y todo mi ser, tú lo sabes, pero quiero amarte más y mejor, que cada momento que pasa crezca más y más en tu amor. Oh divino Espíritu, fuego abrasador, abrásame, quémame en la hoguera del divino amor. Amor, amor, amor, Dios mío dame amor, quiero amor y más amor para que mi corazón sea una hoguera de amor a Dios e incendiar a todo el mundo en tu amor oh Dios amor, oh tormento del amor que cuanto más te amo más te quiere amar mi pobre corazón. Mi Jesús ama tú en mí al Padre pues solo quiero daros amor y más amor. Mi Jesús, Esposo mío, mi cielo y mi todo, estoy muy emocionada hoy, no sé lo que pasa en mí, al fin llegó el día en que consciente de lo que hice y segura de que tú me pediste manifestado en aquel quejido que te sentí dar en mi alma por el dolor que te causa la división de los cristianos, me ofrecí y me consagré a ticomo víctima de amor por la unión de todos los cristianos. Sé lo que esto implica, no me da miedo, pues si te soy fiel tú siempre estarás conmigo y si tú estás conmigo ¿qué puedo temer? Virgen María, madre de la unidad y madre mía únenos en tu hijo y ayúdame a ser muy fiel y muy generosa en la victimación tal cual Jesús me lo pida.

Mi Jesús, quiero vivir y morir de amor, amor te quiero dar a través de todo, que en todo busque al demostrarte mi amor, dame el saber darte siempre amor y más amor. Que en esta nueva ruta de mi vida, el amor sea la espada que inmole esta tu víctima de amor. Jesús mío quiero vivir dándote amor y siempre amor oh mi amor y mi todo, océano sin fondo ni orillas en el que me pierdo.

Madre mía, hoy fui muy cobarde, ante una cosa que me costaba se me escaparon unas lágrimas, pero en medio de ellas puedo decirte: madre queridísima no importa que yo llore con tal de que tú sonrías. Virgen María, madre de Jesús y madre mía, tenme siempre bajo tu protección maternal para que en todo momento haga siempre lo más agradable a nuestro Jesús. Madre mía agradable a nuestro Jesús. Madre mía, Virgen fidelísima alcánzame la gracia de ser muy fiel a todas las experiencias del amor para que nada empañe esta mirada amorosa entre

Dios y el alma en lo más íntimo de ésta. Gracias Madre mía, sé que tú me atiendes siempre, por eso todo lo espero por tú mediación, aunque yo no sepa pedir. Madre mía que yo sea tu alegría como tú eres la mía. Madre mía, mi alma delicia en amor a ti. ¿Cómo expresarte mi gratitud madre bondadísima y amabilísima? Gracias a ti puedo mantener mi sí a todo lo que el amor me va pidiendo a lo largo del día. Tenme siempre bajo tu protección maternal Madre mía.

No quiero otra compensación sino a ti

Cristo mío, mi Esposo idolatrado, sólo tú llenas y colmas todas mis anhelos y deseos. Dicen que nuestra vida de encerramiento no tiene ninguna compensación humana, puede que sea cierto, yo te digo que no la quiero, no quiero otra compensación sino a ti. Todo lo creado es maravilloso, no lo niego, pero todo me grita que no me quede en ello, sino que me sirva para ir a ti y en verdad nada me llena, sólo tú mi supremo Bien y mi todo es quien me hace feliz, luego que pude hacerme feliz. Sino solo Tú. Ahora, mi Jesús que yo acierte a darte amor y siempre amor intenso a cambio de tanto como recibo de ti ¿Qué poco nos pides Señor pues sólo nos pides amor y qué mal acertamos a darte eso que nos pides? Madre mía, que en ningún momento me separe de ti pues si permanezco unida a ti Tú serás mi mejor maestra para enseñarme a dar siempre amor a nuestro Jesús.

Jesús mío, cuando a mí me parecía que necesitaba emplear más tiempo en la oración y darme más a la vida de sacrificio para mantenerme más unida a ti y así tratar de vivir con más generosidad mi consagración de víctima, resulta que me han prohibido el quedarme por las noches para hacer esa hora de oración que venía haciendo, quitando este tiempo al descanso. Bendito seas Señor, no entiendo esto, pero, aunque me cueste tal prohibición por temor a que yo no responda al tener menos tiempo para la oración, no obstante esto, me abandono en tus manos, sé que todo al menos es permitido por ti y que tú suplirás esto por otro camino pues no puedes permitir tal cosa para perjudicar mi vida espiritual, sino que toda el alma sacará bien si se apoya en ti.

Confió plenamente en ti, ayúdame en todo, sólo quiero complacerte en todo a través de todo lo que dispongas.

Vacíame de mí

Que nada me veo, Señor, y en verdad así soy: nada, nada y pura nada, miseria y pecado. Pero al verme así, lejos de desalentarme, más confió en ti y creo que ahora es cuando más estoy en la verdad. Veo mi alma como suspendida en el aire sin apoyo en nada, sola sostenida por ti fortaleza mía. Así que siento tal confianza en ti al ver que nada me sostiene sino sólo tú, que mi alma descansa segura y feliz como un pequeñín en los brazos de su padre, mascullo mi pobreza espiritual todo el día, y esto mismo me hace sentirme completamente rica en ti. Veo que sólo tú eres el Todo poderoso que quieres llenarme de ti y sólo me pides que para esto me vacíe de mí. Señor seas tú el que hagas esto en mí, vacíame completamente de mí para que tú lo seas todo en mí, pues sólo deseo ser toda tuya, vivir para complacerte y buscar en toda tu mayor gloria. Una cosa me está pasando Señor y también te la voy a decir aquí. Hasta ahora me sentía un poco mortificada ante ciertas alabanzas que recibía, no me gustaba oírlas porque yo, que reconozco del barro que soy, temía que un algún momento de debilidad fuese a pensar que era algo mío y no todo tuyo como en realidad es. Ahora, en cambio, no me da más oírlas, casi diría que me alegran, porque según me estás haciendo palpar mis miserias y mi nada tan al vivo, estas alabanzas llenan el corazón de gratitud hacia ti y veo claro que es un honor que te hacen a ti y que todo redunda en tu mayor gloria que esto es mi deseo Señor el que seas glorificado más y más.

Cristo mío, transfórmame totalmente en ti, quieres y puedes, solo falta que yo te deje. Madre mía ven en mi ayuda para que sea sumamente fiel a la acción del Espíritu Santo en mi alma, alcánzame de Él la gracia de serle muy dócil a todos sus deseos sobre mi alma y no sólo esto y si posible fuera no sólo secundase sus deseos, sino que me adelantase a ellos. Madre mía Virgen generosa y fiel ¡ayúdame!

Vida fecunda para la Iglesia

Cristo mío, Esposo mío y mi todo; en la medida en que viva unida a ti, veo que en esa misma medida será fecunda mi vida para la Iglesia. Esposo mío, úneme en cada momento más y más a ti hasta ser totalmente una sola cosa contigo: tú en mí y yo desaparecer en Ti. Cuando un alma se va adentrando más y más en este mundo sobrenatural de la gracia, la vida, aun llena de privaciones, sufrimientos, la encuentra hermosa y el alma desborda felicidad; ella contempla a su Cristo, hermosura divina, y se siente tan seducida por su divino amor que sólo desea complacerle a través de todo y con este deseo, este ideal, todo le parece hermoso pues de todo se puede aprovechar para mostrarle su amor y un amor tanto más auténtico cuando lleva el sello de sufrimiento y de la renuncia.

Señor, creo que reconozco tu obra santificadora en mi alma, gracias y mil gracias te doy por ello Señor. Y te pido perdón por tantas veces como no acierto a dejarte hacer en mi alma. Sé que me quieres llenar de ti, sólo nos falta docilidad y acierto en dejar obrar a tu Santo Espíritu en nosotros. Señor, veo claro que somos nosotros los que damos la medida de nuestra santidad según sea nuestro obrar. Cristo mío, que, a pesar de mi nada y mi falta de correspondencia, tú sigas haciendo tu obra en mi alma y todo para mayor gloria del Padre en unión con el Espíritu Santo. Cristo mío, esplendor de la gloria del Padre e imagen de su sustancia, que con razón dijiste al apóstol Felipe "quien me ve a mí, ve al Padre"[98], haz mi Jesús que en la medida que permita mi limitación que quien me vea te vea a ti y así alaben y glorifiquen al Padre celestial. Sólo quiero y deseo su mayor Gloria

Señor, me parece que la monja de clausura es un ser que se oculta a los ojos del mundo para consumir toda su vida en tu amor mediante una vida de oración, de entrega generosa, de sacrificio callado y oculto y también ¿por qué no decirlo?, de diálogo amoroso con el Dios y que derrame abundantes gracias sobre este mundo que tan mal comprende el holocausto de estas vidas tan bienhechoras de la humanidad. Pero

98. Cf. Jn 14,9.

no importa, Señor, no serán comprendidas nuestras vidas, pero tú lo ves todo y por tu amor se hace todo. Ahora bien, Señor, también voy a ser sincera: no pensemos que por el hecho de encerrarnos en un claustro ya se ama a Dios y se hace bien a la humanidad ya sin más. Para que nuestra vida sea fecunda en la Iglesia se necesita vivir nuestra entrega al Señor con fidelidad y generosidad, quemando sin regatear nada al Señor toda nuestra vida. Así entiendo que tiene que ser, Señor. Ayúdame, Madre mía a que queme toda mi vida en servicio de Dios y de la humanidad a ejemplo tuyo.

Ofrecer su vida por la unidad de los cristianos

Hoy Señor se dijo en una plática que no era tanto las causas de las divisiones que existían con nuestros hermanos separados cuanto el muro glacial en que nos hemos colocado unos de los otros. Hoy en la acción de gracias de la comunión, al renovar mi ofrenda de víctima, vinieron a mi memoria las palabras que acabo de escribir y comprendí que no son las palabras ni los acuerdos los que descongelarán estos muros glaciales, sino la acción del Espíritu Santo implorada mediante la oración, e inmolación de almas ocultas ofrendando sus vidas por esta gran causa de la unidad. Cristo mío, transfórmame totalmente en ti para que seas Tú en mí quien ofrezca al Padre el sacrificio de esta vida a fin de "que todos sean uno como tú y yo somos uno"[99]. Que tu Iglesia sea católica y sea apostólica, sin mancha ni arruga según tú quieres a tu Iglesia.

Intercesión por el apostolado de un fraile

Madre mía, ayúdale, protégele, bendícele, haz fecunda su labor de apostolado y que su alma sea muy santa. Ya tú sabes, madre mía por quién te hago esta súplica. Quiero ayudarle cuanto pueda y respaldar su apostolado con mi oración y sacrificio y todo para mayor gloria de Dios. Pero Madre mía, reconozco que yo no respondo como tenía

99. Cf. Jn, 17,21.

que responder así que también recurro a ti pidiéndote ayuda y que tú suplas mis deficiencias. Madre mía, mantén siempre nuestras almas muy unidas en ti, estimulándonos mutuamente con tu ejemplo a que seamos géneroso en el servicio del Señor. Antes te decía que no sabía dónde terminaba mi alma y empezaba la de él, ahora te digo que me parece que las dos son como una sola vibrando por un mismo ideal: la unidad de todos en Cristo. Madre mía, ayúdanos a quemar toda nuestra vida en el amor de Dios y a la humanidad.

Engendrar almas para Dios

Las ansias que siento en mi alma de engendrar almas para Dios constituyen para mi alma un placer a la vez que un tormento, no sé explicarme cómo es esto, no importa que no me sepa explicar, sólo te pido, Madre mía, que me ayudes a ser generosa para ser una esposa fecunda de tu Cristo. Cristo mío, inmensidad de amor en que mi alma se pierde, concédeme la gracia de que en ningún momento los ojos de mi alma dejen de contemplar tanta hermosura y amor como descubro en mi Dios. Que mi vida se queme totalmente en tu divino amor, quiero darte siempre y a través de todo amor y más amor, pues sólo amor me pides a través de todo. Oh océano de amor... Oh Espíritu de Amor... quema... abrasa... que no quede nada en mí que no se queme en tu amor.

Cristo mío, mucho tiempo hace que no dialogo contigo a través de mi pequeño cuaderno. Fueron meses, Señor, de temores a la vez que de tales intimidades entre mi alma y tú que no me daban ganas de decir nada de este modo, sino de abandonarme más y más en ti y esperarlo todo de ti. Ahora creo Jesús mío que mi alma ya está otra vez en su natural y aquí me tienes de nuevo dispuesta a charlar de este modo. Primeramente, te doy gracias Señor por todo lo que vas haciendo con mi alma. Veo claro que eres tú quien lo dispones todo y que no sé porque sentí tantos temores ante este nuevo cargo que han puesto encima de mis pobres fuerzas. Por mí, nada puedo, Señor, pero contigo todo lo puedo. Te siento, Señor, y veo claro que eres Tú quien llevas la obra adelante. Una cosa te pido Señor y es la gracia de serte muy fiel para que tú puedas obrar siempre a través de esta tu pequeña alma. Madre mía tenme siempre bajo tu protección maternal.

El Espíritu Santo dilata el alma

Oh mi Espíritu Santo, dulce Huésped de nuestra alma, dilata mi alma para que en ella quepa el mundo entero y cúbrela con tu sombra para que ella con la oración cubra al mundo entero y queme toda su existencia en el amor a Dios y a la humanidad. Cristo murió por todos, la esposa tiene que seguirle en todo. Madre mía, ¿quién sino tú, fiel Esposa del Espíritu Santo, para interceder por esta pobre alma para que en todo momento y circunstancia acierte a quemar toda su vida para gloria de Dios y bien de la humanidad? Madre mía, tú mejor que yo sabes el fuego que arde en esta alma, que queme... que abrase...para que mi vida sea eficaz para la Iglesia. Cristo mío, quiero amarte hasta la locura, hasta morir de amor... y sin embargo a pesar de estos deseos que casi me atrevo a llamarlos infinitos, mis obras son muy finitas, toco mi nada, mi limitación, pero no me desaliento, Señor, todo te lo entrego: mi nada, mi limitación todo, todo, Señor.

Cristo mío, soy pura miseria y pecado, te digo la verdad, Señor, no exaspero nada al confesarte así mí nada, pero a pesar de esto, sé Señor que quieres pasar por mí haciendo el bien a las almas y proclamando la gloria del Padre. Dame luz, dame acierto para que en ningún momento impida tu paso. Madre mía, Virgen fiel y generosa tenme siempre bajo tu protección maternal.

Director espiritual

Cristo mío, cojo la pluma con el corazón traspasado y mi alma creo que está en una verdadera agonía de la que ya varios años no había experimentado, pero a pesar de esto te doy gracias, Señor por todo, no sé por los derroteros que llevarás ahora a mi alma. ¡Tus caminos son misteriosos! Pero siempre es tu Amor el que me conduce, así que a ciegas me dejo conducir de Él. No entiendo lo que está pasando en mi alma, pero me confío a ti, me abandono totalmente en tus manos para que hagas con esta pequeña alma lo que quieras. Siempre serás el Padre amoroso que hiere para curar y cuando menos comprendo tu dolor más te amo Señor, te lo aseguro. Pero con todo esto tengo que confesarte que soy muy miserable y que por lo tanto este golpe para mi alma es muy duro. Tú sabes Señor, porque tú guías mi vida y tú lo dispones todo, cuánto he sufrido en mi vida religiosa por no tener una persona, un director a quien confiar mi alma... Cuando tú quisiste me pusiste esta persona en mi caminar hacia ti, no dudo que tú me mandaste me dirigiese con ella y cuando más compenetrada estaba con ella, si bien reconociendo en todo momento que era don tuyo y que no me tenía que quedar en el don sino en todo momento agradecértelo a ti. Me pides Señor que sacrifique por una temporada mi dirección espiritual ofreciendo este sacrificio por la causa de la unidad de todos los cristianos.

Soy muy flaca, mi corazón sangra, pero ¿qué responder Señor si eres tú quien me pide esto? Corta, raja, quema, destruye aniquila haz conmigo lo que quieras, quiero darte amor y más amor a través de todo, sigue tu obra en mi alma de la manera que quieras, todo se mueve bajo tus manos y si en esta prueba de mi alma que parece que más necesito de alguien que me ayude, quieres que prescinda de este alguien... dispuesta estoy a todo y sin comprenderlos admiro tus designios. Parece un contrasentido, no dudo que de esto se tiene que desprender un bien para nuestras almas que son como una sola vibrando por la causa de la unidad de todos los cristianos y estimulándonos mutuamente y ahora... más confió en ti y más veo que nos ayudarás a los dos. Cúmplase en todo tu adorable voluntad por crucificante que sea.

Cristo mío, tú sabes que sufro, no necesito hablarte de ello. Cúmplase en mí en todo momento tu adorable como amorosa voluntad por crucificante que sea, sigue tu obra redentora en mi alma; tú has muerto por todos, la esposa tiene que inmolar su vida por todos, debe seguirte en todo para que tu Reino se extienda a todas las almas, para que todos te amen y todos vivamos unidos en ti como tú pediste al Padre: “Que sean uno como nosotros somos uno, yo en ellos y tú en mí para que sean consumados en la unidad[100]." Cristo mío, que mi consagración de víctima por la unidad de todos en ti, la viva mi alma plenamente, ayúdame Señor en los momentos difíciles pues contigo todo lo puedo. Madre mía, reina de los mártires dame un poco de tu fortaleza para superar esta prueba difícil que tanto sufrimiento produce a esta pobre alma.

Cristo mío, Esposo mío, mi cielo, mi todo, sufro mucho. Tú lo sabes, pero sí, sí, sí y siempre sí a todo lo que quieres de mí. No me apoyo en mí para hablarte así pues nada soy y nada valgo, pero si tú estás conmigo todo lo puedo en ti. Así que vuelvo a decir sí, sí y toda mi vida te diré sí a todo lo que quieras de mí. Sigue tu obra en mi alma para gloria de Dios y bien de toda la humanidad. Tú nos has dado tu vida entre terribles tormentos crucificado en una cruz, la esposa tiene que configurarse con el Esposo, aquí me tienes Cristo mío, dame tu gracia y luego haz de mí lo que quieras.

Cristo mío, el sufrimiento me circunda, no salgo de uno y ya me tienes preparado otro ¿Qué decirte? Te bendigo por todo y te pido que sigas tu obra en mi alma, sólo quiero darte amor y más amor a través de todo. Por otra parte, he de confesarte que contigo todo lo puedo, este sentirte vivo en mi alma, este verte lleno de amor y ternura hacia esta pequeña alma, este ver que me crucificas, pero porque me amas ¿qué decirte Jesús mío? Sigue tu obra a través de esta alma. Si tú estás conmigo, nada me da miedo. Madre mía tenme siempre bajo tu protección maternal.

Virgen María, la mejor amadora del Amor

Señor te amo con todo mi ser, no tanto cuanto puede amar un alma porque esto sólo tú sabes lo que un alma puede dar de sí en su amor a ti, pero si te amo Señor cuanto acierto a amarte, me siento quemar en tu amor y sin embargo me parece nada el amor con que te amo para según te quiero amar y entiendo debes ser amado y me siento amada de ti. Señor, aumenta mi amor hacia ti, quiero vivir y morir abrasada en

100. Cf. Jn 17,21.

tu amor, aunque con ello aumente este tormento de amor que siento porque no te sé amar como quisiera. Madre mía, la mejor amadora del Amor, enséñame a amar más y más a tu Hijo puesto que solo es amor lo que pide y tú eres la maestra en esta ciencia del amor.

Señor, contigo salto montañas, sin ti no soy capaz de saltar un granito de arena. Estoy bien convencida de esto y para que no se me olvide, de vez en cuando permites ciertas cosas que me hacen palpar bien mi nada. Señor, fuerza mía viva unida a ti como el sarmiento a la cepa para que pueda superar todo lo que me salga al paso y mi vida sea fecunda para gloria tuya y bien de la Iglesia.

Maternidad espiritual al pie de la cruz

Cristo mío, haz que viva cada día más profundamente todos los problemas de tu Iglesia. Dilata más y más estos sentimientos de maternidad espiritual que pones en esta alma. Que mi vida sea fecunda, que acierte a quemar toda mi existencia en el amor a ti y a las almas. Madre mía, permanezca esta alma unida a ti al pie de la cruz engendrando almas. Cristo mío, mi alma vive en una pascua; en un festín contigo y siendo esto así, tengo que decirte que ciertas cosas, fruto del pecado y que tú permites, me hacen sufrir terriblemente. Soy muy sensible, Señor, y estas cosas me punzan terriblemente. Tú bien sabes cuánto me costó aceptar este cargo, sólo porque vi en él tu voluntad cargué con esta cruz que cada día se me vuelve más pesada y tú bien sabes lo desprendida que estoy de él. Señor, tú lo sabes todo, ayúdame a disculpar a todos, pues todo se mueve bajo tu mano, que nada me manche Señor.

Señor, todo mi camino es descubrirte a ti a través de todo y así lo acepto todo como venido de ti. Esto da una gran paz al alma, la libra de muchos juicios y veo que a través de todo se te puede dar amor y más amor que es lo que me pides a través de todo. Cristo mío, que mi pobre corazón tanto en el gozo como en el dolor sepa latir al unísono con el tuyo, como el de la Santísima Virgen tu Madre y nuestra madre, Madre mía, tenme siempre refugiada en tú Inmaculado corazón para aprenderlo todo de ti sobre toda la ciencia del amor pues ¿quién como tú acertó a amar a Dios? Señor, Cristo mío, que tu sangre redentora no sea infecunda en esta alma. Que ella me purifique más y más para que mi vida no sea estéril en la Iglesia, mi tierna Madre.

Cristo roto

Señor, que la ofrenda de mi pobre vida por la unidad de todos en ti, te sea grata; acéptala cuando quieras y de manera que quieras. Nada temo puesto que no me apoyo en mí sino en ti, fortaleza mía, Señor, acelera el día tan deseado en que todos seamos uno contigo. Qué hermoso día el que todos sintiéndonos verdaderos hijos de Dios y hermanos unidos, caminemos juntos a dilatar el Reino de Cristo en las almas. Cuánto bien traerá a la Iglesia la unión de todos y cuánta fuerza recobrará la obra de las misiones ya que todos predicarán al Cristo unido y no al Cristo roto, dividido como ahora se ve por la desunión de unos cristianos con otros. Cristo mío, atiende las súplicas de tu Santísima Madre que ella la Madre de la Iglesia, Madre del Cristo total quiere todos seamos uno contigo. Atiendo Señor, también las súplicas de las almas que movidas por Espíritu y por mediación de la Virgen Santísima tú Madre y nuestra Madre, unidas a ella ofrendaron su vida por la unión de todos en ti. No te pares en nuestra indignidad y miseria, ve nuestro deseo enorme de un Cristo unido perfectamente para gloria del Padre. Cristo mío, si esta alma tuviese el consuelo de ver ya en esta vida realizada la unión de todos en ti, creo que moriría de gozo, no podría sobrevivir a esta dicha. Entonces sí que moriría cantando con el anciano Simeón: ahora Señor deja partir a mi alma en paz porque he visto la unidad de todos en ti. Ante todo, cúmplase tu adorable voluntad.

Mi Cristo, tú bien sabes que mi vida ha cambiado ¡no sé si este cambio será un bien o no sé lo que será. Llega la noche y cuando en estos años atrás todo era gozo y tranquilidad por haber cumplido lo mejor que acertaba con mi deber, ahora es distinto, cada día me pesa más este cargo, me veo muy flaca para tirar de esta cruz. Tú Señor sabes de mis esfuerzos por hacer bien a estas almas, pero me siento como fracasada, no veo que haga labor buena por ninguna parte. No obstante acato tu voluntad, que en este caso es una nueva manifestación de tu bendita cruz y unida siempre a ti me abrazo a ella confiada en que tú pasarás a través de esta pobre monja haciendo bien a estas almas. Señor, sierva inútil soy, pero que mis miserias y pecados no sean obstáculo para que tú pases haciendo el bien. Cristo mío, Madre mía, purificadme más y más. Te pido esto mirándome a mí sino a nuestra mayor gloria y bien de las almas. Cristo mío, funde estas dos vidas en tu sacrificio y así ser una sola cosa contigo para gloria del Padre y unión de todos en ti. Dios mío y mi todo, que en todos los instantes me encuentres amén. Date, quiero vivir y morir quemado en tu amor pues tú misericordia sobre esta alma se desborda a torrentes.

20 de abril, día de mi santo[101], Madre mía, empecé el día postrándome ante ti y lo terminé igualmente ante ti. Fue un día de gracias, de gozo y de sufrimiento. En mi primera visita a ti me sentí movida a poner en tus manos maternales todas las oraciones que en este día iba a tener, quise con ellas obsequiarte a ti para que tú las distribuyas a favor de quien quieras, si yo soy la más necesitada y me las quieres aplicar a mí ¡bendita sea! Si las quieres incorporar a la causa de la unidad, bien sabes que esto lo llevo clavado en el alma y si quieres aplicarlas a alguna alma que ni sé dónde se halla ¡bendita seas! Todo como tú quieras Madre mía, la misericordia y el amor de Cristo pesaron muy fuerte durante todo el día sobre mi pobre alma. Soy una pordiosera a quien la misericordia de Dios la envuelve por todas partes, pues lo que veo en esta alma es fruto de su misericordia y amor.

Madre de las almas

Cristo mío, me siento locamente enamorada de ti y me atrevo a decirte que tú lo estás de esta alma. Siento mi cuerpo, mi corazón, mis afectos, todo mi ser, todo, todo cuanto hay en mí te pertenece a ti, no sé cómo explicar esto, sólo acierto a decir que te has posesionado por completo de mí, veo que ya no soy yo, sino tú en mí. No me apetece más que soledad y quisiera dejarme morir así. Otras veces quiero también la

101. Fiesta de santa Inés de Montepulciano O.P. (+1317).

soledad para llorar mi falta de correspondencia a tu inmenso amor sobre mí. Te amo cuanto acierto a amarte y sin embargo vivo en un tormento, en un martirio de amor porque no acierto a amarte cuanto quisiera y cuanto tú me reces. Cristo mío, hazlo tú todo en mí. No quiero compensaciones de nada, sólo tú me bastas, me llenas, me sacias. Quiero vivir como tu apóstol Pablo: "crucificada para el mundo y el mundo para mí[102]". Quiero vivir escondida con mi Cristo en Dios gastando toda mi vida en tu amor y en amar a toda la humanidad. Siento vivamente en las entrañas de mi alma mi misión de madre de las almas.

Fecundidad experimentada

Cristo mío que tu divino Espíritu me cubra con su sombra, fecundice mi alma para que mi vida se gaste y desgaste y se consuma en tu amor y a las almas. Estoy experimentando algo nuevo en el alma: es el fruto de la virginidad consagrada a ti. Me hace sentirme madre fecunda y esto me hace reconocer más la misericordia infinita sobre esta alma. Cristo mío, nada me parece y fecundidad matrimonial por grande y santa que es comparada con esta unión tan íntima, tan deleitable que tienes con esta alma y esta fecundidad que nace de mi virginidad, consagrada a ti y que sin ver nada con los ojos del cuerpo el alma está segura, como que ve, experimenta la fecundidad que le viene de su unión con el Esposo. Esto ahora lo veo clarísimo porque mi corazón y todo mi ser está todo entero en ti, bien sabes que no me reservo nada, ni compensación quiero en nada, toda mi obsesión es amar. Te basta morir de amor, pero bien que me lo estás pasando Esposo mío, mi cielo y mi todo.

Cristo mío cuanto más te amo, más pura, más virgen, más divinizada por ti me veo. Madre mía, reina de las vírgenes, enséñame a agradar en todo a nuestro Jesús. Hazme muy fiel en todo al Espíritu Santo y que el Padre reconozca en esta alma la imagen de su Hijo para gloria de la Trinidad Santísima. Amén

102. Gál 6,14.

Señor, tus caminos son inescrutables, porque son divinos. Hoy me paré un poco a reflexionar la trayectoria de mi vocación religiosa y terminé diciéndote: eres admirable Señor. No sé por qué somos tan torpes en descubrir a través de todo al Señor. Si fuésemos almas de fe, de esperanza y de amor todo en nosotros resultaría fácil y santificador porque nos dejaríamos modelar a gusto de Dios sin que nosotros pusiéramos el menor obstáculo y entonces al llegar al monte del amor contemplaríamos con gran agradecimiento al Señor las estratagemas del amor del Señor hacia nosotros conduciéndonos a Él como menos nosotros lo esperábamos y por caminos que nosotros ignorábamos. A este propósito voy a decir una experiencia de esta alma. Siempre soñé con tener un director espiritual para mi alma, lo veía muy necesario. Bueno, pues el Padre que me mandó al convento ni él hacía de director ni me mandaba que buscase otro. Llegó un momento en que mi cuerpo sufría a morir y de hecho su estado de salud tocaba la muerte.

Mi alma se veía metida entre las más intensas tinieblas y cómo suspiraba por un director, alguien que hablase en nombre de Dios, y nada tenía, pues aún el confesor con ser muy santo, muy sabio el Señor permitió que yo no me supiese explicar y él entendiese peor, así que querer decir algo era aumentar mi tormento, así que a pura fe, pura confianza y a ciegas amar a Dios, era con gran esfuerzo lo que atinaba a hacer hasta que después de año y pico largo parece que en mi alma hubo una resurrección. Fue alternando la tiniebla con la luz hasta que dominó la luz y todo en mi alma se iluminó y se transformó. Mi alma entró en un gozo que a nada de la tierra se puede comparar este gozo, es algo tan celestial tan del Esposo a quien se entregó que ahora el alma no pensaba en director muy bien, que se las entendía directamente con su Dios.

Y ¡cosa de Dios! Cuando ya no pensaba en él, como digo, Dios me sale al paso con una joya de director. Nombran nuevo confesor a un Padre delicado de salud que viene para llevar aquí una vida de más reposo y tranquilidad. La primera vez que me confesé con él hice la confesión de semana sin decirle nada de otras cosas del alma. Me sentí tan a gusto al confesar y como que intuía en mi interior que yo salí dando gracias a Dios. A la semana siguiente me pasó igual y así empecé cada vez mejor que ya empecé a ir preguntándole algo y cada vez me sentía más comprendida. Yo veía en esto algo de Dios, pero no me determinaba todavía a pedirle por director, aún quería ver más claro que él era el que me destinaba al Señor. Así las cosas, me dio un coma diabético y en estos días estaba él fuera de casa.

Cuando regresó, le llamé a confesarme y como en estos días había mucha mezcla en mí de las cosas espirituales y de las materiales, yo le fui dando cuenta de todo para que él me orientase. En esto casi me vi obligada a darle cuenta. Él me fue explicando todo con tanta sencillez que Dios había obrado en mi alma y lejos de sentir el menor movimiento de vanidad, me sentí pura nada, confundida con lo que me hacía ver de las obras de Dios en mi alma y esto me llevaba a amar más intensamente a Dios y a darle gracias sin parar. Luego también me dijo que una religiosa le había hablado de mí y que incluso había leído una carta mía dirigida a esta religiosa y que desde la primera confesión que hice con él me conoció y entonces caí en la cuenta de que por eso yo me había sentido tan comprendida.

Hija y madre espiritual del confesor

Pero, así y todo, yo no acababa de determinarme a cogerle por director, si bien prácticamente lo venía haciendo hasta que un día vi claro que el Señor me movía a ello y ya en la primera confesión se lo dije, incluso le manifesté que veía ser cosa de Dios que pusiese mi alma en sus manos para que la condujese con más acierto a Dios. Quedé admirada con la humildad que un Padre de tanto saber admitió como dirigida a esta alma. Van seis años largos desde que este Padre hace de confesor, pues si bien yo terminé segundo trienio, como todavía no se eligió otro, yo me sigo confesando con él. Es para bendecir a Dios el bien que hace un director a un alma cuando hay seriedad y ansias vivas de santidad. Veo en él el padre providencial para mi alma. Me siento hija espiritual de él y al mismo tiempo me veo madre espiritual de su alma, a la vez que también descubro en esto dos almas gemelas aunando sus vidas en un ideal. En fin, veo en todo esto un nuevo don de Dios para mayor seguridad y regalo de Dios a esta alma. No encadena mi alma en nada, al contrario, la entusiasma, le explica las cosas y la hace volar a velas desplegadas. Él me estimula más y más a ser muy fiel y el Espíritu Santo es quien lleva mi alma.

Director espiritual, don de Dios

No me canso de bendecir a Dios por este don. Cuánto bien hace un director a un alma si ella le deja hacer. Ha tomado mi alma una dimensión eclesial que antes no sentía y con qué claridad veo que nuestra vida es para la Iglesia. No sé explicarme, pero cuantas buenas cosas podría decir de esto. Así que con el alma henchida de gozo y de admiración le digo al Señor ¡son inescrutables tus caminos, pues quién me iba a decir, después de verlas tan apuradas sin nadie que hablase en nombre de Dios, que, ahora que todo es luz y gozo en mi alma, me hayas dado hasta el regalo de un tesoro de director. Señor, sólo tú puedes calmar los deseos de mi corazón. Gracias Cristo mío, gracias mi Dios y mi todo. Me has dado un ángel precursor, un amigo del Esposo para que conduzca y cuide de la esposa de su Señor. Con qué acierto me habla en tu nombre, cómo tu confirmas con luces y hechos lo que él me dice. Cristo mío, mi Esposo, no sé cómo agradecerte tantas finezas con esta alma.

Mi razón y todo mi ser está todo en ti, pero esto es natural, no hago nada de más. Cristo mío te amo cuanto soy capaz de amarte, pero aún tú me amas y debes ser amado, mira, me entrego a ti con toda mi pobreza, nada soy y nada tengo, pero soy rica en tu riqueza. Eres admirable Señor. Que estas experiencias me impulsen siempre a dejarme conducir a ciegas por mi Dios. Todo lo haces bien Señor, si en los momentos más difíciles de mi alma no me diste un director tú sabes porque los has hecho, es que me convenía así para que pueda decir: Señor, tú lo has hecho todo en mi alma, tuya es la gloria si bien Señor, ahora me haces ver cuánto bien puede hacer a un alma un buen director.

Cristo mío, tú eres nuestra luz y nuestro gozo. Cuando una te descubre, la vida se ilumina y se convierte en un diálogo amoroso con su Dios amor. Soy feliz Cristo mío, inmensamente feliz contigo pues toda mi felicidad me viene de ti. No quiero gustos ni compensaciones humanas. Sólo quiero tu felicidad por lo que concluyo diciendo: el mundo está crucificado para mí y yo para el mundo. No quiero saber nada sino de Cristo y este crucificado: siento al vivo en mi esta palabra de San Pablo."

Cristo mío, mi Esposo adorado y mi todo. Tú lo eres todo para mí. Bendita mil veces la hora en que me consagré a ti, al único Amor. Hay tal gozo en esta alma que redunda hasta en el cuerpo y esto es el fruto que das a esta alma a este cuerpo por estar consagradas a ti. Bendita virginidad consagrada a ti. Me veo tan esposa tuya en una vida de tanta unión e intimidad y de tanta fecundidad para el alma porque en los momentos de tanta unión e intenso amor no es el alma la que vive si no el Esposo en ella y es El él que obra por ella. Esto es algo inefable Cristo mío. Y cómo por esto que pasa en mi alma entiendo ahora perfectamente el matrimonio cristiano grande y verdadero matrimonio de Cristo con su Iglesia realizado en las almas.

En este momento de intenso amor y unión con Dios que es cosa más superior a la vida de intimidad con Dios de una manera habitual, esto es algo que el alma se da cuenta de que no es ella sino Cristo en ella y se ve fecundada por su Espíritu de una manera tan prodigiosa que cuanto más perdida en su Esposo se ve, más fecunda, más pura, más virgen, más santa se siente. Es de admirar y para bendecirte sin cesar a dónde se llega con un alma que es cuerpo y alma se entregó a ti. Su corazón es virgen para ti, nada ni nadie le robe este amor que encierra todo para ti y desde ti contigo a las almas. Gracias Cristo mío, bien que me pagas la nada que te doy, pero bien sabes que, aunque nada, toda esta nada te doy.

Vida simplificada en el Amor

Dios mío y mi todo. Tú eres el amor y yo una pobre alma enamorada del amor. Mi vida cada día se simplifica más, pues toda se reduce a pasar las veinticuatro horas del día amando al Amor. Si no lo envíese no podría explicarme lo que es esta vida de amor amando al Amor. Para mí Dios es el AMOR. Cristo mío ¡oh mi Esposo adorado! Quiero que en todo momento puedas gozar de mi amor como yo gozo el tuyo. Que siempre me encuentres amándote consciente. Que mi vida sea un acto ininterrumpido de amor, oh mi esposo amor.

Mi Cristo, mi Esposo, mi amor y mi todo, santifícame para que te glorifique. Quiero darte esta alegría. Soy puro pecado, pura miseria y pura nada, pero tú que un día dijiste a los que se preciaban de tener por padre a Abraham, que de las mismas piedras podías hacer hijos de Abraham. ¿Cuánto más podrás hacer de esta alma una auténtica hija de Dios puesto que todo mi ser vibra por ti? Quiero identificarme totalmente contigo, quiero como ser asumida por ti. Santifícame, Cristo mío, para que te glorifique.

Sólo el amor da valor

Para mí, Dios es el Amor y mi vocación es amar al Amor. El sacrificio, la abnegación todo el mundo del sufrimiento lo veo hermoso y apetecible para dar con ello una prueba de nuestro amor de Dios, pero solo el amor es el que da a todo valor. Qué fácil se hace la vida cuando tú le enseñas al alma que solo quieres amor. Cristo mío, mi felicidad plena. Sin ti no sé cómo alguien se pueda sentir feliz. Sin ti la vida es puro vacío, puro tormento, en cambio contigo la vida, aunque está tejida de cruz y sufrimiento, se torna toda felicidad porque el sufrir contigo se torna en alegría.

Señor, en año y pico que llevo rezando el Oficio en castellano, por lo menos una vez cada semana repitiendo este versículo: "¿Cómo pagaré al Señor todo el bien que me ha hecho? Alzaré la copa de salvación, invocando su nombre. Cumpliré al Señor mis votos en presencia de todo el pueblo[103]". No ha pasado en mi alma lo que me pasó hoy con este versículo. No parecía más que el Señor me quiere hacer ver que venía todo para mí y mi alma como que veía la infinita misericordia de Dios volcarse sobre ella y se sentía perdonada, amada hasta morir

103. Cf. Salmo 116, 12-14.

de amor y ¿cómo pagar este bien al Señor, alzaré la copa de la salvación? No otra que el mismo Cristo. En Él ofrezco al Padre en acción de gracias, solo Él puede agradecer todo este bien y por mi parte me esforzaré por ser sumamente fiel mediante una vida de entrega total a Dios y así esto será cumplir mis votos en presencia de todo el pueblo, como sigue diciendo el salmista. Si en mi vida acierto a vivir en auténtica felicidad a Cristo, es Cristo quien obra en mí y aunque nadie vea estas obras no por ello dejan de estar glorificando a Dios y dando testimonio de Cristo. Señor, que siempre viva en comunión de amor con mi Copa que eres Tú.

Cristo mío, en mis cortas luces veo claro que si queremos hacer algo positivo por la unidad cristiana tenemos que tener en cuenta que tanto haremos cuanto seamos fieles encarnaciones de tu Evangelio. Si nuestras vidas fueran una encarnación viva de tu persona, según el Evangelio, la unidad casi sin darnos cuenta la estaríamos rehaciendo. No el que más predica y más se mueve es el mejor apóstol de la unidad, sino el que mejor viva el Evangelio.

Señor, la causa de la unidad cristiana me obsesiona cada día más, pero no termina aquí todo, sino que me haces ver el gran bien que de esta unidad de los cristianos se desprendería para toda la humanidad en orden a dilatar el reino de Cristo en las almas. La palabra viva de tu Evangelio caería con fuerza en las almas, mientras que, ahora confesando un solo Señor, una sola fe y un solo bautismo estamos divididos. Cristo mío, has pedido que todos seamos uno como tú y el Padre sois uno, pero llevamos 20 siglos desde que hiciste esta oración y seguimos desunidos. Desunidos por no ser fieles a tu Evangelio, por no acertar a poner la parte que nos corresponde a cada uno de nosotros para que se realice la unidad. El Espíritu Santo está despertando conciencias dormidas del problema de la unidad y si el Espíritu anda de por medio la unidad llegará pero humanamente esto parece casi imposible, por eso Señor tu divino Espíritu será quien hará ese milagro de la unidad.

Cristo mío asístenos para que siquiera sepamos pedir con la Virgen esta gracia extraordinaria de la unidad. Madre de la unidad, tú que asististe de una manera oculta pero prodigiosa en fecundidad a la Iglesia naciente pues gracias a ti y al Espíritu Santo la obra que Cristo había dejado sentada se extiende prodigiosamente, ahora Madre mía intercede por la Iglesia según la necesidad tan apremiante de la unidad de todos en Cristo y con Cristo. Que todos nos amemos en el Amor, si reina el amor llegará la unión. Madre de la Iglesia y de la unidad únenos en tu regazo maternal. Madre mía, haz que a pesar de mis miserias y mi nada, sea un gran apóstol de la unidad en mi vida de contemplativa. Para ello tengo que vivir muy unida e identificada con Cristo pues tanto obtendrá mi oración cuanto sea Cristo quién obre en mí. Unida en mí misma, que todo en mi interior está ordenado y unido a Dios. Unida muy unida a mis hermanas, sembrando unidad y caridad en todo mi hablar y obrar. En la medida que realice esto mis oraciones y sacrificios tendrán fuerza, seré apóstol de la unidad.

Así lo veo y así me esfuerzo por vivirlo. Dame tu ayuda Señor, pues sin ti no soy capaz de nada, de esto estoy bien convencida. Madre mía tenme bajo tu maternal cuidado para que a ejemplo tuyo queme toda mi vida en el amor a Dios y a todas las almas. Dios Padre, Dios Hijo, Dios Espíritu Santo Tres personas distintas en un solo Dios. Un solo Dios... todo amor. El Dios que existe por sí solo y lo trasciende todo. Oh misterio tan insondable como inefable en las almas. Te siento vivir en mi pobre alma. Cómo siento este derroche de amor al mirarse el Padre en el Hijo y el Hijo en el Padre y este Amor que los circunda también se derrama en nuestras almas. Oh misterio de amor que vive en nuestra alma y que hoy en esta hermosísima fiesta en honor de la Santísima Trinidad no acierto a decir nada de lo que está pasando en esta alma.

Un pensamiento me domina todo el día y es que Dios es Amor, así lo ve el alma, amor en sí mismo, que hasta una de sus personas es el lazo de unión, el lazo de amor que une y envuelve al Dios uno y trino y se derrama en nuestras almas para hacernos hijos de Dios. Amor en todo su obrar, ya que todo es fruto de su amor infinito hacia nosotros. Dios mío, mi amor y mi todo ¿Cómo corresponder a tanto amor? Eres todo amor, con razón dijo tu Verbo: "Fuego he venido a traer a la tierra y ¿qué he de querer, sino que arda?[104]". Dios mío eres el Amor y amor,

104. Cf. Lc 12,49.

fuego divino quieres que arda en la tierra ¿Qué más nos podrías dar que no nos hayas dado? Dios mío veo que en esta pobre alma derramas tu Espíritu de amor sin tasa ni medida y mi vida es comunión de amor con el Padre, el Hijo y el Espíritu de amor. Dios, Padre mío, como me siento hija tuya, soy un abismo de miseria, pero tu amor de Padre todo le llena me siento segura, tranquila como un niño chiquitín en brazos de su padre, nada temo, Dios es mi padre amoroso. Y tú Cristo mío, mi Esposo adorado, qué intimidad, qué unión de esposa siente el alma contigo ¿qué puede temer la esposa locamente enamorada de su Esposo? Sin olvidarme de que soy pura nada, me siento rica con lo del Esposo. Y oh tú mi Espíritu de amor ¿Quién sino Tú eres el que realizas esta obra de amor en esta alma?

Ser encarnación de Cristo

Oh Padre de los pobres, de los ignorantes de los que con sencillez se entregan a tu acción santificadora, si tú abogas por mí ¿quién me puede hacer temer? Oh mi Dios y mi todo vivo en una comunión de amor con Vos que nada ni nadie me puede apartar de este amor y de esta confianza sin límites que excluye todo temor. Si Dios por mí ¿quién contra mí? Oh mi dulce huésped del alma transfórmame totalmente en Cristo que él viva, que él obre, que él ame en mí. Siento un tormento de amor en mi alma al querer amor al infinito y solo en la medida que tú mi Cristo vivas en mí conseguiré que sea amado al infinito pues la criatura es muy finita. Oh mi Madre Inmaculada que engendraste a Cristo por obra del Espíritu Santo, haz que cooperando Tú, el Espíritu Santo haga de esta alma una encarnación viva de Cristo para gloria de Dios y bien toda la familia de la humanidad.

Oh mi Cristo eucaristía, Pan de Vida, no soy yo quien te asimilo sino Tú quien me asimilas a mí en la medida en que te deje. Asúmeme totalmente, Cristo mío, que tu divino Espíritu me transforme plenamente en Ti. Así como el Padre tiene vida en sí y tú vives por el Padre, que yo viva por ti, que yo viva en ti o mejor vive tú en todo momento en mí, seas Tú quien obre, quien ame, quien pase haciendo el bien en esta alma. Madre mía tú concebiste a Cristo y como nadie viviste el misterio de Cristo, introdúceme plenamente en él, que sea una auténtica hija de la Trinidad para gloria de la misma.

Señor, cuántas veces hacemos grandes sacrificios por nuestra iniciativa y luego no sabemos abrazarnos con fe y generosidad a un sacrificio, a una contrariedad que nos sale al paso descubriéndote a través de todo, comulgando así a cada momento en la fe y amor. Si somos almas de fe a cada momento nos estamos encontrando con Cristo a través de todo y nuestra vida se convertirá en una comunión de amor pues la fe es camino para el amor. Señor auméntanos la fe y abrásanos en tu divino amor.

Señor, me circunda tu amor. Creo que es esta una gracia y no de las pequeñas que concediste a mi alma, el sentirme en todo momento sumergida en tu amor. Creo en tu amor, me entrego a la acción de tu amor que purifica y diviniza. Me introduces en la ciencia del amor la que me hace feliz, plenamente feliz, aunque sea en el sufrir porque me siento amada de ti. Que mi vida se queme toda en amarte y glorificarte oh, mi Dios todo amor.

Amar es darse, entregarse por entero al amado. Esto se lee y se oye con frecuencia, pero cuando el Señor nos lo enseña en el fondo del alma, es algo nuevo que entonces una comprende y se esfuerza por vivirlo con nuevos horizontes y entonces comprende mejor que nunca el hacerse todo por todos a fin de llevarlos todos a Cristo, al amado de su alma que en secreto lo enseña estas verdades. Cuando nos damos al prójimo con pura fe y puro amor, viendo en él una continuación del mismo Cristo, esto eleva y el alma cobra conciencia de que en verdad sirve a Cristo en el hermano y parece que ya no necesita de fe sino como que ve a Cristo en él. Señor danos siempre esta ciencia de descubrirte en el hermano.

Lo estoy pasando un poco apurado

Cristo mío lo estoy pasando un poco apurado. Siento tu fuerza bienhechora que quiere pasar a través de esta miserable alma, haciendo el bien, y cuando deseo ardientemente dejarte pasar veo que mis fuerzas las corona el fracaso. Hoy he cosechado uno que otro tiempo no hubiese sido capaz de superarlo. Perdón y ayuda para que no eche yo a perder lo que tú quieres hacer valiéndote de esta miserable alma. Si es lo que suele pasar muchas veces que lo que es fracaso ante las criaturas es éxito ante ti, ¡bendito seas! La conciencia no me arguye de nada en que vaya buscando mi gloria y no la tuya, así que, con la conciencia tranquila adelante, pero tú conmigo, no me dejes sola ni un momento.

Pecados como trampolín

Cristo mío, de por mí no soy más que puro pecado, miseria y pura nada. Estoy tan convencida de esto que, aunque las criaturas me digan lo que me digan, yo me veo puro pecado y la que peor corresponde a tu amor. Perdón Señor por lo mal que correspondo a tu gracia y a tu amor. Tu amor me circunda, se desborda sin medida en esta pequeña alma, pero ella ¿cómo corresponde? ¡ay! Cuánto déficit, cuánta imperfección, cuánta ingratitud, cuánto pecado, pero no me desaliento Señor, *sursum corda*[105]. Con mi abismo de pecados que detesto me lanzo como de un trampolín al océano infinito de amor de mi Padre Dios, pues cada día lo espero más todo de su misericordia y amor. Señor, a pesar de mi mala correspondencia a tu amor, quiero quemar toda la vida en ese amor pues mi vocación es amar el Amor. Dios mío que te glorifique. Hazlo tú todo en mí. Gloria al Padre, gloria al Hijo, gloria al Espíritu Santo y gloria también a ti Madre mía.

Hambre de transformación

Padre mío Dios, me veo un poco de barro y de lo peor y al mismo tiempo siento en mí verdadera hambre de transformarme toda en Cristo ¿Cómo compaginas esto contraste que veo en mí? Dios mío, soy puro barro y no exagero nada al hablar así, más bien veo que me quedo corta pero veo también qué poderoso eres para transformarme

---

105. « Levantemos el corazón » (prefacio de la misa).

en la imagen de tu Hijo, te gusta escoger lo más vil, lo más endeble la pura miseria, la debilidad personificada para hacer en ella tus maravillas de amor por eso a pesar de ser lo que soy no me desaliento, coge este poco de barro, y en la fragua de tu amor transformarlo haz tú en mí el querer y el obrar para que todo sea gloria tuya, dame esta docilidad tan necesaria para que puedas obrar en esta alma. Dios mío que te deje obrar, que en todo momento mi alimento sea tu divina voluntad, santifícame para que te glorifique. Que sea muy delicada a esto tu presencia amorosa que como mirada de amor nos sigue dentro y fuera a todas las partes.

"En Dios existimos, nos movemos y somos[106]", algo así dice San Pablo y esto experimento en mi alma, en Dios me muevo y en Dios existo, me sigues Señor con tu mirada a todas partes, todo lo encuentro lleno de ti, pero el puro barro tiene descuidos contigo. Soy la más ingrata de las criaturas, qué mal correspondo a tanto amor. Perdón Padre mío, reconozco mi pecado, pues cuánto mejor corresponderían otras almas a estas gracias y sin embargo te desbordas con esta alma que tan mal corresponde. Cristo mío, mi Esposo adorado ¿Cómo me admites a esta intimidad de esposa, a esta unión, este enamoramiento que me hace vivir abstraída fuera de mí y si no soy más que un poquito de barro con hambre de ti?

Encarnación mística de Cristo en el alma

Cristo soy puro barro y de lo peor, pero te amo, cuánto acierto amarte y mi alma vive en un tormento de amor porque quiere amarte más y no acierta pero *sursum corda*, no me desaliento, todo lo espero de ti, y tú transformarás este poco de barro hasta que pueda decir en todo momento: vivo yo, más no yo, eres tú quien vives en mí. Madre mía, tú y el Espíritu Santo tenéis que ser los realizadores de esta obra; a vosotros me entrego confiada de que lo haréis. Tú que engendraste a Cristo por obra del Espíritu Santo, realiza también con esta alma la encarnación mística de Cristo en ella.

106. Cf. Hch 17,28.

La Trinidad, destino del cristiano

Mi Cristo adorado, tú nos dijiste que eres "el camino la verdad y la vida, nadie va al Padre sino por ti[107]". Quien te sigue no anda en tinieblas sino en la luz, en la verdad puesto que eres la luz del mundo y la suma verdad. Y este caminar las almas iluminadas por ti ¿A dónde las conduces? A la vida, a la Trinidad. "Yo en ellos y tú en mí, para que sean consumados en la unidad," en la Trinidad, destino sublime del cristiano. Qué claro veo esto, aunque no lo sé explicar. La coronación de una vida cristiana es la Trinidad, todo nuestro caminar va dirigido a la Trinidad, somos hijos de Dios ¿Qué más nos podrías hacer que no nos hayas hecho? Cristo mío, soy una ignorante, pero esta alma en su interior ve maravillas que tu gracia obró en ella, pero todo es obra de tu amor; mío solo es la miseria y la ignorancia, pero a pesar de esto veo lo que obró tu gracia y esta alma desborda en gratitud hacia Dios todo amor. Cada palabra de tu Evangelio es un tesoro de luz y de amor que me haces vivir en el interior y todo me habla que tú eres el camino, la verdad y la vida y quien te sigue llega al final al sublime destino en la Trinidad.

La Sagrada Escritura es un tesoro que cada día valoro más, cada día encuentra más alimento el alma en ella. Hace mucho tiempo rezando los salmos en latín al recitar el 102 entendí el primer versículo y no sé explicar lo que en mi alma pasó. Me quedé absorta con ese versículo y, ya cuando pude, leí todo el salmo en castellano y quedé entusiasmada con todo él y desde entonces es uno de los salmos que rezo con especial fervor, pues parece este agosto para esta alma dar gracias y bendecir al Señor por sus beneficios y su misericordia con ella. Al empezar a rezarlo en castellano mi predilección por este salmo aumentó y ayer sábado al cantarlo en completas[108] otra vez no sé qué me pasó, no me apetecía más que cerrar el libro y quedarme dando gracias a Dios, bendiciéndole por sus beneficios, mi alma se sentía invadida por la misericordia y amor de Dios con ella y no atinaba a seguir cantando las completas porque cada cosa que iba diciendo el salmo mi alma lo vivía dentro de sí, era

107. Cf. Jn 14,6.

108. Completas : último oficio del día que completa la jornada.

un decir: bendice alma al Señor y todo mi ser a su santo nombre, y el alma se deshacía queriendo bendecir con todos sus fuerzas a este Dios Santo y paternal que le perdonó sus culpas, que la colma de gracia y de ternura, que como se levanta el cielo sobre sus fieles, como un Padre siente ternura por sus fieles dice el salmista en el Antiguo Testamento pero nosotros en el nuevo nos sentimos verdaderos hijos de Dios por Jesucristo y qué confianza inspira este salmo al recordarnos que el Señor conoce nuestra masa acordándose de que somos barro.

Todo esto, tan al vivo, lo iba experimentando el alma que, al llegar al final, con el salmista invitaba a que todos sus ejércitos y toda la creación le bendijese en todo lugar y momento y al indicarse al Gloria al Padre... sentíase tan cerca de Dios más que de sí misma que sus ansias de bendecir y glorificar a Dios crecían inmensamente y el alma se sentía puro espíritu, como desligada del cuerpo y así se quería quedar bendiciendo a Dios sin dar cuenta de más nada. Cómo este salmo la había alimentado. Qué fuerza, qué alimento contiene la palabra de Dios para nuestra alma y la conduce a la vida.

El prójimo como continuación de Dios

Mi vocación la resumo en esta frase: amar al AMOR y glorificarle eternamente cantando sus misericordias. "Ama a Dios y haz lo que quisieras" me parece que es de S. Agustín esta frase. Bueno pues yo veo que esto es así tal como nos lo dice S. Agustín. Porque si de verdad amamos a Dios, con amor auténtico, no se puede por menos querer en todo momento comulgar en su amor y en adorable voluntad. Luego puedes hacer todo lo que quieras que eso que quieres siempre será demostrarle amor a Dios cumpliendo su voluntad y uno que de verdad ame a Dios no acierta a salirse de esta norma. Ama a Dios en sí mismo, le ama a través del prójimo en quien ve una continuación del mismo Dios, le ama a través de toda la obra maravillosa de la creación, en fin, la fe le descubre a Dios a través de todo y el amor le impulsa a amarle a través de todo. Luego el alma siente en sí una fuerza y una ley que todo dice que su vocación es amar al Amor y al amor y al amar a Dios se siente libre. Puede hacer lo que quiera porque en esta santa libertad de los hijos de Dios no se acierta a hacer otra cosa que amar a Dios y cuanto más le ama más libre se siente porque este amor brota espontáneo. No sé si acerté a expresar mi pensamiento, soy una calamidad también en esto. Hay una fuerza en mi interior que me mueve a ir escribiendo estas cosas que voy viendo y viviendo y luego no me vienen las palabras para expresarme.

Mi florecilla de hoy a la Santísima Virgen. Al entrar de prisa en la ropería y abrir la puerta de esta con bríos, pues va sobre carril y hay que empujar fuerte y tal vez empuje demasiado, total que me pilló la mano izquierda entre esta y la pared magullándome los dedos que tal dolor sentía en ellos que en aquel momento no me apetecía más que quejarme a gritos. Reprimiendo el dolor como podía encontré con una estampa de la Virgen Santísima que estaba en la ropería, al mismo tiempo me acordé que era sábado, día este en que de una manera especial ando en busca de florecillas espirituales, para obsequiarla en este día, bueno pues ¿Qué mejor que este dolor transformarle en florecilla?

Llorando de dolor, pues si bien contenía el no chistar, no así las lágrimas debido al dolor tan fuerte que sentía, eché tal sonrisa a la Virgen y creo que también ella sonreiría pues con todo el amor de que era capaz le ofrecía tal florecilla y con toda mi alma le daba gracias por haberme salido al paso esta florecilla que, con dolor en mi cuerpo, pero con gozo en el espíritu le ofrecía. Cuando hay amor, cuando se vive con un ideal la vida y con amor sobrenatural la vida, a través del dolor, de las espinillas, de lo que sea, es una maravilla. Tengo experiencia de esto y una vez más lo experimenté hoy, pues en mi amor a la Virgen el dolor era fuente de alegría. Cuando una se da a cultivar la vida del Espíritu es algo maravilloso como todo nos sirve para ir a Dios, de mostrarle nuestro amor, es una maravilla el mundo de la gracia vivido en su ideal.

Fiestas y desórdenes

Hoy 24 de agosto, en mi pueblo se celebra fiesta en honor de S. Bartolomé apóstol. Esta fiesta me invita a la reflexión y a la oración de gracias a Dios nuestro Señor por la misericordia que tuvo con esta alma. Pues no me vi libre de esta fiebre juvenil que todo le parece poco para divertirse y así en este día muy poco honraba al santo y mucho me divertía a costa de la fiesta profana que con motivo del santo se hacían espléndidas en aquellos mis tiempos. Cuánto había en mí de mundano y qué poco de cristiano. Hoy esta fiesta me invita a la reflexión y como consecuencia de esto a la oración por la juventud de mi pueblo para que vivan estos días con alegría, pero dando a todo sentido cristiano, porque de lo contrario en lugar de honrar al santo, su día se convierte en motivo de mayores desórdenes. Dios mío, dales tu luz para que no te ofendan.

Señor, soy pura nada, sólo tu infinito amor me puede sufrir así, pero no, no sólo me sufres, sino que te vuelcas en esta pequeña alma y la colmas de ternura y delicadezas. Ahora estoy en la verdad y no hay miedo que mientras me mantengas en la luz de esta realidad me asalte ni de lejos el menor pensamiento de vanidad, estima propia, soberbia, amor propio, etc.

Soy demasiado pura nada para creer algo mío bueno; pero esto no me desalienta más bien me llena de confianza y como un niño desprovisto hasta del más imprescindible alimento para sostener su vida, en una pobreza total me abandono en manos de mi Padre Dios, y de su amor y misericordia lo espero todo. Bendita pobreza y bendita mi nada que se libera de todo y todo lo espero de Él. Él realizará en mí los sueños que pone en esta alma. Sueño, y este sueño apoyándome en Dios mi Padre, será realidad de que mi vida se consume todo en un holocausto de amor, amor me pide mi Padre Dios y amar al amor es mi vocación. Que Cristo pase a través de esta pequeña alma haciendo el bien a toda la humanidad y todo será gloria de Dios pues mías son solo la nada y la confusión. Madre mía ayúdame a ser muy fiel a todo lo que Dios mi Padre quiera de mí.

Darse toda al Todo

Hay que jugarlo todo por el TODO, buscando a través de todo agradar y mostrarle nuestro amor al todo. Sólo en la medida en que vivamos esto encontraremos al Todo, seremos felices y le agradaremos. Es exigente el Señor, no quiere corazones divididos. Por eso el alma que se permite satisfacciones por aquí y por allá está visto que no lo juega todo al Todo y por lo mismo no encontrará en sí al Todo porque no está vacío su corazón para albergar al Todo. Por más que diga no será plenamente feliz con el Todo porque no se da toda al Todo. Señor haznos comprender y vivir esta lección de jugarlo Todo por el TODO. Dios es amor, las criaturas somos participación de este Dios amor, somos fruto del amor de Dios y a Dios amor tendemos como a fin último del hombre. Toda nuestra vida tiene que ser un caminar en el amor, somos hijos del Dios amor y hermanos todos en nuestro Cristo el gran mártir por amor, luego si en nuestros corazones damos entrada al egoísmo, al enfado, al odio... no nos portamos como hijos de Dios, en nosotros hay pecado, no marchamos en el mandamiento del amor, no vivimos el Evangelio, no te agradamos y sí contristamos al Espíritu de amor. Señor, cuánto error y cuánta desorientación hay en nosotros si no vivimos una auténtica vida de amor: amarte atí sobre todas las cosas y amar a nuestros hermanos amándote a ti en ellos y a ellos en Ti. Danos siempre tu luz para vivir en tu amor.

El reino de Dios está dentro de nosotros: Dios mío, mi amor y mi todo ¡Qué abismo de riqueza insondable alberga en sí toda alma en gracia! Qué tesoro inagotable llevamos en nuestra alma pues cuanto más ama más se introduce en este misterio del reino de Dios dentro de ella, más riqueza, más tesoros encuentro en su Dios y la pobre alma se pierde contemplando este abismo de riquezas que hay en Él. Dios mío soy pura miseria, puro pecado pues cuántas veces me siento movida a decir con Pedro "apártate de mí Señor que soy hombre pecador[109]" y sin embargo cómo te siento en mi alma, cómo me introduces en tu misterio de amor. Iré a pesar de mi nada a cantar siempre gloria al

109. Cf. Lc 5,8.

Padre, gloria al Hijo y gloria al Espíritu Santo, que lo nada de mi pobre ser te glorifique en el tiempo y en la eternidad. Amén.

Solidaria de toda la humanidad

Dios mío, si no quemo toda mi pobre vida en tu amor y a la humanidad toda amándola en ti y por amor a ti, tengo que confesar que soy una fracasada, que no acerté a realizar mi vocación de contemplativa y que soy la más ingrata de las criaturas para con su creador. Es sublime esta santa vocación que por pura misericordia tuya me has dado, pero veo claro que mi vocación no es solo para mí, me siento solidaria de toda la humanidad, tengo que quemar toda mi vida en tu amor y en amar a la humanidad ayudándola con mi oración, mis sacrificios, una vida inmolada, quemada toda en tu amor pues nos creaste para ti, y un alma contemplativa tiene que llevar como nadie las almas a Ti. Señor que nada soy para empresa tan grande pero tú eres mi fuerza, cuento contigo, realiza tú esta obra en mí, me apoyo en ti, confió en ti, no quedaré confundida. Dame tu gracia y tu ayuda para darte en cada momento y circunstancia lo que quieras de mí. Madre mía, nunca me dejes sola, contigo a mi lado acertaré a dar todo lo que tu Hijo quiera de mí.

Madre mía, a imitación tuya queme toda mi vida en el amor a Dios y a la humanidad. Enséñame, condúceme, que acierte a realizar esto. Haz que sienta más y más vivamente todas las necesidades de la humanidad. Que como tú sepa recurrir a Jesús y digo "no tienen vino[110]", el vino que hoy se traducirá en que gran parte de la humanidad pasa hambre, le falta el pan necesario para vivir, y mientras unos despilfarran otros se mueren de hambre, y sobre todo, todos estamos hambrientos y necesitados de recibirte JESUS, Pan de vida, para robustecer nuestra vida sobrenatural, avivar nuestra fe, nuestro amor, sintiéndonos todos hermanos y entonces no habría odios, no habría guerras, no habría divisiones... Todos nos sentiríamos hijos de nuestro común Padre Dios. Madre mía, cuántas necesidades materiales y espirituales hay en la Iglesia y en toda la humanidad, quiero, unida a ti, interceder por

110. Cf. Jn 2,3.

ellas, aboga Madre mía por todas ellas, tú puedes alcanzar de tu Hijo cuanto quieras, y si una criatura, pura nada, se siente solidaria de todas estas necesidades de la humanidad cuánto más tú, Madre nuestra, verás todo esto y si confiados recurrimos a ti, tu poder maternal será aún más eficaz remediando tanta necesidad.

Cristo mío, vive en todo momento tu vida en mí. Cuando canto el oficio divino no sea yo sino tú quién canta y alaba al Padre en mí. Que en todo momento y circunstancia del día no sea yo la que vive sino Tú quién renueves tus misterios en esta pequeña alma. Quiero desaparecer perdiéndome toda en ti, abismo insondable, a lo mío para servir plenamente tú en mí, oh mi Cristo, en quién me pierdo.

Dura en mis juicios

Señor, hoy, un sentimiento de arrepentimiento invade esta pobre alma. Perdón te pido, Señor, por todas las veces que juzgando las cosas al ras de tierra fui dura en mis juicios. Ahora veo claro que no debo sino agradecimiento a todos. Todo ha contribuido de una manera u otra a alcanzar este sumo Bien que llena mi alma y que no es otro que Tú mismo. Tú llenas mi vida de paz que el mundo no puede dar, sino sólo Tú. Me llenas de gozo y de felicidad en ese Amor fruto del Padre y del Hijo que ha sido derramado en nuestros corazones. Pero sobre todo me siento feliz al saberte infinitamente feliz a ti, pues tu felicidad desborda sobre nuestras almas y nos hace felices. Perdóname, Señor todas mis ingratitudes, mis infidelidades, mi falta de correspondencia a la gracia y bendice y recompensa a cuantas personas, de una manera u otra, contribuyen a que descubriesen este sumo bien. Es muy necesario que nos cincelen para imprimir tu imagen en nosotros.

Resulta muy doloroso, pero cuán eficaz es todo esto y una bendice a su Dios y a toda la creación al ver en sí tanto bien. Gloria al Padre, al hijo y al Espíritu Santo. Dios mío y mi todo, cómo me siento templo vivo de mi Dios. Todo en esta pequeña alma lo veo ordenado a Ti. El camino fue largo y doloroso pero tu gracia lo obró todo en mí, ahora esta alma descansa en ti como en un remanso de paz, en ti lo encuentra todo, a la vez que sigue la marcha con grandes deseos de perderse más y más en ti, que desaparezca totalmente para que tú lo seas todo en mi oh, mi Dios, mi amor y mi todo.

Dios mío y mi todo, te amo cuanto acierto a amarte y me siento quemar en tu amor, y sin embargo nada me parece que te amo para según mereces ser amado. Señor esto constituye en esta alma tal tormento de amor que sé que quien lo experimente en sí podrá comprender lo que es esto. Señor tú que pones estos deseos en el alma, que cuanto más te ama más quiere amarte, transfórmala totalmente en tu Cristo para que sea El en ella el que ama y pueda darte el amor que sólo tú Cristo puede darte.

Cristo mío, hoy he vivido el día en una jornada intensa por la causa de la unidad cristiana y de unión de toda la humanidad en ti y entre sí. Tú has obrado hoy en mí, tú lo hiciste hoy todo en mí. Gracias Cristo mío, que tu divino Espíritu prepare esta alma para que siempre la encuentres dispuesta para actuar en ella. Y perdón te pido Señor por el tiempo en que viví indiferente a esta gran tragedia de la división cristiana y no rogaba por esta necesidad tan apremiante para que haya un solo rebaño y un solo Pastor. Con tu llamada a la vida religiosa las cosas fueron cambiando y hoy día me haces sentir al vivo este desgarrón de los cristianos desunidos, y no se cierra solo aquí el horizonte de esta alma.

Veo que la unidad cristiana se impone como algo urgente y apremiante por los frutos que se seguirán de ésta en bien de toda la humanidad, pues si todos los cristianos unidos damos testimonio vivo de unidad, la humanidad creerá. Las oraciones llegarán a ti con renovado fervor y tu gracia descenderá abundantemente sobre toda la humanidad y se irá uniendo más y más entre sí y en ti y por ti í a toda la Trinidad fuente y principio de toda unidad. Cristo mío que tu Espíritu nos ilumine a todos para que nos sintamos todos hermanos e hijos de nuestro común Padre Dios, que nos fijemos un poco más cómo nos amó nuestro Padre celestial que entregó hasta a su propio Hijo a la muerte de cruz, dándonos así el Padre y el Hijo, la gran prueba de amor, a qué alto precio fuimos reconciliados y no sabemos valorar esto y seguimos desunidos. Perdón Señor por todos nuestros pecados que retardan la unión y en tu infinita misericordia concédenos la gracia extraordinaria de la unión de toda la humanidad entre sí y en Ti, que no haya más división y que nazca el amor en todos.

Que tu oración por la unidad esté viva ante el Padre, al ir Tú repitiendo desde las almas "que todos sean uno, como tú, Padre estás en mí y yo en ti, para que también ellos sean en nosotros y el mundo crea que tú me has enviado. Amén.[111]"

Dios Padre... Dios Palabra viva hecha carne... Y Dios Amor increado... Derramado en nuestros corazones para que podamos decir: ¡Padre![112] Esta verdad me abisma en el abismo insondable de mi Padre Dios. Gloria al Padre, gloria al Hijo y gloria al Espíritu Santo. Dios Padre, Dios Hijo, Dios Espíritu Santo, tres personas distintas en un solo Dios, oh mi Dios, mi Trinidad en que me pierdo como en un círculo del que no quiero salir. Del Hijo al Padre en el Espíritu Santo y para introducirme en este círculo está mi tierna madre la Santísima Virgen. Oh misterio tan insondable como inefable en las almas, en ti me sumerjo, me pierdo, lo encuentro todo, que mi vida sea ya un ininterrumpido acto de amor al Amor, oh, mi Dios amor sólo me pides amor, que acierte siempre a darte amor y más amor a través de todo. Este pensamiento me trae absorta ya unas semanas, y esta mañana en la oración en el coro con la comunidad, cuando más silencio reinaba, siento el arrullo de una paloma a sus pichoncitos, y esta cosa tan sencilla hizo vibrar de tal manera a esta alma que no parecía más que se iba del cuerpo llena de ternura, de emoción, de gratitud, de amor hacia su Padre Dios que a través de una criatura suya le daba a entender cómo nos arrulle nuestro Padre Dios.

Dios mío, todo lo haces tú en las almas: nuestra obra solo está en dejarte hacer. En mi pobre experiencia así lo veo, pero esto no quiere decir que el dejarte hacer sea un cruzarse de brazos y aquí me las den todas. No, Señor, no voy a pensar que tú vienes a favor de los holgazanes pero tampoco pienso que la santidad se consigue a fuerzas de brazos, hablando al modo humano, sino que eres Tú quien santificas cuando

111. Cf. Jn 17, 21-23.
112. Cf. Rom 8,15.

no encuentres resistencia en el alma y qué difícil es encontrar las almas siempre dispuestas a tu acción misterios, y más de cuatro veces, a pesar de todo nuestra buena voluntad, no hacemos sino poner trabas a tu obrar, porque tus planes son distintos a los nuestros pues con razón nos dice el profeta: "cuanto dista el cielo de la tierra así distan mis caminos de los vuestros[113]" y así es Señor. Cada alma cuenta con su historia y cómo se da cuenta de eso, pues qué distinto era el plan por donde ella te buscaba al que tú le saliste al encuentro. Cómo esta alma, entre otras cosas, soñaba con una vida de observancia y la realidad es muy otra. Pues todo mi peregrinar tendré que andar con dispensas, pero no me siento defraudada, lo esencial es que te ame a través de todo y esto lo puedo hacer, luego hágase tú voluntad en todo y danos siempre tu divino Espíritu para que nuestras almas estén siempre dispuestas para dejarte obrar.

Dios no pide a todas las almas por igual, ni todas las almas responden por igual. Esto lo tengo por cierto y en mi vida práctica me es de gran provecho porque convencida como ahora estoy de ello, me libra de hacer juicios sobre las acciones de nadie. Dios sabe lo que pide a cada alma y al mismo tiempo con lo que el alma corresponde, luego no veo razón para mancharnos juzgando las acciones de nadie. Ahora bien, dejando esto sentado, de mi pobre experiencia digo que el alma si es remisa en su obrar, perezosa, poco generosa y que se permite satisfacciones por aquí y por allá no sueñe en llegar a esa intimidad con el Señor, a ese endiosamiento con su Dios amor mientras no vaya renunciando a todo para gustar del Todo: la abnegación y la renuncia se imponen a todo lo largo de la vida, pero esta abnegación, esta renuncia, este abrazarse a la cruz con Cristo guarda secretos inefables para el alma que de verdad se esfuerza por quemarlo todo por el Todo.

Sabrá por propia experiencia lo que son las dulzuras de la cruz y podrá decir: estoy crucificada a todo lo del mundo y el mundo lo está para mí y no quiero saber otra cosa que a Cristo[114] y este crucificado

113. Cf. Is 55,6-9.
114. Cf. Gál 6,14-17.

y mi gloria es la cruz, que ya no es cruz sino tálamo nupcial en donde el alma funde su amor a su Esposo el gran crucificado por amor.

Cristo mío, esposo inmaculado, que tu divino Espíritu nos vigorice y fecunde nuestra alma para que ninguna alma contemplativa sea peso muerto en mi madre la Iglesia, sino que seamos siempre fuerza viva, energía espiritual que tire de toda la humanidad para llevarla a ti. Que vivamos todos los momentos, acontecimientos y circunstancias, conscientes de nuestra función, en el corazón de nuestra tierna Madre la Iglesia. María, Madre mía y Madre de la Iglesia ayúdanos a realizar bien nuestra vocación de almas contemplativas al servicio de la Iglesia, pues nuestra vida no es para nosotras sino para la Iglesia.

Mi Trinidad adorable, vos sois el término; el camino para llegar a él, la humanidad sacratísima de Cristo mediante la cual el Verbo de Dios se abajó a nosotros y se mostró como Camino, verdad y vida y cómo identificarnos con Cristo Camino, Verdad y Vida sino mediando la acción del Espíritu Santo y de la Santísima Virgen se realizará esto en nuestras almas como han realizado la encarnación de la segunda persona de la Santísima Trinidad. Me pierdo contemplando este misterio de la encarnación del Verbo y pienso muchas veces en la función que en esto realizó la Virgen y me parece desatino querer ir a Cristo, a la Trinidad sin contar con la que nos trajo a Cristo. Madre mía, hija predilecta de la Trinidad, que siempre caminemos junto a ti por ti a Cristo y por este al Padre en el Espíritu Santo. No es posible otro camino para ir a la Trinidad que el que Cristo trajo a nosotros desde la Trinidad.

Señor, en mi vida se han dado los testamentos: Antiguo y Nuevo. Parece una contradicción lo que acabo de decir perteneciendo como pertenezco al Nuevo Testamento. Voy a ver si me explico. En mi vida, o sea hasta la conversión, dominó en mí la ley del temor del Antiguo Testamento. Para mí Dios no era el Padre amoroso, sino el Dios terrible que entre truenos y relámpagos dejaba oír su voz. No exagero nada al hablar así, tal vez este temor tan grande que sentía de Dios en parte obedeciese a que en casa siempre me lo inculcaban pues por cualquier cosa mala ya me decían: no hagas más eso que ofendes a Dios y vas al infierno, así que por esto y otras cosas yo me movía en una ley de puro temor, y como entendiese que algo era pecado mortal dispuesta estaba a dejarme matar antes que cometer un pecado de esta clase y todo por puro temor al castigo que este traía consigo. Bueno pues cuando con aquellas santas misiones mi vida dio una vuelta y de aquel temor pasé al amor, sentí la mirada de Cristo sobre mi alma, mirada toda llena de amor que me invitaba a seguirle más de cerca y aquí estoy Señor porque me has llamado, llena de amor y gratitud a mi Dios, a mi Padre amoroso pues ya no es el Dios Terrible sino el Padre amoroso que hablando en lenguaje humano me toma sobre sus rodillas, me estrecha contra su pecho, se abaja hasta mí y me susurra al oído: no temas pequeñina mía, a pesar de tus miserias y tu nada te amo con amor infinito, bien te lo hago sentir, y solo quiero de mis hijos amor en un corazón , pues sólo los limpios de corazón me verán y entrarán en mi reino de amor.

Cristo mío, tu amor me subyugó, me venció, y aquí me tienes enamorada del Esposo-Amor. Ni puedo, ni quiero hacer otra cosa que lo que tu amor quiera de mí. Tu amor vive en mí y mi amor se perdió en Ti, maravilloso cambio el que experimento en mí, oh mi Esposo adorado ¿Quién podía sospechar en otro tiempo estas maravillas de amor que en esta alma estás realizando? Cristo mío ama Tú en mí.

Así como las relaciones amorosas de una pareja de novios lo natural es que terminen sellando su amor con el sacramento del matrimonio y esto no queda aquí, sino que lo normal es que de esta unión conyugal se siga el fruto de este amor traslúcido en la prole y así se ve un matrimonio fecundo y feliz. Bueno, pues esto que nos entra por los ojos y se ve lo más natural yo lo veo como un reflejo de la grandeza y sublimidad de la unión del alma con Dios. Estas relaciones amorosas entre Dios y el alma empiezan en el bautismo y están llamadas a crecer en todo bautizado mediante una vida de fe, de confianza, de amor, de práctica de sacramentos, vida de oración, etc.

Matrimonio espiritual del alma con Cristo

Ahora bien, estas relaciones están pidiendo consumarse en un matrimonio espiritual del alma con Cristo, si bien muchas veces quedará frustrado en las almas por parte de ellas, por ser infieles y poco esforzadas en estas relaciones amorosas con Dios, y entonces pasa aquí, aunque no se vea con los ojos del cuerpo, pues lo que se ve con los ojos de este en las relaciones humanas es que no todas llegan a feliz término. Estas relaciones del alma y Dios como ya dije es para toda alma que recibió el santo bautismo y naturalmente, que vive la vida de la gracia con las exigencias que esta requiere, bueno pues siendo todos llamados a estas relaciones amorosas con Dios se sigue que en todos los estados se puede llegar a esta consumación de esta fusión, a esta transformación del alma en Dios, y si en el orden natural se dice de los cónyuges que serán dos en una sola carne esto no es más que un pálido reflejo de que quien se une a Dios se hace un mismo espíritu con El. Y si lo natural en el matrimonio sacramento es que siga la prole, esto, pero mucho más rico, es lo que pasa en el alma que llega este matrimonio espiritual.

Desgarrones del alumbramiento de almas

Después de un tiempo, el que Dios quiera regalarla con su amor y sus mejores finezas que se diría que está de luna de miel, el alma cobra responsabilidad de su misión como esposa y como madre fecunda de las almas. Vive en un continuo gozo con el Esposo de su alma, pero también siente los desgarrones del alumbramiento de almas, el dar almas, almas que el Esposo compró al precio de su sangre redentora y que ellas no se aprovechan de estas gracias. La esposa siente desgarrones pensando en ellas y quiere por todos medios alumbrarlas a esta vida de gracia y como se siente esposa fecunda, madre de una prole inmensa, tiene hijas de todas las edades, colores y razas y se siente dichosísima con el Esposo de su alma. No sé si acerté a decir algo de la realidad de esta unión de Dios con el alma.

Dios no es solitario

Qué maravillas encierra esta unión, vale la pena quemarlo todo al precio de conseguir este soberano don que en todas las almas pone Dios y que cuando nos hablan de él nos la ponen como algo caro, como privilegio de unas pocas almas, y yo veo que es lo normal si de verdad ponemos interés en cultivar estas relaciones amorosas entre Dios y el alma, esta vida de la gracia que desarrollada llega forzosamente a esta unión, a este matrimonio espiritual del alma con Dios en el Verbo encarnado. Y si por encima de todo esto nos elevamos a la Trinidad aquí sé que contemplamos maravillas de unidad, felicidad y fecundidad puesto que todo lo demás no es más que figura de esta paternidad, felicidad y fecundidad que hay en Dios y que es principio y término de todo. Yo no puedo admitir a un Dios solitario, sino en sociedad de Personas, rico en fecundidad. Aunque veo clarísimo que estas relaciones amorosas entre Dios y las almas comienzan y se fundan en la gracia recibida en el bautismo y por lo mismo común a todos los cristianos, veo que hay un estado de vida que favorece enormemente estas relaciones, y es el estado religioso y dentro de este, si me apuran, diré que la vida contemplativa. Los votos religiosos junto con todas las exigencias que lleva consigo la profesión religiosa son preciosos instrumentos para quitar obstáculos y dar paso a la gracia para llegar a esta unión con Dios. El voto de virginidad consagrada a Dios por amor a Él, en mi experiencia, guarda secretos para alcanzar esta unión con Dios. Sí, la virginidad cautiva a Dios.

Un corazón puro todo entero para Dios ya lo creo que el Señor se posesiona de él, se desposa con esa alma, y ese cuerpo y esa alma vienen a experimentar que son templo vivo de Dios. En esa persona, cuerpo y alma, todo es para Dios. Y si en todos los demás estados están llamados a esta unión con Dios y a pasar por todas las realidades de esta vida terrena de cara a Dios como algo que la figura de este mundo pasa, por nuestra débil condición es fácil que se nos pegue lastre de este terreno y que dificulte este ascenso en el amor a Dios y no se llegue o se tarde más en llegar a esta unión de desposarse Cristo con las almas, de no llegar a la cumbre a que deben llegar esas relaciones amorosas en que en el bautismo todos hemos recibido de un modo inicial. También es posible que en cualquier estado fuera de la vida religiosa se dé esto en un alma determinada y no en una de la vida religiosa donde todo le favorece más a estas relaciones amorosas, pero esto será por la mala correspondencia de la religiosa ya que el género de vida no hay duda que le ayude más y la compromete más a llegar a esta unión con Dios en el monte del amor.

Sagrada Escritura y eucaristía son alimento del alma

Señor digo también como el salmista. "En el lecho me acuerdo de ti y velando medito en ti, porque fuiste mi auxilio y a las sombras de tus alas canto con júbilo, mi alma está unida a ti y tu diestra me sostiene[115]". Y en otro lugar: "Yo te amo Señor, tú eres mi fortaleza, mi roca, mi alcázar, mi libertador, Dios mío peña mía, escudo mío, mi fuerza salvadora[116]" y mi todo, todas mis fuentes están en ti, sí Dios mío todo lo encuentro en ti, tú eres mi felicidad y mi todo. Con qué gusto Señor canto los salmos sobre todo ahora que los entiendo y cómo en ellos veo reflejado las fases que fue pasando el alma hasta llegar a encontrarlo todo en ti. Qué riqueza de alimento espiritual tenemos en los salmos y en toda la Sagrada Escritura pues cuanto más una la va conociendo más va conociendo a Cristo al que se ordena toda la Sagrada Escritura. Dios mío, esta palabra tuya, viva junto con la Eucaristía, son mi mejor alimento. Señor que te glorifique trasluciendo en mi vida el manjar celestial que alimenta a esta alma.

Cristo mío, tu amor me venció, no puedo hacer otra cosa que amarte en todo momento y a través de todo. Hoy día de Cristo Rey no sé expresar lo que pasa en esta pobre alma. Me siento quemar viva en tu amor y hasta esto repercute en el cuerpo pues no parece más que me están aplicando fuego al corazón. Cristo mío te amo cuanto acierto a amarte, y nada me parece lo que te amo para según quiero amarte y tú mereces ser amado. Oh Espíritu de amor, dadme amor y más amor para amar a mi Cristo hasta fundirme totalmente en Él, ser una sola cosa en Él para gloria del Padre. Amén.

---

115. Cf. Salmos 62 y 63,7-8.
116. Cf. Salmo 17.

"Me amó y se entregó a la muerte por mí.[117]" Estas palabras de San Pablo junto con estas otras de San Pedro: "No fuisteis comprados con oro o plata perecederos, sino con la sangre redentora del Cordero sin mancha: Cristo[118]". Al vivo las siento hoy en mí y son mi alimento todo este día de Cristo Rey, rey de amor. Toda la humanidad se puede aplicar estas palabras para sí porque Cristo murió por todos dándonos la mayor prueba que se puede dar de amor.

Pero entrando ya en su Iglesia cómo los cristianos debemos profundizar en estas palabras para valorar siquiera un poco mejor este reino de amor sobre las almas que a tan alto precio compró nuestro Redentor, rey de amor. Señor qué mal correspondemos a tanto amor, al menos que las contemplativas seamos un testimonio vivido de tu amor, que día a día, minuto a minuto inmolemos nuestra vida en un holocausto de amor a ti y a la humanidad toda.

Mi oficio en los recreos, durante esta temporada del centenario del nacimiento de nuestro Padre, es decorar jarros y platos. Pongo en ellos también una estampa de nuestro Padre y recuerdo de esta bendita tierra en donde nació el Santo y los peregrinos llevan con entusiasmo este recuerdo. Bueno pues para decorar estas recurro a las revistas que traen páginas en color y con estos papeles hago más arreglos y decoro con ellos estos cacharros.

Y sin buscarlo algunas veces una se encuentra con fotografías y algunos letreros grandes que a grandes rasgos te enteras de las necesidades y penalidades del mundo. Hace unos días un niño esquelético por el hambre llenaba su fotografía una página, era algo que impresionaba; la enseñé a todas las monjas de la recreación, pues vi que también esto era apostolado, mostrar las necesidades de la humanidad para llevarlas a la oración y pedir al Señor las remedie. Otras veces me encuentro con fotografías de la guerra algo impresionantes y también las enseño. Hoy me encontré con unos príncipes extranjeros que la familia de él antes

117. Cf. Gál 2,19-20 : « Estoy crucificado con Crristo ; vivo, pero no soy yo el que vive, es Cristo quien vive en mí. Y mi vida de ahora en la carne, la vivo en la fe del Hijo de Dios, que me amó y se entegó por mí. »

118. Cf. I Pe 1,18-20.

de ser yo monja conocía bastante su historia y sentía cierta simpatía hacia ella. Bueno pues junto a esta foto venía un letrero grande que decía: "Hay grietas en el amor conyugal de X,X. Su novela de amor parece que ha terminado". Al instante de leer esto un gozo inefable, a la vez que un dolor torturante, se cruzaron en esta alma y como por instinto se volvió a su Cristo y le dijo: nuestro amor nunca se acaba, es eterno, y qué bien me correspondió el Esposo de mi alma, pues un torrente de amor vino sobre ella y se sentía morir de amor a la vez que se sentía la más feliz, la más dichosa de todas las criaturas, y cómo valoraba el amor eterno de Dios. Pero en medio de tanto gozo sentía un dolor torturante al ver cómo los amores humanos se desvanecen como el humo cuando no van cimentados en el amor de Cristo.

La felicidad se encuentra en Dios

Todos soñamos con felicidad, pero ésta sólo se encuentra en Dios y fuera de Dios no hay felicidad verdadera ni duradera, la fantasía, la ilusión se desvanecen pronto y llega la realidad de la infelicidad porque de nuevo repito que solo la verdadera felicidad se encuentra en Dios. Dios es amor, luego si buscas felicidad pasa por todo buscando y amando al Dios amor, de esto no te arrepentirás jamás. Un matrimonio-sacramento no puede terminar nunca si se aman con ese amor con que Cristo los ama y deben pensar que su unión es un símbolo de la unión de Cristo con su Esposa, la Iglesia. No se puede admitir que un matrimonio cristiano y con hijos se termine como algo que acabó, ya no hay ilusión del amor.

Inmolación incruenta

Cristo mío, hoy en una obra buena quiso infiltrarse un poco de egoísmo personal; me avisaron desde adentro y, con tú ayuda, lo pude ahogar sobradamente. Gracias, Cristo mío, contigo todo lo puedo. No quiero ni gustos personales ni compensaciones humanas de nada, sólo quiero cumplir la amorosa voluntad de mi Padre Dios en todo momento y circunstancia, y para esto quiero seguirte muy de cerca, quiero perderme toda en ti, comulgando en tu pobreza, en tu virginidad y en tu obediencia hasta la muerte cruz; que en esta alma renueves tu misterio de muerte y vida. Si no tengo la dicha de confesarte mi amor con el derramamiento de sangre, sí está en mi mano, contando con tu ayuda, el vivir mi inmolación incruenta momento a momento a imitación de mi tierna Madre la Santísima Virgen que, sin verter su sangre, es proclamada reina de los mártires porque ella sufrió como nadie y vivió tu misterio como nadie lo vivió ni lo vivirá. Cristo mío, Madre mía, ayudadme siempre para que sea una encarnación viva de vosotros para mayor gloria de Dios y servicio de mi Madre Iglesia.

Mi amorosa Trinidad

Dios mío y mi todo, mi amorosa Trinidad, en vos me pierdo, no puedo, no acierto a expresar las maravillas de amor que hacéis en las almas; os adoro y en Vos me pierdo, no acierto a decir otra cosa. Oh mi Cristo Verbo de Dios, Palabra viva que nos enseñas los secretos del reino, qué bien has dicho que el reino de Dios está dentro de nosotros, ¡cómo lo experimenta esta pequeña alma, cómo siente vivo en ella este reino que en cierto modo puede decir que ya vive el cielo en la tierra, gracias Dios mío. Pues a pesar de mis pecados, mis miserias y mi nada me introduces en tu reino y, hablando al modo humano, confieso que soy un pequeñín que juega con toda la amorosa y adorable Trinidad, pues a cualquiera de las personas de la Trinidad que me dirija las encuentro llenas de ternura y amor para esta miserable alma. Oh mi Dios y mi todo que te glorifique a pesar de mi nada.

Señor, yo tenía que ser mejor y no acierto; hazlo tú todo en esta alma, y todo sea gloria tuya, y mía la confusión por lo mal que correspondo a tus gracias. Te pido perdón por todo y con toda verdad confieso que hay momentos en que me siento como el mayor pecador, no en cuanto a que cometa desórdenes como un gran pecador, pero sí en cuanto que recibo tanto y lo mal que correspondo a tus gracias. Señor tu amor me circunda por todas partes y en todo momento y a pesar de mi buena voluntad, que mal te correspondo. Perdón Señor, Cristo mío, que tu Sangre Redentora me redima más y más, muera a todo lo que haya en mí de pecado y transfórmame plenamente en ti. Quieres y puedes hacerlo. Madre mía, Virgen fiel, ven en mi ayuda.

"Los sacrificios no te satisfacen, si te ofreciera un holocausto no lo querrías, mi sacrificio es un espíritu quebrantado, un corazón quebrantado y humillado tú no lo desprecias.[119]" Señor, siento con el salmista rey. Efectivamente, nada valen los sacrificios, las penitencias, las mortificaciones etc., si esto no es animado por un corazón quebrantado y humillado, es decir, por una verdadera conversión del corazón.

"Ego" en las mortificaciones

Cuánto "ego" se puede infiltrar en las mortificaciones y penitencias exteriores si de verdad no son la manifestación exterior de un corazón contrito en la presencia de Dios y cuánto campo de mortificación se nos presenta sin aparato exterior en la vida cotidiana esforzándose por vivir con generosidad e incondicionalmente nuestra entrega a las exigencias del Amor, muriendo momento a momento a nuestro "ego" para que viva en nosotros el Tú de Cristo. Muerte a todo lo nuestro para que viva todo el Cristo, hermoso holocausto en donde se queme todo lo nuestro y cobre vida todo lo de Cristo. Este holocausto sí que te es agradable. Ayúdame Cristo mío a quemar minuto a minuto toda mi vida en la hoguera de tu amor. Cristo mío, hoy fue un día de contrariedades. Bendito seas por todo pues eres tú quien lo dispone así, por lo menos lo permites, y tú das la fortaleza para vencer en la lucha pues cuanto más arreciaba la contrariedad me vino a la mente unos versículos del cántico de Habacuc que había cantado en las laudes en la mañana: "Aunque la higuera no eche yemas y las viñas no den fruto, aunque el olivo se olvide de su aceituna y los campos no den cosechas, aunque se acaben las ovejas del redil y no queden vacas en el establo, yo exultaré con el Señor, me gloriaré en Dios mi Salvador", y así hice yo, Señor, cuanto más arreciaba la contrariedad más me refugié en ti y apoyado

119. Cf. Salmo 50.

en ti exultaba y me gloriaba en mi salvador y llegó un momento en que tanto me dominó el gozo en la contrariedad que esta desapareció por encanto y se vio el alma sola con su Dios exultando de gozo. Bendito seas por todo Señor. Y de nuevo tomo palabras del salmista para decirte: Dios es mi salvación y mi gloria, en Dios está mi esperanza[120].

Cristo mío, veo que, si sé aprovechar de todo, sólo debo amor y gratitud a todos. Si algo me hace sufrir debo ver en ello una preciosa ocasión para comulgar en tus sufrimientos y darte una prueba de amor real no de vana palabrería, total que a través de todo se te puede agradar y beneficiarse el alma. Que mi fe sea viva y te descubra a través de todo.

Dios, delicias del alma; el alma, delicias de Dios

Cristo mío, al leer hoy en la epístola, me emocionaron fuertemente estas sencillas palabras: "como la esposa hace las delicias del Esposo, así harás tú las delicias de tu Dios[121]". En medio de la emoción esta pobre alma saltaba de gozo porque entre ella y el divino Esposo se invierte el orden; es Él quien hace las delicias de ella y vive en un requiebro de amor con el Esposo. Ahora bien, ella de alguna manera trata de ser las delicias de El mediante una vida de fidelidad, de exquisitez, de total entrega al Esposo celoso que lo hace vivir en un delirio de amor, pero a condición de que el todo de esa pura nada que es la esposa, sea todo de Él. Cristo mío, mi Esposo adorado y mi todo, en ti puede todo, esta pequeña alma, para ser asumida por ti y ya no vive ella sino tú en ella. Amén.

No juzgar ni raspar al prójimo

Señor si tus juicios fueran como los que hacemos las criaturas no sé si habría alguna alma que entrase en tu reino, qué mal lo íbamos a pasar todos, qué mal entendemos tu consejo: "Sed misericordiosos como

120. Cf. Salmo 62, 5-9.
121. Cf. Is 62.

vuestro Padre es misericordioso. No juzguéis y no seréis juzgados. No condenéis y no seréis condenados.[122]" Cristo mío, cuando una persona en cierto campo de mortificación está dando cuanto le permiten dar, no faltan otras personas que tal vez en su flaqueza espiritual les es piedra de escándalo precisamente en aquello, que estar cumpliendo la voluntad de Dios su Padre. Cuánto más fácil y provechoso nos sería dejar de juzgar vidas ajenas y seguir a Cristo con la fidelidad que Él nos pide, y si así lo hiciésemos no nos quedaría tiempo para raspar al prójimo, para construirse en juez de las acciones de los demás. Así las cosas, lo que son las experiencias del Amor, pues no sólo tiene que perdonar y disculpar a quien así la raspa, sino que tiene que dedicarle las mejores atenciones si es que no quiere impedir el ritmo a que Dios lleva su alma. Bendito sea el Señor por todo y que siempre nos dé su gracia para segundar dócilmente y con generosidad cuanto el Espíritu de Amor nos exija. Una no es una piedra, siente las cosas, pero qué paz y gozo hay siempre en el alma cuando obra en la presencia de Dios comulgando en su voluntad amorosa manifestada por quien le representa. Por eso, aunque digan y aunque juzguen, cuando no hay manera de evitar ese escándalo que no existe sino en nuestra flaqueza, el alma sigue en paz y canta con el salmista: "No hay roca como nuestro Dios, el Señor es un Dios que sabe, Él es quien pesa las acciones[123]".

Que recibamos todos los días a Cristo vivo, Pan de vida y que no seamos Cristos vivientes, trasluciéndole en todo nuestro obrar, no se explica esto si no fuese por nuestra mala correspondencia a la gracia de Cristo y en este pecado me creo la primera. Cristo mío qué riquezas tan insondables tenemos en ti y qué lejos estamos de aprovecharnos de ellas como debiéramos. Perdón Señor por tantas infidelidades nuestras que no dejan obrar a tu Amor comunicándonos tus riquezas insondables.

Cristo mío, cristifícame plenamente para que te glorifique, asúmeme totalmente, prolonga en esta alma el misterio de tu encarnación y por este todos los demás hasta llegar a la consumación de la unidad en la

122. Cf. Lc 6,36.
123. Cf. 1 Sam 2,2-3.

Trinidad en donde, en unión con todos los ángeles y bienaventurados, os ame y glorifique eternamente. Que cada momento de peregrinar aquí lo viva consciente de cara a la Trinidad, que viva ensayando ya aquí lo que será mi vida en la Trinidad un acto de amor que no terminará jamás cantando el Sanctus a la santísima Trinidad, al Dios uno en esencia y trino en personas en el que me pierdo en su inmensidad. Madre mía, tú que encarnaste en tu seno virginal a Cristo para toda la humanidad, encárnalo ahora místicamente en cada alma. Y tú, que como en ninguna otra criatura se complació la augusta Trinidad, enséñanos a sumergirnos más y más en este misterio tan adorable como inefable que envuelve nuestra alma y hacen de la tierra un anticipo de cielo cuando invades a un alma.

12220 inyecciones

Señor, hoy se me ocurrió hacer la cuenta de las inyecciones de insulina que llevo puestas durante los diez años y tres meses que hasta hoy llevo, lo normal es que me ponga tres diarias, a excepción de alguna época de crisis que entonces tuve que poner cuatro al día, pero como estás épocas no puedo precisar exacto el tiempo que duraron, me ajusto a las tres diarias y suman unas pocas 11.220. A estas añado las de vitaminas que, quedándome muy corta, pondría unas 1.000 durante estos diez años pues hubo meses y meses de tener que ponerme una diaria así que en total no son menos de las 12.220. Hasta aquí me parece que fue dejarme llevar de una vana curiosidad, pues ¿qué importa saber el número, puesto que lo único que cuenta es el amor con que las sufrí? Perdón, Señor, si hice mal en esto, pero como todo nos puede servir de estímulo para amarte mejor, cuando vi la cifra me dije: bueno, Señor, si siguen las cosas así, al cabo de otros diez años contaré casi otras tantas, (ya que ahora vitaminas me inyectan menos), pero esto no va a ninguna parte, lo que importa es el amor, que te testimonie a través de ellos. Y me comprometí a poner más entusiasmo, más amor en las que de ahora en adelante iré llevando y de esto no hay cuenta, ni quiero que tú lo lleves, sólo quiero darte amor a través de todo.

De barro soy

Cristo mío, ante una renuncia que suponía verdadero sacrificio, fui débil, no di todo lo que tenía que dar y podía con tu gracia dar. Te desagradé, no me regañaste, pero el alma lo advirtió y cuán grande fue su confusión al ver por una parte con cuánto mimo la tratas y por otra lo mal que te corresponde Señor. Perdón Cristo mío, ya conoces del barro que soy, no esperes cosa buena de mí, siempre empezando y siempre con mis debilidades y flaquezas. Dame paciencia conmigo misma y aun detestando mi mala correspondencia a tu amor, dame siempre tu gracia para que después de una de estas debilidades empiece con nuevos bríos a amarte mejor. Creo que en esta ocasión se hizo así y en medio de mi pena por haberte desagradado, esto me consolaba, que en mi caída me levante con renovadas fuerzas; pero Señor quiero no exponerme al peligro de una caída para amarte mejor; me parece una temeridad y una aventura muy imprudente.

Cuánto mejor es, Señor, mantener el alma en esa mirada amorosa con su Dios amor y estar atenta a ver lo que va pidiendo en cada momento y circunstancia y siempre pronta y generosa dar todo cuanto le pides Ante esta mi debilidad, esta mirada amorosa perdió intensidad, se produjo como un descenso en el alma, que con lágrimas del corazón detestaba su falta, pero aceptaba y daba por muy merecido, como expiación a su falta lo que estaba pasando. Era doloroso, pero bien merecido y hacía al alma entrar dentro de sí y reflexionar consigo misma viniendo a decirse: cuánto más Señor me vale vivir en esa crucifixión que me pides a toda cosa humana, nada de gustos personales, nada de satisfacciones humanas... nada, nada y nada sólo Tú y crucificado. Así lo veo, así lo acepto y me esfuerzo por hacerlo vida en mi vida, pero ya ves, Señor, cuando menos lo pienso, me encuentro con que te hago una faena. Perdón Cristo mío, purifícame más y más, cristifícame totalmente, que mis debilidades no te impidan llevar adelante tu obra en esta alma para gloria del Padre y el bien de toda la humanidad, mis hermanos. Madre mía, refugio mío, que siempre contigo esté pendiente de lo que tu Hijo quiera de mí y responda siempre pronto y con toda la generosidad que Él pida.

Consagración victimal por la unidad cristiana

Madre mía, mediando tu intercesión poderosa, haz que toda mi vida se consuma en continuo holocausto de amor; que viva muy consciente en todo momento y circunstancia mi consagración victimal por la causa de la unidad cristiana; que todos seamos uno y que todos caminemos juntos a la consumación de la unidad en la Trinidad, nuestro destino eterno. Gracias Cristo mío, gracias, gracias y siempre te daré gracias por todo, por lo dulce y por lo amargo. Con el corazón traspasado, pero al mismo tiempo con el alma exultante de gozo en mis tribulaciones, no acierto a otra cosa que a darte gracias, no sé de dónde me viene esta fuerza y esta alegría para que una mujerina como yo, ante una contrariedad de este tipo, pueda darte gracias con toda su alma y gozarse en tal sufrimiento. Gracias Cristo mío, contigo todo lo puedo, aquí me tienes, haz conmigo lo que quieres y permite lo que quieras, más me uniré a través de todo a ti mi roca firme ¿Quién me podrá separar de tu amor? ¿Las habladurías, la envidia, la calumnia, la persecución? Ninguna fuerza humana, nada ni nadie me podrá separar de tu amor. No me apoyo en mí para hablar así, sino sólo en ti fuerza mía y mi todo.

Calumnia sobre la amistad espiritual

Ni por asombro me cabía pensar que alguien pusiese en duda mi vocación, máxime mis hermanas con quienes convivo. Y precisamente cuando más enamorada me siento de ti y más ansias siento de quemar toda mi vida en tu amor y en el amor a las almas, darte almas que te amen y glorifiquen es algo que me quema por dentro... La madre me viene a decir, asintiendo a ello, que una le ha dicho que estaba chiflada por el Padre que me dirige y él igual por la dirigida; otra que estábamos enamorados uno del otro, si bien hablando más adelante rectificó que este enamoramiento era espiritual, no entiendo como puede ser esto. Motivos en que se fundan para hablar así, que a mí me tutea y a las demás no, que escribo en la hoja de la unidad y unas cuantas simplezas más por el estilo. Que me tutee, sólo pasa cuando alguna vez estamos en el locutorio tratando nuestras cosas sobre la unidad de los cristianos,

¿qué pecado ahí aquí? Que escribo en la hoja de la unidad, sólo hasta el presente salió una experiencia que el alma vivió durante el octavario por la unidad de los cristianos y que para mí fue una sorpresa cuando cojo una hoja y veo que allí estaba parte de lo que había escrito en un cuaderno en el que el Padre me mandó ir escribiendo estas experiencias, y al leer él esto se le ocurrió poner algo en la hoja y aunque firmaba con un seudónimo parece que conocieron el estilo y ya esto fue piedra de tropiezo. ¿Es que porque en estos tiempos que atravesamos se den casos lamentables ya lo vamos a juzgar y condenar todo? ¿Ya no pueden existir amistades santas, almas compenetradas por un mismo ideal? Bendito Cristo mío, a ti lo confió todo, tú eres mi fortaleza. Lo que más me traspasó fue la actitud de la madre dándole crédito a todo, más bien haciendo fuerza con lo de otras. Pensar que excepto un trienio siempre la tuve de superiora porque ya empecé en el noviciado con ella y siempre fue mi alma un libro abierto para ella y ver que no me conoce... me traspasó.

Ojos bailando en lágrimas

Parece que siempre me vienen estas cosas de las personas más queridas para que sean más dolorosas, pues siempre me acerco al superior con fe viendo en él al representante de Dios, y en este caso se veía claro que jugaban las miserias humanas, pues la madre, en los primeros años de venir aquí este Padre, siempre me hablaba de él poniéndole por todo lo alto y viniendo a concluir: es un religioso excelente, y que ahora diga todo lo contrario porque su amistad con él no marcha como antes es para decepcionar. Puede que el demonio no duerma sembrando cizaña en las almas, pero quien se apoya en Cristo no hay miedo que malogre el trigo de su alma por mucho que digan y hagan. Por otra parte, el alma tocaba a Dios pues por mucho que le decían ella no perdió la paz en ningún momento y sentía en sí tal dominio y tal seguridad que no podía admitir que se diese en ella lo que la acusaban. No podía concebir que Cristo, tan celoso siempre de esta alma, pudiese consentir un desliz en su corazón sin hacérsela notar cuando en esta mirada amorosa entre Él y el alma todo se refleja, y así se lo dijo a la Madre. Y en un momento de arranque que fue el Señor quien lo hizo todo en el alma, con los ojos bailando en lágrimas, porque me sentía traspasada, me sentí movida a darle las gracias y abrazarla con toda mi alma, estaba como ante quien te acaba de clavar un puñal en el corazón y precisamente una persona querida, pero vi, como el Evangelio delante, en que había que perdonar, disculpar, amar y dar las gracias a quien nos proporciona estos desgarrones y así lo hice. Vuelvo a decir, Cristo me dio esta luz y esta fuerza y El puedo decir que lo hizo en mí.

Sin más salí de su despacho y escaleras arriba me dirigí al noviciado. Bueno estaba este pobre corazón para ponerme a hablar a la novicia, así lo veía, pero Cristo me tenía preparada una sorpresa. Apenas subidas unas escaleras en las cuales iba pensando: ¿Será posible que viva engañada y que en una amistad que yo veo santa, pura, virginal, alguien vea desviación, pecado? ¿Es posible, Cristo mío, que viviendo como vivo en este requiebro de amor contigo, que noto que te has apoderado de toda mi alma y de todo mi cuerpo, pueda robarte algo para una criatura? Nada noto en mí de lo que me acusan y así se lo dije a la madre y no trataré de defenderme, en tus manos lo dejo todo y acepto este desgarrón como expiación de tantos pecados como se cometen, sin excluir los propios. Además, hay en mí una consagración de víctima por la causa de la unidad, no puedo quejarme de nada.

Silencio ante las acusaciones

Bendito seas, solo pido tu fortaleza. Apenas acababa de decir esto en mi interior, cuando un torrente de gozo inundó mi alma. Se vio claro que allí estaba Dios. Al momento parecía que oía en mi alma: "Bienaventurados seréis cuando os insulten y persigan y con mentira digan toda clase de mal por mi causa. Alegraos y regocijaos.[124]" Y esta alegría y este gozo Cristo lo ponía en esta alma que, aun sintiendo que las almas se enreden en habladurías, con esta gracia que acababa de recibir más se afianzaba en Cristo y más ansias sentí de trabajar por su

124. Cf. Mt 5,11-12.

causa. Cuando él quiera se verá todo claro y si no tengamos paciencia hasta el cielo en que se revelará todo. Y si en mi vida religiosa por la gracia de Dios, siempre siento en mí ese impulso de apuntar a santa, en estos momentos me sentí segura de que Dios me hará santa. Él es quien santifica si el alma se deja. Así que, exultando de gozo, aunque con el corazón traspasado, no acertaba sino a darle gracias y a entregarme incondicionalmente para que lleve a cabo la obra en esta alma. Muchas veces he sentido gozo en mi alma cuando en algunas ocasiones en que podía defenderme con unas palabras me sentía movida a callar por amor a Cristo al contemplarle en su silencio ante los acusadores que hasta el mismo Pilatos se maravillaba de su silencio. Bueno, pues el gozo en esta ocasión fue de este estilo, pero superó con mucho a los de otras ocasiones. Y aunque hablando de gozo parece que todo es igual, sólo más intenso o menos intenso, en estos gozos del alma son distintos según por lo que sean. Distintos entre sí, y distintos por la mayor o menor intensidad y caben siempre gozos nuevos. Bendito seas por todo Señor.

Cristo sufre en ella

Cristo mío ¿Quién podrá separarme de tu amor? Nada ni nadie. Veo que todo me sirve para afianzarme más y más en tu amor y para que resalte más tu obra en esta débil criatura. He sufrido mucho porque soy pura flaqueza y pura nada, pero en ningún momento perdí la paz, ni esa mirada amorosa entre Dios y el alma se empañó; todo lo contrario, se hizo más intensa y el alma a partir de esto se diría que aún vive más en ese requiebro amoroso con el Esposo. Cómo siente en sí a Cristo y con Él, como si la despellejan viva, todo lo puede en aquel que le conforta. El alma se siente Cristo y mientras que está como embriagada de amor ve que es Cristo quien sufre en ella, ya no sufre ella sino Cristo en ella. Y qué a gusto, qué descanso encuentra el alma cuando siente que no es ella sino Cristo en ella. Gloria Patri... Te Deum laudamus...

Cristo mío, amor dulce, amor embriagador, amor que redime, que santifica, que transforma al alma en el amado y se siente una misma cosa con El; haz, Cristo mío, mi amor y mi todo, que siempre me encuentres despierta en mi amor a ti como yo te encuentro siempre en tu amor a mi ¡Oh, mi amor, mi cielo mi todo, me pierdo toda en Ti! Oh, Cristo mío, siento el alma incandescente en su amor a ti y, sin embargo, en su locura de amarte, quisiera ser Dios para amarte como quisiera, como tú la amas a ella y, sobre todo, como mereces ser amado ¡Oh, Espíritu de Amor! Transfórmame totalmente en Cristo para poder amaros como merecéis.

Tonta a los ojos del mundo

Señor, puede que yo esté equivocada, pero digo lo que siento: me veo distinta de las demás. Si yo me dejo llevar de esa sabiduría del mundo, que bajo capa de prudencia están algunas personas tan hinchadas de ella, veo que echo a perder la obra de Dios en mi alma. Al ir creciendo el alma en gracia, Dios la fue transformando y en ella no cabe doblez ni hipocresías, habla espontáneamente conforme a lo que siente, ve en sí una sinceridad y un candor que no parece más que en ella desapareció la malicia y todo esto ve clarísimo que no es industria de ella, sino obra de la gracia de Dios en su alma y así se lo agradece a Él. Ahora bien, al tratar con las personas sabias según el mundo, ella es una imprudente, una tonta que de todos se fía, ella no sabe nada, no es espabilada según la sabiduría del mundo; en fin, se ve distinta de las demás cuando en todo su obrar no hace sino traslucir en cierto modo lo que pasa en su interior entre el alma y Dios. Parece ser que a los ojos del mundo se hizo más tonta, es distinta de las demás, mientras que este hacerse tonta se entiende de maravilla con Dios sabiduría increada. Señor ¿Qué misterios son los tuyos que cuanto una alma más pobre y miserable se hace más te comunicas con ella y mejor ella se entiende contigo, aunque para el mundo pase como una tonta? Señor, la sabiduría del mundo es necedad ante ti, luego dame tu sabiduría, aunque el mundo no la entiende y vea necedad en mí. "Yo te alabo Padre..."

En mi experiencia veo que cuanto peores cristianos somos, en este caso diré cuanto peor monja sea, tanto más me encontraré y me quejaré de tantas leyes que me atan y no me dejan hacer el bien y darme a los demás. Así pensamos equivocadamente. Pero en la medida en que una trata de ser una monja santa, una perfecta cristiana que la va transformando la gracia, verá claramente que para ella no hay ley que la ate y que le impida darse a los demás haciendo el bien. Porque cuando no impera en mi alma la ley suprema del amor que regule toda mi vida se me ocurre hacer el bien y darme a los demás precisamente cuando la voluntad de Dios manifestada en el deber a cumplir, me impide hacer todo eso que me viene a la cabeza.

Cumplir su deber

Ah pero cuando llega nuestro tiempo libre o un domingo o día de fiesta que estamos libres de muchas ocupaciones y que se nos ofrece un campo inmenso para darnos a los demás, en esas cosas que nos vienen a la cabeza cuando no lo podemos hacer, entonces el egoísmo propio nos ciega y no vemos sino que tenemos que hacer nuestras cosas, y no nos acordamos de los demás, no caemos en la cuenta que la caridad fraterna exige mucho de sí, mucho renunciar a "nuestro tiempo", mucho sacrificar nuestros gustos en pro de los demás. Esta lección teóricamente se aprende bien pero prácticamente resulta muy difícil si el buen Dios no nos la enseña, y así, con toda buena voluntad que se quiera pero equivocadamente, no sabemos sacrificar lo nuestro y queremos sacrificar lo de Dios o el bien de toda la comunidad por una cosa personal de menos valor. Un caso se me ocurre poner. Supongamos que la cocinera abandonare la cocina por ir hacer una caridad con una enferma que a ella se le metió en la cabeza, y llegase la hora de presentar su deber cumplido y no lo hubiera hecho o que lo hiciese a regañadientes, quejándose de que la ley la ata y que no puede hacer lo que se le ocurre. Cosa buena, excelente las de atender a un miembro enfermo de Cristo, pero cada cosa en su lugar puesto que la voluntad de Dios es que cumplas con tu deber. Si puedes armonizar lo uno y lo otro bueno será todo, pero si no puedes no te sientas atada quejándote de que no puedes hacer el bien. El corazón amante es sacrificado y sabe muy bien armonizarlo todo, cumple con su deber y sabe sacar tiempo para darle a los demás. Dios siempre el primero en todo y no encuentra complicación entre ley y caridad, para ella se diría que ya no hay más ley que la del Amor Supremo que a Él tienden todas las demás leyes.

¡Que Dios Padre me vea en su Hijo!

Oh Espíritu de Amor, abrásame, quémame toda en tu amor y sea esta alma una llama viva de amor que como antorcha encendida sirva de luz para que las almas te descubran a ti, ¡oh océano sin fondo de Amor! Cristo mío, Esposo mío y mi todo envuélveme totalmente, prolóngate a través de esta pequeña alma para que el Padre no vea en ella sino al Hijo muy amado de sus complacencias. Oh Espíritu de Amor cúbreme con tu sombra para que sea una viva encarnación de Cristo. Madre mía, tú que mediando la acción del Espíritu Santo hicisteis posible la encarnación del Verbo también ahora recurro a ti para que mediando la acción del Espíritu Santo y tu cooperación se obre en mi alma como otra encarnación de Cristo vivo en ella para gloria y alabanza de la Santísima Trinidad. Amén.

Ser prolongación de Cristo

Cristo mío, hay cosas que traspasan el corazón más que una espada de dos filos. Parece increíble el ver hasta dónde llega nuestra ruindad. Dios mío y mi todo ¡qué grande eres y qué nada somos las criaturas! Hasta dónde somos capaces de descender... No me cabía en la cabeza semejante cosa... En tus manos lo dejo todo Cristo mío, si tú quieres algún día se verá todo claro y si no, en paciencia, esperaremos hasta el cielo en que todo será iluminado y ya no cabe el error en el juzgar. Me siento traspasada, pero nada me hace perder tu paz. Todo me identifica más contigo. Tú has ido delante y el discípulo no puede ser mayor que el maestro. Prolóngate Cristo mío a través de mi pequeñez y mi nada. Que en todo te glorifique, y te pida perdón por lo que haya en mí que dé motivos para pensar y desconfiar así y tomar esa actitud conmigo que me traspasa. Bendice Señor a quien me hace sufrir, y lo verá así y cree que obra bien, luego yo no soy quién para juzgar a nadie sino perdonar y disculpar es lo que debo hacer, pero, dame tu fortaleza Señor.

Brazo gitano

Señor mantenme siempre en tu luz para conocer tu voluntad y acertar a cumplirla en todo momento y circunstancia. Hoy me pasó una cosa que luego me hizo pensar en esto que acabo de escribir. Me llamaron para que prestase ayuda a las que estaban ocupadas con encargos de repostería. Fui gustosa y en todo el tiempo que permanecí allí mi alma tocaba a Dios. Llegada la hora que tenemos de retiro me dijeron que me podía retirar que ya lo que faltaba lo terminaba una de estas. Apenas habían dicho esto cuando una luz vino a mi mente que me hacía ver cómo todos somos hijos de Dios, y porque yo retirarme y otras tener que sacrificar este retiro vi que el Señor con esta luz me pedía que sacrificase el retiro y así todas terminaríamos antes. Con fortuna me puse a adornar un brazo de gitano y les gustó como quedó quedando invitada para el próximo sábado que tenían varios encargos. Cuando ya lo dábamos por terminado tocaban a vísperas, yo iba muy contenta a estas pues si este retiro no pude disponer de él para hacer lectura o tomar apuntes o dedicarlo a la oración en cambio lo había empleado muy bien prestando una pequeña ayuda a mis hermanas y me parecía que había sido bien aprovechado. Iba yo así con esto, cuando de pronto el alma tuvo como otra iluminación, y como que veía, entendía una preciosa página que había escrito el Señor en el libro de la caridad fraterna que no es otra cosa este amor fraterno que el mandamiento del amor hecho vida en los hermanos. Hasta ahora el alma hacía las cosas a pura fe sin entender nada luego.

Ahora en cambio parece que el Señor la quiere regalar haciéndole entender y cómo ver todo esto de tal modo que la fe ya no es pura fe sino como que lleva esta fe algo de visión. Ante esto el alma se volvió al Señor con la sencillez de un niño y le dijo: hoy no apunté yo, sino tú fuiste el que escribió y no me lo hiciste saber. Perdón también te pido por tantas veces como quedaran páginas en blanco en el libro de la caridad fraterna por no acertar a hacer en todo momento tu adorable voluntad. Llegada al coro Dios se manifestaba al alma que no podía con más. En esta manifestación el alma experimentaba como cuando uno da a los hermanos descubriendo en ellos hijos de nuestro común Padre Dios y por lo tanto hermanos suyos, Dios se da al alma a través de estos, parece que la Trinidad llega al alma por este conducto y el alma asciende a ésta a través de los hermanos. El misterio de Dios llega, se comunica así también al alma, y el alma se eleva a través de estos a la Trinidad, saborea en cierto modo este misterio de la unidad de todos en la unidad de la Trinidad inefable. Qué cosa tan sencilla hizo el alma prestando un poco de ayuda a quien lo necesitaba y cómo el buen Dios por tan insignificante cosa se volcó en esta pequeña alma. Por eso cómo no pedirle con toda el alma que nos dé siempre su luz para poder acertar en el cumplimiento en todo de su adorable voluntad, sin esperar recompensa, solo porque Él se lo merece, aunque tengamos siempre por seguro que El jamás se dejará vencer en generosidad, y si hay tiempo en que una tiene que hacer las cosas a pura fe, si somos fieles tiempo llegará en que aún sin ver el alma puede decir en cierto modo que ve. Bendito seas por todo Señor. Que siempre acierte a dejarte hacer Amén.

El amor hace todo grande

Cristo mío, nada hay pequeño si lo hago con grande amor y nada grande puedo hacer si no es grande el amor que ponga en ellas, aunque, en expresión de San Pablo, dé mi cuerpo a las llamas, si no lo hago con amor nada me aprovechara ¡como experimenta esto el alma! Cristo mío, eres un sol, cada día me chiflas más, me siento locamente enamorada de ti, es que tienes tales detalles con esta miserable alma que la pobre queda fuera de sí y no sabe qué pensar ni qué decirte. Si no experimentase tu amor, tus ternuras, tus delicadezas no se podría imaginar semejantes cosas de todo un Dios con una nada de criatura. Un detalle solo voy a decir aquí, me entregó la madre unas revistas para que aprovechase los papeles de color para decorar jarros y platos. Al ir buscando las páginas de colores me encontré con muchas fotografías de los príncipes de España a quienes quiero mucho y pido mucho por ellos para que Dios les asista y tengamos un sucesor en el trono de España sabio y santo como nuestro Franco. Bueno pues al vendar sentí tal debilidad por pararme a contemplar y a leer lo que decía que no faltó un ris para caer en esta debilidad, ya que era tiempo de trabajo. Pero no sé cómo el alma tuvo una mirada hacia dentro, hacia su Cristo y descubrió como Cristo la miraba a ver cómo salía de la prueba. Ante la mirada de Cristo todo palideció y se dijo: no quiero gustos de nada, solo quiero agradarte a ti en todo. No acabo, como quien dice, de decirle esto y como un torrente de amor Cristo se desbordaba en su alma y la pobre no podía llevar tanto amor, tanta ternura de todo un Dios para con su alma. Así son los amores de Dios con su alma. Con razón dice San Juan "Dios es Amor[125]". Hagamos lo que está de nuestra parte para experimentar esto y Dios hará todo lo demás y todos confesaremos que Dios es amor, amor divino, inefable que el alma se pierde en él y no sabe expresarse.

El Cristo total

Cristo mío, tú y yo y los otros formamos un todo, el Cristo total[126]. Qué claro me lo haces ver. Luego, como dice san Pablo: no puede decir el ojo a la mano no te necesito. Si esto pasa en el cuerpo humano ¿cuánto más se da esta realidad en tu Cuerpo místico? Luego todos somos necesarios y todos necesitamos unos de los otros y qué mal entendemos esto Señor. Por eso cuando la gracia, participación de la vida divina que recibimos en el bautismo, va invadiendo a un alma parece que esta va, hablando al modo humano, introduciéndose en el misterio de Cristo y con qué naturalidad entiende estas realidades. Qué abismos insondables descubre el alma en este mundo sobrenatural en que vive. Se pierde en esta anchura y largura, sublimidad y hondura del

125. Cf. I Jn 4,16.
126. Cf. 1 Cor 12, 12-27.

misterio de Cristo. Y como todos formamos un todo, el Cristo total para que Dios lo sea todo en todos.

Corazón traspasado

Siento la cercanía de Dios, el peso inmenso de su amor sobre esta pobre alma y mientras que ella cada vez ve su nada, su limitación, esto no la desconcierta más bien engendra en ella confianza y abandono pleno en su Padre Dios. Este ver su nada también la mueve a pedir a su Cristo que sea toda asumida por Él, que Él se prolongue en ella, que vive en ello, que lo sea todo en ella para mayor gloria de Dios su Padre y bien de las almas sus hermanos. Y desde su nada descansa en la inmensidad de Dios y no sabe cómo expresar la grandeza de Dios y las riquezas insondables que encierra el cristianismo. Qué maravilla Señor el experimentar, que es como ver, que Cristo se prolonga en las almas; las asume, las transforma y qué bien experimentan en si aquello san Pablo: "Vivo yo, más yo no, sino Cristo quien vive en mí". Hace unos días un alma vivía en un sufrimiento, no con Dios, sino de parte de las criaturas, porque así lo disponía el Señor o por lo menos lo permitió. El alma sentía su corazón traspasado con espada de dos filos y en un momento de luz comprendió que hay que seguir siempre las huellas del Crucificado, su Esposo de amor. Por lo que en ella pasaba vio en un instante la espada del dolor que con la profecía del anciano Simeón se clavaba en el corazón de la Santísima Virgen y vio también el corazón de Cristo traspasado por la lanza del soldado por si era poco la crucifixión.

Ante esta iluminación vio clarísimo la razón de su dolor, así que no puede culpar a nadie si no pedir bendiciones de Dios para quienes le proporcionan este dolor, a la vez que se volvió a Cristo diciéndole: no sea yo quien sufra, sino tú en mi reproduce este dolor como una prueba de tu amor infinito hacia nosotros. Y cómo Cristo se apodere de ella y ella viendo que es ella y al mismo tiempo ve que no es ella sino Cristo quien se prolonga en ella, quien sufre en ella ¡Oh maravilla de nuestra incorporación a Cristo, de nuestro cristianismo!

Maternidad espiritual

Señor, no sé lo que me está pasando, adoro tu obrar en mi pobre alma y no acierto sino a darte gracias por todo. Estoy viviendo una crucifixión y al mismo tiempo experimento un gozo inefable en este dolor. No sé cómo es esto, pero así lo siento. Todo lo recibo con amor y te descubro a través de todo y nada me hace perder la paz, y si te toca mi alma maravillosamente siento tu cercanía, el peso inefable de inmenso amor sobre mi pequeñez y mi nada y esto no me desconcierta, sino que me lanza más y más a esperarlo todo de Dios, mi Padre poderoso ¿Qué me importa que me digan que no soy realista y imaginaria si cuento con la seguridad de Dios y procuro obrar según veo las cosas desde Dios, aunque sea distinta a los demás? Si Dios está conmigo ¿Quién contra mí? ¿Quién me podrá apartar de tu amor sentido y vivido? ¡Nada ni nadie! Tengamos paciencia y en el cielo se verá todo claro. Que soy muy sensible y me hacen sufrir muchas cosas... Bendito seas por todo. La maternidad tanto física como espiritual no se puede dar normalmente sin grandes desgarrones, pero el fruto de estos dolores es preciosísimo, máximo cuando se trata de la maternidad espiritual, alumbrar almas que te conozcan y que te amen y te glorifiquen eternamente es algo obsesionante para la esposa enamorada de ti. No puede ella sentirse satisfecha con el Esposo mientras haya almas que le desconozcan a Él y a las riquezas insondables que Él nos trajo para todos. Por ellas me desgastaré y viviré mi inmolación en un íntimo holocausto de amor en el silencio de mi vocación contemplativa. Todo te lo me mereces, mi amor y mi todo.

En el cielo de mi alma

Por otra parte, en el cielo de mi alma te manifiestas sin la menor sombra de nube, no me fallas ni un instante, Esposo mío, más digo esta mirada amorosa que mantiene con esta pobre alma, diría que cuanto más se ve crucificada contigo más se intensifica, no parece maás que se va a realizar el dulce encuentro en el cara a cara. Por lo que termino diciendo soy feliz, inmensamente feliz en mi crucifixión.

Contigo todo lo puedo. Una cosa que me viene al pensamiento en estos días y que me estimula a sufrir con gozo lo que sea, es el pensar en lo que han tenido que sufrir nuestras madres al alumbrarnos y toda la serie de cuidados y desvelos que le suponen sus hijos hasta verlos ya mayores y con acierto tomar estado, si tanto sacrificio se impone una madre por el fruto de sus entrañas que no sabe si será bueno o malo, si se salvará o se condenará, etc. Luego una madre espiritual de las almas, estos ejemplos de generosidad y abnegación ¿no la moverán a no dejarse vencer en su función maternal y llamará al Espíritu Santo que la fecunde y que la cubra con su sombra, que Cristo la asuma para alumbrar almas que glorifiquen eternamente al Padre?Ya lo creo que sí y esto es el motivo de su crucifixión al llevar el reino de Dios a todas almas, ese reino que pedimos en el Padre nuestro que venga a todas las almas, lo ve clarísimo el alma que esta crucifixión pasa, está completando el sacrificio o como dice san Pablo "sufro en mi carne lo que falta a los padecimientos de Cristo por su cuerpo que es la Iglesia[127]". Señor no me quejo de nada y si te tengo que dar gracias por todo, sigue tu obra en esta pobre alma y eso sí, no me dejes sola un instante, nada puedo sin ti madre mía, siempre contigo viva los misterios de Cristo.

Bendice a quienes te hacen sufrir

Señor, me confieso la peor, la más infiel en razón de tanto como recibo de ti. Perdón Señor, por todas mis infidelidades y mala correspondencia a tu amor. Cómo siento tu misericordia infinita sobre mi pobre persona, pues aún sería peor si tu infinito amor y misericordia no me sostuviese tan fuertemente. Es increíble hasta dónde podemos descender con nuestras ruindades para hacer sufrir a una persona. Señor, tú lo permites así ¡bendito seas por todo! Ten misericordia de mí, dame tu fortaleza y bendice a quienes me hacen sufrir. Lo verán así y creerán hacer un buen servicio a Dios obrando así. Es que me conviene sufrir. Bendito seas Señor.

127. Cf. Col 1,24-28.

Abrazo de Dios

Dios mío y mi todo. Te amo, cuánto acierto a amarte porque eres digno de todo amor y hasta quisiera ser Dios para poder amarte como te mereces, tan digno de todo nuestro amor te veo. Y cuanto más quiero amarte, no por lo que me das sino por lo que eres, más te vuelcas en esta pobre alma y más le das ¿Cómo es esto? ¿No nos entendemos? Ah sí, mi Dios y mi amor, nos entendemos y muy bien, cuanto más puro ves el amor en las almas, más desinteresado, amándote no por tus dones sino por lo que eres tú, más colmas a las almas con tus dones y tu amor. Qué bien se experimenta esto. Siento tu mirada amorosa de Esposo, tu ternura de Padre, siento un fuego en mi interior que arde y no se consume, que es algo inefable que hace gustar de la intimidad y amor del Padre del Hijo y del Espíritu Santo, es el abrazo inefable, indecible del Dios Amor en su Trinidad de personas abrazando a una pobre alma y que no puede por menos de exclamar: "Oh los sedientos y hambrientos de amor y de felicidad venid al manantial del Amor y de la felicidad, gustad y ved qué dulce y suave y embriagador es el amor de Dios derramado en nuestros corazones por el Espíritu Santo". Señor la mayor parte de la humanidad anda como loca buscando felicidad y está sólo verdaderamente se encuentra en ti. No busquemos, pues fuera de ti lo que sólo se encuentra en Ti: el amor y la felicidad.

Encarnar páginas dolorosas del Evangelio

Eres maravilloso Cristo mío. Contigo todo lo puedo. Vivo en una crucifixión, en verdad, pero desde el fondo del alma me llega tu voz que me dice: "No temas, yo he vencido al mundo. Ten confianza que yo estoy contigo[128]". Y qué distinto es leer estas palabras en tu Evangelio a que tú las repitas en el fondo del alma, porque a decirlas tú, no es algo que recuerdes, sino que se siente al mismo tiempo la fuerza de que estas palabras obran en ella lo que expresan. Sí, Cristo mío, tú sabes la

128. Cf. Jn 16,33.

sensibilidad que pones en esta alma, para que ante ciertas acciones se sienta traspasada, el egoísmo enmascarado es algo que no puede sufrir y que coloca al alma en una atmósfera de asfixia, pero como la esposa no puede correr otra suerte que el Esposo tiene ella encarnar también las páginas dolorosas del Evangelio. Fiat... Ecce[129] ... lo que quieras Cristo mío. Aquí estoy... Eres maravilloso, contigo todo lo puedo, no me fallas ni un instante, te siento vivamente ¿qué puedo temer? Me siento confundida, qué mal te correspondo, perdón Señor y misericordia para esta alma ingrata. Sólo tú eres el Santo de los santos, las criaturas somos pura nada.

Madre mía ¿Quién podrá decir lo que eres? No eres Dios, es verdad, pero eres la Madre de Dios. Basta saber esto para entender tu poder. Saliendo de Dios eres la criatura santa más cerca de Dios. Y esta Madre de Dios, tan relacionada con Dios, es... nada menos que mi tierna Madre. ¡Cómo recurrir a ti con amor filial, Santa María Madre de Dios y Madre nuestra! Ahora y siempre ruega a Dios por nosotros pecadores. Amén. "Dios es Amor, nos dice san Juan y esta alma en esa palabra lo encuentra todo, se pierde en el amor increado. Señor, qué torpes somos para descubrir tu amor, pero cuando por pura misericordia tuya uno te encuentra, la vida se simplifica pues todo se ordena y se reduce a amar al Amor. Esta es mi sublime vocación: amar y orar para que todas las demás almas encuentren al Dios amor. Oh mi Dios amor, inmensidad en que me pierdo, vivo y muero abrasada en tu amor, y esto te pido para todas las almas.

Dios mío y mi todo, no me apetece más que cantar las veinticuatro horas del día, y esto todos los días de mi peregrinar por este mundo, tus infinitas misericordias con esta pobre alma. Y creo que contigo no con la boca, pero sí con el corazón, que es al que en verdad cante. Tal es la gratitud a Dios por lo que hace por mí, pobre, que tengo que cantar ya aquí lo que no cesaré en la eternidad: canto tus misericordias, canto tus alabanzas, canto tu santidad y tu amor en un Gloria Patri... que no lo sé terminar. Oh Dios tres veces santo, santísimo que así levantas a una pobre alma ¿Cómo no cantarte y alabarte? Si callásemos las criaturas,

---

129. Cf. Palabras de María en la Anunciación : « Hágase » ; « he aquí ».

cantarían las piedras[130], que ya en cierto modo cantan también la gloria de su creador. Cantará pues mi alma sin callarse porque tú oh Dios lo eres todo para mí.

Dios mío, si mi mirada amorosa no se dirige a ti en el fondo de mi alma, no por eso tú dejas de mirarme amorosamente pero me encuentras distraída, no te correspondo luego, tú no me fallas nunca, soy yo la infiel, perdón Señor, tú lo puedes hacer todo en mí, haz pues que estos momentos inconscientes a tu amor sean cada día menos, haz de mi vida un acto ininterrumpido de amor como es la vida de los bienaventurados en el cielo, ellos te contemplan cara a cara y ya no cabe la menor distracción, lo veo y entiendo clarísimo que así es.

Señor sigue prodigando tus infinitas misericordias con esta pobre alma y dame...eso, vivir consciente en tu amor las veinticuatro horas del día y esto todos los días de mi peregrinar hasta que llegue el venturoso día del encuentro cara a cara en que esto ya es natural el amarte conscientemente por toda la eternidad en la unidad de la Trinidad ¡Qué destino tan sublime tienes para estas criaturas con alma espiritual! Gloria Patri...

Madre mía, tenme siempre de tu mano, enséñame, ayúdame a que, a imitación tuya, queme mi pobre vida en un holocausto continuo de amor, Dios se lo merece por ser quien es y las almas lo necesitan. Qué la vida escondida con Cristo en Dios sea fecunda para la Iglesia, mi tierna Madre.

Dios mío, cada día estoy más convencida de que no es posible poseerte con plenitud, si no es vaciándonos totalmente de nosotros. Eres demasiado grande para que compartas tu posesión en un alma llena de mil baratijas que te restan sitio. Tu amor es inmenso, exige vacío pleno, totalidad de entrega, en una palabra, todo el corazón, toda el alma y todo nuestro ser, entonces es cuando posees un alma y el alma se siente poseída por el Dios amor, comprende el mandamiento del amor y vive en un anticipo de cielo. Vale la pena, Señor, dejarte hacer en un alma el despojo total que no se hará sin dolor, pero el fruto que produce es maravilloso, tan maravilloso que no es otro que sentirse

130. Cf. Lc 19,40-44.

llena de Dios y entonces no acierta a otra cosa que a pregonar las misericordias de Dios con ella y a cantar las maravillas que Dios con su gracia obró en ella. "Magnificat anima mea Domino".

Virgen Santísima, no eres para mí solo un modelo perfectísimo que invitar, no, esto es mucho, pero a la vez muy poco. Es mucho por la gran riqueza de virtudes perfectísimas que en ti contemplamos, pero es muy poco esto si solo trato de contemplarte y de imitarte de una manera fría sin entrar en contacto vital contigo. Tú, Madre mía, eres para mí, mi tierna Madre que me enseña y me modela para ser como me quiere Jesús. Me acerco a ti, entro en contacto contigo con ternura filial y cómo siento tu ayuda, cómo camino contigo veo, claro que quieres reflejar, prolongar en mí tus virtudes. Es maravilloso todo esto que experimento de ti en mi alma. Madre amantísima, después de Dios lo eres todo para mí. No comprendo cómo alguien puede pensar que se puede amar a Dios sin que nuestro amor a ti crezca a tono con el de Dios. Dios como Dios y tú como madre de Dios; un amor lleva al otro. Y si Cristo dijo que era el camino la verdad y la vida y que nadie va al Padre sino por Él, en cierto modo esto se puede decir de ti en relación con Cristo sino a través de ti por lo mismo que Cristo llegó y nosotros a través de ti. Luego, vuelvo a insistir que según crezca nuestro amor a Dios tiene que este amor crecer también hacia ti, la criatura más perfecta que salió de las manos de Dios ¿Cómo no amarte Madre mía si Dios tanto te amo y te colmo de sus mejores dones hasta el punto de escogerte para Madre del Verbo encarnado? Te amo Madre mía, te amo cuanto acierto a amarte y nada me parece lo que te amo para según te quisiera amar.

Cristo mío, siento al vivo en mi alma estas palabras tuyas: "la verdad os hará libres". Efectivamente, Señor, en la medida en que un alma vaya profundizando en tu conocimiento y viva su entrega incondicional a ti, suma Verdad, va experimentando en sí, se hacen vida en ella estas palabras tuyas que acabo de decir. El alma, siente, comprende, las vive, se obra en ella esa libertad de los hijos de Dios, Cristo lo es todo en ella y se siente libre, todo en ella está ordenado al conocimiento y al amor de la eterna Verdad. Y toda otra libertad que no se funde en Cristo, suma Verdad, no se puede llamar libertad por más que pregonemos que somos libres. Solo Cristo nos libera de la esclavitud y nos hace libres, que bien lo experimenta una pobre alma y como quisiera pregonar: solo Cristo nos libera y nos hace libres. “La verdad os hará libres[131]”.

13 de agosto de 1971

Dios mío y mi todo, al fin llegué a la última página de mi pequeño cuaderno y se me ocurre decir aquí lo que tantas veces te digo interiormente y que no sé si lo habré escrito ya aquí. Te amo cuanto acierto a amarte, a la vez que nada me parece lo que te amo para según quiero amarte y mereces ser amado. Hay momentos en que fuera de mí me atrevo a decirte: quisiera ser Dios para poder amarte como te mereces por ser quién eres, pero cuando vuelvo a mí natural reflexiono y me digo: no puede haber más que un solo Dios, luego sigue tu Dios mío siendo el que eres y yo siga siendo la que no soy. Eso sí, que Cristo me asuma totalmente y que toda mi vida se disuelva en Dios para amaros cuanto sea posible a una criatura así cristificada, que sea Cristo y no ella esa que ame a través de ella. Que mi pobre vida sea continuo holocausto de amor a Dios y a la Iglesia, un cirio encendido en el misterio pascual que prolongue la obra de Cristo glorificando a Dios llevando la luz divina a las almas. Quiero... no sé lo que quiero, vivir y morir abrasada en tu amor cantando tus eternas misericordias con esta pobre alma. Gloria al Padre...

Cuánto sufrimiento, cuánta humillación, cuántos malentendidos y precisamente le vienen del mundo de las almas más queridas. Las almas por las que más se desviven por hacernos bien, somos las que proporcionamos los mayores sufrimientos y sin quererlo. En todo esto sé que yo veía la mano de Dios y no solo en lo de él sino también en lo mío. Cómo el Señor se las arregló para que uno sin saber del otro tuviésemos nuestra parte de sufrimiento en el día de Cristo Rey cuando él estaba dirigiendo unos cursillos de ecumenismo y yo pidiendo con toda mi alma por ellos y por todo lo de la unidad. Mucho pude haber sufrido porque ya habían pasado seis días y aún estaba muy sensible y

131. Cf. Jn 8, 31-32.

al ir diciéndole mis cosas él se emocionaba fácilmente; ahora lo comprendía yo todo. Sólo le noté más entero cuando, no sé en qué tiempo, si al principio o al final, más bien creo que fue al final, le dije lo relacionadas que yo veía la virginidad y la rectitud de intención y como esto favorece enormemente el crecimiento de la caridad porque al entregarse en cuerpo y alma a Cristo por puro amor a Él si somos conscientes de vivir bien esto, forzosamente en todo nuestro obrar lo haremos con mucha rectitud de intención buscando siempre la gloria de Dios, y la caridad veo que encuentra camino abierto para crecer y expansionarse y parece que el alma siente que le dicen : "Bienaventurados los limpios de corazón porque ellos verán a Dios.[132]"

Tocar a Dios

Y así es, porque uno se consagra a Cristo en cuerpo y alma por un motivo de más amor, de amarle mejor, ya que el amor a Cristo es el móvil de esta consagración y esto lleva de la mano a buscar en todo la mayor gloria de Dios, a servirle con un corazón puro, entero y recto, y Dios, que no se deja vencer en generosidad, no se queda atrás, y si por nuestra condición de materia y espíritu el alma no puede en esta vida ver a Dios, pero sí que le toca, no sabe dar razones de cómo se hace esto pero ella tiene tal seguridad de que Dios vive en ella, está en el alma, se sensibiliza de tal manera que es un tocarle que sabe a verle y por eso, ya en cierto modo, viven esta bienaventuranza aquí en la tierra ya. Bueno, pues cuando yo lo decía esto y luego le pregunté cómo veía él esto, si era así, pues hablo de lo que vivo, pero quién me dice que no estaré equivocada: él, como más animoso, me explicó esto con una profundidad que no atino a decir nada aquí de las razones que él me dio y de lo bien que me lo explicó sobre todo lo relacionado con la caridad.

---

132. Cf. Mt 5, 8.

La mano de Dios

Este encuentro de este día, si bien por una parte al decirle mis cosas se sensibilizaba más en su dolor; por otra creo que se fue animoso pues el todo lo suyo lo achacaba a su falta de fidelidad al Señor y yo en cambio veía en todo ello la mano de Dios trabajando su alma. Dios quiere que sea como usted lo ve, pues yo no veo más que responsabilidad en mí. Me decía esto con la sencillez de un niño y yo como una tierna madre le decía lo que en aquellos momentos se me ocurría para hacerle ver en todo ello la mano de Dios. A Cristo le costó la muerte hacer de dos pueblos uno solo, hacer la unidad; los seguidores de Cristo continuando su obra para realizar la unidad en nosotros y llevarla a los demás. Él me encomendó otra vez lo que ya me había dicho por teléfono y que ahora sabía con más detalle para que pidiese por ello y después de prometerle que lo encomendaría al Señor con toda mi alma y lo mismo haría él, le dije un "Dios se lo pague todo" y nos fuimos. Yo me quedé muy tranquila y animosa a esforzarme por ser más buena con todos.

Se me ocurre poner aquí un detalle de Nuestro Señor, ya que en el cuaderno anterior hablé de mi debilidad y aquí viene la respuesta del Señor. Al ir a buscar a la cocina el desayuno para llevarlo a las enfermas vi que una hermana hablaba por el torno de la cocina que da a la vicaría, pero ni me preocupé de lo que hablaba. Salí tranquila con los desayunos y ya cuando subía para el noviciado me encuentro en la escalera con esta monja y me dice al despedir por el torno a la hermana de una monja nuestra : tengo al Padre Bueno desayunando conmigo, y la procuradora nos sacó unas manzanas enormes. Yo me sonreí y seguí escaleras arribas diciendo: Señor, eres encantador, qué detalles tienes, estás en todo, Titín (nota: expresión afectuosa) mío, no puedo sino amarte y amarte y amarte hasta morir de amor. Cuando yo cogí aquella manzana con toda mi ilusión para que el padre probase las manzanas de la huerta de nuestro Padre (Santo Domingo) que creo se comerán con ilusión, el Señor me hizo ver que me permitía en esto una pequeña satisfacción, El me lo hizo ver y a la vez me dio fuerzas para no me dejar llevar de esta debilidad. Bueno, bendito seas Señor, cuando ya no pensaba yo nada de las manzanas por donde Él quiso que yo me enterase que el Padre estaba comiendo nuestras manzanas. ¿No podía esta monja callarlo o decirme simplemente el padre está desayunando en la vicaría sin especificar nada de lo del desayuno puesto que solo me nombró las manzanas? Cada uno es libre de interpretar como quiera, pero yo veo en ello un detalle del Señor. Te pide un gramo de renuncia y luego te lo paga al ciento por uno. Así eres de generoso Señor.

Día 3 de diciembre

A media mañana me llamó por teléfono, mas apenas nos habíamos saludado, y empezó él a contarme sobre su misión de estos días, que estuvo fuera y me había encargado algunas cosas para que las encomendase al Señor, cuando sin ningún aviso nos cortan. Yo me quedé un poco esperando a ver si volvía a llamar él, pero en este tiempo llamó un señor de un establecimiento del pueblo dando un aviso que servidora cogió y fui pronto a comunicarlo a la interesada. En este intermedio volvió llamar el Padre y como yo estaba pendiente del teléfono lo volví a coger y ya me dio la razón de que tenía pedida una conferencia a Salamanca y precisamente en el momento que se pone hablar conmigo se la dan. Bueno empezó a contar otra vez y al instante llega una de casa y me dice que necesita el teléfono, que hablemos por el teléfono interior, el que va anejo al de ellos (el de los frailes), y se lo dice a él, y me mandó llamase yo para allá, así lo hice varias veces y nadie me contestaba. Él al ver que se alargaba volvió a llamar por el de la calle, se comprende que ya estaría libre. No habíamos hablado ni seis palabras y nos avisa la de la central de que a él le estaba esperando una conferencia de Madrid.

En todo esto descubrí la mano de Dios y con toda serenidad ni el menor movimiento de contrariedad sentí en mí, le dije: Padre ¿qué se hace? Pues mire -dijo él- el fin de esta llamada era para decirle que el domingo se inaugura una iglesia ortodoxa en Madrid y esta tarde ya me marcho para allá, encomiéndalo todo al Señor. Bueno, Padre ¿Cómo no? Con toda mi alma lo haré. Adiós, dijo él, y adiós dije yo y colgué. Sentía tal señorío sobre mí y un verlo todo como venido de Dios que no podía por menos de exclamar "bendito seas por todo

Señor," no quiero ni más ni menos que lo que Tú quieras. Me hubiese gustado verle, enterándome de su apostolado, pues él es el que predica y la monja la que ora, si bien él no descuida la oración, pero si el Señor mandó o permitió que no me enterase ¿qué mayor gusto que aceptar la voluntad de Dios?

Día 14 de diciembre.

Justamente en el momento de entrar en el coro para cantar las vísperas, vi que se encendió la luz del confesionario, esto me espabiló y me dije ¡quita! aquí está alguien confesando; presté atención y enseguida me aseguré de ello ¿quién será? Bien seguro que él. Efectivamente pues faltaba del coro una de sus dirigidas y cuando terminó ésta veo que pasa otra, así que me preparé y también pasé. Confesé las faltas y acto seguido le dije que llevaba unos días que me encontraba rara y que no sé si atinaría a poder expresarle lo que me pasaba. Bueno, vamos a ver, dijo él ¿qué es lo que pasa? Y me hizo alguna pregunta, yo creo que con el fin de abrirme paso y si bien no logré expresarle todo lo que quería, creo que él lee en esta alma y se hizo cargo de lo que pasaba, porque de lo que yo dije no me parece él tenía para darme tanta explicación.

Agonía de amor

Comencé diciéndole que me veía como suspendida entre el cielo y la tierra, y que solo se sentía a gusto en los tiempos de oración, pero al salir de esta e ir a las ocupaciones no me parecía más que bajaba del cielo a la tierra porque queda en el alma como un trasfondo en donde permanece vivo el recuerdo de Dios, de su amor, de su santidad y perfección que la pobre alma, al ponerse en contacto con las realidades de la tierra, no ve más que imperfecciones en sí y en los demás. (Aquí le di cuenta de algunas cosas concretas que me habían hecho sufrir y no me parece bien escribirlas porque me vinieron de otras personas y a fin de cuentas el Señor lo dispuso así o por lo menos lo permitió sin duda alguna para mi mayor bien), y mientras que en las demás me sale espontáneo de adentro el no juzgarlas e incluso disculparlas, en cambio en mí no veo disculpa posible y yo misma me condeno, no veo en mí más que imperfecciones y mala correspondencia al amor, no sé amar a Dios mientras que Él se está volcando continuamente en esta alma. Esto me produce un sufrimiento tan profundo que me parece más que estoy metida en una agonía de amor, muero porque no sé amar como quiero amarle y como Él se merece. Qué hambre siento de estar ya con Cristo para poder amarle sin experimentar esta limitación, esta impotencia, y ser quemada toda en su amor, pues aquí mi mala correspondencia por una parte, mi limitación por otra, estos días me estoy sintiendo como acobardada ante Dios, me veo confundida y merecedora de cualquier reproche y en cambio sólo me da amor y más amor que aumenta mi martirio de no corresponder a tanto amor y, cuando ardo en deseos de amarle por toda la humanidad, veo que ni aun por mí le sé amar. Con algo más rodeo de palabras fue lo que acerté a expresarle y terminaba diciéndole: "No sé Padre lo que me está pasando. Me encuentro rara". Tomó él la palabra y me dijo: "¿a esto llama usted encontrarse rara?" Pues sí Padre, no sé cómo estoy y al decir esto recordé algo más y le seguí diciendo: días antes de la festividad de la Inmaculada, 14 aniversario de mi profesión, empecé a sentir sobre al alma de un modo especial las infinitas misericordias de Dios sobre ella a la vez que, en contraste, sus miserias, su nada, su mala correspondencia... Esto era un abismo de miserias que clamaban ante Dios pidiendo misericordia y me sentía envuelta en esa infinita misericordia divina. Era algo que me hacía arrojarme en los brazos amorosos de Dios mi Padre y esperarlo todo de Él, a la vez que le prometía una nueva conversión, un empezar de nuevo a serle más fiel y clamaba a la purísima Madre que me tuviese siempre de su mano para ser cada día un poco mejor, un convertirme más a Dios.

Con estos sentimientos recibí el sacramento de la penitencia como preparación también para este día y como era el Padre Antonino Iturbe, le dije algo de esto que me pasaba y con tal espontaneidad me salió que él bien pudo darse cuenta de mis ansias de ser toda de Dios y empezar con nuevos bríos en este aniversario que después de darme una exhortación muy aleccionadora poniéndome a la Virgen de modelo, me dijo: la encomendaré a la Virgen en este misterio de su Inmaculada Concepción, y en todos estos sentimientos que ha manifestado evidentemente que esto es una nueva gracia de Dios: el sentir con esa viveza la misericordia de Dios de una parte y sus miserias de otra moviéndola a arrojarse con confianza filial a Él.

Y ahora yo le diría que lo de ahora era distinto puesto que me acobardaba ante Dios, a la vez que sentía esta agonía y de no saberle amar como deseaba y le insistía que tanto llegaba esto que, de ordinario de noche dormida, noto que el alma está despierta amando a Dios y al despertarme por la mañana casi siempre me sale decir ¡Dios mío te amo! Es como decirle ya te estoy amando más consciente, en cambio estos días aun dormida, si bien está el alma unida a Dios, tiene la idea de que no le sabe amar, y el día anterior a esta confesión al despertar se me escapó como un grito diciendo ¡Dios mío no te sé amar! Diciendo esto y experimentando un sufrimiento, una agonía de amor fue todo uno: ¿qué es esto Padre? ¿cómo no me voy a sentir rara? Se quedó unos momentos en silencio y luego dijo: su pena, su sufrimiento es pena y sufrimiento de amor porque ve su impotencia de no poder amar como quisiera y como Él se merece. No se acobarde ante esto, siga generosa con El, dilate más y más su alma y cuando el Señor le haga sentir esta agonía de amor pídale a Cristo que sea Él quien ame en usted y que se ame así mismo en usted. No sé si con estas palabras le dejé terminar porque le conté diciéndole: cada momento me sale pedirle esto, parece que me alivia un poco mi tormento.

Continuó él: mire a la Santísima Virgen, imítela en todas sus virtudes, y empezó a explicarme algunas virtudes concretas de la Virgen; la humildad, el servicio, la caridad y creo que me nombró alguna más; de maravilla como las explicaba practicadas por la Santísima Virgen, pero yo imposible poder decirlo aquí, tanto me dijo que no puedo retener. Cuando él terminó con esto yo le dije: la Virgen es mi Madre y mi consuelo, gracias a Ella voy adelante en mi amor a Cristo y cuanto más unida me siento a Cristo más Madre mía la siento, pero de Ella a mí media un abismo. Ella es la perfectamente perfecta, yo en cambio, soy la perfectamente imperfecta. Ahora bien, no me desanimo al contemplar tanta perfección en Ella y en contraste tanta imperfección en mí, más bien me subyuga su hermosura y perfección y provoca en mí fuertes deseos de imitarla, y tengo la seguridad de que Ella quiere que la imite y me da la ayuda, lo experimento en el alma a pesar de mi imperfección y miserias. A esto él me dijo varios textos de la L.G.[133] del capítulo que habla de la Virgen, me los decía con tal unción y ternura hacia la Virgen que la doctrina es de por sí excelente y luego el modo de exponerla con esa unción, rezumando ternura hacia Ella, mi alma se dilataba en el amor a Dios y a su Santísima Madre. Esto me ensanchaba el corazón y cuando terminó de decirme todo esto, parecía que sentía como pena de que callase.

Después me empezó hablar del Adviento. Vivámoslo bajo estos dos aspectos: 1° preparémonos a recibir al Redentor, allanemos las sendas de nuestra alma, dispongámonos a recibir su mensaje. 2°La humanidad necesita al Redentor, pidamos que venga a liberarnos, a redimirnos de nuestros pecados, nuestro egoísmo nuestra falta de amor... Esto que yo digo en cuatro líneas, si recordase todo lo que él me dijo del Adviento, serían unas cuantas páginas. Con qué riqueza de textos de la Sagrada Escritura me habló de la preparación del alma para el Redentor y luego, exponiendo tantas necesidades en la Iglesia y en toda la humanidad, me hizo ver la necesidad que tenemos de que venga el Redentor, de vivir este misterio de la Salvación. Cosas de Dios, la que media hora antes vivía en una agonía salía del confesionario con un corazón tan dilatado para amar a pesar de su impotencia, de su limitación, de su nada porque no iba ser ella la que amase sino Cristo desde ella.

Bendito sea Dios, sea glorificado en todo, hasta con mis miserias, mis imperfecciones, mi impotencia, mi nada porque así te glorifico cantando tus misericordias. Una vez más cobré consciencia de que Cristo será quien ame en mí porque esta exigencia que yo sentía de llamar a Cristo y decirle que Él amase en mí, ahora el Padre cuando ni me acordaba de darle cuenta de esto, él me lo recordó como si lo leyese en mi alma, me esclareció esto con lo que él me dijo, y lo veo claro que Cristo es el que tiene que ser el que ame en mí, pues pobrecita criaturina cómo no vas a experimentar tu nada hasta para amar

133. Cf. Concilio Vaticano II, Lumen gentium.

y más cuando pretendes amar al Infinito, al que lo trasciende todo, al AMOR. "Misericordias Domini in aeternum cantabo". Han pasado varios días desde que esto pasó hasta que pude disponer de tiempo para escribirlo, así que me doy cuenta de que dejo mucho por decir pues no lo recuerdo ahora porque al decirme él no se acobarde, sea generosa, dilate su alma me fue explicando mucho sobre esto. Al marchar me dijo, D.m. (Dios mediante) el domingo próximo vendré a ponerle las diapositivas para que vea a las monjas anglicanas que se escribe con ellas y a algunas otras vistas del congreso mariano. Esto se lo había pedido yo hace tiempo a raíz de venir él del congreso, pero yo creía que se trataba de fotografías corrientes y no tenía más que pasarlas, pero al preguntarme una anglicana si la había visto en las fotos le recordé a él que aún no las había visto y que no era cosa de contestar a la monja anglicana y decirle que aún no las había visto. Entonces es cuando él me dijo que eran diapositivas y que tenía que venir él con la máquina para proyectarlas y como está tan ocupado por eso hasta este día que anunciaba no se le arreglaba venir.

Domingo, día 19 de diciembre

Estando las religiosas jóvenes adornando el salón de la biblioteca para las fiestas de las Navidades, tocaron al locutorio, serían las seis y pico de la tarde, era él que venía a proyectar las diapositivas. Fue casi toda la comunidad. Yo llevaba dos cartas para las monjinas anglicanas con el fin de, nada más verle, darle las cartas para que él las mirase y las enviara cuanto antes. Pero bendito sea Dios, todo son experiencias me quedé con la pluma en la mano y se ve que tenía mucho calor en las manos , total que se calentó la tinta y se salió de la pluma, así que al ponerme a escribir después que ya lo habíamos visto todo mientras que él explicaba a la comunidad lo relacionado que estaba la vida religiosa con la unidad, yo iba escribiendo de mala manera y hasta nerviosa porque me parecía seria la hora de vísperas, y una vez que el terminase de hablar nos bajaríamos todas, bueno pues, o la falta de cuidado o no sé qué, vine a manchar un poco los sobres de tinta y ya toda apurada porque no había lugar a más, se las di advirtiéndole mi poco cuidado por haberlos manchado, cuando esto hacía ya él había terminado de hablar, y estábamos todas de pie, de despedida y muy bien han podido oír lo que le decía de los sobres manchados, yo debía de poner cara de asustada porque lo miré a ver que me decía él o qué cara me ponía.

Bendito seas siempre Señor, cuando yo esperaba una corrección o por lo menos un gesto de contrariedad, a ejemplo del buen Dios, hizo un movimiento de sonrisa y me miró con una mirada tan angelical, tan pura, tan comprensiva, tan cariñosa al mismo tiempo que yo vi reflejado su interior en esa mirada, me sentí muy segura de esa persona que el Señor puso en mi camino hacia Él, y no pasó solo aquí la cosa sino que el alma en esa mirada tan virginal descubrió un reflejo de la mirada de Cristo cuando perdonaba los pecados, curaba a los enfermos, acogía a los niños, cuando se recreaba con sus amigos de Betania, con sus apóstoles y sobre todo cuando miraba a su dulce Madre... Todo esto me hizo ver esa mirada en un instante. Me enfervorizó a la vez que me hizo sentir veneración hacia él porque no parecía más que en ese momento sentí como la cercanía de Cristo en su persona. Ya fuera del locutorio en dirección al coro esa mirada que había visto iba calando en el alma y ya su persona desaparecía a la vez que esa mirada me hablaba de la mirada amorosa de Cristo continuamente a mi alma. Esas miradas de Cristo al alma que son misericordia, que son perdón, que son benevolencia que son amor... Todo esto al vivo me lo hacía ver el Señor. Empezaron vísperas, luego la oración, y esta pobre alma no era llevar tanto amor como Cristo le daba; al otro día después de recibirle en la Comunión otro torrente de amor vino sobre ella y de nuevo no podía llevar más. Bendito sea Dios, de qué cosas se vale para enfervorizar a un alma y para hacerle sentir tu mirada de amor. Cuánto más amor podría decir de lo que pasa en el alma a partir de aquí, pero, pienso darle cuenta a él cuando tenga ocasión y entonces diré lo mío y lo que me diga él.

Ahora yo me pregunto ¿si alguien se dio cuenta de esta mirada que me echó al hablarle yo vería en esa mirada toda la riqueza que el Señor me hizo ver a mí? No puedo responder porque no lo sé. Pero tenemos la tendencia a verlo todo oscuro y peligroso y no descubrimos el amor de Cristo que hay en las almas ¿por qué no puede haber amistades santas, corazones puros compenetrados en Cristo? Vemos y juzgamos de las cosas según nuestro ojo interior y si en nosotros hay tiniebla, hay desorden esto vemos en los demás, pues no, Cristo nos hizo para amar a Cristo y a todos en Cristo con el amor de Cristo. Por sus frutos se conoce al árbol nos dice el Evangelio y esto mismo se puede decir de las amistades por los frutos que producen se conocen si son santas y buenas y no por apariencias o por nuestro ojo de tiniebla.

Día 6 de enero de 1972. Fiesta de la Epifanía del Señor

Hacia las cinco y media de la tarde vino a confesar. Había estado el día antes, pero por los preparativos de la cabalgata que hacemos en este día y la cosa de regalos se adelantó una hora el horario de la noche, así que cuando él llegó ya pronto iban a tocar a la cena y seguida de ésta comenzaba la fiesta de la que servidora no estaba libre, por lo que vi que mi ausencia no era prudente, así que determiné no ir a confesar y así hize alguna otra. Se confesaron sólo dos y una de ellas creo que le dio cuenta de lo que pasaba y él le dijo vengo mañana y si no puedo el sábado. Bendito sea el Señor por todo, todo se mueve bajo su mano. De haber ido en este día, todo sería de prisa y nerviosa mientras que en este otro día disponía de tiempo libre hasta las siete y media que comenzaban las vísperas y no sólo el tiempo sino la disposición que había en el alma para recibir este sacramento.

Era de estos días en que de un modo especial el alma se siente envuelta en la gracia y misericordia divina y ve por otra parte la obra de Dios en ella y por otra su nada. Una la mueve a dar gracias a Dios con todo su ser y la coloca en una actitud de adoración hacia su Dios; otra la hace ver su nada, su mala correspondencia al amor y brota espontáneo un arrepentimiento tal y una conversión a Dios, a empezar de nuevo a serle más fiel, que el alma ve que todo esto es obra de Dios, no nace de sus razonamientos, sino que la luz de Cristo la alumbra y así lo ve como es. Bueno pues con estos sentimientos entré a confesarme y a darle cuenta del alma de cómo había vivido todo este misterio de la Encarnación del Señor en sus distintas manifestaciones.

Dije primeramente las faltas de estos cuatro o cinco días que llevaba sin confesarme luego hice hincapié en un resquicio de mal que me había hecho ver el Señor al aprobar en mi interior una acción insignificante en sí, según la prudencia humana parecía que ese era el merecido de quien se había abstenido de tomar parte en lo que le competía, pero qué cosa oír lo que otra decía, y yo en mi interior decía, pues llevas razón y levantarse la voz del Señor en el alma y decirme eso no es juzgar según mi Evangelio, hay que devolver bien por mal, que todo es uno, quedé más corrida delante el Señor y como expiación le mostré a la persona que condenaba suma atención y delicadeza. Y esto le agradó al Señor. Aquí le recalcaba cómo, si el Señor no me tiene de su mano, soy capaz de todo pecado.

Servicio que repugna

Luego le conté un detalle que momentos antes de suceder esto había tenido lugar. Salí del coro a poner una inyección de insulina a una de las enfermas (me comprometí a esto porque por la experiencia que tengo de esta enfermedad puedo regular mejor a esta enferma). Al llegar a su celda me encontré con una sorpresa de estas que repugnan a la naturaleza. De broma le dije: vaya un rey mago que me tiene preparado, ella se echó a reír y dijo: déjeme así hasta que venga la enfermera. No, no la puedo dejar así, todas somos hijas de Dios, el Señor quiso darme esto... manos a la obra. Me quité la capa, recogí el hábito y aunque no tan bien como la enfermera hice con toda mi alma todo lo que pude. Cuando ya la dejé lista ella se deshacía en agradecimiento. Yo le dije: a mi nada me tiene que agradecer sino al Señor que me trajo aquí en un momento que Usted me necesitaba, pero ni con estas callaba y ya cuando me dijo quedaré rezando por usted yo agregué rece todo lo que quiera para que sea fiel a Dios, pero esto que no sea por el servicio que le presté, ya me lo paga hasta por demás el Señor, usted a mí nada me tiene que agradecer. Se sonrió y quedó muy contentina. Apenas había salido de la puerta de su celda y el Señor se volcaba de tal manera en el alma que yo me veía del todo confundida diciéndole al Señor: "pero si no hice nada para que ella me lo agradezca tanto y tú me lo pagues así, pero ¿es que tu amor no me exige servirte en los hermanos? ¿No son los hermanos prolongación tuya? Así me lo haces ver luego tengo que amarte en ellos y servirte en ellos a ti". Yo lo veía natural, pero Él no se cansaba de volcarse así en el alma, y como luego me hizo ver lo agradable que le había resultado este servicio y como tengo que vivir no con ese horizonte pequeño de evitar las faltas, el pecado, sino vivir en esa amplitud que, sin descuidar lo anterior, esté atenta a dejarle hacer a través de esta alma lo que es más agradable a su Padre celestial y es un campo tan inmenso este que no hay miedo que se agote. Vi que me pedía no tanto el rebusco de las faltas cuanto el estar atenta a Él para acertar a hacer siempre lo más agradable al Padre.

Que Cristo ame en mí

Y esto es agradable al Padre ¿no?: dejar a Cristo pasar a través de esta pequeña alma haciendo el bien sobre todo a los pobres, a los necesitados ya que pobre es todo necesitado. Así entendió al alma esta lección que su Maestro le dio. Aquí di por terminada la acusación de mis faltas, y ya empecé a darle cuenta de las cosas del alma desde la última vez después de ir con esa agonía de amor por no acertar a amar a Dios como quería y sobre todo como Él se merece, con lo que Él me dijo salí muy animosa pidiéndole a Cristo que fuese Él quien amase en mí. Desde esto no volví a sentir esa agonía a pesar de sentirme infiel al amor, poco generosa, muy imperfecta, en una palabra, no sé amar, pero todo esto que veo en mí, al mismo tiempo que me hace ver mi nada, me produce tal paz y tal abandono en la misericordia infinita de Dios mi Padre sintiéndome hija de Dios, que está muy lejos de producirme aquella agonía de que le hablé la otra vez. Creo que esto es lo normal en el alma: ver a la vez su nada y su confianza en Dios su Padre llena de paz y de gozo, aquí solo cuenta la misericordia infinita de Dios. De esto pasé a darle cuenta de cómo había vivido este tiempo empezando por lo de la mirada del locutorio que ya dejé escrita y le decía de qué modo se sirvió el Señor para enfervorizar esta alma y eso fue el punto de partida para recogerme de un modo especial en mi interior al sentir tan al vivo la mirada amorosa de Cristo sobre el alma y vivir con especial fervor estos misterios.

De esta mirada, que tal vez usted ni se dio cuenta, saco también la enseñanza de que me tengo que acercar a Usted con cierta veneración porque toco en Usted a Cristo, Cristo me enseña en sus palabras, en sus gestos... todo en usted me está hablando de Cristo. Es verdad que el Señor me da mucha fe para descubrirle, pero vaya cómo se manifiesta a través de su persona. Esto me habla de que tenemos que ser dos almas compenetradas en que una a la otra irradie a Cristo, sí Padre, que usted en mí no vea más que a Cristo y lo mismo yo en Usted, ser Cristo uno para el otro trasluciendo al que es vida de nuestra vida. En este especial recogimiento interior en que la mirada de Cristo me seguía a todas partes, ya unos días antes de Nochebuena con tal viveza se me representaba el misterio del nacimiento de nuestro Redentor que andaba como abstraída, no era salir de esto y esto no había venido al alma con reflexiones sino que lo ponían en ella ya hecho para que contemplase estas maravillas del amor de Dios a los hombres y se perdía la pobre alma ante tanta grandeza a contemplar; pero una cosa le atraía fuertemente, era la figura de la Santísima Virgen cuando vio ante sí al Verbo de Dios hecho carne. Ella que sabía de su concepción milagrosa, Ella que lo vio ante sí sin romper los sellos de su virginidad perpetúa, ¿qué acto de adoración tan profundo no haría ante el niño-Dios? Parece que el alma lo veía. Pero este niño era carne de su carne y sangre de su sangre que el Verbo de Dios en Ella asumió luego, era el Hijo de Dios, pero también era su Hijo con la ternura de la mejor de las madres y al impulso de las exigencias de su corazón maternal estrecharía a su Hijo con indecible amor de madre y las lágrimas le saltarían de gozo porque el mesías esperado, el Salvador ya estaba entre nosotros. El alma vivía todo esto tan al vivo que no parecía más que lo estaba presenciando.

Así las cosas, llega la víspera de la Navidad. En la tarde, esta fue de un ajetreo terrible arreglando ya las cosas de última hora para la cena que íbamos a tener en el salón de la biblioteca y queda bastante distante de la cocina para traer y llevar las cosas, luego quise dejarles puesto el Belén en la celda de cada una de las enfermas que también me llevó un poco de tiempo, pero, aunque andaba volada de tiempo, yo vivía absorta en el misterio que se avecinaba por momentos y en todo encontraba la mirada de Cristo. A las siete menos cuarto tocan a coro para cantar con toda solemnidad el martirologio, la calenda de la Navidad, y cuando a las palabras del anuncio del nacimiento del Señor nos postramos todos en venia para adorarle en silencio.

Lágrimas de emoción en Navidad

Una fuerza sobrehumana se apoderó de mí y sentí mi pobre corazón tan inmenso como si en él se fundiesen todos los corazones de la humanidad, creyentes y no creyentes, le sentí universal y brotó de él un acto tan profundo de adoración al Hijo del Eterno Padre encarnado en las entrañas de María Santísima que bien claro vio el alma que esto no fue industria de ella sino obra de Dios el que viviese este momento así. El alma solo a última hora cuando ya iban a dar la señal para levantarse pudo decir: Cristo mío, te amo con toda mi alma y todo mi ser, renuevo mis promesas del bautismo, mi profesión religiosa, mi consagración victimal, dame siempre tu gracia y dispón de mí como quieras. Quiero vivir y morir abrazada en tu amor, apurando el sacrificio de mi vida cuando quieras y como quieras. Esto me salía decirlo con tan sinceridad y espontaneidad porque así brotaba al natural de un corazón que sentía ardor en su amor a la vez, que se sentía identificado con el de toda la humanidad, creo que toda la humanidad amó y adoró al Redentor en este pobre corazón, lo sentí que era así. Dan la señal para levantarnos y en lugar de seguir cantando el martirologio se cantó el canto "misterio del amor, en medio del silencio el Verbo se encarnó." El alma que ya no podía con más al oír este canto tan sentimental ese fuego que sentía en mi corazón se apoderó de toda mi persona y con un gozo indecible y como transportada a otras regiones del espíritu cuando acordé conmigo, vi que estaba llorando a lágrima viva, de gozo y emoción ante este misterio del niño-Dios con nosotros. ¿Quién comprendería mis lágrimas si alguien las advirtió? No importa. Estaba el alma al máximo y esto que yo no esperaba me hizo comprender mejor lo que pasó en la Santísima Virgen en este misterio.

Navidad, una misa con toda la humanidad

Luego tuvimos vísperas y la oración (una hora) ante el Santísimo expuesto que secundando los deseos de mi Padre espiritual en que pedía, por medio de la circular de la Unidad, que durante las Navidades dedicásemos una hora de oración pidiendo por la unidad. Aproveché esta e invité a que otras lo hiciesen también. El momento era propicio. El Salvador, el Verbo de Dios, al tomar carne humana unió así a toda la humanidad, pero la mayor parte de esta desconoce a su Bienhechor y los que le conocemos estamos desunidos...cómo no clamar al Redentor ¡Ven Señor! Ven a liberarnos de nuestros egoísmos, de nuestros pecados, de nosotros mismos para dar entrada a tu mensaje de amor, para amarnos todos como hermanos acogiendo unidos al Salvador que vino y sigue viniendo para todos si no le cerramos la puerta de nuestra alma. En este tiempo el alma se sentía igualmente universal y ardía en deseos de que la Buena Nueva que Cristo nos trae llegue hasta todos los confines de la tierra.

Después tuvimos la cena fraternal en el lugar preparado para charlar durante esta. Serví a la comunidad, era mi deber, lo hago todos los días y cuando me senté a cenar seguía en mi idea universal y pensando en tantas personas que pasan hambre, otras en la guerra en que se verán privadas de estas golosinas de estos días, me sentí solidaria de ellas y yo no permití nada de esas cosas, aunque me habían puesto un plato con bastantes cosas. Cierto que por mi enfermedad no puedo tirar de largo en estas cosas, pero sí un poco en este día podía tomar, pero me mantuve muy a raya en todo tal vez piqué por de menos pues a la noche, debido al ajetreo de la tarde y a la cena, tal vez un tanto restringida, me desperté con un gran descanso que no me vino mal para así mantenerme despierta en esta noche de misterio de amor. Luego de la cena y un poco de sobremesa nos fuimos al coro a rezar maitines y luego de éstos dio comienzo la Santa Misa. La viví con fervor, pero tengo que confesar que mi alma había descendido algo, no estaba al máximo cuando la calenda. Por otra parte, no tenía conocimiento de alguna infidelidad en este tiempo, pues si hubo fallo en mí no lo advertí.

El día de Navidad ya muy pronto estaba espabilada deseando llamasen para salir de la cama. Fue un día de alegría santa, aunque no faltaron ciertas flaquezas humanas que me hicieron sufrir (a él le di cuenta de esto), creo que el Señor lo permitió así para estimularme de un modo especial en este día a orar mucho por la causa de la unidad cristiana. Si, primeramente, tratar de realizar la unidad dentro de nosotros para que todo nuestro ser unido a Cristo se lance en busca de la unidad de todos en Cristo empezando por los más próximos. Qué bien me lo dio a entender el Señor, aunque ahora no lo sé explicar. Me colocó también en este día y en algún otro de estos en situaciones difíciles para mantenerse en equilibrio, sin inclinarse ni a una parte ni a otra sino buscando la mayor unidad en Cristo por ambas partes. Esto me hacía vivir muy unida con Él para que El a través de esta pobre criatura pasase sembrando amor y unidad.

La Sagrada Familia, modelo de unidad

A otro día, domingo, celebrábamos la fiesta de la Sagrada Familia y este año casi diría que como nunca todo lo viví bajo la idea de la unidad. Qué modelo de unidad la Sagrada Familia ¿Cómo no encomendarles la gran familia humana? Día primero de año la fiesta de la Madre de Dios, Ella que nos dio a Cristo, ¿no nos dará la unidad de todos en Cristo? Aquí voy muy de prisa con esto último; a él le di más detalles de todo esto y ya pasé hablarle del día de la Epifanía y que le estaba diciendo Cómo la fiesta de este día me impulsaba a estar en un continuo, puedo decir, dar gracias a Dios. La manifestación de Cristo a los gentiles en la persona de los santos reyes me hacía ver la invitación del Señor a todos a vivir en su conocimiento e intimidad, y entre los gentiles que les llegó la Buena Nueva está incluida mi persona. El buen Dios en su infinita misericordia quiso que a mi querida España llegase pronto la

Buena Nueva, pues ya si Pablo la menciona en sus cartas, y es de creer que, en su amor de fuego queriendo llevar a Cristo hasta los confines del mundo, penetraría en España la luz de Cristo, si bien el Patrono es Santiago, sea lo que sea, ya desde los apóstoles nuestra nación es de creer que para ella brilló la gran luz de Cristo.

Esto lo veía tan digno de reflexión y de dar gracias a Dios por el don de su gracia que nos llamó a ser hijos de Dios. Aquí empalmaba con mi bautismo, mi profesión... que muy bien podía decir con san Pablo: "Porque a los que antes conoció, los predestinó a ser conformes con la imagen de su Hijo.[134]" Sí, me veía de los conocidos, de los justificados, de los predestinados y de los glorificados, todo lo hace la gracia de Cristo en mí, ¿cómo no vivir en un continuo darle gracias al Dios amor que todo lo obra en esta pobre alma? Sentía cómo por el santo bautismo me había hecho hija de Dios, Dios tomó posesión de mi alma me, inyectó vida de su vida y no parecía más que el alma percibía el eco de las palabras del Padre celestial cuando en el bautismo de su Verbo encarnado decía: "Este es mi Hijo muy amado en quien me complazco.[135]" Y esto sigue repitiendo en cada cristiano al recibir el santo bautismo. Veía la riqueza insondable del cristiano al recibir el santo bautismo. Veía la riqueza insondable del cristiano y también valoraba nuestra responsabilidad si no somos dóciles al Espíritu de Cristo para dejarle hacer en nosotros esa conformación con Cristo, crecer y desarrollarse en nosotros hasta que llegamos a la edad madura en Cristo Jesús, revestidos totalmente de Cristo, que nuestro vivir sea Cristo, vivo yo mas no yo es Cristo quien vive en mí. Qué bien entendía todo esto la pobre alma. Qué riqueza tan insondable nos trajo el Verbo de Dios a la tierra, la Trinidad Santísima descendía hasta nosotros en la Encarnación del Verbo al asumir nuestra naturaleza.

134. Cf. Rom 8,29-30.
135. Cf. Mt 3,17.

Dios se hace hombre para que el hombre se haga Dios

Cuánto de esto entendía, que aquí no sé explicar ni tampoco logré explicárselo mejor a él. Dios desciende hasta nosotros para que nosotros ascendamos a Él. "Oh admirable comercio la del género humano, Dios se hace hombre para que el hombre se haga Dios[136]". Algo de esto nos dice una antífona preciosa de este tiempo. Y este admirable comercio lo experimentaba el alma, Dios le manifestaba la transformación que en divina gracia obró en ella. Del agua de la vanidad y del pecado la transformó en el vino amoroso que alegra el corazón del divino Esposo, de esto me habla el milagro que también hoy celebramos del agua convertida en vino. Todo lo de esta fiesta de Epifanía le está hablando a mi alma: desde la manifestación íntima de Dios en mi alma anticipo ya el cara a cara en el Reino. No sé cómo agradecer tanto bien como Cristo nos ha dado, cómo injertó en Él y por Él en la Trinidad. Y al llegar aquí paré en seco pues me perdí en esta inmensidad y no acertaba a darle cuenta de más, y quedé esperando a ver lo que él me decía pero el silencio se iba alargando más que de costumbre, pues suele esperar un poquitín después que yo le digo las cosas antes de hablarme él, pero esta vez esto se alargaba mucho y yo estaba un poco violenta, pues nada me venía para decirle con el fin de romper este silencio, hasta que él, como haciendo un esfuerzo, exclama: ¿Qué pasa?, no acierto a decirle nada y volvió callarse.

Yo esperé otro poco y él no decía nada. Entonces pude decirle: Padre, yo le fui diciendo las cosas como las viví, usted dígame solo si estoy en la verdad de estos misterios o si hay ilusión en mí. Entonces toma él la palabra con un tono de voz tan fervoroso y empieza con tal sencillez a confesar sus defectos dando cuenta concreta de algunos humillantes el decirlos, que yo le escuchaba diciéndome solo una gracia de Dios mueve a hacer semejante cosa. Y después, creo yo, que quedó a gusto confesándome sus defectos me empezó a decir. "Por lo que me acaba de decir cómo vivió estos misterios tengo que decirle que en su alma

136. Cf. Saint Athanase, *Sur l'Incarnation*.

no hay zonas sin "escalar" (creo que me dijo esa palabra, no estoy muy segura) la gracia de Cristo domina toda su alma. Alegrémonos y demos gracias a Dios, pero siempre cabe más progreso en la luz en el amor (me dijo más de esto, pero no lo retengo). Por su parte cabe más fidelidad, más generosidad, más vigilancia, más finura y delicadeza con Él". Yo no sé cómo me dice las cosas que a la vez que me hace ver la obra de Dios en esta alma, me siento más comprometida con el Señor para esforzarme a serle más fiel y generosa, no hay miedo que haga un alto en el camino, todo lo contrario, al estar con él me estimule a caminar más de prisa dejando a Dios obrar en el alma a pesar de la impotencia y la nada de ésta.

Impotencia de la naturaleza humana

Luego muy ordenadamente me fue dando respuesta a todo lo que le había dicho. Yo iré diciendo lo poco que retengo sin orden ni concierto, pues para colmo de males han pasado bastantes días por medio y aún retengo menos que en aquel día. En cuanto a su limitación a esa impotencia que experimenta en sí es normal, a pesar de esa asunción mística en que vive su alma, su naturaleza se encontrará con la limitación humana. Cristo asumió la naturaleza humana... (Aquí me dio gran explicación de esto, pero yo no lo sé explicar) vine a quedarme con la idea de que el mismo Cristo en su naturaleza humana experimentó el cansancio, la sed, el sueño... todo lo propio de esta naturaleza menos pecado. Luego es normal que usted experimente su impotencia, su nada puesto que Cristo dio un límite a la naturaleza humana. Y aún nuestro espíritu no está siempre en la misma elevación, nada pues tiene de particular el que hubiese experimentado ese descanso en su alma el día de Nochebuena y no hay por qué pensar que eso obedece siempre a algún fallo de su alma. El Señor es libre de darle lo uno o lo otro. Recíbalo todo con gratitud. En no sé qué momento también me dijo: "El hecho de la Navidad históricamente ya pasó".

Vivir Navidad en el alma

Ahora lo que tenemos que hacer es no quedarnos solo en lo histórico, sino que cada Navidad lo tenemos que ir viviendo en nuestras almas, incorporándonos cada vez más al misterio de la Salvación, dejándonos asumir totalmente por Cristo. Que el Verbo se prolongue a través de nuestra naturaleza y esto es labor de toda nuestra vida. Esto que digo en unas líneas él me lo explicó largamente y aun temo no ser muy exacta en reproducir sus palabras. También me dijo: en cuanto al modo de ver así este año el misterio de la Navidad... Muy bien pudo ser así o de otra manera, son secretos que guarda Dios. Le ha hecho bien esa contemplación, bien está, no hay nada desatino en ella y más cuanto que vino espontáneamente a su mente sin usted procurársela. Tengo que confesar que no soy capaz de dar cuenta de nada y tanto y tan profundo como me ha dicho y en un tono de voz de tal fervor que creo que en unos veinte minutos estuvo él continuamente hablándome y sus palabras llegaban a mi pobre alma como palabra viva que traía fuego a mi alma era como un sentir en sus palabras la cercanía de Cristo.

Ante tanto como me dijo de la Navidad y de nuestra incorporación a Cristo al asumir el Verbo de Dios la naturaleza humana yo le pregunté: "¿Los infieles y los de otras religiones no cristianas saben algo de su Navidad?". Se quedó un poco pensativo y luego me dijo, es posible que ahora con tantos medios de comunicación, radio, televisión les llegue algo de esto, pero ¿qué verán en ello? Tal vez al oír hablar de la Navidad verán en ello unas fiestas de otros que a ellos no les interesan, no les dice nada, máximo que estas gentes en general son las de menos cultura, y me empezó a dar explicaciones de la necesidad de pedir para que Cristo llegue a todos. Yo le dije, bueno pues quién sabe si estos medios modernos de comunicaciones pueden ser un medio útil para llegarles el mensaje de Cristo que es para todos. Pediré al Espíritu Santo que despierte esos corazones e ilumine esas inteligencias con su luz divina para que cuando tengan noticia de la Navidad sientan deseos de conocer lo que es la Navidad que sepan que todo un Dios se hace hombre para salvarnos, para hacernos hijos de Dios ¡Tanto nos amó Dios!

Fiesta de compañeros de oración

Aquí le seguí hablando de la inquietud santa que siento en el alma porque el reino de Dios llegue a todas las almas y que todos unidos nos sintamos hijos de Dios. Esto que, por una parte, lacera el alma al saber que Cristo no es conocido y por lo mismo no es amado y que los que conocemos no correspondemos a su amor puesto que aun los cristianos estamos divididos, por otra, todo esto me alegra el alma al ver tanto campo para llevar a la oración tanta necesidad y tiniebla como hay en la humanidad. Creo que es una gracia muy especial que el Señor me concedió el sentir tan al vivo todo esto de la unidad y de la evangelización. Y aquí recordé un episodio ocurrido unos días antes. El día primero de año tenemos en nuestro orden la fiesta de compañeros de oraciones, y hace años él tuvo la iniciativa de asociar a esta fiesta las advocaciones marianas más conocidas de todo el mundo y nos las dio escritas. A mí esto me tocó mi fibra más sensible, y esto como corresponde prepararlo al noviciado al estar al frente de ello, veo campo libre para poner estas advocaciones de tanto sentido ecuménico y misionero y la comunidad lo recoge bien. A servidora el año pasado le salió Nuestra Señora de Vladimir, solo Dios puede medir cuánto me dice a mí esta advocación por lo de la unidad y cómo me sentía comprometida a pedir de un modo especial por la conversión de Rusia.

Este año en cambio me salió Nuestra Señora de Belén, pues, junto a lo que estos santos lugares hablan a todo cristiano, el hecho de tocarme esta advocación me invita a pedir la paz y el amor que será el que traiga la paz a esta nación de Palestina. Esta pequeña explicación la digo aquí, a él no hacía falta sino lo que venía al caso. Bueno, pues este día en el recreo mostré dos estampas que me habían mandado una desde Inglaterra de la Santísima Virgen en la advocación de Nuestra Señora de Walsingham y la otra del Vietnam a través de un religioso vietnamita la pude conseguir, yo las enseñaba ilusionada y a la noche mostré el álbum en donde las voy coleccionando. Se miró con ilusión, pero alguien me dijo ¡Bah! Todo esto lo sentimos por lo que lo sentimos. Estas palabras dichas con cierta ironía me hirieron un poco, no lo demostré y seguí adelante como que nada, pero en mi interior me decía: Señor, bendito seas por todo, cómo llevo en el alma todo esto y no falta quien piense que esto obedece a pura simpatía con el padre, que cómo el Señor se sirvió de él para despertar en mí todo esto, pero ahora es algo vivo que tiene vida en el alma, ya no es el Padre espiritual sino el mismo Dios quien le hace vibrar en todo esto. Por eso qué distintos son los juicios que hacemos las criaturas a cómo son las cosas en la realidad. Acabada mi reacción, o sea de darle cuenta a él, me dijo: lo que Dios no quiera, pero si llegásemos a separarnos.

Amar al Amor

"Pues qué sabemos los planes Dios, usted siga adelante con todo este ideal, que nada ni nadie le haga retroceder en su marcha, se trata de llevar los hombres a Cristo para que se unan en Cristo", aquí esto lo explicó largamente, yo no acierto a recordar más. Luego le pregunté si no sabía reconocer las gracias de Dios al alma pues hace unos días en una carta que recibí con contestación a una mía en que ponderaba la riqueza tan insondable que cada día iba descubriendo en esta soberana vocación de contemplativa hablaba de que era una vocación de amor pues toda nuestra vida debe ser un amar al amor. No recuerdo bien lo que yo decía, pero era sobre todo esto de la vocación. Y me contesta que comparte mi entusiasmo por la vocación a la vida contemplativa. Es gracia señalada.

Esto me hizo pensar si yo estaría recibiendo gracias y más gracias del Señor y ni siquiera las conozco porque veo normal mi entusiasmo con esta vocación. Aquí le hablé también de otro día en que un Padre me había dicho sobre lo que hablé con él "esto es una gracia de Dios" y yo también lo veía normal, a ver si estoy echando en saco roto la gracia de Dios y no me doy cuenta. Me cortó con energía diciéndome: déjese en paz de averiguar ahora si esto es gracia o no es, no pierda fuerzas en esto, empléelas todas en amar y sea muy agradecida, pero sin pararse a discernir nada más. Yo le dije que no es mi estilo andar cavilando y le conté un caso en que un día hablando con una hermana ella me contaba la oración trabajosa que llevaba una temporada. Yo por mi parte le dije que para mí ahora la oración era coser y cantar, lo normal es encontrarlo todo hecho en el alma. Esta presencia de Dios que me envuelve todo el día al llegar los tiempos de oración es un expansionarse el alma amando a Dios sin nada de trabajo a puro placer. Esto que yo había dicho espontáneamente a aquella hermana, ella me miró como sorprendida y me dijo: está usted en no sé qué grado de oración, me nombró ella de los altos, y yo no me quedé tan pancha y le dije: nunca perdí el tiempo pensando en qué grado de oración anda el alma, yo busco en la oración amar más a Dios sin preocuparme por dónde ando. Y al Padre después de decirle esto añadí: esto es el retrato de mi espiritualidad, toda mi obsesión es transformarme en Dios por amor, pero le pregunto esto porque tengo a quien preguntar las cosas ahora. Bueno pues siga así y no se detenga a más. Me dijo algunas cosas más y me dio la absolución. Y ya para salir le pregunté ¿cómo se encuentra? Muy bien- respondió él- llevo una temporada muy animoso a seguir adelante con lo que sea. Me presta, Padre, saberle así, agregué yo. Pues en mí quiero descubrir una cruz muy pesada que la veo de lejos (le conté de qué se trataba) él me dijo: no piense en eso, no quisiera verla metida en ese cargo. Ya veremos a ver lo que pasa y si llegase abrácese a la voluntad de Dios, pues qué sabemos si quiere manifestar su misericordia a través de usted, pero de momento no pierda tiempo pensando en ello, déjelo en manos de Dios. Bueno Padre, así haré. Adiós, adiós.

Y me salí del confesionario que no veía las realidades de esta vida, me sentía transportaba a regiones del espíritu y no me apetecía más que quedarme al lado de Cristo junto al Sagrario, bendiciéndole y amándole por tanta misericordia como derrama sobre esta pobre alma, pero, sobre todo, aunque nada recibiera de Él todo se lo merece. Estos eran mis sentimientos, pero al mirar el reloj del coro, a la vez que vi que había pasado hora cuarto en el confesionario, me di cuenta que la comunidad estaba en el recreo por lo que vi que la voluntad de Dios era que acudiese a éste. Fui y allí entró mi cuerpo, pero no mi alma que seguía ensimismada en las cosas de Dios, y por más que me violentaba no era tomar parte en nada, más seca estaba que no sé si las demás habían advertido que no las tenía todas conmigo. Y doy fin a esto ya largo por demás.

El padre Manuel Bueno

Día 7 de enero. En este día me avisan que baje al teléfono que llama el Padre Bueno. Era para decirme que después de estar en el confesonario había recibido una conferencia en la que le avisaban que empezaban las clases el día 10 de éste. Con lo que venía a decir que se iba por un mes. Me encargó que orase mucho por la unidad, especialmente los días del octavario y que ya vería la manera de enviarme las paraliturgias que había hecho para este fin y que de momento las había terminado todas. Algo más me diría, pero como ya han pasado muchos días desde que esto pasó hasta hoy que lo escribo, no recuerdo más. Bendito seas Cristo mío por todo. Tú eres mi luz, mi tranquilidad y mi todo. No soy más que pura nulidad en todos los aspectos, pero Tú siempre estás conmigo, no me dejas sola un instante y Tú disipas todos mis temores; unos iluminándome y otros revistiéndome de tu fortaleza para afrontar lo que sea. Bendito seas Señor que así haces brillar tu misericordia en mi flaqueza. Tengo un natural tímido, apocado, enseguida me acobardo, todo me da miedo, no veo claro, ni me sé expresar... en fin, esto y aún más soy por mi natural, pura nulidad, lo reconozco, Señor, ah, pero también reconozco la obra de tu gracia en esta alma que viene en ayuda de mi flaqueza en toda necesidad. Cuando me siento revestida de Cristo. ¿En dónde está la timidez, el miedo, la cobardía...? Desaparece, una fuerza se apodera de esta débil criatura que nada teme y se enfrenta con lo que sea, ah, pero no ella sino Cristo en ella. ¿Cómo no bendecirle y alabarle en todo momento? Voy a decir aquí lo que pasó a la pobre monja al terminar de escribir este último diálogo con su Padre espiritual para que se vea lo que es ella de por sí.

Iluminación interior

Terminado de escribir este me asaltó tal temor porque estaba escribiendo este cuaderno sin contar con el padre que en un instante me vi toda abatida, hecha un ovillo sin saber que hacer, pues si se lo decía al Padre temía que él ya no me hablase con esa espontaneidad al ver que iba quedar escrito lo poco que retengo de él, y seguir silenciándolo no me parecía ya bien al sentir este temor. Y como Cristo es el Esposo y el Maestro que todo me lo soluciona, con confianza de esposa enamorada, que se siente respaldada y segura con Él, le dije, no son palabras sino con el corazón, Cristo mío, ¿qué hay que hacer aquí? Yo seguí aquella voz interior que me pidió dejase escrito mi diálogo con quien me conduce a ti y no pensé en más y ¿cómo ahora me asalta este temor? La respuesta no se hizo esperar, no con palabras sino con una iluminación interior que me quitó todo temor y luego pude ver que siguiesen las cosas así hasta que Él dispusiese otra cosa y me fue recordado con tal viveza como si en estos momentos estuviese pasando lo que El me recordaba. Y es lo siguiente: antes de empezar a escribir ya mandado por este Padre, al yo contarle en el confesionario todo lo que pasaba en el alma bueno y malo, él varias veces me dijo: pida al Señor que nos ilumine a los dos a ver qué hay que hacer con estas cosas que usted experimente. Yo no veo claro lo que hay que hacer, pero me parece que ese gozo que le da el Señor y esa intimidad con Él creo que no es para usted sola. Pídale que Él nos diga lo que hay que hacer. Más o menos varias veces me dijo esto, y yo sacaba en consecuencia que me iba a mandar que escribiese algo de esto, pero a la verdad no tenía muchas ganas de meterme con cuadernos otra vez y pedir algo al Señor, pero no le apremiaba mucho. Me resistía un poco a querer entender lo que el Padre pretendía. Señor, siempre con flaquezas resistiéndote. Perdón Señor. Ya un día dando gracias después de la celebración de la Eucaristía recibí una fuerte iluminación en que el Señor me recordó varios textos de su Evangelio y luego me dijo quería pasar a través de esta pobre alma haciendo el bien (sobre esto hablo en el comienzo de un cuaderno que ya empecé por mandato del Padre, así que para qué me voy a entretener ahora aquí).

No rompa los apuntes y guárdelos

A la confesión siguiente le di cuenta de esto a él y le dije que si sería ésta la respuesta, a lo que él me mandó pedir al Señor, pero él dijo:

no es esto, puesto que aquí el Señor le pide ser una encarnación viva de Él dejándole pasar haciendo el bien a pesar de su limitación y su nada. Esto es algo personal de usted con el Señor, yo espero otra repuesta. Pasó más tiempo y como yo no le decía nada sobre el caso entonces me dijo él: mire en los ratos libres y en los domingos, que dispone de más tiempo, vaya escribiendo ese gozo en que le tiene el Señor, esas experiencias, pues eso no es solo para usted, tenemos que participar los demás, aunque ahora sea solo para usted y para mí. Esto mismo que aquí en la confesión me cuenta a mí y lo que se le ocurra Usted sin apuros vaya dejándonos por escrito esas cosas. Entonces yo, como quien no lo entiende bien y otro poco que no lo quería entender, le dije : "Bueno, Padre, ya lo iré haciendo". Y aproveché esta ocasión para hablarle de los apuntes que ya había hecho antes de dirigirme con él. Incluso le dije que si quería que se los daba para que los mirase a ver si merecía la pena guardarlos o, ya quedar en paz, quemándolos, y que algunas cosas los había roto, y después de hacer esto había sentido como escozor en el alma, como que hacía algo que no estaba en mí romperlo. Él dijo no rompa más y guárdelos. Ya veré si más adelante se los pido o no. También antes de mandarme que escribiese me preguntó si llevaba diario o escribía algo, del primero dije que no y de lo segundo le hablé de un cuadernillo pequeñín que apuntaba alguna cosa y entonces fue cuando me mandó escribir, como ya llevo dicho, y yo le dije lo que tenía de antes y ahora me decía: en cuaderno grande y letra clara vaya haciendo eso que le mando. Bueno, pues todo esto que llevo dicho sobre el caso, me lo recordó el Señor en un instante y comprendí que de alguna manera lo tenía mandado por el Padre, claro que él no me dijo, sino que escribiese lo mío, pero bien se comprende que a mí me gustará retener sus consejos y un buen medio es escribirlos para luego en la vida diaria confrontarla con estos a ver si los vivo. Así que no sé cómo expresar esto, pero vi que el Señor me quitó todo mi temor y se esponjó el alma al ver que no había motivos de preocupación puesto que lo que el Señor me pidió venía en cierto modo a confirmar lo que ya antes me había mandado por su ministro. Bendito sea Dios que siempre viene en mi ayuda a Él la gloria el honor y la alabanza por los siglos. Amén.

Día 22 de enero

En este día en el recreo de la noche me dice una hermana: está el Padre en casa, me llamó por teléfono para felicitarme (hacía unos días había sido su santo) y le dije que lo necesitaba, que hiciese los posibles por venir al confesionario. Él le dijo el poco tiempo de que disponía, puesto que a otro día a las diez de la mañana tenía que emprender regreso a Pamplona, en donde estaba dando clases y que no podría atender a los demás. Cuando esta hermana me dijo esto yo le contesté: aprovéchate, a las demás nos pide el Señor este pequeño sacrificio.

Gozo y sufrimiento juntos

El otro día, domingo, la comunidad se levantó algo más tarde que de costumbre por lo que un tiempo libre que queda entre maitines y laudes este día no quedó, así que me vino a tocar para desayunar. Ya que tengo que estar sujeta a la reacción de la insulina-durante la oración, así que no pude hacerlo todo el tiempo cuando la comunidad. Con lo que una vez que me vi libre fui al coro a hacerlo y en este tiempo vino a coincidir en que el Padre estaba en el confesionario, oía el murmullo y luego le sentí hablar en el torno de la sacristía, y lo que de noche me parecía un pequeño sacrificio ahora era un sacrificio terrible, dadas las circunstancias por las que pasaba en estos días. Mi oración estuvo muy lejos de quedarme endiosada con el Señor sin enterarme de nada, bien que me daba cuenta de todo y no hacía sino repetir al Señor: "Hágase tu voluntad así en la tierra como en el cielo.[137]" No deseaba otra cosa que el cumplimiento de la voluntad de Dios mi Padre, pero cuánto me estaba costando saberle tan cerca y yo necesitaba y no poder estar con él. Como estábamos dentro de la semana de la unidad cristiana con todo el amor de que fui capaz se lo ofrecí al Señor contenta por tener algo que me costase para ofrecerle, pero al mismo tiempo sufriendo, gozo y sufrimiento se juntaban en el alma.

137. Oración del Padre nuestro.

Pasados unos días recibí carta de él diciéndome entre otras cosas que se había ido con pena de no haber podido hablar conmigo, que él no hizo lo posible por conseguirlo por parecerle mejor. La carta viene fechada 25-I-72. La guardo. Cuando la leí a la noche vi en ella una bendición de Dios, Él me dio el sacrificio y Él me daba estas palabras de aliento por medio de su ministro. Así que con tal espontaneidad me puse a contestarle antes de acostarme puesto que él decía que quería saber algo de mi vida y me mandaba que le escribiese, era una carta al vivo dándole cuenta en las circunstancias en que me hallaba y mi abandono filial en mi Padre Dios ante la cruz que parecía me iban cargar: el priorato. Dado mi natural apocado, enferma, ignorante, no veía más que defectos en mí y pensar que si me hacían sería la peor noche de todas...me veía entre la espada y la pared y mi confianza en el Señor era quien me sostenía ante tal prueba. No cabe dudar de que con esto el Señor puso a prueba mi confianza en Él.

Hoy, gracias a Dios, cuando escribo esto respiro a pulmón lleno, continúa la Madre anterior, de esta vez quedé librada, si bien esa cruz, si no entiendo mal al Señor, la tengo destinada. Luego le hablada de los ejercicios que hace pocos días los habíamos hecho. También hablaba algo del Octavario de la Unidad y ahora no recuerdo más. A esta carta él volvió a escribir, pero como sólo faltaba poco más de una semana para regresar él, no le contesté. Es una carta muy buena, toca en ella algunos puntos con los que no suele exhortar en el confesionario. La guardo también. Lleva fecha 3-II-72. A ésta no le contesté puesto que ya pasó el nublado que me colocaba entre la espada y la pared temiendo la gran cruz que veía venir. Desde luego, de tal manera había afianzado en el Señor, que, a pesar de tanto que como veía aplastante, mi intimidad con Él no había sufrido mengua, más me clavaba en El. Otro motivo que también contribuyó fue el que ya poco más de una semana regresaría él, así que a guardarlo todo para hablarle personalmente.

Día 15 de febrero. Él me decía en su última carta que hacia el 13 o 14 de febrero regresaba. Llegado el día 15 por la noche, y sin saber si ya estaba en casa o no, fui a la madre para pedirle hablar por teléfono a ver si había regresado, y esto la hizo recordar a ella que en esta tarde me había llamado él, pero como estábamos en el coro la Madre le dijo me lo diría para que le llamase yo cuando terminásemos de coro, pero se le había olvidado, hasta que ahora lo recordó al yo hablarle de él. Le llamé y estaban en el refectorio por lo que el hermano del teléfono me mandó esperar un poco hasta que saliesen, así lo hice y cuando me avisó ya poco me quedaba a mí para ir a completas, pero, en fin, hemos podido saludarnos y preguntarle cómo le había ido, a lo que él respondió que bien, que había tratado de sembrar lo que había podido y que venía contento, pues yo aún lo estoy más. ¿Sabe ya el motivo no? Sí, ya me enteré al hablar por teléfono y ver quién le ha cogido., Bueno, pues felicidades. Comparte su alegría, yo me eché a reír de puro gozo al sentirme liberada de lo que tanto miedo me daba. Luego le pregunté que cuándo se podía contar con él y con bastante tiempo disponible para atendernos a todas, después de tanto tiempo de ausencia. Vamos, vamos, respondió él, mañana no podrá ser, que tengo mucho que hacer, ya los llamaré cuando pueda. Bueno pues hasta cuando pueda, ¿no? Y colgué.

Día 18 de febrero. Me avisó la Madre de que había hablado él preguntando a qué hora podía venir a confesar. Esto lo hizo porque viene el Padre Prior a comentarnos las nuevas constituciones y no quería privarnos de oírle viniendo en una hora inoportuna. La Madre le dijo que de seis y media a siete ya estábamos libres, así que ya podía venir a partir de esta hora. Total, que cuando bajamos del locutorio, a las seis y media, yo me dirigí al coro a esperarle y cuando llegó eran las siete. Me vino muy bien este tiempo de espera a los pies del Sagrario para reflexionar sobre lo mucho que me ama Dios y lo mal que le correspondo.

Callar para estar con Dios

Y, con grandes sentimientos de conversión a una vida de más entrega, más fidelidad, más exquisitez con el Señor y con todos, entré al confesionario. Le di cuenta de algunos fallos en la guarda del silencio regular, no que de esto se siguiese alguna palabra de crítica sino falta de fidelidad a toda prueba en esto y no siempre respondo. Y el silencio en una contemplativa es algo tan necesario para que todo marche bien. No es un callar porque no tengo nada que hablar, o un callar cuando la caridad me pide dé unas palabras de consuelo y ayuda a una hermana que advierto está apenada o necesitada de esta ayuda, sino un callar para estar más en las cosas de Dios mi Padre, para mejor escuchar su voz suave y misteriosa, y por eso cuando por este fallo es porque antes me despisté en esa atención amorosa a Ellos dentro del alma, así que silencio para estar atenta a Ellos y atenta a Ellos para guardar bien el silencio, se completan las dos cosas.

Seguí diciendo lo chabacano, poco delicada, poco generosa que me veía lo mismo con el Señor que con mis hermanas porque esa finura, esa delicadeza con que Dios me trata tengo que traslucirla en el trato con mis hermanas y no lo sé hacer, soy como un madero opaco que recibe mucha luz pero que no lo trasluce. Me siento infiel a Dios mi Padre y a los hombres mis hermanos. Quiero dar y no acierto, esto me hace sufrir, pero con paz no me desaliento ante mi impotencia y mi nada, pido a Cristo que lo haga El en mí, que obre más en mí. Veo también mis descuidos en mantenerme atenta a esa mirada cargada de amor con que siempre encuentro a Él mirando al alma, y cuando parece que lo natural era corresponderle en todo momento tengo por aquí mis fallos, unos por mi limitación de criatura no puedo hacer lo que Dios hace con ella, pero también creo que hay falta de esfuerzo porque en los días de gran fervor todo marcha mejor, hay mejor correspondencia por parte de ella y parece que está a punto en todo porque entonces una fuerza sobrehumana se apodera de ella, es vivida y así se da a Dios y por Él a las criaturas, le sirvo dentro de mí y en los demás, y esto es lo que quiero hacer siempre, y volví a repetirle quiero servirle dentro de mí y dentro de las hermanas. Al decirle esto con plena convicción yo creo que le agradó porque contra su costumbre me interrumpió para decirme: es cierto, hay que estar atentos no solo al rostro de Cristo en nosotros sino también en nuestros hermanos. En ellos está también Cristo, son continuación de Cristo, luego hay que ser atentos en su servicio puesto que servimos a Cristo en ellos. Esto me lo dijo con tal tono de voz y tal persuasión que se me grabó mucho y a cada poco me sale decir: buscar el rostro de Cristo en los hermanos.

Gustar y paladear a Dios Trino

Después de esto, yo le hice una reflexión de cómo mi natural no me favorece nada en cuanto a ver las cosas venir y ser ocurrente y demás, yo no me doy cuenta de las cosas hasta que no las tengo encima de la nariz, como se suele decir, pero en cambio cuando me mantengo muy atenta al Señor noto en mí como que otra persona, algo fuera de lo material se apodera de mí, y ella sí que es la obra en mí y está atenta a todo, me avisa de todo, ahora este detalle, ahora este otro, y así el alma va como llevada y está a punto en todas partes y con gran facilidad secunda cuanto Dios la inspira, y esa mirada amorosa entre Dios y el alma ya no es propiamente Dios y el alma sino Dios Padre mirando y contemplando a su Hijo con mirada cargada de amor, y que el Hijo en esa alma le corresponde y se establece una corriente inefable de amor entre el Padre y el Hijo en que el alma gusta y paladea este misterio inefable de Dios Trino en ella. Ve que Cristo la vive y ella experimenta todo esto. Y después de gustar frecuentemente todo esto, sin saber cómo se ve un mar de miserias, que no corresponde, que no es fiel, en fin, todo lo que le dije al principio y más que no me acuerdo. Aquí me preguntó si tenía conocimiento de faltar en algo concreto que antes no faltaba. No Padre, le contesté, más bien creo que me encuentro con más tesón y entereza a practicar la virtud, no tengo conocimiento de que en algún campo haya perdido terreno de lo ya conquistado para el Señor, pero sin notar ningún retroceso en el alma veo que recibo más luz y tengo que dar más, veo con más claridad como Dios se lo merece todo, y con el máximo amor entregado y el ver mejor las cosas de Dios veo lo mío más miserable. Tengo que agonizar totalmente para que Cristo lo asuma todo en mí y sea Él quien corresponda al Padre en mí.

Aquí le di cuenta de una acción en sí insignificante, pero acusaba una raíz no sana y, al pensar en esto, me hizo sufrir mucho ya que yo no encontraba motivo para que me hiciesen una cosa así, mi reacción primera fue un movimiento de repugnancia a tal persona, luego ya más sobre mí pensé que eso mismo podría hacer yo si el Señor no me sostuviese tan fuertemente, luego encomendé a la ejecutora al Señor y procuré ser lo más atenta con ella, y el alma, aun sufriendo, gozaba de gran paz. El Señor permite estas cosas para que una tenga ocasión de ejercitarse en algunas virtudes que si no fuesen por estas cosas no se presentaría la ocasión. Le hablé de otras cosas que fueron ocasión de sufrimiento y le dije que qué lejos estaba de la talla de los santos. Estos se gozaban en los improperios, sufrimientos y persecuciones por conformarse más a Cristo, y yo quiero conformarme también con El, pero cuánto cuestan algunas cosas, sigo clavando la mirada en Cristo crucificado con gran amor, pero con dolor también, una le dice: adelante Cristo mío, sigue tu obra en esta alma de cristificación. Creo que no lo detengo las manos al Señor para que siga obrando al precio que sea, pero qué lejos estoy de ser esa alma generosa y entregada totalmente que si posible fuese se adelante a los deseos del Señor sobre ella. Siento tan al vivo el amor de Dios a los hombres, concretamente a esta alma, y cada alma podrá decir lo mismo que al ver esto por una parte, y por otra mi mala correspondencia a tanto amor ¿Cómo no me voy a sentir pecadora? Aquí hice una pausa, no me salió decir más palabras porque el arrepentimiento se apodera de todo mi ser.

Hacer todo con el máximo amor

Y entonces empezó a hablarme él, ponderándome al Señor, que aún más provocaba en mí el arrepentimiento. Me dijo cosas muy buenas que ahora no retengo y luego siguió diciendo esfuércese por ser extremadamente fiel, delicada, generosa, solícita de su gloria, complázcale en todo, hágalo todo con el máximo amor, superando en esto una acción a la anterior, esté atenta a su rostro misterioso y encantador tanto en usted como en los demás, viva en ese abandono de niño en brazos de su Padre, en ese amor y confianza de esposa con el Esposo. Más cosas me dijo aquí pero no me quedaron. Con todo esto y todo lo que no recuerdo ahora, no me apetecía otra cosa que quedarme asimilando sin ya decir más, pero había mes y pico que no había estado en este lugar con él, así que era cosa de violentarme e ir dándole cuenta de algunas cosas de este tiempo pasado, aunque por una carta de la que ya hablé me había desahogado sobre cierta cosa que me tenía un poco en vilo, así que sobre eso terminé pronto y al decirlo sobre el caso que me sentí muy liberada, al ver que se salvó la cosa por otro camino, él me dijo: y yo me alegro mucho por mí de que haya resultado así. Yo aquí sentí un poco de curiosidad de preguntarle porque decía esto, pero no me atreví en aquel momento, me infunde mucho respeto a pesar de lo mucho que lo quiero y la confianza que hay entre las dos almas para decirnos las cosas de éstas.

Ahora al escribir esto pienso que si él se sentiría más comprometido y con más responsabilidad si a mí me cayese ese cargo por lo que decía que también se alegró mucho de que me viese libre de él. También le dije que, si bien lo había pasado apurado creo que el alma se aprovechó de todo pues el mismo día que me costó tanto oírle en el confesionario y no poder estar con él en aquellas circunstancias, me vino bien, pues si en aquel tiempo en que coincidió que yo estaba haciendo oración no acertaba sino a repetir al Señor "Hágase Tu Voluntad así en la tierra como en el cielo" y esto al precio del sufrimiento que sea, solo quería el cumplimiento de su voluntad; bueno, pues a partir de ese día al recitar el Padre nuestro, que ya de por sí me entusiasma esta preciosa e inigualable oración, ahora la petición que acabo de mencionar la digo con especial fervor.

Bendito sea Dios por todo, de todo se puede aprovechar el alma, aunque de momento no lo entendamos y voy a decir aquí lo que al caso me pasó en esos momentos. Mi oración normalmente es la cosa más sencilla, mi entendimiento es muy corto y no me prepara para grandes cosas. Yo me pongo en oración, vivo más la presencia de Dios en el alma, un meterme más en este misterio trinitario de Dios en el alma y como esto ya no lo vive en fe sino que lo experimenta en sí queda al momento tan endiosada, bueno no sé si está bien esta palabra, yo para mí la entiendo así y expresa lo que pasa en el alma que se entusiasma con Dios, se pierde en Dios, la voluntad se une a Él tan fuertemente por el amor que no parece más que la pobre alma se pierde en tanta inmensidad de Dios, y claro el tiempo le pasa sin advertirlo. Esto es lo normal, vuelvo a repetir, pero no quita que aún ahora en alguna ocasión el Señor me recuerde lo nada que por mí cosecho, y así en este día del que no vengo hablando no era capaz de olvidarlo todo e introducirme en este mundo sobrenatural de la oración, y mi oración no dudo que provechosa lo mismo, era un repetir ante la contrariedad, la prueba que pasaba, "hágase tu voluntad así en la tierra como en el cielo". Ya que otra cosa no se puede desear sino el cumplimiento de su adorable voluntad pues con el cumplimiento de esto le glorificamos.

Pero voy al caso que vengo contando, dado aquella circunstancia no le supe superar de otro modo sino adaptándome a ella, y así con tesón y con dominio, eso sí, pedía que se realizase su voluntad, o sea concretamente que en aquellos momentos mi alma cumpliese la voluntad de Dios como la cumplen los bienaventurados en el cielo. Ellos están ya en el gozo, yo en aquellos momentos me hallaba en el dolor, pero viendo en ello la voluntad de Dios no sé qué gozo también venía al alma en el dolor. Bueno, no sé si acerté a decir lo que quería. Sigo adelante con lo demás. Le hablé del plan que me había propuesto para este tiempo de Cuaresma puesto que ya llevábamos dos días de ésta pero que al hablar con la Madre sobre los ayunos me redujo mucho mi plan pues, mientras que yo me sentía animosa a seguir el ayuno riguroso de cuaresma con el rigor de la comunidad, ella solo me dio permiso para los viernes y algunas otras privaciones en los demás días, pero poca cosa me deja hacer. De momento me costó un poco ese frenazo a mis deseos que me parecían muy realizables, no obstante, enseguida vi que más agradable lo es al Señor la obediencia que el sacrificio contra su voluntad. Y es posible que aun con menos ayuno al final de la cuaresma salga más mortificada en este sentido que quien con buena salud lo puede observar con todo rigor. Pues en otro sentido también se pueden aplicar aquí las palabras de Cristo "el espíritu está pronto, pero la carne es flaca[138]", es decir, mi organismo no está para someterle a un rigor como en una persona sana. En fin, me abracé a lo que la Madre me dijo con fe y con amor.

138. Cf. Mt 26,41.

Mortificaciones corporales

De otras mortificaciones corporales también hablé con la Madre, y aquí, después de advertirme que yo no estaba para mucho, me las dejó a discreción mía, y ya aquí le dije a él lo que determiné para ver si él lo aprobaba porque ahora con la nueva constitución hay que dar cuenta a la Madre además de al confesor de las penitencias que puedan debilitar la salud, y como alguna vez fui antes a él y me dio permiso para alguna cosa, y luego al ir a ella me reduce, pues ahora lo que hago es ir antes a ella y con lo que ella me deja voy a él y que después de advertirme que si noto me perjudica a la salud lo suspenda, siempre me da el visto bueno. No soy de las personas dadas a grandes penitencias, ni mi salud responde para ellas, ahora bien, el Señor en su Evangelio habla también de penitencia, luego no hay que descuidarla y sobre todo en estos tiempos propicios como cuaresma se hace con especial fervor pidiendo misericordia al Señor por tanto pecado como hay en el mundo y sintiéndose una solidaria de todos quiere expiar en su carne, suplir lo que falta a la pasión de Cristo por su cuerpo, que es la Iglesia. Él lo vio y me dio su permiso, poco puedo hacer, pero lleva la bendición de Dios. Pero sobre todo mi atención la pondré en la fidelidad al deber de cada momento, a más entrega a mis hermanas, a estar lo más atenta al Señor para aprovecharme de todo y todo con gran amor y espíritu de penitencia. Quiero vivir la cuaresma muy identificada con Cristo crucificado. Aquí le dije alguna cosa más sobre esto, pero ahora no recuerdo, y ya empezó él a hablarme de Cristo crucificado, de cómo tenemos que vivir los misterios de Cristo, de cómo tenemos que ser viva encarnación de Él.

Como los discípulos de Emaús

Tantas cosas me dijeron aquí y con tal fervor, citándome textos de la Sagrada Escritura, que sus palabras entraban en esta alma como dardos de fuego que la incendiaban, cómo sentía la cercanía de Cristo, creo que lo que pasaba en el alma, tenía algo de parecido a lo que pasó en los discípulos de *Emaús* cuando el Señor les explicaba las Escrituras y sus corazones ardían, aunque ellos en aquel momento no reconocían al Señor hasta que más tarde les partió el pan. Aquí el alma se daba cuenta perfecta que todo esto le venía de Dios. Es cierto que ella se acerca con viva fe a los sacramentos, y concretamente en este de la penitencia desaparece el ministro para descubrir a Cristo en él, pero qué bien que se lo paga el Señor, cómo se deja sentir su presencia a través de las palabras de su ministro y una no puede por menos de decir: no ya por fe sino porque lo experimenta. Cristo está vivo en los sacramentos. Si yo supiera explicar todo esto que experimento de cómo Cristo sigue vivo entre nosotros sería para convertirnos de todo corazón a Dios, pero ni aún quien esto experimenta es lo que tenía que ser. Perdón y misericordia Señor para esta pobre alma que tan mal corresponde a tus gracias.

"Todo hombre es mi hermano"

Y ya como final de las experiencias del alma le hablé de cómo por una parte experimento lo infiel que soy a Dios, lo mal que correspondo a tantas gracias y por otra cada vez me siento más solidaria de toda la humanidad. Las palabras del bendito Pablo VI "Todo hombre es mi hermano", qué al vivo lo experimento y qué ansias, qué fuego llevo dentro que me quema las entrañas del alma queriendo que mi Madre la Iglesia alumbre a toda la humanidad, que todos estemos incorporados a la Iglesia sacramento de salvación, que todos nos sintamos hermanos, y como hermanos muy unidos en el amor de Cristo caminemos conscientes de nuestro destino divino hacia el Padre celestial, a la unidad en la Trinidad. Esto me obsesiona y me hace andar como abstraída del mundo que me rodea y cuando llega la celebración de la Eucaristía con tal viveza se representa a Cristo muriendo por todos y ver lo mal que nos aprovechamos de su obra redentora que no parece más que me descoyuntan el alma. Lo que es Miércoles de ceniza yo no sé, si como era comienzo de la Cuaresma, una se estaba centrando más en los misterios de nuestra Redención, total que ya en el oficio en primera hora se apoderó del alma un sentimiento de penitencia, de conversión, de aprovechar mejor tantas gracias como a cada momento nos da el Señor para vivir con más plenitud el Misterio Pascual encarnándolo en nuestra vida y al llegar a las palabras de la consagración no sé expresar con palabras lo que entre Cristo y el alma pasó, ni a él se lo pude decir ni aquí tampoco acertaré a decir con palabras lo que sin palabras pasó.

Fue un como entrar en el alma las palabras de la consagración como si fuera al mismo Cristo quien las decía y con tal amor y ternura indecible hacía sentir sobre el alma lo inefable de su amor, era un experimentar su amor entregándose hasta la muerte por nosotros ¡por mí! Y en este instante se produjo tal fusión entre Cristo y la pobre alma que ella no parecía más que se disolvía en Él, se hacía una sola cosa con Él, era consagrada con El, era como una hostia pequeña que se fundía en la Hostia mayor y no estaba en ella hacer nada sino el dejarse llevar, abrasada por el Amor que le entregaba a Cristo y con Este al Padre, como hostia de propiciación, agradable al Padre y propicia a las almas sus hermanos.

Todo pasó sin palabras ni por parte de Dios ni por parte del alma, y cuando esto pasó y se normalizó el alma era como un bajar del cielo a la tierra, era un ver como Dios cuenta con uno y uno se arrastra al ras de tierra. Me siento comprometida en la obra de salvación y qué mal respondo Señor a la obra que me tiene encomendada, cómo la salvación de muchas almas depende de la fidelidad de obras a los planes de Dios. Cristo mío, quítame mi voluntad, despójame de todo si es que no lo voy a emplear en tu servicio y en la causa de las almas, hazlo tú todo en mí, me siento comprometida, y con mis infidelidades a tu amor lo echaré todo a perder si tú no lo haces todo en mí, vuelvo a repetir. Me salí un poco de lo que venía diciendo. Traté de decir aquí algo de lo que en este día pasó en la consagración, pero no me llena, fue más vivo de lo que pude expresar, lo di por terminado y tomó él la palabra y me dijo pocas cosas, pero tan profundas hablándome de la Redención, de la Santísima Virgen asociada de esta obra, de cómo yo tenía que ser muy fiel a todo lo que entendiese quiere el Señor de mí.

Esto fue en sustancia la exhortación de lo que no soy capaz de retener una frase concreta, soy así de desmemoriada, qué vamos hacer y máxime que ya desde que sucedió hasta ahora han pasado unos nueve días. Me dio la absolución y después de ésta yo le di cuenta sobre alguna cosa referente al noviciado que él me aclaró muy bien, le dije también que durante el tiempo que estuvo fuera recibí tres cartas de monjas anglicanas a lo que él me dijo se las pasase pronto para darlas a traducir (dos estaban en inglés), y luego le pregunté cómo se encontraba (referente al alma) y como le había ido tanto tiempo fuera, a lo que él, después de estar tan fervoroso y atento a todo lo relacionado con la confesión, ahora más seco que una patata me dijo: quisiera estar con usted en el locutorio y esto tendría que ser antes del diez en que ya me tengo que ir a esperar a sor Gabriela para recogerla a la bajada del avión y llevarle a Vivero. Yo no sé si, un poco desconcertada al verle tan seco o que me atonté sin motivo, no acerté sino decirle pues el domingo no podrá ser porque tendremos retiro, y ni él me dijo más ni yo acerté a hablar más, y esto que hable metí la pata de lleno, pues aquel momento no recordé a cuantos estábamos y ya creí que el próximo domingo era el último de mes y no era así, total que ni vino, y al siguiente domingo es cuando en realidad estuvimos . Bendito sea Dios por todo, no soy más advertida ¡Qué voy a hacer! Que también los tontos te glorifiquen Señor.

Y ahora se me ocurre preguntarme: ¿Qué pasa en mí para que tenga tanta confianza y espontaneidad para darle cuenta de todas las cosas del alma, lo malo y lo bueno que Dios pone en ella, y que fuera de esto me infunde tanto respeto que si me da una respuesta seca me deja cortada? Quiero descubrir en todo esto la mano de Dios. Sí, el Padre para mí es un enviado de Dios a esta alma, y ella se abre a él con toda naturalidad y sencillez, no tiene para esto que violentarse, le sale espontáneo por la fe con que se acerca a él y le amo entrañablemente en las entrañas de Cristo, amo a Cristo en él y a él en Cristo, así es. Veo en mí gran amor hacia él, a la vez que gran respeto y veneración, veo que toda nuestra amistad se mueve en el plano sobrenatural pero si me saliese de esta órbita creo que no atinaría a decirle nada, me asustaría su seriedad, se desplomaría toda mi confianza, no marcharía mi alma adelante, vería caerme en el precipicio al no responder a los planes de Dios. El me da esta ayuda que nunca se le sabré agradecer bastante porque en todo esto veo una gran bendición de Dios, que me enfervorice tanto este

Padre, que atienda con tanta paciencia las cosas de esta alma, que yo siento ese amor tan sobrenatural hacia él, y al mismo tiempo ese respeto y veneración, es obra de Dios, no lo dudo. Bueno, Señor, pues a ti la gloria, el honor y la alabanza, tenme siempre en tu mano que me conduzca según tu voluntad. Amén.

Jueves, día 9 de marzo. Hacia las diez y pico de la mañana le llamé por teléfono. Él estaba ya sobre aviso de esta llamada puesto que días antes habían confesado otras con él y le dijeron al parecer que servidora llevaba varios días de cama con fiebre pero que ya iba mejor y haría los posibles por aprovechar con él antes de que se fuese el día 10. De esto había hablado con ellas cuando me venían a ver a la cama, así que en cuanto dije por teléfono ¡Ave María! El nada más contestar al saludo de la Virgen me dijo ¿qué voz es esa que no conozco? Se ve que la gripe aun la tiene bien cogida pues lo que es la voz aun no la tiene bien. Yo le dije que era el tercer día que me levantaba y aunque no muy bien esperaba seguir adelante en pie. Y sin más cosa le pregunté ¿Está muy ocupado hoy? No respondió él, hoy estoy libre y la puedo atender por la mañana o por la tarde cuando a usted mejor le venga. Esto lo decía en un tono de voz tan complaciente que yo con plena confianza le dije: cuanto antes mejor. Bueno, pues voy a despachar unas cartas circulares para el correo que me ocuparan media hora y ya sin más bajo al confesionario, ¿le viene bien? ¡Estupendo, Padre! Hasta ahora, dijo él, hasta ahora respondió la monja.

Colgué el teléfono y me quedé un poco nerviosa pues me había costado pedir permiso a la Madre para hablar con él por ciertas cosas que contribuía a estar nerviosilla, así que me dije solo falta que él venga dispuesto a atenderme cuanto sea y que yo no me acierte abrir. Señor ven en mi ayuda, y con las mismas me fui a hervir la jeringa y cuando estaba en esta ocupación se me acerca una hermana que yo no sé si me había sentido hablar por teléfono, el caso es que me pregunta si va a venir el Padre a confesar, al responderle que dentro de media hora ella exclamó quién pudiera aprovecharle otra vez, ya llevo una semana desde que confesé con él, pero no me atrevo a decirle esto a la Madre. Bueno, pues ya se lo diré yo, aunque ya me costó un poco pedirlo para mí. Ahora vamos con lo tuyo, y acordamos que ella se preparase, si la Madre no ponía obstáculo, y cuando yo terminase, si era antes de las doce, le diría al Padre esperase un momento mientras la venía a buscar a la sala, y si era después de éstas ya ella le tocaba estar en el coro haciendo la vela. Le dije pide por mí que estoy nerviosa y no vaya ser que vaya allá y no acierte a darle cuenta de nada. Ella me dijo: también yo lo estoy por el temor de pedir permiso. En fin, lo dije a la Madre y todo se arregló muy bien. Bendito sea Dios. Por qué poca cosa me pone nerviosa. Hacia las once menos algo me fui al coro y aún no había llegado él así que tuve que esperar un ratito, y me vino muy bien pues el alma cobró todo su dominio, y Cristo se volcaba en ella y todo lo tenía a punto lo que había proveer que me sabía expresar y así fue.

Mala correspondencia a la gracia

Entré en el confesionario, dije las faltas de semana y ya le empecé a hablar de la gran falta que de un modo especial me hace sufrir porque en todo este tiempo de cuaresma lo siento más al vivo y es mi mala correspondencia a la gracia, a las exigencias de su amor. Y le empecé a decir con quée viveza veía el misterio de nuestra salvación, nuestra superabundante Redención por todos, Cristo no excluyó a nadie, Él lo obró todo maravillosamente, pero en este gran misterio de salvación es como un engranaje en que todos estamos comprometidos y así Cristo, cuando Él supera todo lo que nosotros podamos aportar y lo que nosotros podamos aportar en esto es todo recibido antes de Él, sin embargo, cuenta con nosotros. Cuenta las oraciones y sacrificios de unos para dar las gracias de conversión a otros. Concretamente, veo que Cristo cuenta conmigo en la obra de salvación, me siento comprometida, pero respondo muy mal y esto me da miedo no por temor al castigo de Dios mi Padre, ni de Cristo el Esposo del alma que me hace vivir estos misterios, sino tengo miedo, siento compasión de mis hermanos los hombres de que no los sepan amar, que están echando las gracias de Dios en saco roto y ellos no se beneficien. Que el Señor derrama gracias en abundancia sobre esta alma a cada momento las experimento, pero que yo no correspondo como debiera, también a cada momento lo veo y no acierto a ser mejor.

Y cuando me paro a reflexionar sobre esto, en el alma me parece más que se mete en una agonía, las descoyuntan y parece va a expirar de dolor. Esto de tal manera se produjo en el alma cuando estábamos en un acto de comunidad que solo Dios sabe cuánto me tuve que violentar para no romper a gritos pidiendo perdón y misericordia para esta alma infiel, y que Cristo viniera en ayuda de su flaqueza y que Él lo hiciera todo en ella. Esto hay que sentirlo en sí para hacerse cargo de lo que esto es. Cuando venía sintiendo todo esto tan al vivo caigo en cama, una gripe fuerte con bastante fiebre y ¡cosa de Dios!, la que se sentía agonizar por su mala correspondencia a la gracia, ahora se siente un pequeñín metido en el seno del Padre. Los sufrimientos físicos aumentaban por momentos pero el alma tocaba de un modo especial la mano de Dios sobre ella y era un aceptar con tal entrega, con tu amor todo cuanto el buen Padre Dios quisiera mandar sobre ella que era unir a Él con toda su impotencia, arrojándose en los brazos amorosos de su Padre y dejarle hacer cuanto quisiera, sentía en sí tal plenitud de entrega a su adorable voluntad que nada le podía preocupar y no era que se sintiese insensible ante el mal de la enfermedad, verse en la cama sin valerse, la novicia lo mismo, varias monjas también en cama, las que estaban en pie cargadas de trabajo atendiendo a las enfermas y atendiendo el trabajo de la comunidad pero, por encima de todo esto, el alma solo deseaba cumplir hasta la última tilde de la voluntad de Dios.

Altar-cama en el dolor

Y fue Cristo apoderarse del alma que ella aquí empezó una jornada de dolor, de oración y de gozo inefable con el Señor. De dolor porque debido a la fiebre las molestias de la cabeza eran tremendas, las noches se hacían interminables, no se podía conciliar el sueño, luego los primeros días había unos dolores tan fuertes de huesos que basta decir que, al querer incorporarme en la cama para tomar alimento, tales dolores sentía que, en una ocupación de puro dolor, me desmayé. Luego la sed de la diabetes que, aunque inyectaba grandes dosis de insulina, apenas lo absorbía el organismo, y para colmo el catarro que despedía tanta suciedad de pus por la nariz, oídos y sobre todo por la boca que me dejaba más mal sabor de boca que todo me hacía estar en un continuo sufrimiento físico. Pero, aunque todo suponía sufrimiento, el buen Dios daba tal paciencia al alma y tal conformidad con su santa voluntad que era un entregarse a cada momento a su divina voluntad viviendo una su consagración a Cristo para que Éste se prolongase en ella, que esta actitud la elevaba y la hacía vivir en una continua oración. Si el sufrimiento físico la había postrado en altar-cama era para que viviese mejor el sacrificio de su vida incorporado al sacrificio y sin hacer nada aparentemente, el alma tenía conciencia que, por su unión con Cristo y su conformidad con la voluntad del Padre, su oración era fecunda. Esta postración le hablaba de su misión de contemplativa cubriendo al mundo con su oración, pidiendo a Cristo que la gracia de su Redención llegue a todos; que los pecadores retornen a Él, fuente de toda felicidad y de todo bien, que la unidad cristiana avance hasta llegar al único rebaño con un solo Pastor en la única Iglesia fundada por Él.

Que las almas consagradas seamos sumamente fieles en vivir nuestra consagración al único Esposo Cristo. Luego, ya me iba también a intenciones más particulares: la convivencia de una anglicana que se esperaba en estos días, el movimiento a la unidad por María, la Orden y otras más que sería largo decirlas, todas colocaban al alma como entre el cielo y la tierra, clavada con Cristo en la cruz para estar más en las cosas del Padre y de las almas. Cómo eleva el dolor recibido con fe y amor, uniéndolo a los de Cristo, mejor aún, dejando que sea Cristo quien vive esto en sus miembros. Y no es que estos fuesen fuera de serie, sino los corrientes de una persona enferma en estas mismas condiciones pero lo que les daban valor era esa disposición del alma, esa entrega a Cristo y a la voluntad de su Padre, y que ellos le hacían ver las necesidades de oración y de sacrificios que tienen los hombres, así que ante un campo tan inmenso como veía por delante qué poco parecía lo que aportaba, pero ya no era sentir esa como agonía por su mala correspondencia a las gracias de Dios, era arrojarse con la confianza de un pequeñín sobre el pecho de su Padre y esperarlo todo de él. En medio de esta postración del cuerpo por el dolor y al mismo tiempo esta unión con Dios el alma empezó a experimentar la grandeza de su consagración virginal a Cristo que era algo inefable lo que en ella pasaba.

Plenitud y no mutilación

San Pablo hablaba a sus cristianos de que eran templos vivos de Dios, y es cierto todo esto, pero de un modo especial estos templos son las almas consagradas a Dios en cuerpo y alma. Cómo el alma y el cuerpo se sentían poseídos por Dios, pero de un modo inefable, indecible, un cáliz, una patena que, tanto reverenciamos por estar consagrado a Cristo, es nada en comparación a lo que es un ser todo consagrado a Dios. Qué grandeza nuestra consagración a Cristo, no reflexionamos lo bastante sobre ella porque si no seríamos más consecuentes al vivirla. Pienso que los que claudican después de su entrega a Cristo, salvo los que han descubierto que no eran llamados para este género de vida, no comprendieron la riqueza insondable que encierra nuestra consagración a Cristo. A medida que el alma va creciendo en gracia y la virtud de la castidad perfecta por amor al Reino de los cielos se va arraigando en ella, Cristo se va adueñando de ella de tal manera que se siente ángel en carne humana, siente en sí tal liberación que es en verdad cuando se realiza su persona, no produce esta virtud mutilación sino plenitud, plenitud de amor y plenitud de acción. El alma experimenta la riqueza de su consagración a Cristo no como algo que la encierra egoístamente en Él, sino que su consagración a Él es para amar mejor a todos en Él y cuanto más se da Él, más unida vive, más ve que ama a todos en Él y les es más útil, luego ella ve que virginidad es fecundidad, es acción sobrenatural para el mundo, aparte de los gozos inefables que esto trae consigo si el alma trata de vivir con plenitud su entrega a Cristo. Porque cuanto el alma más se entrega a Cristo, más se identifica con Él, más se hace un solo espíritu con Él, y esta unión produce en ella un gozo inefable, un placer indecible a la vez que de esta unión de Cristo y el alma se sigue una fecundidad prodigiosa. Y el alma comprende maravillosamente toda la grandeza de la unión del matrimonio cristiano en cuanto que es figura de esta unión y de esta fecundidad de Cristo con las almas. Pero la grandeza de las grandezas no está en la figura sino en la realidad que es la unión de Cristo y un alma. Un alma unida a Cristo, fecundada por Cristo, el único Esposo Virginal, es un alma de fecundidad universal, se siente madre fecunda, tiene hijos de todas las clases y edades, y esta maternidad nunca envejece, siempre cabe más unión con el Esposo y por lo mismo más fecundidad. Esto es un mundo nuevo que dilata más y más los senos del alma al ver toda esta riqueza ante sí.

Frutos de la virginidad

Y aquí se me ocurrió decirle a él que cuando se nos habla de esta virtud se limitan casi siempre a decirnos la parte primera, lo que lleva consigo de ascética, de renuncia, de abnegación y en cambio no pasan a la segunda parte que yo diría los frutos de esta virtud virginal, que esto es una maravilla de la gracia en un cuerpo humano, es mundo nuevo en que se mueve el alma servidora y se quede siempre con hambre; cuando oye hablar de este tema por qué no lo dicen, que ella ve que no se trata en toda su extensión, en toda su riqueza dentro de lo que se puede decir con lengua humana, así que me atrevo a decirle que usted, que da ejercicios espirituales a religiosas, retiros, conferencias sobre este tema, hable de los frutos de esta virtud, que esto es maravilloso y estimulante; para ser muy fieles en este campo primero de renuncia a las exigencias de la naturaleza, de ser conscientes de nuestra entrega a Cristo para que el alma se vaya uniendo más y más al Esposo virginal y llegar a este unión inefable con Él, a gustar de las mieles del Esposo y a sentir en sí la grandeza de su maternidad espiritual tan fecunda. Él callaba a todo y yo seguía a mi aire con tal dominio de sí tenía el alma porque era Cristo volcarse en ella, y hacerle experimentar también en estos momentos lo que le estaba diciendo, iba despacio y no me veía libre de alguna emoción que procuraba ahogar porque me daba la impresión que él debía estar emocionado con lo que oía y yo no decía otra cosa que lo que vivía, pero era un volcarse tanto Cristo en el alma que no sé con qué cosa decía las cosas.

Ya dando esto por terminado pasé a decirle lo que de estas experiencias se desprendía del alma. Primero un movimiento de gratitud, de amor a Dios mi Padre, a Cristo mi Esposo y al Espíritu de Amor que hizo tal transformación en una criatura que sintió las exigencias de su naturaleza de mujer como cualquiera otra; segundo, un movimiento de expiar en la propia carne de una manera especial durante este tiempo de Cuaresma los pecados de lujuria que se cometen en el mundo y que tanto degradan a la persona y embotan el espíritu para las cosas de Dios. Si lo ve bien, quiero hacer todos los días algo en mi cuerpo que podía ser tomarme una disciplina diaria y otra cosa que usted me diga, Dios me dará fuerzas para lo que sea porque el espíritu arde. Y como la Madre deja a mi discreción lo de la mortificación corporal, cuento pues con la bendición de Dios. Además, al pensar que Cristo, el justo, el inocente cargó con nuestros pecados y qué caros le costaron, luego, su esposa, al sentir en sí esa liberación de la carne, se siente comprometida a cargar y expiar los pecados de los hombres sus hermanos, mejor que Cristo sea en ella quien prolongue su obra redentora. Me siento solidaria con toda la humanidad porque Cristo murió por todos y yo tengo que inmolarme con Él por todos.

Al pie de la cruz, al pie del altar

Al decir este último todos sentí tan al vivo toda la obra de la Redención y nuestra incorporación a Cristo que me emocioné y se me ahogó la voz, no acerté a decir más en este momento y entonces él con voz también parecía emocionado, me dijo: ¿no me dice más cosas?, pero yo no era salir del silencio y él también callaba hasta que pude decirle: tengo otras cosas de que darle cuenta pero ya no son de este estilo, si bien quiero decírselas antes de recibir la absolución por si en alguna hay algo de falta en mí y que yo no le advierta, pero si me quiere dar la exhortación a esto o conseguir algo o explicarme si es así como yo lo veo, pues ya sabe que hablo de lo que vivo y puedo estar desacertada. Se paró otro poco y como quien hace un esfuerzo, a juzgar por el suspiro que le salió, empezó diciendo: la exhorto a vivir todos sus dolores, sus sufrimientos... en comunión con Cristo, varón de dolores. Cuanto más sienta su impotencia, su limitación, su querer dar más y que no acierta, entréguese totalmente a Cristo para que Él le asuma tal cual es y Él se prolongue en usted. Sea Él quien sufre en Usted, quien ame en usted y lo realice todo en usted. No le dé miedo su impotencia ante tanto campo como el Señor le muestra, le repito aquí lo que yo le dije en otra ocasión en que sentía su impotencia para amar a Dios cuanto quiera y sobre todo como Él se merece. Pida con insistencia que Cristo la viva, se prolongue en usted, y usted entréguese totalmente a su querer y a su obrar. Viva todo esto unida también a la Santísima Virgen. Ella al pie de la cruz, usted al pie del altar que es lo mismo, pues el sacrificio de la misa es la renovación sobre nuestros altares del sacrificio de la cruz. Ella ofreció a su Hijo al Padre y se ofreció con Él. Vivió doblemente su sacrificio. Hágalo usted así. Esto que acabo de decir en cuatro frases sueltas, él me lo dijo tan ordenado, de una manera tan profunda y extensa que da pena pensar lo poco que me queda de tanto como él me dice. En aquellos momentos parecía que lo recordaba todo, pero al ir plasmándolo al papel a ratos en el transcurso de muchos días se me va olvidando. Pienso, si me acuerdo, decirle que me repita lo que me habló de la Virgen al pie de la cruz, fue algo maravilloso que quisiera retener, todo será que ya él no recuerda lo que me dijo.

Encarnación mística de Cristo

Después de exhortarme a todo esto siguió hablando sobre lo que le había dicho de la virginidad consagrada a Cristo. Muy pensadamente empezó diciendo: ciertamente así es la parte positiva de esta virtud, diría los frutos de esta virtud, y realmente no se hablan de ellos. Los santos Padres sí que hablaron muy bien de estos. Nosotros en cambio, hablamos de lo que nos es común: la lucha, la renuncia que lleva consigo la práctica de esta virtud, quedándonos solo en la parte ascética. Los santos hablan de otro modo porque viven la riqueza que lleva consigo esta virtud. Y la Santísima Virgen nos podría enseñar como nadie la grandeza de la virginidad. Ella fue Madre del Verbo encarnado por ser virgen. Virginidad que es fecundidad y participación... (creo que me dijo de la fecundidad), me dijo muchas más cosas de la Santísima, no las recuerdo. A imitación de Ella viva en esa fe no adulterada, en esa esperanza firme y gozosa que no flaquea y en esa caridad ardiente y universal, amando a todos con el amor de Cristo y así, místicamente pero real, Cristo se encarna en nosotros, lo concebimos para darlo a los hombres, a todos, al que nos cae bien como al que no nos cae también, hasta a nuestros enemigos, a todo debemos darles a Cristo y amarlos con el amor de Cristo, y dadas unas mismas circunstancias entregarse lo mismo por el amigo como por el enemigo (creo que me dijo así no lo aseguro).

Prolongación de Cristo

Aquí le interrumpí diciéndole: me convence todo lo que me dice (él me explicó mucho más de lo que yo acierto a decir aquí) estoy con usted en amor de Cristo con que Él nos ama a todos, pero cuando una persona te hace bien y te ayuda a ir a Dios y tratas con ella sientes la cercanía de Dios. ¿No es esto un motivo para amarla más? Concretamente el caso de esta alma con usted le ama entrañablemente en Cristo porque esta alma se beneficia de su doctrina, la acerca a Dios, la estimula a amarle más y brota espontánea la gratitud, primero hacia Dios que es él que lo dispone todo, pero luego también a usted. Es un motivo noble –agrego él- al que usted alude pero que prevalezca siempre por encima de esto el amor a Cristo en cada uno de sus miembros. Amor a Cristo en ellos y a ellos en Cristo, porque ese motivo que usted dice se funda en un beneficio recibido y nuestro amor... no recuerdo la palabra que él empleó, algo así como que no debía ser por motivos de estos sino porque Cristo se prolonga en sus miembros y debemos amarle por lo que Él es en primer lugar. Temo no ser muy exacta en esto que acabo de decir, pasaron muchos días y ya no recuerdo y creo que no sé dar cuenta de nada para tanto como me dijo con tal fervor y con tal unción que yo estaba embobada escuchándole y aquí no soy decir nada.

Rosario con los brazos en cruz

Bendito sea Señor, no soy más que nulidad en todo. Luego, ya como final a lo que le había dicho hasta aquí, me dijo, me parece bien el que se sienta solidaria de las necesidades humanas y que quiera poner su parte en expiar los pecados contra esta virtud de la castidad, pero no me atrevo a concederle el que se tome una disciplina diaria, es una persona enferma y acaba de salir de una gripe fuerte, la tomará solo tres días en semana y los restantes rezará un rosario con los brazos en cruz por esa intención, y así ya tiene algo expresamente por esto. Y me insistió en el poder de nuestra unión con Dios para atraer gracias de conversión para los pecadores. Y después de esto yo le di cuenta de las otras cosas que no le había dicho al principio y que no voy a especificar aquí porque tendría que rozar a alguna persona y prefiero no tocarla aquí, creo que el Señor no me lo demandará, Él ve el interior y sabe pues el motivo que me mueve a silenciarlo. Son cosas que no voy a decir, que Él mande, pero sí que las permite porque me convienen para ejercitarme en la virtud, aunque la naturaleza le cueste. Cuando Él quiera todo se verá claro y brillará su fortaleza en un sujeto tan ruin de por sí. Una sufre con estas cosas, no cabe duda, porque cuanto más la gracia le da Dios su Padre es cuando la zarandean por de fuera, y claro ve el alma que no es obra de ella sino de Dios, luego fiarse y entregarse a Dios, y vuelvo a repetir cuando Él quiera, sea en esta vida o en otra todo se verá claro y el alma vive con una conciencia tranquila en la presencia de Dios.

Entre esas cosas había una negativa que me habían dado y que no me explicaba puesto que iba en contra de la doctrina del Concilio y contra el mandato expreso de nuestras nuevas constituciones por lo que se me ocurría pensar, y le advertía a él que no sé si con esto me mandaría haciendo un mal juicio, que se desconfiaba de mí y por eso se hizo esto. La desconfianza y la falta de sinceridad son dos cosas que siempre me hicieron mucho sufrir por lo que aquí me mostraba dolorida, pero él enseguida me atajó diciendo: quite ese pensamiento de la cabeza que no ha sido porque se desconfíe de usted sino que son esas respuestas que se dan sin tener en cuenta lo que se dice, y empezó con tal delicadeza, caridad fina diría mejor, a quitar importancia al hecho y a defender la parte contraria con unos razonamientos tan espirituales que me edificó enormemente porque aunque no le nombré la persona es posible que él cayera en la cuenta de quién se trataba, y precisamente son cosas que Dios permite para purificar ambas partes, con qué caridad la disculpaba, así hacen los santos, aprende esta lección, me dije luego.

Y ya por último le hablé del caso de un miembro de la comunidad del que ya hace tiempo había hablado sobre esto con él. Ahora, le decía, sigo con el mismo pensar que cuando lo hablé sobre ello la otra vez. Sólo quiero que se cumpla la voluntad de Dios; nada quisiera dejar en casa lo que Dios no quiere y tampoco quisiera echar lo que Dios quiere en casa y se complace en ello, por eso cuanto más pienso este caso en la presencia del Señor más movida me siento a inclinarme por el lado de la caridad, de la misericordia, puesto que de esto yo no veo que se siga ningún mal para la comunidad, así que yo tengo que obrar en conciencia como lo veo, tal vez esté equivocada pues otras lo ven de otra manera pero yo tendría que violentar la conciencia si obrara de otro modo, mientras que así me siento tranquila. Me hizo algunas preguntas sobre el caso y luego añadió: esté tranquila y obre como se siente movida a obrar.

En la unidad de la Trinidad

Me dijo alguna cosa más que ni idea tengo ahora de lo que es, creo que sería como un breve resumen de lo que me había dicho, me impuso la penitencia y me dio la absolución. Una vez recibida esta yo le pregunté por su alma pues le había observado tan fervoroso a lo largo de toda la confesión que se me ocurrió hacerle esta pregunta. Y con una sencillez y una humildad que me confunde me responde: con muchas deficiencias, y se puso a contarme toda la jornada del día anterior en que había estado dando un retiro a religiosas, destacando sus fallos y deficiencias que yo no lo veía como él, pues una vida tan apostólica como la de él no resulta fácil a la contemplativa. Le animé cuanto pude a que nos esforcemos mutuamente a vivir en esa unión y contacto vivo con Cristo de lo que depende nuestra felicidad, nuestra fecundidad, y es como glorificamos mejor al Padre: cuanto más Cristo seamos. Estoy más segura de esto que de lo que veo con los ojos del cuerpo. Se lo decía con energía. El asintió diciendo: así es, yo también pienso como usted. Habló algo más sobre esto y luego me dijo: todo esto de la Unidad requiere mucha unión con Dios, mucha entrega, mucho sacrificio, olvido de si... Hagámoslo así los dos tal como el Señor nos pida, estemos siempre prontos y generosos a cualquier sacrificio que Él nos pida por mucho que nos cueste, Él se lo merece todo. Me encomendó pedir en la oración por el centro ecuménico que piensa abrir por la convivencia de la religión anglicana y nosotros los católicos para que sea fructífera para la causa de la unidad. Después me habló de la semana del cenáculo en que ve mucho que hacer y poco tiempo para prepararlo. Me encomendó que si se me ocurría algo tomase nota y se lo pasase. De momento le sugerí que veía bien que en la vigilia de Pentecostés participasen otras confesiones, incluso que alguno de estos dirigiese la palabra para compenetrarnos más como hermanos. Sí, que algo de eso había pensado yo, a ver qué se hace. Encomiéndelo todo mucho al Señor. Con toda mi alma, Padre, la unidad de todos en Cristo y entre sí para ser consumados en la unidad de la Trinidad es mi fibra más sensible. Le hablé de unas letras que les había mandado para que las entregase a la religiosa anglicana, puesto que es con la que me escribo ; y ya dimos por terminado, pues llevábamos una hora larga, y me quedó la impresión que él quedó con ganas de hablar más sobre esto de la unidad, pero por no alargarse puso punto final. Me parece que está deseando poder estar largo en el locutorio para hablar de esto, pero las circunstancias lo van impidiendo, cuando Dios quiere se hará. Le dije *un Dios se lo pague todo* y que creo que habrá alguien esperando, y así era, pues había sentido dar el reloj las doce y ya estaría la hermana que deseaba confesarse con él.

Día 22 de marzo

Poco antes de finalizar nuestro recreo del mediodía nos llamó por teléfono. Nos saludamos brevemente y yo sin más le pregunté por la monja anglicana que él había ido a recoger a la bajada del avión para llevarla a su destino. Me dijo todo ha sido emocionante, más de lo previsto, y está muy contenta entre las de Vivero. Me contó algunas cosas sobre las charlas que él les dio durante los diez días que permaneció él allí. Habrá disfrutado mucho en un ambiente tan ecuménico ¿no? Disfrutar ya lo creo y hasta vengo con nostalgia y morriña de aquello. Y ahora ¿está muy ocupado aquí? Estoy que no sé por dónde empezar, pues pensaba que podría escribir y hacer mucho allá y no tuve tiempo, así que ahora todo lo tengo que hacer aquí y el sábado próximo tengo que dar ejercicios a la comunidad de Salamanca y ese mismo día regresa del extranjero el Padre provincial de la Bética y tengo que estar urgentemente con él porque hay cosas pendientes a las que urge dar una respuesta concreta y no se puede hacer hasta que no esté con él. Encomiéndalo todo al Señor, a ver cómo me ayuda y puedo salir de tantas cosas como tengo encima estos días. Con toda el alma lo haré, y como una primera solución le digo por qué no retrasa unos días los ejercicios. No se puede -agregó él- seguido de estos estoy comprometido (no sé qué otra cosa me dijo), Padre ¿entonces no habrá tiempo para atendernos a nosotras? Hasta que no pase un año, no. Padre... eso será de broma. Se echó a reír y dijo ya iré cuando pueda, pues estoy deseando desahogarme, pero antes pasarán unos días, ya las avisaré. ¿Cómo están todas? Bien Padre. Bueno, pues a ver como piden al Señor por tantos asuntos como tengo entre manos y para Pentecostés, aún no preparé nada. Me puse a decirle algo que había pensado y en esto tocaron a silencio para retirarse. Con gran pena, porque la conversación estaba fervorosa hablando del Espíritu Santo, le dije han tocado a silencio, me tengo que retirar, ah sí, pues ya no hay más que hablar. Le pasaré un sobre que me dio Sor Gabriela para usted. Adiós. Adiós Padre, y colgué.

Día 23 de marzo

En el tiempo libre de la tarde –seis y media a siete y media- vino al locutorio para hablar a la comunidad de todo esto de sor Gabriela la anglicana tan emocionante y edificante. Pero servidora no tenía noticia de esto y como estaba en la huerta no oí la campana del locutorio y sólo la madre sabía por dónde andaba y no cayó en la cuenta de avisarme hasta que alguna hermana se dio cuenta de que faltaba y ya me vinieron avisar, pero ya había rato que él llevaba hablando. Bendito sea Dios por todo, todo se mueve bajo su mano, pero la más ansiosa de saber esto se quedó casi sin enterarse. Me costó mucho y lo ofrecí con todo el amor de que fui capaz por la causa de la unidad. Luego lo poco que oí, como no había oído lo primero, ya no seguía bien el hilo. Cuando Dios quiera, si algún día hay tiempo, en el locutorio le preguntaré sobre ello, pues en este día no pude hablar nada con él.

Monja predicadora en el fraile

Día 24 de marzo

A última hora del día de una manera providencial supe que estaba apuradísimo de trabajo y que al otro día a primera hora se marchaba. Con especial fervor en completas, lo encomendé al Señor para que le ayudase. Y al salir de éstas me sentí movida a quedarme un rato en oración implorando la ayuda del Señor para que todos sus trabajos sean fecundos para gloria de Dios y bien de las almas. Al momento me encontré con una hermana, y aquello que yo iba pensando sentí el impulso de decírselo a ella para que se quedase también, pero pude reflexionar y me pareció mejor no comprometerla, pues no dudo de que, al precio que sea, se hubiese quedado pero dado su trabajo y más joven necesita todo el tiempo para el descanso, así que me dije: si el Señor lo quiere de ella ya se lo inspirará puesto que por ella me había venido la noticia de que él estaba apuradísimo y se tendría que quedar por la noche. Y tranquila por esto me dirigí a la celda, pero yo me sentía comprometida a prestarle ayuda, creo que Dios me lo pedía. Ambos trabajamos para el mismo AMO y si la monja se siente predicadora en el fraile, éste a su voz ora en la monja, yo sabía que él estaría en vela hasta las tantas de la noche, y no me podía dar al descanso tranquila sin antes proporcionarle la ayuda de la oración así que determiné quedarme un rato en la celda muy unida con la Virgen pidiéndole ayuda, protección y que Ella intercediera por él ante su Hijo para que todo le saliese según la voluntad de Dios. El espíritu estaba pronto a todo esto pero la materia se sentía flaca pues había pasado la jornada de trabajo de la mañana en la huerta podando rosales y cavando en el jardín, luego, como era viernes con desayuno ligero a las siete menos cuarto de la mañana, y trabajo fuerte y falta de costumbre en esto, fue una mañana de penitencia y sacrificio, qué gozosa lo llevaba, pero al medio día me sentía agotada y a la noche no deseaba sino darme al descanso lo más pronto posible, así que se entabló un poco de lucha: la naturaleza que pedía lo suyo y hasta parecía prudente dárselo pero yo en el alma sentía una experiencia que no me dejaría acostarme tranquila por lo que determiné sin miramientos el quedarme. Tomar esta determinación y sentir que el espíritu dominaba a la naturaleza fue todo uno.

Luego, como víspera de la fiesta de la Anunciación, estaba muy entusiasmada con la Virgen y en este tiempo de intimidad con Ella más me sentía motivada en este misterio tan enternecedor y con tal confianza filial le encomendaba todo lo de él que el tiempo pasaba sin sentirlo y cuando se me ocurrió mirar al reloj ¡Dios Santo el tiempo que había pasado! No era mi intención estar tanto, pero salió así ¡Bendito sea Dios y bendita Ella que así me encandiló y no me di cuenta de mi cuerpo! En fin, me acosté con una paz y un gozo en el alma que esto me hacía entender que había acertado a dar al Señor lo que en esos momentos me pedía. Es verdad que si diera oídos a la prudencia humana me hubiese acostado sin más y propiamente no hubiese cometido ninguna falta, pero no hubiese sido fiel a las exigencias del amor. Esta intimidad con Dios para vivirla de continuo exige estar siempre muy atenta a Él, a ver que te va pidiendo en cada momento y en cada circunstancia, y el amor tiene sus exigencias, ah, pero todo te lo paga el buen Dios y aunque no fuese así, Él se lo merece todo por ser quien es. Bueno, pues en ese gozo y esa paz me acosté, me dormí pronto, aunque enseguida me despertó un descenso de la insulina debido seguramente al ejercicio fuerte del día. Salvado éste, me quedé dormida otra vez y a la mañana al despertar no sé expresar el gozo que había en el alma por esta festividad de la

Virgen. Todo esto para decir que se nos fue sin atendernos. Cuando el día anterior estuvo en el locutorio con la comunidad pidió oraciones y dijo algo de lo que tenía entre manos como era los ejercicios a la comunidad de Padres de Salamanca y seguido de estos unos cursillos de ecumenismo en Pamplona que a la clausura de estos llegaba sor Gabriela (la anglicana) y ya emprendía el regreso a su país, así que hasta partir del 10 abril sabemos que tiene que estar fuera. Cúmplase en todo la voluntad de Dios, pues si bien es verdad que nos gusta que nos atienda con frecuencia porque te enfervoriza y te lanza a vivir nuestra entrega a Cristo con entusiasmo y generosidad, en cambio la voluntad de Dios por encima de todo, y por mi parte confieso que esperaba pudiese sacar tiempo con lo apurado que andaba pero que nada me parecieron mis cosas pensando en que en otras partes le necesitaban y estoy tranquilísima en manos de Dios hasta que regrese cuando sea la voluntad de Dios, ni minuto más ni minuto menos.

Día 9 de abril

En el recreo del mediodía me avisan que vaya al teléfono; no me han dicho más y yo creí que se trataría de alguna llamada de por aquí, y cuál no fue mi sorpresa al coger éste y oír la voz del padre que me dice que está en Pamplona y que está con él sor Gabriela, la monjina anglicana, y que iba a hablar conmigo. Como no sospechaba tal cosa y luego la emoción de poder hablar, al menos por teléfono, con la monjina que amo tanto, total que me atonté y apenas pude hablar algo, pues no atinaba a nada y luego como ella habla el español con cierta dificultad tanto mayor era la dificultad. Pero el hecho de oír su voz y cuando yo le decía ahora con su convivencia entre nosotras más unidas nos sentimos, ella respondió sí, sí muy unidas, fue emocionante. Vi una bendición de Dios en esta llamada, lo primero por poder hablar con sor Gabriela y lo segundo porque en la semana de Pascua le habíamos escrito al Padre a Pamplona por el motivo de mandarle carta a sor Gabriela a su salida de España y como ella iba estar unos días, él se las daría muy bien, pero creídas de que él estaría en el convento de los padres se la mandamos aquí y resulta que estaba en otra parte, seguramente en donde estaba dando los cursillos de ecumenismo. Así que bendito sea Dios por todo, pues atontada y todo se me ocurrió al hablar con él preguntarle si había recibido nuestras cartas (en una escribimos varias) dijo ¿a dónde la mandaron? A los padres, respondí, y él dijo: pues a la noche pasaré a recogerla, así que espero la haya recogido y entregaría a sor Gabriela la de ella, pues si no llega a ser por esta llamada la monja se hubiese ido y las cartas quedaban en España. A ver cuando él regrese lo que me dice, pues le daba cuenta a él de algunas cosas de conciencia.

Día 13 de abril

Me avisan para el teléfono: era él, ya de regreso en casa. Me produjo mucha alegría saberle ya en casa. Nos saludamos y sin más yo pasé a agradecerle su delicadeza poniéndome conferencia para que sor Gabriela hablase conmigo. Pensé, dijo él, que usted era la que menos suerte había tenido al no poder ver a sor Gabriela y entonces se me ocurrió el que por lo menos hablasen por teléfono. Entonces yo le dije: pues sí que me costó saberla en España y no poderla ver, pero ya comprendo que nuestro convento quedaba muy fuera de mano de la ruta que ella traía. Pero fue fructífero este sacrificio puesto que con toda el alma le ofrecí al Señor por la Unidad y mire cómo el buen Dios valiéndose de usted me quiso dar esta satisfacción de hablar con ella. Lo agradecí mucho al Señor y ahora se lo agradezco a usted.

Luego le pregunté por ella, por los cursillos, a lo que contestó que venía muy contento pues le parecía que todo había marchado bien, que las religiosas ecuménicas habían quedado muy animadas y que había estado con los padres en Villava y se aclaró su paradero que yo pensaba que sería en la casa de Pamplona. Tuvimos unos diez minutos largos hablando y francamente disfruté viéndole tan animoso y contento preguntando por todas. Le dije si estaba muy ocupado ahora para que viniese a confesar, él dijo pues ahora empieza todo esto de la semana del cenáculo, pero hay tiempo para atenderlas, mañana viernes, a todo más tarde el sábado, voy por ahí, hacia las seis o seis y media ¿Les viene bien? Estupendo padre pues a las seis y media terminamos la jornada del trabajo manual y en el tiempo que luego nos queda de retiro nos viene bien para esto. Le hablé de una pequeña limosna que le había mandado mi familia, luego se habló un poco de ésta y ya le pregunté por la de él y dimos por terminado esta llamada.

Día 14 de abril

Hacia las siete de la tarde vino a confesar. Dije las faltas de semana, hice hincapié en una que había cometido al permitirme una satisfacción contra un punto de nuestras constituciones, yo le había dicho al Señor ya me dejarás permitirme esto y sin esperar su respuesta lo hice, hacerlo y sentir un pequeño descanso en el alma fue todo uno. El Señor no me regañó, pero hizo notar los efectos en el alma y entonces sí que le escuchaba a ver si me decía algo y cuán grande era mi arrepentimiento pues me había cogido un permiso del Señor medio atontada porque si reflexiono en aquel momento o espero la respuesta del Señor no me hubiese permitido tal cosa, pero es mi patrimonio personal: la flaqueza, la debilidad, la caída, el pecado... esto es mi cosecha para que brille más la misericordia de Dios sobre esta criatura. Luego le hablaba de que me distraigo de esta atención amorosa al Señor dentro el alma, es cuando cometo las faltas porque cuando el alma vive con la mirada clavada en Dios mientras que permanece así le es imposible pecar y así entiende perfectamente como los bienaventurados y libres de la materia, con la mirada del alma clavada en todo momento en Dios belleza y bondad infinitas en ese sumo Bien, les es imposible apartarse de contemplarle y en ellos no cabe el pecado. Deduzco esto por lo que pasa en esta alma. Y ya sin pararme más en las faltas le dije con espontaneidad: estaba deseando estar con usted en el confesionario para darle cuenta de lo que está pasando en el alma. Le doy por enterado de la trayectoria del alma durante el tiempo de Cuaresma ya que hasta Jueves Santo le di cuenta en la carta creyendo que tardaría más en regresar y así me descargaba la memoria.

Cristo resucita en el alma

Bueno, Viernes Santo, Sábado Santo y Domingo de resurrección a pesar de lo expresivo de la liturgia de estos días y el alma, tratando de identificarse con los misterios de Cristo, estaba como insensible, tanto que el día de Pascua le dije al Señor: en esta alma aún no has resucitado ¡ah! Pero sin saber cómo, a los pocos días ni sé decir lo que se produjo en la pobre alma que siempre se echa la culpa así de que no es fiel, de no corresponder a tantas gracias y que bien merecido tiene todas estas cosas que le hacen sufrir, digo pues que sin saber cómo Cristo resucita en el alma llenándola de gozo hasta desbordar y ella experimenta que El la sustituye, la vive, queda como abstraída del mundo exterior que la rodea y en su interior se realiza una vida de ensueño con el Esposo resucitado. Ve por una parte con tal viveza la santidad de Dios y por otra su nada, pura imperfección y no más, ah, pero esto ya no la hace sufrir puesto que Cristo se apoderó de ella y es Él quien obra por ella. Él ama al Padre y Él ama a todos los hombres por ella, esto produce un gozo tan inefable, indecible que más apetece callarlo y aislarse del mundo que le rodea y gustarle en silencio, pero al mismo tiempo usted es el confidente de esta alma quiero hacerle partícipe de este gozo y que me ayude a dar gracias a Dios Padre que por Jesucristo que así nos bendice y nos transforma en Cristos vivos, en otros hijos en el Hijo. Estoy como un niño pequeño que ni aún acierta a balbucear ante una alegría inmensa. Qué grande su gracia de nuestro bautismo que así nos va transformando hasta esto que estoy viviendo que Cristo se formó en un alma y Él está viviendo en ella la vida de Él, salvo pequeñas desatenciones que a ella le parecen monstruosidades cuando ve vivir un algo de ella. Esto que es maravilloso y que no lo sé expresar con palabras, porque es muy superior a lo que se puede decir, no es para decir que es cosa nueva en el alma, este sentirse vivida por Cristo lo viene experimentando ya hace tiempo, pero tan de continuo y con tanta intensidad como ahora nunca. Ella vive con la mirada amorosa clavada en el Esposo, Verbo de Dios, y al sentirse sustituida por Él, esa mirada de ella se transforma en la mirada de Cristo mirando y amando al Padre estableciéndose tal corriente de amor entre ambos que aquí ve en esto, en el alma el misterio Trinitario de un Dios Padre amando a su Hijo, Dios como Él y el Hijo amando y dándose al Padre en el Espíritu Santo que el alma entiende por este fuego de amor que los envuelve.

Resplandores de Dios en el alma

Es tan inefable esta experiencia de la vida de Dios en un alma que con verdad puede decir que encontró el cielo en la tierra, no el mundo exterior que la rodea, sino en lo más interior del alma en este sentirse vivida por Cristo en comunión con el Padre y el Espíritu Santo. El alma descubre maravillas en Dios, todo lo posee, nada le falta, es la suma felicidad y nuestra felicidad verdadera solo la encontramos en la medida en que seamos vividos por Cristo en Dios. El alma goza lo indecible experimentando a Dios tan Dios y este Dios tan admirable es su Padre amoroso que la atrae hacia el misterio de amor de un Dios amor que constituye nuestra plena felicidad. Ella bien sabe que de si es pura nada, pura impotencia, pura limitación, pero ante la contemplación de las perfecciones de Dios qué puede añadir ella, reconocer su nada y alegrarse de que Dios sea Dios. Todo esto lo está viviendo el alma con un gozo indecible. A esto se une los resplandores, (él me parece que en una ocasión que tratemos de esto le llamaba iluminaciones del espíritu), que estos sin corrientes ya en el alma desde hace varios años, pero este tiempo son intensos que no parece más que solo falta una nada para que el alma se encuentra con la visión de Dios porque hasta violenta el cuerpo como queriendo salirse de él a la vez que el fuego del Espíritu arde fuertemente en ella. Estos resplandores son instantáneos, pero en este tiempo se suceden con mucha frecuencia unos a otros y que el gozo que producen bien entiende el alma que es obra de Dios. El amor a Dios ahora no son actos de amor ni tiempos de oración para amarle mejor, sino que es un acto continuado de amor y una oración ininterrumpida, es Cristo quien vive esto en el alma, quien ora y quien ama y qué otra cosa puede dar el alma a Dios su Padre sino a su Cristo. El Hijo muy amado, el Hijo de las complacencias del Padre, esto es lo que hace. Que yo no sea nada y que Cristo lo sea todo en esta alma para gloria de Dios Padre. Entré en cuaresma creo que con muy buena disposición, mi obsesión era que yo menguase, lo acepté creo que con generosidad y fortaleza, apoyándome en Él y tal dominio experimentaba en el alma que bien veía de dónde me venía tal fuerza, el alma lo pasaba porque no se es insensible, pero Cristo era su fuerza. Alguien me llegó a decir usted es tremenda, es la maestra de novicias y hasta donde desciende, pero esto nada me decía, yo vivía la luz de mi nada y cuanto más descendía según los demás, más me encontraba en mi lugar: vivir mi nada para que el todo de Cristo obrara en el alma y cuando no esperaba recompensa sino solo complacerlo, bien que me lo ha pagado como anteriormente le he contado. Y aquí le di cuenta de alguna contrariedad concreta.

Luego le hablé de una ocasión en que me parecía que el Señor me pedía hablar cuando me era mucho más fácil, para no crearme problemas, no hablar, y después pensaba en la presencia de Dios para pedirle ayuda a que hablase en todo conforme a su voluntad, hablé venciendo mi timidez a quien debía hablar puesto que una fuerza interior me impulsaba a ello y no se trataba en nada de defender algo personal. A Él le dije esto con algo más de detalle y ya al final me callé. ¿Qué más me dice? Interrumpió él: no cuento con más, Padre, puesto que en la carta ya le decía algunas cosas y como hace pocos días no tengo más. Quedó un momento en silencio y empezó diciendo: "Esto que esté viviendo su alma es la teología de la Resurrección hecha vida en su alma y que tan de relieve está en nuestros días." Esto es la... (No recuerdo la palabra que él empleó) algo así como la culminación de la teología de la Pasión. La Pasión sin la Resurrección no tendría sentido. Pero Cristo padeció, murió y resucitó y me empezó a explicar y hablar de la Resurrección de nuestro Señor con citas de la Sagrada Escritura, sobre todo de San Pablo que me quedé como abobada escuchándole y no podía por menos de admirar la gracia de Cristo en él, Cristo me estaba hablando por él, es imposible que así de improviso, puesto que qué sabía él de que le iba a dar cuenta yo para que tan a punto me dijese doctrina tan sublime. Estuvo buen rato hablándome, pero soy tan cesto roto que todo se me va y me queda cierta idea para mí, pero al qué decir algo aquí no sé decir nada.

Que Cristo glorifique al Padre en usted

Después de exponerme esta teología de la Resurrección como él llamó, compaginándolo con las experiencias que yo le había dicho, me empezó a dar normas para mi vida práctica y que tampoco acierto a recordarlas aquí. Una cosa en que insistió, y que ni aún completa recuerdo, fue: Cristo es el único que puede dar al Padre toda la gloria que se merece, todo el amor... y no sé qué cosas más dijo. Así que viva consciente de esto y deje a Cristo que lo viva, que El glorifique al Padre en usted, que Él ore por su Iglesia, que asista a su Vicario, que ayude a los obispos, sacerdotes, religiosos, fieles, infieles, ateos, que él llegue a todo el mundo en donde haya hombres que salvar y esto no solo mirando a la Iglesia católica sino a todas las confesiones cristianas: jerarcas y fieles y me los iba nombrando. Tiene que amar todo esto con el corazón de Cristo universal, aquí le interrumpí diciendo: esto es lo mío, mi vida y mi oración se extiende a todo el mundo, pero mientras que hasta ahora sentía tan al vivo mi impotencia para llegar a todos ahora, en estos días que Cristo sustituyó a esta alma, Él lo está viviendo todo en el alma, a mí me toca estar muy atenta y vigilante a todo lo que Él me impulse, pero mis obras realizándolas yo son obras de Él, lo veo claro.

Entonces me empezó a hablar del Espíritu Santo, el Espíritu de Cristo que nos impulsa a obrar y querer según Cristo, conduciéndolo todo al Padre, sobre esto me habló un rato y me decía que Cristo se forma místicamente pero real en las almas fieles y dóciles al Espíritu Santo. Luego pasó a hablarme de la Virgen, que yo creo que en todas las exhortaciones me habla de la Señora, es un enamorado de la Virgen. Me empezó hablando de Ella, que por lo que yo estaba experimentando en el alma con la Resurrección de Cristo, que trasladase al alma de la Santísima Virgen cuando la Resurrección de su Hijo. ¿Quién podrá (no recuerdo la palabra) algo así como atisbar lo que pasaba en Ella? Y ¿cómo viviría aquí en la tierra sabiendo que su Hijo glorioso estaba en el cielo? Me dijo más cosas que no recuerdo y luego por todo esto a Ella debemos acudir. Ella es el modelo perfectísimo de criatura que todos debemos imitar y me citó algunos textos de la L.G.[139] referente a la Virgen.

Terminado esto me insistió en la fidelidad, delicadeza, finura de espíritu para esperar siempre con atención amorosa al Esposo, a ver qué quiere, qué desea, qué pide de su alma, y dárselo todo pronto y con generosidad, mucho recibe, mucho está comprometida a dar y ese dar es vivir en esa disposición amorosa dispuesta a secundar todo lo que pida. Yo le dije, Padre, sí que me siento más comprometida por lo mismo que recibo mucho de Él y así un fallo por insignificante que parezca a primera vista lo veo enorme de grande al tener en cuenta que la gracia de Cristo empapa toda esta alma y así me produce más dolor y arrepentimiento cualquier faltona de ahora que en otro tiempo ni la veía porque había cosas mayores que las cosas mayores de otro tiempo. Y ya muy de paso me dijo si el Señor le pide que diga algunas cosas, como el caso que me ha contado, hágalo, pero después de pedirle a Él su asistencia exponga las cosas con mucha humildad, suavidad y caridad siempre que se trata de defender o buscar el bien de las demás y esto es prudente hacerlo en las condiciones que le digo. Lo suyo, lo que afecte a su persona solo, calle siempre. Centre toda su atención en Cristo, en vivir y profundizar cada vez más en sus misterios y si el Señor no se lo pide no se enrede ni se meta en problemas que le puedan restar atención a esta vida de Cristo en su alma. Alguna cosina más creo que me dijo, y ya me impuso la penitencia y me dio la absolución. Después de recibir esta yo le hice una advertencia que ya él estaba en ello y me dijo solo caben dos caminos: negarme a recibir a esa persona o exponerme a que diga lo que yo no digo ¿Le parece que me niegue? No Padre, no niegue la gracia de Cristo a nadie, pero extreme la prudencia con personas que no callan. Ya estamos en ello. Con tal sencillez me dijo esto que pude entender en el aprieto en que se veía con esto, pero su bondad acoge a todos. Y ya por último le pregunté por los trabajos que tenía entre manos, brevemente me dijo algo y me salí. Me extrañó un poco que no me dijese nada de lo que yo le daba cuenta en la carta, pero como él no dijo nada yo me atreví a preguntarle nada.

139. Lumen gentium, Concilio Vaticano II.

Domingo día 23 de abril

A las once y cuarto de la mañana me llamó al locutorio, pero antes de empezar con esto, voy a decir algo de la trayectoria de esta llamada. Días antes, 20 de abril, me llamó por teléfono para felicitarme con motivo de mi santo que era este día[140]. Yo, francamente no esperaba que se conformase con una llamada de teléfono, sino que me haría una visita, total que coger el teléfono y ver que era él y que no me esperaba, luego la madre estaba y no se iba, perdí libertad para hablar con naturalidad. Así que solo me limite a responder a las palabras de felicitación y no se me ocurrió preguntarle por nada. Él tuvo que notar algo en mí y sin hacerlo notar se despidió enseguida y como no me dijo nada de venir me dije éste no está en venir, y yo no me atreví a decirle que le esperaba, uno porque no salió de él y otro por temor a que la madre lo viese mal que yo le llamase sin antes contar con ella, total que colgué el teléfono con gran tristeza porque no solo yo sino otras también estaban creídas que en un día así bien seguro que vendría, y alguna me dio un encargo para él que urgía dárselo, luego tenía preparado algunos apuntes de la formación del noviciado que quería consultar con él, algunos apuntes personales y algunas otras cosas que él tenía que ver, y solo en el locutorio podíamos tratar de esto.

Por todo esto mi tristeza aumentaba, pero enseguida mi fe reaccionó y me dije todo se mueve bajo la mano de Dios mi Padre, si Él lo ha permitido así será que me conviene, no quiero más que cumplir su voluntad lo más perfectamente que pueda. Yo veía santo, puro, eficaz esta entrevista con él de la que salimos por ambas partes fervorosos y con ansias de ser cada día más de Dios porque en estas conversaciones santas en que se habla de Dios, de las necesidades de la Iglesia y de todos los hombres y también salen nuestras miserias, cuando todo esto se hace con ese puro deseo de agradar a Dios da una paz y un fervor al alma que una desea tratar de estas cosas con personas que sienten como una, así que yo veía muy recto mi deseo pero sea que por timidez me perdí esta ocasión por no decirle viniese, o sea porque así lo tenía

140. Santa Inés de Montepulciano O.P.

dispuesto el Señor lo recibí como permisión divina y ya no le daba más vueltas a ello, pues ¿quién sabe si a pesar de mi buena voluntad en buscar siempre lo más agradable a Dios, me estaría buscando en algo a mí y el Señor así lo solucionaba? Pero a la tarde de este mismo día al devolver el encargo a la interesada y contarle lo que había pasado se lamentó mucho y me mandó lo llamase que no iba ser siempre él el que me llamase, yo alegué que temía al llamarle buscaba mi voluntad y no la de Dios puesto que así lo permitió El. Ella insistió, hágame ese favor, es una obra de caridad la que hace, yo se lo mando, entonces accedí y como ya era tarde este día lo dejé así y otro fui a decirle a la Madre sencillamente lo que me había pasado que esperaba que él me llamase, pero como no lo hizo yo no me atreví, pero que ahora si ella me permitía lo iba llamar para el domingo con el fin de perder tiempo en días de trabajo.

Esto ya era el día 2, viernes. Le llamé lamentando el hacerle perder tiempo hoy por lo que muy bien le pude decir el día antes y ya le dije si podía venir el domingo y que tendría que ser por la mañana puesto que por las tardes aprovechamos para ir haciendo el directorio y no nos queda tiempo libre. Bueno, haré lo posible por ir, ya estaba en esto porque el otro día le noté que no estaba normal, no se expresaba como otras veces. También yo tengo unos problemas por medio que quisiera tratarlos con usted y lo mismo algunas cosas sobre el centro ecuménico, bueno pues hasta el domingo si Dios quiere. A este "si Dios quiere" le di más asentimiento en mi alma al oírle que nunca hasta ahora. Si Dios quiere, si es voluntad de Dios, que venga, sino ¡No! Con toda mi alma no hacía sino repetirme esto a mí misma. Y me costaba que no viniese pero qué ansias sentir de dar cumplimiento en todo a la voluntad de Dios mi Padre. Llegado el domingo, como ya dije al principio, me llamó. Yo llevaba cuadernos y materia para varias horas y solo contaba con hora y cuarto ya que a las doce y media teníamos sexta. Muy de prisa le pregunté sobre una carta anglicana que me preguntan por nuestras constituciones nuevas y a mí se me ocurría decirles que estaban basadas en los documentos conciliares y por lo tanto muy doctrinales y muy buenas e invitarles a ello, ya que si no conocían estos documentos se hiciesen con ellos y que los lean detenidamente, pero esto que me salía de dentro decirles prefería consultarlo con él no vaya a ser que metiese la pata con los hermanos separados. Él me confirmó en que siguiese adelante con ello, me dio algunas aclaraciones y pasamos a otra cosa. Le enseñé el álbum de las advocaciones marianas para que viese las que tenía y a ver si él me conseguía alguna más. Hablamos sobre la unidad y sobre lo que yo había pensado para Pentecostés pusiese en la circular, a él no le enseñé el papel en donde iba apuntando las ideas que me venían pero le dije de palabra lo que recordaba y con alegría le decía cómo un mismo Espíritu mueve nuestras almas, pues mucho más completo a como yo había pensado pero la idea era la misma resultando los encuentros ecuménicos de este tiempo y algunas palabras del Santo Padre hablando de la unidad me encuentro con ello en la circular que unos días antes nos había dado y cuando al ir leyendo ésta y ver que encontraba en ella lo que a mí se me ocurría y que nada de esto habíamos hablado antes, yo tocaba y descubría en ello la mano de Dios y así se lo contaba a él y se le veía con gran atención.

Dios en la distribución de estampas

Después le decía por qué no pones como lema para este tiempo de cenáculo "por la fidelidad al Espíritu Santo" y pones textos y homilías al caso. Sobre esto ya en una ocasión le empecé a decir algo por teléfono, pero tocaron a silencio y tuve que cortar y entonces aquí volvía otra vez con esto del Espíritu Santo. Él me dijo sí que estaría bien, pero tengo ya pensado seguir desarrollando el tema de las paraliturgias que hice para el octavario. Se habló algo más sobre el Espíritu Santo y a mí se me ocurrió enseñarle una estampa que me había dado la Madre en mi santo y le resaltaba las delicadezas de nuestro Señor. Lo que más me impresionaba no era la estampa en sí sino una frase que traía impresa: "Una acción buena o mala por insignificante que sea, repercute en la Iglesia de Cristo." Y después de leerle esto y pasarle la estampa para que viese, le decía: así es Padre, esto lo siento en mi alma, cuando tengo un fallo pienso que eso no queda entre Dios y el alma solo, sino que repercute en la Iglesia, afeo a mi Madre la Iglesia, y cuando acierto a ser fiel a Dios veo que no solo complazco a mi Padre Dios, sino que hermoseo a mi Madre la Iglesia. No sé con qué tono de voz le decía esto que al echarle una mirada le encontré como absorto con esto que le acababa de decir. Y ya le conté el detalle que tuvo Nuestro Señor. Una estampa igual a esta hacía más de un año, al darnos la Madre un grupo de éstas para que cada una cogiese, mis ojos se iban a ésta, pero me di cuenta a tiempo y frené mi ímpetu de tirarme la primera a ella diciéndome tal vez a otra le hará más bien que a ti y cuando a mí me tocó coger, ya otra la había llevado. No dije nada a nadie ni siquiera supe quién la había cogido y quedó todo en silencio para Dios y el alma, y cuando hoy la Madre me da otra igual no sé expresar lo que pasó en mi alma porque no era tanto el verme con esta estampa que tanto me decía cuanto lo que el Señor, el dulce Esposo me hacía sentir en mi interior. Qué finuras, qué detalles, tiene Nuestro Señor con esta alma, su amor me exige, pero es mucho más lo que me da en todas direcciones, y se me hacía la boca mieles hablándole de Nuestro Señor, me siento feliz, dichosa, vivo en un cielo anticipado porque todo lo encuentro en El. Qué regalo más sencillo me hizo por medio del Superior y cuánto llenaba mi alma por lo que a través de esa estampa Él le comunicaba. Qué fidelidad y qué entrega más total tiene que ser la mía porque el Señor me circunda con sus gracias y su amor. Diciendo esto me acordé de un libro que llevaba para leerle un párrafo del que le había hablado en otra ocasión, pero ahora tenía la posibilidad de leérselo.

Lo leí y luego me adelanté a decirle: no me llena, las experiencias de esta alma en esto son de otro modo, ¡es cierto!, agregó él, si más adelante no lo declara mejor, esto está incompleto, el autor no precisa bien la diferencia que hay entre el holocausto de la profesión religiosa y ese holocausto de victimación, gracia extraordinaria que Dios pide a algunas almas. Querer identificar los dos o decir que para quien se consagra a Dios no tiene razón de ser este otro no es correcto. Porque está bien claro el caso de Santa Teresita, ella era una consagrada a Dios ya vivía el holocausto de amor por su profesión y en cambio el Señor le pidió algo más y la vemos ofrecerse como víctima de amor, y me empezó a explicar como la profesión religiosa es un holocausto de amor pero vino a decirme que esto, que ya se requiere una llamada de

Dios, es para muchas almas, en cambio la victimación está en línea del holocausto de la profesión pero es una gracia más especial que Dios concede a pocas almas porque son pocas las que están preparados para corresponder a una gracia así.

Consagración victimal

Él lo dijo con otras palabras, pero yo me quedé con esta idea. Y entonces le conté un caso que me había pasado en esta misma mañana, como yo veía que por mi profesión no estaba obligada en aquel caso y aquella circunstancia a dar más que las demás hermanas y como el Señor me recordó mi consagración victimal y vi claro que a ellas no se les pedía más, pero yo tenía que dar hasta que agote mis fuerzas con un amor y una entrega viviendo mi consagración victimal que cuando termine el trabajo no era yo Cristo en mí quien hacía esta oblación al Padre. Estos casos con frecuencia se suceden. Como el Señor te exige tal plenitud de entrega en una vida de silencio y de inmolación que una bien se da cuenta que esto viene por la consagración victimal. No recuerdo ahora si sobre esto hablamos algo más y ya pasé a preguntarle sobre el Episcopado Español, pues hacía días que la Madre nos leyó el documento venido de Roma sobre lo acordado en la Asamblea conjunta, y la verdad es que estremecía oír lo que decía. ¿Qué hay de cierto, Padre? Pues se oye de aquí y se oye de allá, y una no sabe a quién creer ni qué decir y no hago sino encomendar al Señor, pues pienso que así estarán los fieles y el Santo Padre ¿Cómo estará sufriendo con todo esto? Como teólogo me fue explicando y me dio una visión de ello que no tenía hasta entonces. Luego le pregunté ¿Puedo decir esto a las monjas? ¡No! Ya se sabrán las cosas, sigue encomendándolo mucho al Señor.

Esto que yo digo en unas líneas nos llevó bastante tiempo pues él iba explicándome y yo le interrumpía con preguntas sobre el caso y se alargó. Yo le decía que esto me hacía sufrir mucho, que era muy sensible a todo lo de la Iglesia, mi Madre, y en medio del dolor que estas cosas producen en el alma me siento fuerte para quemar toda esta vida en un holocausto continuo de amor por la unidad y santidad de la Iglesia, y al decir esto me quedé como ensimismada y no sabía decir más, él esperaba a que siguiese hablando, pero no me salía nada y haciendo un esfuerzo para salir de esto le pregunté ¿Qué hora es? Doce y veinte respondió él, y como ya quien no atinaba a hablar más le dije ahora habla tú ¿Qué problemas tienes? No importa, siga hablando de eso (de la Iglesia) que me gusta oírla. No sé porque aquí me trató de usted, pero yo no reaccionaba y tuvo que empezar con lo de él. Después de unos días de un gozo inmenso por una experiencia ecuménica ahora sentía la contrapartida de lo anterior y sentía en sí tal decepción sobre unas personas que bien se le notaba el sufrimiento que llevaba sobre sí. Me cogió esto de sorpresa y le dije lo que en aquellos momentos se me ocurrió, todo muy de prisa porque a mí se me terminaba el tiempo, el en medio de la pena estaba a gusto desahogándose, pero a mí me llegó la hora de marchar y con gran dolor, lo tuve que dejar, Dios nos pidió aquí un sacrificio a los dos, cuando vuelva estar con él le hablaré sobre ello y mientras tanto lo encomiendo todo al Señor. Nada más salir del locutorio me encontré con una hermana que le habían mandado a buscarme porque ya estaban dando las campanadas para el coro.

Bendito sea Dios por todo, parece que la caridad se imponía a que siguiese atendiendo a un alma necesitada, pero sea que yo fui poco ocurrente no mandándole que hablase él primero de sus problemas y así hubiese habido tiempo para escucharle o sea ¡misterios de Dios!, para que yo quedase con la pena de ver como él atiende siempre y yo no puedo atenderle a él. Le podía llamar a confesar puesto que llevo varios días sin recibir este sacramento y el confesor ordinario aún tardará en venir, pero hay que extremar la prudencia también en esto. Bendito sea Dios en todo, esta mañana me dice una hermana que le llamó ayer por teléfono pidiéndole viniese a confesar y que le dijo: a ver si puedo ir el domingo, estoy cargado de trabajo y de sufrimiento ¿Por qué él dijo esto y ella me lo transmitió a mí? Para que mi pena aumentase pensando si yo le hubiese podido prestar algo de ayuda atendiéndole en el locutorio y no lo hice. Total, que ni él me pudo decir nada de lo del centro ni yo enseñarle los cuadernos de apuntes porque faltó el tiempo. Señor, cuando estemos en aquel eterno presente en que ya no hay problemas de tiempo.

Día 3 de mayo vino a confesar

Había estado también el lunes, día 1, pero muy tarde y solo dio lugar a que atendiese a solo una. En este día uno, cuando a la noche le pregunté a la que había estado con él qué cuándo quedó de venir otra vez para las que quedábamos sin atender, me dijo: ni yo me acordé de preguntarle ni él dijo nada. Bendito sea Dios, me dije ¿pero tú no sabes que cuando viene para una aprovechamos las demás? ¿Por qué no quedaste con él apalabrada para no tener que andar llamando de nuevo? Pues no se me ocurrió, respondió ella. Me dio risa porque estaba deseando estar con él porque sabía cómo le había dejado el día del locutorio y por respetos humanos o prudencia humana no me atrevía a ir a la Madre para llamarle otra vez cuando había pocos días que le llamaba al locutorio, y como sabía que las otras le esperaban para confesarse yo misma les dije llamad vosotras y así voy yo que lo estoy deseando también, y mira por cuantas cosas quedaban fracasados mis deseos, y me dio risa porque no conseguí lo que pretendía, con lo que tenía que llamarle sin esperar canciones de nadie y también todo esto suponía alagarse los días. Bueno, total que fui a la Madre le dije lo que pasaba y ya me dio permiso para llamarle. Le llamé esta misma noche y me dice el hermano del teléfono que está terminando de cenar que espere un momento para no sacarle del refectorio y que le avisará para que me llame él. Me quedé esperando y en vista que a mí me llegaba la hora de las completas, me fui.

Decepción

Al otro día volví a llamar y pude hablar con él y al decirle que le había llamado la noche anterior me dice la primera noticia que tengo. Le pregunté cuándo podía venir y me dijo hoy de ninguna manera, estoy muy ocupado en Aranda, mañana, si Dios quiere, será. Ay, Padre, que llevo muchos días ya sin confesar... bueno pues espere uno más, me lo dijo en un tono seco. Yo que ya pasado el primer momento en que lo había tomado a risa, me iba haciendo mella el sufrimiento al pensar por qué había venido tan tarde cuando sabe que le esperábamos varias monjas para confesar, luego, él no me llamó por la noche si bien ahora se aclaraba que no le habían avisado y luego esta respuesta seca me decía: cuando yo estoy sufriendo al saber que él sufre y deseando estar con él, él menos prisas tiene de estar conmigo, confieso mi imperfección, pero me sentía un poco decepcionada de él y hasta me sentía culpable ante el Señor porque estaba deseando estar con él y por respetos humanos no lo había llamado y ahora me sucedía esto bien merecido.

Lloros

Por fin pasó este día y al siguiente a la tarde vino como había dicho. Confesé las faltas y también le di cuenta de esto, porque no me veía libre de algo de culpa ya que, bajo esta como decepción de él, había sentido varias veces cierto movimiento de enfado contra él y contra la hermana que no le había preguntado cuándo volvía para las que quedaban sin atender. Es cierto que no me dejé llevar en ningún momento de estos movimientos, pero el hecho de sentirlos acusa descenso en el alma porque cuando ésta está endiosada nada de esto la roza, y este sentir y no consentir que en otro tiempo era conseguir victoria hoy día es dar poco el alma, no está en su punto. A esto añadía, ahora vea mi ruindad y mi nada si el Señor no me sostiene fuertemente. Como esta contrariedad, puedo decir, la llevé a última hora y coincidía que estos días tengo muy sensible la cabeza, todo me afecta y esto que ahora me parece una nonada me produjo tal molestar en ella que era las tres de la mañana y no había podido conciliar el sueño, a esta hora me senté en la cama, rompí a llorar, ya no sé si de disgusto o porque no era sufrir tantas molestias en la cabeza y muy unida a la Virgen todo lo sufría por la causa de la unidad de todos con Cristo.

Misterioso obrar de Dios en las almas

Así las cosas parece que el Señor me recordó mi consagración y con un convencimiento tal y una entrega total a Cristo le dije: todo el mundo tiene derecho a destrozarme, a inmolarme, y se mezcló el dolor con el gozo, gozo que me venía de Cristo y dolor que me venía de mi pobre naturaleza y entre lágrimas y actos de amor a mi Cristo crucificado no deseando otra cosa que mi configuración con El, me pasé un buen rato así, luego me acosté otra vez y me quedé dormida, y al despertar a la mañana recordé que aquel día me había salido en una tarjetita el orar por la unidad y me decía bendito seas Señor que hasta de noche me pediste oración y sufrimiento por esta gran necesidad de la Iglesia. Es misterioso tu obrar en las almas. Precisamente dos almas que laten al unísono con la mía en todo esto de la unidad habían sido, sin advertirlo, los instrumentos de que el Señor se valió para producirme esta noche de vela, casi toda ella para que tuviese sufrimientos que aportar a la causa de la unidad. Y con esta visión me sentía agradecida a esas almas tan carísimas, la monja y el fraile que tal sufrimiento me habían proporcionado. Bendito seas Señor por todo, la naturaleza sufre, pero el espíritu goza y qué cosa mejor que el sacerdote que recibió mi ofrenda en nombre de Cristo tenga su parte en la inmolación de esta pobre alma y vuelvo a repetir se sentía gozo a la vez que dolor. Todo esto le dije a él y luego añadí que el Señor me perdone todo lo que en mí hubo de culpa y también le pido perdón a usted por haberme sentido molestada sin fundamento y por haber sentido esa como decepción de Usted cuando en realidad no tengo sino motivos de edificación.

TABLE DES MATIÈRES

DOMUNI-PRESS
editorial de DOMUNI UNIVERSITAS

« Le livre grandit avec le lecteur »
«El libro crece con el lector»

Domuni Universitas

Domuni Universitas fue fundada en 1999 por los dominicos franceses con el fin de ofrecer programas universitarios de primer, segundo y tercer ciclo, en modalidad en línea y a distancia, así como cursos a la carta y certificados en filosofía, teología, ciencias religiosas y ciencias sociales. Acoge en su plataforma educativa a varios miles de estudiantes, en cinco secciones lingüísticas: francés, inglés, español, italiano y árabe, acompañados por más de trescientos profesores y tutores. Arraigada en la Orden de Predicadores, Domuni Universitas se beneficia de su tradición multisecular de estudios e investigación. Innovadora, constituye una red internacional, presente a través de Internet en múltiples lugares del mundo.

Más información sobre Domuni:
www.domuni.eu

La editorial

Domuni-Press difunde la investigación y edita obras en los ámbitos de Domuni Universitas: teología, filosofía, espiritualidad, historia, religiones, derecho y ciencias sociales. Integrado en una comunidad de investigación dinámica, en el corazón de la red dominicana, Domuni-Press tiene como objetivo acercar los textos a los lectores, facilitando el acceso inmediato a través de los medios digitales y garantizando al mismo tiempo una edición impresa de calidad. Cada obra se publica en ambos formatos. La palabra clave es simplicidad. Los temas se abordan con una línea editorial clara: calidad universitaria, accesible a todos, para difundir la riqueza del pensamiento cristiano. Las colecciones: filosofía, espiritualidad, Biblia, historia, derecho, teología y sociedad. Domuni-Press tiene su propia librería en línea: www.domunipress.fr. Sus obras también están presentes en los principales sitios de venta a distancia, Amazon, Fnac.com y en más de 900 librerías y puntos de venta en todo el mundo.

Más información sobre la editorial:
www.domunipress.fr

EXTRAIT DU CATALOGUE

Jean-François ARNOUX,
Et le désert refleurira.

Sabine GINALHAC,
Désir d'enfant. L'éclairage inattendu des récits bibliques.

Pierrette FUZAT,
Un nom au bout de la nuit. Le combat de Jacob.

Patrice SABATER,
La terre en Palestine/Israël.

Marie MONNET,
Emmanuel Levinas. La relation à l'autre.

Apollinaire KIVYAMUNDA,
Maurice Zundel, une biographie spirituelle.

Juliette BORDES,
Viens Colombe. Saint Jean de la Croix.

Joseph MARTY,
Christianisme et Cinéma.

Michel VAN AERDE,
Le père retrouvé

Monique-Lise COHEN, Marie-Thérèse DESOUCHE,
Emmanuel Levinas et la pensée de l'infini.

Claire REGGIO,
Le christianisme des premiers siècles.

Ameer JAJE,
Diaconesses. Les femmes dans l'Église syriaque.

Jean-Paul COUJOU (sous la direction de),
L'État et le pouvoir.

Françoise DUBOST,
L'Évangile des animaux.

Markus JOST,
La Bible à l'école d'Ignace de Loyola et de Menno Simons.

Paul TAVARDON, ocso,
Trappistes en terre sainte. Des moines au cœur de la géopolitique. Latroun, 1890-1946 (T.1).

Paul TAVARDON, ocso,
Trappistes en terre sainte. Des moines au cœur de la géopolitique. Latroun, 1946-1991 (T.2).

Marie MONNET (sous la direction de),
La source théologique du droit.

Nilson Léal DE SA,
La vie fraternelle.

Apollinaire KIVYAMUNDA,
Maurice Zundel. La relation à Dieu.

Lara LOYE,
Fraternités.

Bernadette ESCAFFRE,
Vocations. Quand Dieu appelle.

Raphaël HAAS,
Pleine conscience. Bouddhisme et christianisme en dialogue.

Augustin WILIWOLI,
Axel Honneth. Lutter pour la reconnaissance.

Louis FROUART,
Pascal. Cœur, Corps, Esprit.

Emmanuel BOISSIEU,
Platon. Une manière de vivre.

Emmanuel BOISSIEU,
Kant. Une philosophie de la liberté.

Marie MONNET,
Dieu migrant.

Thérèse HEBBELINCK,
L'Église catholique et les juifs (T.1 et T.2).

Béatrice PAPASOGLOU,
Qu'est-ce que l'homme ?

Augustin WILIWOLI SIBILONI op,
Ce que les philosophes disent du vivre-ensemble.

François MENAGER,
Yves Bonnefoy, poète et philosophe.

Nicole AWAIS,
L'art d'enseigner le fait religieux.

Thérèse M. ANDREVON,
Une théologie à la frontière (T.1 et T2).

Michel VAN AERDE,
Venez vous reposer. Antidotes spirituels au burn-out.

Agnès GODEFROY,
Bien vieillir, dans les pas d'Abraham.

Olivier BELLEIL,
Résolution des conflits dans l'Église primitive.

Anton MILH op & Stephan VAN ERP,
Identité et visibilité. Conflits de générations chez les Dominicains.

Denis LABOURE,
Astrologie et religion au Moyen Âge.

Jorel FRANÇOIS,
Voltaire, philosophe de la religion.

Augustin WILIWOLI SIBILONI op,
La reconnaissance. Réparer les blessures.

Jean Baptiste ZEKE,
Loi naturelle et post-humanisme.

Emmanuel BOISSIEU,
Paul Ricœur. Un inconditionnel de l'amour.

Ameer JAJE,
Le chiisme. Clés historiques et théologiques.

Jean-René PEGGARY,
L'aube d'une pensée américaine. L'individu chez H. D. Thoreau.

Jean-François ARNOUX,
Comme un feu dévorant. Flammèches d'une lecture incarnée de la Bible.

Olivier BELLEIL,
L'autre dans l'islam coranique.

Sœur Agnès DE LA CROIX,
Miroir juif des évangiles.

Jean-Michel COSSE,
Au centre de l'âme.

Jean-Paul BALDAZZA,
Antoine. Un saint d'Orient et d'Occident.

Ameer JAJE,
Marie dans l'islam.

Olivier PERRU,
Le corps malade.

Jesmond MICALLEF,
Trinitarian Ontology.

Abel TOE,
Pauvreté et développement au Burkina Faso.

Jude Thaddeus MBI AKEM,
Le développement en Afrique.

Claude LICHTERT,
Lire la Bible ensemble.

Jorel FRANÇOIS,
Voltaire, philosophe contre le fanatisme.

Bruno CALLEBAUT,
Les Évangiles. Leurs origines, leurs exégèses.

Claude LICHTERT,
La parole pour sortir de soi. Dieu et les humains aujourd'hui : parcours biblique.

Heriberto CABRERA REYES,
Effondrement, apocalypse ou renaissance ? Théologie en temps de crise.

Patrick MONJOU,
Comment prêcher à la fin du Moyen Âge ? (T. 1 et T. 2).

Robert PLÉTY,
À la découverte du Rabbi de Nazareth (T. 1).

Robert PLÉTY,
À la rencontre du Rabbi de Nazareth (T. 2).

Jules KATSURANA,
Guide pour la Prévention de la violence sexiste.

Jacques FOURNIER,
La Trinité, mystère d'amour.

Louis D'HÉROUVILLE,
Marie-Madeleine, femme pascale.

Olivier PERRU,
Martin-Stanislas Gillet (1875-1951). La peur de l'effort intellectuel.

Paul-Marcel LEMAIRE,
Vivre l'Évangile.

John Jack LYNCH,
Judith, Sarah and Esther. Jewish heroines.

Paul NYAGA,
Moral Consistency with Lonergan's Thought.

François FAURE,
Emmanuel Mounier : La personne est son engagement (T. 1).

François FAURE,
Emmanuel Mounier : Montrer, sans démontrer (T. 2).

Olivier-Thomas VENARD, Gregory TATUM,
Conversations sur Paul. « Supportez-vous les uns les autres ».

Isaac MUTELO,
Muslim Organisations in South Africa. Political Role Post-1948.

Stephen Musisi KASOZI,
Issues of Constitutionalism. A case study of Uganda.

Pierre Dalin DOMERSON,
La gestion des biens de l'Église. Enjeu Pastoral.

Philippe ANDRÈS,
Notre-Dame de Rocamadour. Du Moyen Âge à nos jours.

Oliver BARRETT,
Ecological Crisis. In Catholic Social Teaching.

Augustin WILIWOLI SIBILONI,
Négociation pacifique des conflits sociaux.

Alfred DIBAN KI,
Ubuntu et vie chrétienne.

Claude VALENTIN,
99 Questions sur l'Humanitaire.

Philippe MONTOISY,
Le chien militaire et la Première Guerre mondiale.

Alice NEPVEU-BARRIEUX,
La marine dans l'Ancien Testament. Représentations et enjeux.

Marie MONNET,
En chemin.

Christophe-Marie, O.P. MOGHA NGAMANAPO MUDAKA,
Quelle crise d'éducation ?

Des slogans segmentés à l'hyperconscience de la liberté holistique.

Caroline FERRER,
Saint Jérôme. La représentation dans la collection Fesch en Corse.

Munguci D. ETRIGA,
Kwasi Wiredu. Thoughts. Conference proceeding from Tangaza University.

Isaac MUTELO,
Human Rights in Southern Africa. Theory and Practice.

Marc MITRI,
Le christ-médecin. La divinisation de l'homme comme guérison selon Grégoire de Nysse.

Manuel RIVERO,
Progresser dans la vérité. Père Marie-Joseph Lagrange, dominicain.

Bruno CALLEBAUT,
Les évangiles au carrefour des exégèses.

Michel VAN AERDE,
Domuni, une aventure collective. 1998 – 2023.

Didier PETERS,
La chaise et l'électron. Analyse de la pensée d'Alfred North Whitehead.

Augustin WILIWOLI,
Justice sociale : Nouveaux enjeux.

Claude VALENTIN,
De Lascaux à l'intelligence artificielle. Histoire de la culture.

Michel VAN AERDE,
Domuni, una aventura colectiva. 1998 – 2023.

Michel VAN AERDE,
Domuni, a collective adventure. 1998 – 2023.

TANGAZA University,
Issues in Artificial Intelligence. A Philosophical Interrogation.

Olivier PERRU,
Antonin-Dalmace Sertillanges (1863-1948). Henri Bergson et le catholicisme.

Isaac MUTELO, Mercy SHUMBAMHINI,
Safeguarding Children and Vulnerable Persons in Southern Africa.

Michel GARNIER,
La foi corse. Essai sur la religiosité populaire.

Gildas Mahutondji TCHIBOZO,
Église et démocratie au Bénin. Médiation, paix électorale et droits humains.

Maurice NESAYO MADEGOA,
L'Évangile qui libère. Relire la Lettre à Philémon.

Bon'Avantur RAFANOMEZANTSOA,
Église et société à Madagascar (1960-2025).

Guillaume SCARCELLA,
Ambroise Gardeil : l'œuvre spirituelle.

Composition et mise en pages
Nord Compo à Villeneuve-d'Ascq

N° d'éditeur : 36648
Dépôt légal : Janvier 2026

www.ingramcontent.com/pod-product-compliance
Lightning Source LLC
La Vergne TN
LVHW010627110826
845149LV00014B/2794